DIE TERROR
FLÜGE

1. Auflage Oktober 2007
2. Auflage Februar 2008
3. Auflage April 2009

Umschlaggestaltung: Angewandte Grafik/Peter Hofstätter
Satz und Layout: Agentur Pegasus, Zella-Mehlis
Druck und Bindung: CPI – Clausen & Bosse, Leck

ISBN 978-3-938516-58-4

Gerne senden wir Ihnen unser Verlagsverzeichnis
Kopp Verlag
Pfeiferstraße 52
72108 Rottenburg
E-Mail: info@kopp-verlag.de
Tel.: (0 74 72) 98 06-0
Fax: (0 74 72) 98 06-11

Unser Buchprogramm finden Sie auch im Internet unter:
www.kopp-verlag.de

Andreas von Rétyi

DIE TERROR FLÜGE

Der 11. September 2001 und die besten Beweise, dass wirklich alles anders war

KOPP VERLAG

Inhalt

Vorwort

Heute, im September 2007, und damit sechs Jahre nach den katastrophalen und in weit tieferem Sinne wahrhaft heimtückischen Attacken auf New York und Washington, schreibe ich das Vorwort zu einem Buch, das ich eigentlich nie zu schreiben vorhatte.

Als mein Verleger mich eines Tages fragte, ob ich vielleicht daran interessiert sei, ein aktuelles Buch über den 11. September zu verfassen, staunte ich nicht schlecht. Für mein Verständnis gehörte schon einiger unternehmerischer Mut dazu, ein weiteres Buch über dieses Thema zu publizieren – schließlich war hierzu bereits eine nicht mehr überschaubare Flut an Büchern erschienen. Zwar hatte ich über Jahre hinweg etliches Material gesammelt und auch etliche interessante Informationen aus erster Hand erhalten, doch beabsichtigte ich nicht, hieraus ein Buch werden zu lassen. Erst einige Zeit, nachdem Jochen Kopp mich auf ein derartiges Projekt angesprochen hatte, wurde mir klar, dass hier tatsächlich ein eindeutiger Nachholbedarf bestand, trotz der so zahlreichen Publikationen und trotz einiger sehr gründlicher Untersuchungen. Damit meine ich nun nicht all jene offiziellen Berichte, die Gründlichkeit weit mehr vorspiegeln denn pflegen.

Nein, es waren so genannte alternative Veröffentlichungen zu Hintergründen und Details um den 11. September, es waren einzelne Berichte und Analysen unabhängiger Forscher, die allesamt deutlich mehr Sinn machten, als ihnen von den Massenmedien zugesprochen wurde. Dennoch fiel mir auch eine gewisse Inkonsistenz in einigen mittlerweile weit verbreiteten Theorien auf, manche Fragen schienen auf einer anderen Ebene nach gänzlich anderen Antworten zu verlangen, hier wie da. Vor allem waren logischerweise viele Bücher bereits erschienen, als Ground Zero gleichsam fast noch qualmte. Und sogar damals schon hatten etliche Autoren sehr schnell realisiert, dass die Geschichte, so wie sie die US-Regierung und die großen Medien uns präsentierten, einfach niemals stimmen konnte. Doch verständlicherweise wogten allgemein die Emotionen hoch, und für viele Schlussfolgerungen war es eben doch noch viel zu früh. Teils ist das sogar heute noch so, doch zeichnet sich trotz der massiven Geheimhaltung, wie sie 9/11 weiterhin umgibt, mittlerweile ein klareres Bild der Geschehnisse ab. Unabhängige Analysen haben dazu ebenso beigetragen, wie die Aussagen von Zeugen, die erst nach und nach gewagt haben, sich dem Licht der Öffentlichkeit auszusetzen. Zwischenzeitlich haben Experten schier unfassbare Indizien für eine handfeste Verschwörung vorgelegt – und mussten dafür persönlich teils einen hohen Preis bezahlen. Professoren wurden ihrer Universitäten verwiesen, Top-Manager durften ihren Hut nehmen und geachtete Journalisten, vor allem US-Amerikaner, wurden willkommene Zielscheiben für diffamierende Angriffe. Jeder, der über längere Zeit und entsprechend nachdrücklich Ansichten vertritt, die nicht mit der allgemein akzeptierten Version konform gehen, darf mit solchen Angriffen rechnen und kann wohl sein eigenes kleines Lied darüber singen. Schon seit Jahren erlebe ich persönlich ebenfalls immer wieder, wie Menschen, die mich nicht einmal persönlich kennen, versuchen, mir aus unterschiedlichsten Gründen charakterliche Eigenschaften, Motive oder politische Haltungen zu unterstellen, die untypischer für mich gar nicht sein könnten. Darüber hinaus wurde mein Telefon wiederholt über längere Zeiträume abgehört, wobei mir die Telefongesellschaft riet, Anzeige gegen unbekannt zu erstatten. Wiederholt traten auch recht schattenhafte Persönlichkeiten an mich heran, mit höchst sonderbaren Empfehlungen und einem ungewöhnlichen Detailwissen zu jedem meiner Schritte. Ich erhielt direktere oder indirektere Warnungen und wurde auch während US-Aufenthalten sichtlich und im Beisein von Zeugen längere Zeit verfolgt. Dennoch glaube ich, dass es eine Art angelsächsische Einbahnstraße gibt, auf der vor allem US-amerikanische Autoren, die heiße Eisen anpacken und ihre Arbeit dabei auf die USA fokussieren, zum Gegenstand heftigerer und teils sogar bedrohlicher Maßnahmen werden, da deren Schriften in der Regel die größte Aufmerksamkeit vor allem auch im eigenen Lande zuteil wird. Somit stellen sie die größte potenzielle Bedrohung dar. Natürlich sollte man sich darauf nicht verlassen. Und ebensowenig darauf, als Autor, der nun sechs Jahre nach den Attacken des 11. September ein Buch hierüber verfasst, selbst nicht gleichfalls Zielscheibe für drastische Attacken zu werden. Denn im Grunde glüht die Asche von Ground Zero heute noch wie ehedem. Ein kleiner Luftzug genügt, um das Feuer wieder anzufachen. Zu einschneidend waren die Ereignisse, zu radikal die Konsequenzen, zu ungeheuerlich die Hintergründe, zu kontrovers die Diskussionen.

Alles in allem aber schien mir der Wunsch nach einer aktuellen Darstellung immer einleuchtender. Gerade, nachdem die »große Welle« längst abgeebbt war, übte das Thema einen merklichen Reiz auf mich aus. Nun, weder zu Beginn der Arbeit noch zu einem späteren Zeitpunkt schwebte mir vor, alle Fragen zum 11. September klären und alle Antworten auf alle

Fragen präsentieren zu wollen. Nichts wäre unrealistischer, nichts illusorischer als das. Schließlich stehen sämtliche wirklich relevanten Informationen zu den Attacken weiterhin unter Verschluss. Daher ist heute niemand außerhalb des geheimen Verursacherkreises in der Lage, aus dem vorliegenden Faktenmaterial die Wahrheit zu 9/11 abzuleiten. Wer das behauptet, ist entweder der zentralste Insider der Verschwörung oder aber er lügt schlichtweg das Blaue vom Himmel herunter. Vieles an 9/11 ist auch heute noch geradezu verwirrend und paradox. Doch manchmal sind es gerade die Widersprüche, die eindeutige Schlussfolgerungen zulassen und zur Klärung von Detailfragen beitragen. Es sind nicht zuletzt auch logische Argumentationsketten sowie genaue Auswertungen authentischen Bildmaterials, die uns zeigen, was damals geschah. Hierbei kommen wir den Verschwörern zumindest näher.

Wir alle können wirklich mit eigenen Augen sehen, dass *jemand* am 11. September nicht nur Tür und Tor geöffnet hat, um geschehen zu lassen, was geschehen sollte, sondern darüber hinaus sogar tatkräftig mitgeholfen hat, damit geschehen konnte, was nun einmal geschehen musste!

Heute fügen sich wesentlich mehr Teile des mächtigen Puzzles nahtlos aneinander, und sie erscheinen in einem helleren Licht. Wir müssen dabei zur Kenntnis nehmen, dass die Verschwörung noch skrupelloser, noch rücksichtsloser ablief als manch einer selbst heute glauben dürfte. Wie gesagt, dieses Buch wird Antworten geben, doch nicht auf alle Fragen, denn dies wäre vielleicht vordergründig befriedigend, aber hintergründig einfach unwahr.

Dieses Buch greift auch Schwachpunkte alternativer Erklärungsansätze auf und spart somit absichtlich auch Argumente von Verfechtern der offiziellen Version nicht aus. Letztlich aber favorisiert schlichtweg die gesamte Faktenlage eine neue Variante, die eindeutig dem Lager der verfemten Verschwörungstheorien zugeordnet werden wird. Somit ist von vornherein klar, dass auch hier massive Angriffe nicht ausbleiben werden, doch befinden wir uns dabei durchaus in guter Gesellschaft. Das vorliegende Buch soll der aktuellen Situation gerecht werden, und sie spricht nun einmal für sich. Der Wahrheit werden wir uns über kurz oder lang nicht verschließen können.

Im persönlichen Austausch mit unabhängigen Wissenschaftlern, mit »Whistleblowern«, Geheimdienstlern und Zeugen zeichnete sich mir im Verlauf der Recherchen natürlich mehr denn je ein spezifisches Bild der Geschehnisse von 9/11 ab. Dieses Bild möchte ich an meine Leser weitergeben. Einige Pfade dieses Weges intensivieren bisherige Vermutungen und Erkenntnisse, sie unterstreichen die Ergebnisse vorausgegangener Untersuchungen, während andere Aussagen und Analysen zu neuen Einsichten führen.

Somit soll das vorliegende Buch zweierlei bewirken – einmal soll es den heutigen Kenntnisstand zusammenfassen. Auch hier blieb nichts übrig, als Prioritäten zu setzen und selektiv vorzugehen, andernfalls wäre aus dem Projekt die »Unendliche Geschichte« geworden. Außerdem soll es auch neue Einblicke gewährleisten, neue Perspektiven und neue Resultate präsentieren. Und so viel sei schon verraten: Hier hat sich in den vergangenen Jahren durchaus einiges getan – allerdings nicht von offizieller Seite. Bei FBI & Co. ist Schweigen zu 9/11 Programm. Von CIA & Co., nun, hiervon eben ganz zu schweigen…

Abschließend möchte ich nicht versäumen, all jenen meinen aufrichtigen Dank auszusprechen, die direkt oder indirekt an der Entstehung dieses Buches beteiligt waren. Da es mir in einigen Fällen nicht gestattet ist, Namen und damit Personen zu nennen, deren Beiträge jedoch durchaus bemerkenswert sind, will ich meinen Dank in diesem Falle und im Interesse der Gleichbehandlung sehr generell formulieren und gleichermaßen an alle richten. Ihnen allen sei an dieser Stelle für ihre tatkräftige Unterstützung an diesem Buch gedankt, das ohne all diese Hilfe nie entstanden wäre.

Andreas v. Rétyi
Coburg, im September 2007

An einem Tag wie jeder andere

Das Inferno

Als die Sonne über der imposanten Skyline von Manhattan aufgeht und das fahle Dämmerlicht verdrängt, beginnt ein ganz gewöhnlicher Morgen in der geschäftigen Metropole. Millionen von Menschen bereiten sich auf ihren Arbeitstag vor, fahren nach dem Frühstück mit öffentlichen Verkehrsmitteln oder ihrem Privatfahrzeug ins nie ruhende, unablässig pochende Herz von New York City. Abertausende sind es, deren Arbeitsplatz irgendwo hoch über den Straßenfluchten in einem der zahllosen Wolkenkratzer liegt. Niemand ahnt, was dieser Tag bald noch an Entsetzen über die Stadt bringen wird.

Doch während der alltägliche Ritus geschäftlicher Abläufe seinen Gang nimmt, während Finanzberater, Unternehmer, Juristen, Buchhalter, Telefonisten und das übrige Hauspersonal die gewohnte Tätigkeit aufnehmen, während sich die Büros in den schwindelnden Höhen der höchsten Gebäude dieses Planeten allmählich füllen, nähert sich bereits eine bislang unsichtbare Bedrohung aus der Luft. Das schwere Flugzeug steuert offenbar völlig zielsicher in Richtung Manhattan und taucht bald auf gefährliche Höhe ab. Entgegen aller geltenden Vorschriften, denen zufolge kein Flugzeug diesen Luftraum in weniger als rund 700 Metern Höhe überfliegen darf, bewegt sich die Maschine nunmehr sogar weit unterhalb des Limits. Sie rast haarscharf über den dichten Wald der Wolkenkratzer hinweg, manövriert um einige riesige Monumente herum, um nunmehr unausweichlich Kurs auf das höchste Bauwerk von Manhattan zu nehmen.

In den wenigen Minuten vor dem Aufprall sehen völlig verstörte Zeugen, wie das Flugzeug im Niedrigflug direkt über das Rockefeller Center mit dem angegliederten General Electric Building, über das Chrysler Building, das Grand Central Office und andere gigantische Wirtschafts-Kathedralen der Neuzeit hinwegrast. Augenblicke später prallt es mit ungebremster Gewalt in die Nordseite des höchsten Büroturms von Manhattan. In Sekundenbruchteilen bricht ein Inferno aus. Der explodierende Treibstoff entzündet einen mächtigen Feuerball, von dem schwarze Rauchschwaden aufsteigen. Die Maschine jagt wie eine Rakete in die Fassade, die Tragflächen brechen seitlich weg, während der Rumpf und Teile davon durch das Gebäude hindurch und auf der gegenüberliegenden Seite wieder ins Freie schießen.

»Das Flugzeug explodierte innerhalb des Gebäudes«, so erinnert sich Catherine O'Connor, deren Büro in unmittelbarer Nähe zur Einschlagstelle lag. Das Monument erzitterte in diesen Augenblicken, und Mrs. O'Connor konnte sich kaum auf den Beinen halten: »Das waren fünf oder sechs Sekunden – ich wankte auf den Füßen und versuchte, meine Balance zu halten … Drei Viertel des Büros waren sofort von dieser Feuerwand verschlungen worden. Ein Mann stand inmitten der Flammen. Ich konnte ihn sehen. Es war ein Mitarbeiter, Joe Fountain. Sein ganzer Körper brannte. Ich rief ihm wiederholt zu ›Komm, Joe! Komm, Joe!‹ und tatsächlich lief er noch hinaus.« Doch waren die Verbrennungen lebensgefährlich und Joe Fountain verlor den Kampf mit dem Tod bald. Andere Kollegen von Catherine O'Connor verbrannten direkt an ihren Schreibtischen.

Eine Überlebende, deren Büro nur wenige Stockwerke über der Erde lag, spürte die Erschütterung des Einschlags und »dachte, wir werden bombardiert. Ich arbeitete für das *Office of Price Administration* … An jenem Tag hörten wir kurz vor der Kaffeepause diesen schrecklichen Lärm, und das Gebäude fing an zu wanken. Und als wir aus unseren Fenstern im dritten Stock hinausblickten, sahen wir, wie Trümmer auf die Straße fielen. Unser erster Gedanke war, dass New York bombardiert würde.« Althea S. Lethbrigde, Sekretärin einer Handelsgesellschaft, die im 72. Stockwerk ansässig war, muss immer wieder daran denken, wie sie nach dem Einschlag durchs Fenster blickte: »Alles zitterte. Wir sahen Flammen unter und über uns. Es war schaurig; wir wussten nicht, wie feuersicher das Gebäude war.«

Zum Handeln blieb wenig Zeit. Zusammen mit den anderen verließ sie das Büro auf dem schnellsten Weg und begab sich in das nun völlig dunkle Treppenhaus. Nur aus einigen Liftschächten drang Licht hervor. Sehr heißes Licht. Die flüchtenden Zeugen sahen, wie brennende Trümmerteile durch die Schächte fielen, während bereits angerückte Feuerwehrmannschaften versuchten, noch einige der Opfer mit Hilfe der Fahrstühle nach unten zu bringen. In diesen Augenblicken wusste niemand, dass eines der beim Aufprall abgerissenen Flugzeugtriebwerke in einen der Schächte geraten und hinabgestürzt war. Das zweite Triebwerk hatte ebenfalls Zerstörungen an einem Fahrstuhl verursacht, donnerte jedoch weiter, zersprengte Mauerwerk und Fenster und jagte schließlich mitsamt den Trümmern durch die südliche Außenwand in die Tiefe, um auf einem Gebäude in der 33. Straße zu landen.

Sturz in die Tiefe

Betty Lou Oliver, eine Fahrstuhlführerin, die sich im 80. Stock aufhält, wird von der Detonation des Aufpralls erfasst und regelrecht weggeschleudert. Die junge Frau erleidet dabei schwere Verbrennungen. In dieser Etage befindet sich die weitgehend unversehrte Unfallstation, so dass Betty Oliver sofort medizinisch versorgt werden kann. Auch Mrs. Oliver soll mit einem noch funktionierenden Lift nach unten gebracht werden. Als sich die Türe hinter ihr schließt, vernimmt das Rettungsteam einen lauten Knall, ähnlich einem Pistolenschuss. Und noch einmal ein ohrenbetäubender Schlag. Es sind die von der Flugzeugkollision geschwächten Liftkabel! Sie reißen und peitschen laut auseinander. Zusammen mit brennenden Trümmern stürzt der Aufzug unaufhaltsam in die Tiefe, 70, 80 Stockwerke nach unten! Er fällt wie ein Stein, denn sämtliche Führungs- und Sicherheitskabel sind gerissen. So rast der Lift mit Betty Oliver im freien Fall zu Boden, kommt nach 300 Metern zu einem jähen Halt. Als sich ein Rettungsteam zu dem zertrümmerten Aufzug vorarbeitet, stößt es auf die junge Frau. Sie atmet! Nur einer Ironie des Schicksals ist zu verdanken, dass Betty Oliver diesen Höllensturz überlebt.

Wäre das Sicherungskabel intakt geblieben, hätte dies den sicheren Tod bedeutet. Dann nämlich wäre der Lift durch eine Automatik zwischen dem 34. und 35. Stockwerk aufgefangen worden, wo allerdings kein Notausgang existierte und die Bergungsteams zunächst Marmorverkleidungen und Wände hätten einreißen müssen, um an das eingeschlossene Opfer zu gelangen.

Mrs. Oliver wäre wohl in der Zwischenzeit am Rauch erstickt, der sich im Aufzug gebildet hatte. Ihr Glück im Unglück bestand wohl auch darin, dass der Fahrstuhl beim freien Fall durch den engen Schacht die Luft unter sich zu einem Polster komprimierte, wodurch sich das Tempo schließlich verringerte. Nicht zuletzt wirkte sich die Anhäufung von kilometerlangen Kabeln unter der Kabine wie ein Puffer beim Aufprall aus. Mrs. Oliver konnte zwischen Stahltrümmern und Steinen aus der weitgehend zerstörten Kabine geborgen werden und erhielt später einen Eintrag ins Guinness-Buch der Rekorde: als diejenige Person, die den tiefsten Fahrstuhl-Absturz überlebt hatte. Als sie später zu den Ereignissen befragt wurde, konnte sich Betty Oliver kaum mehr an all das erinnern, was ihr an jenem Tag widerfahren war. In Anbetracht ihres speziellen Erlebnisses kein größeres Wunder. Andere Zeugen wiederum werden die schrecklichen Bilder nicht mehr los, die sich damals buchstäblich tief in ihr Gedächtnis gebrannt haben, mitten im Feuer der Katastrophe. Sie werden den Anblick der brennenden Leiber und verkohlten Leichen nicht mehr los. Zeugen auf der Aussichtsterrasse glaubten ihren Augen nicht trauen zu können, als das sich schnell nähernde Flugzeug bis zuletzt nicht abdrehte und dann direkt unter ihnen in die Flanke des Hochhauses schmetterte. Erst als sie die massive Erschütterung spürten, die das riesige Gebäude wie ein kurzes Erdbeben erfasste, wussten sie, dass sie im Zentrum einer realen Katastrophe standen. Die mit enormer Wucht auf die Fassade prallende Maschine riss ein sechs auf sieben Meter weites Loch in die Flanke des Empire State Building.

28. Juli 1945:
Kollision in Manhattan

Dieses Ereignis und alle hier geschilderten Einzelheiten sind ebenso real wie die Geschehnisse des 11. September 2001. Tatsächlich hat New York bereits vor langer Zeit erlebt, wie ein größeres Flugzeug einen Wolkenkratzer traf.

Am 28. Juli 1945 krachte ein amerikanischer Bomber vom Typ B-25-Mitchell in die Nordflanke des damals höchsten Büroturms von Manhattan und explodierte zwischen der 78. und 79. Etage. Dieses tragische Ereignis war im Unterschied zu »Nine-Eleven« wirklich ein schrecklicher Unfall – mit weit geringeren Folgen. Sollten wir von menschlichem Versagen sprechen, so trifft dies gewiss in beiden Fällen zu, allerdings auf dramatisch unterschiedliche Weise. Der Pilot, der im Jahr 1945 in das Empire State Building raste, hatte zwar einen groben Leichtsinnsfehler begangen, doch beabsichtigte er weder Mörder noch Selbstmörder zu werden und versuchte noch im letzten Moment, die Maschine hochzureißen und den Aufprall zu verhindern.

Der hoch dekorierte Lieutenant Colonel William F. Smith galt mit rund 100 Kampfmissionen als erfahrener Kriegsveteran. Am Morgen des 28. Juli 1945 war er von seiner Heimatbasis Bedford in Massachusetts aus gestartet, um nach Newark, New Jersey, zu fliegen und dort seinen kommandierenden Offizier abzuholen.

Zu jenen frühen Stunden lag dichter Nebel über dem Landstrich, und Colonel Smith sollte zur Sicherheit am *Municipal Airport* – dem heutigen *LaGuardia Airport* bei Manhattan – zwischenlanden. Nicht alle Umstände der damaligen Ereignisse lassen sich vollständig und sicher nachvollziehen. Klar ist aber, dass Colonel Smith, der ob seiner militärischen Erfolge möglicherweise etwas leichtfertig geworden war, den Nebel nicht als hinlänglichen Grund betrachtete, seinen Flug zu unterbrechen. Widerwillig genehmigte ihm *Municipal* den Weiterflug, wobei der Fluglotse noch einen letzten Versuch startete, Smith davon abzubringen: »Von hier aus kann ich

Abb. 1 (links): Das Empire State Building – hier im Vordergrund des Anschlags vom 11. September 2001 – wurde im Jahr 1945 selbst von einem Flugzeug getroffen. Einer der wenigen Menschen, die beide Katastrophen erlebten, war der New Yorker Geschäftsmann Jack Brod, der seit Jahrzehnten Büros im Empire State besitzt. Abb. 2 (rechts): Die zerstörten Etagen des Empire State Buildings. Hier schlug am 28. Juli 1945 ein B-25-Mitchell-Bomber ein.

das Empire State Building nicht sehen.« Normalerweise war das immer möglich.

Wenig beeindruckt manövriert Smith seine Maschine weiter durch den dichten Nebel in Richtung Newark, wobei er die kritischste Route wählt, die ihn direkt über Manhattan hinwegführt. Doch hat er im Nebel die Orientierung verloren und ist vom ursprünglichen Kurs abgekommen.

So steuert Smith seine Maschine direkt über einige der höchsten jener künstlichen Eisberge, die sich im Nebelmeer verstecken. Seinen größten Fehler macht er in jenem Moment, als er auf Sinkflug geht, in der Hoffnung, die weißen Dunstschwaden würden in niedrigerer Höhe nicht so dicht sein. Also taucht er auf eine Höhe von 300 Metern ab. Zwar bestätigt sich seine Hoffnung und das Gewölk klart auf, doch plötzlich materialisieren sich die schimmernden Spitzen der mächtigen Wolkenkratzer um ihn herum. Vom Boden aus können Augenzeugen in starrem Entsetzen verfolgen, wie der Bomber mit waghalsigen Manövern versucht, dem nun unmittelbar drohenden Zusammenstoß mit einem jener babylonischen Türme zu entgehen. Die Maschine schlingert in dramatischem Slalom um die matt glänzenden Art-Déco-Spitzen der Machtmonumente, schafft es wiederholt, gerade noch auszuweichen, um dann aber in den allerletzten Sekunden genau die falsche Kehre auszuführen und direkt auf das Empire State Building zu zielen. Die fassungslosen Zeugen können nur noch sehen, wie der Pilot sein Flugzeug vor dem Gebäude verzweifelt hochreißt. Jetzt verschwindet die dunkle Silhouette der B-25-Mitchell wieder im Nebel. Was Augenblicke darauf folgt, ist eine ohrenbetäubende Detonation und ein glühender Feuerball. Funken und Trümmer regnen vom Einschlagspunkt aus 300 Metern Höhe herab.

Der Zehn-Tonnen-Bomber prallte mit einer Geschwindigkeit von über 320 Stundenkilometern in die nördliche Gebäudeflanke, mitten hinein in die Büros des *National Catholic Welfare Services*, wo auch Catherine O'Connor arbeitete.

Colonel Smith hatte leichtsinnigerweise seinen Flug nach Newark fortgesetzt, anstatt am *Municipal Airport/LaGuardia* zu landen. Wie viele andere Unglücksfälle auch, wäre die Kollision mit dem Empire State Building ohne weiteres zu vermeiden gewesen. *Municipal* hätte seinerseits den Weiterflug nie genehmigen dürfen.

Der verheerende Crash ereignete sich an einem Samstagmorgen. Zu jener Zeit waren noch nicht viele Mitarbeiter im Gebäude, zudem hielt sich an Samstagen merklich weniger Personal dort auf. Insgesamt wohl 1500 Menschen. Das Unglück war lokal deutlich begrenzt, so dass die Zahl der Opfer mit insgesamt 14 Getöteten und 25 Verletzten relativ niedrig ausfiel und nicht mit den Folgen des 11. September vergleichbar ist. Dennoch spielt die damalige Kollision in mancher Hinsicht eine nicht unbedeutende Rolle, wenn es um die Bewertung der Ereignisse geht, die 56 Jahre später nicht nur New York, sondern die gesamte Welt erschütterten und massiver veränderten, als dies dem einen oder anderen selbst heute vielleicht bewusst sein mag. Deshalb wird es in diesem Buch auch später noch kurz um den Zusammenstoß mit dem Empire State Building gehen. Für den Moment sei nur so viel vorausgeschickt: Spätestens seit jenem Ereignis waren die Architekten von Hochhäusern durchaus auf derartige Szenarien vorbereitet, auch wenn man sie nicht wirklich erwartete. Die Statistiken zur Wahrscheinlichkeit einer solchen Katastrophe fielen zwar mit 1:10 000 eher beruhigend aus, und an entsprechende Terrorangriffe dachte wohl niemand ernsthaft, zumindest damals nicht. Dennoch mussten Planer zumindest seit dem 28. Juli 1945 den schlimmsten Fall stets als reale Möglichkeit in Betracht ziehen und ihre Gebäude daraufhin entsprechend planen. Nicht anders als hinsichtlich gewöhnlicher Gebäudebrände, Stürme oder Erdbeben – jener Terrorangriffe der Natur, die im Normalfall weitaus zerstörerischer wirken, als gewollte oder ungewollte Attacken von Menschenhand.

»Der Sarg«

Das Empire State Building hatte die Kollision mit vergleichsweise geringfügigen Schäden überstanden. Seine Struktur blieb unversehrt, so dass es bereits nach wenigen Tagen wieder geöffnet werden konnte. Einige Monate später war dann der gesamte materielle, auf zirka eine Million Dollar veranschlagte Schaden behoben. Ganz anders bei 9/11.

Einer der wenigen, vielleicht gar der einzige, der beide Wolkenkratzer-Katastrophen erlebte, war der Juwelenhändler Irven »Jack« Brod. Am 1. Mai 1931 hatte er im Alter von nur 22 Jahren einige Büroräume im siebten Stock des Empire State Buildings angemietet, früh die Zeichen erkannt und sich auf sehr sichere Geschäfte verlegt.

Gold und Diamanten trotzten jeder Krise und schufen damit eine risikolose Anlageform. Nach dem Schwarzen Freitag von 1929, der die große Weltwirtschaftskrise einleitete, hatte die Arbeitslosigkeit auch in New York ihren Einzug gehalten. In schlechten Zeiten können allerdings Großprojekte neue existenzielle Grundlagen schaffen und viele Menschen ernähren. Das wussten schon die alten Ägypter. Und die New Yorker taten es ihnen nach, um die Weltwunder der Moderne zu schaffen. Allerdings war damals wohl spätestens mit dem Empire State Building ein vorläufiger Sättigungsgrad erreicht. Denn die immer höher aufschießenden Gebäude boten mehr Platz als überhaupt genutzt werden konnte. Bald blieben neue Mieter aus und die Räume dementsprechend leer. Nicht umsonst betitelte man in den ersten Tagen das nunmehr welthöchste Gebäude als das *Empty* State Building, eine Bezeichnung, in der wohl zudem die Doppeldeutigkeit des wirtschaftlich brachliegenden Staates mitklang. Und selbst bis heute haben noch viele Büros keinen Mieter gefunden.

An jenem verhängnisvollen Julitag des Jahres 1945 saß Brod wie eh und je an seinem Schreibtisch – mittlerweile im 66. Stockwerk – und arbeitete weiter eifrig daran, Gold und Diamanten später für ihn arbeiten zu lassen. Als Smiths Maschine zwölf Stockwerke über ihm in die Nordflanke des Empire State Buildings schoss, drang eine markerschütternde Erdbebenwelle durchs gesamte Gebäude, wie ein heißkalter Schauer, der einem den Buckel herunter läuft. Brods Sekretärin verlor die Balance und klammerte sich am nächstbesten Stuhl fest, um noch ein wenig Halt zu finden. Die Erschütterung riss sie dennoch zu Boden. Brod selbst kam nicht zu Schaden, er und seine Sekretärin waren dem Tod recht knapp entgangen. Doch wurden sie Zeugen einer historischen Katastrophe. Vor dem Fenster loderten die Flammen, aus dem Gebäude drangen laute, verzweifelte Schreie in die Räume des Diamantenhändlers. Über ihnen verbrannten Menschen, die wie Brod ahnungslos an ihren Schreibtischen gesessen hatten. Schließlich wurde es wieder ruhig. Das Gebäude wankte nicht mehr, die Schreie verstummten und wichen dem Lärm der Einsatzkräfte, die nun versuchten, zu retten, was noch an Menschenleben dort zu retten war. Später erinnert sich Brod: »Das Empire State Building hustete beim Zusammenstoß einmal kurz auf, dann aber stand es wieder – stolz und erhaben.« Jahrzehnte nach diesem Ereignis blickte Brod vom gleichen Schreibtisch in die Ferne, auf jene beiden Zwillingstürme, die in den 1960er-Jahren errichtet worden waren und dem bislang höchsten Bürogebäude nunmehr den Rang abgelaufen hatten. Dort in der Ferne, an der äußersten Spitze von Manhattan, waren sie Brod gleichsam zum gewohnten Anblick geworden. Es war der 10. September 2001, und nur einen Tag später sollte vom südlichsten Punkt Manhattans eine gigantische Rauchwolke ausgehen. Der betagte Geschäftsmann sah, wie die beiden neuen Symbole der Wirtschaftsmacht regelrecht pulverisiert wurden. Scheinbar nichts war übrig geblieben, so, als ob im Tropenwald eine neue Schneise geschlagen worden wäre. Brod nennt diese Lücke seither »den Sarg«, während andere von »Ground Zero« sprechen. Rund 3000 Menschen hatten hier ihr Leben gelassen. Und es war kein Unfall.

Ein utopischer Albtraum

In all dem Unglück bleibt es noch ein glücklicher Umstand, dass sich zu jenen Stunden nur relativ wenige in den beiden Türmen aufhielten, zudem konnten viele aus den Etagen unterhalb der Einschläge gerettet werden. Und ähnlich wie Betty Oliver waren zumindest ein paar Menschen durch glückliche Umstände dem ansonsten sicheren Tod entgangen. Das World Trade Center (WTC) mit seinen insgesamt sieben Gebäuden war gleichsam eine Stadt für sich. Kein Wunder, wenn viele Menschen in ihrem direkten oder weiteren Bekanntenkreis von Personen wissen, die entweder zu den Opfern zählten oder aber noch einmal mit dem Leben davon kamen. Mir sind damals ebenfalls einige dramatischere Schilderungen aus persönlicherem Kreis bekannt geworden.

Die Mitarbeiterin eines im World Trade Center ansässigen, größeren Unternehmens wäre wohl beim Anschlag umgekommen, hätte sie nicht genau für diese Zeit einen Zahnarzt-Termin gehabt. Als ihre Eltern aus dem Fernsehen von der Attacke erfuhren und sahen, wie der Südturm einstürzte, glaubten sie, ihre Tochter verloren zu haben. Verzweifelt hatten sie versucht, sie auf dem Handy zu erreichen, doch da es sich beim Plombieren ohnehin schlecht spricht, hatte die Tochter das Handy während des Termins natürlich ausgeschaltet. Als sie wiederum voller Entsetzen erfuhr, was sich in diesen Momenten in Manhattan abgespielt hatte, rief sie sofort zu Hause an und beruhigte ihre Eltern, die ihr Glück in diesen Schreckensstunden gar nicht fassen konnten.

Ein guter Bekannter von mir hielt sich damals gerade in New York auf. Ursprünglich hatte er vor, am Morgen des 11. September die Aussichtsterrasse des WTC zu besuchen, um von dort oben Panorama-Aufnahmen der Stadt zu machen. Doch war er am Vorabend so spät ins Bett gekommen, dass er verschlief. Geweckt wurde er durch lauten und dauerhaften Lärm von Einsatzfahrzeugen. Selbst für Manhattan war dieser Lärm ungewöhnlich. Zunächst drehte sich mein übermüdeter Bekannter unter der Decke um, vergrub sich ins Kissen und dachte, das sei eben New York City. Dann aber wurde ihm durchaus bewusst, dass etwas Außergewöhnliches geschehen sein musste, anders war dieser Großeinsatz nicht zu erklären. Die Woh-

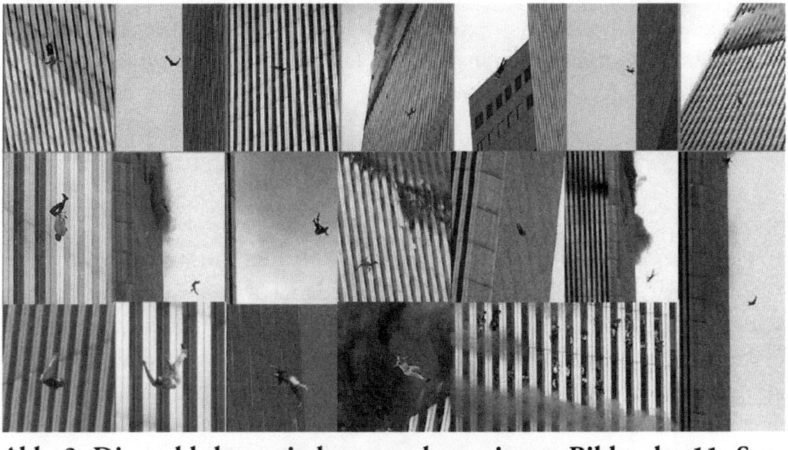

Abb. 3: Die wohl dramatischsten und traurigsten Bilder des 11. September 2001: Menschen springen aus dem World Trade Center in den sicheren Tod, um zumindest den Flammen zu entgehen.

nung befand sich auf Sichtlinie mit dem Trade-Center-Komplex, und als der junge Zeuge schließlich aufstand, um aus dem Fenster zu blicken, hätte er beim Anblick der brennenden Türme beinahe das Bewusstsein verloren. Dort oben wäre er heute eigentlich selbst gewesen! Niemand, der sich auf der Plattform befand, hatte eine Chance, das Gebäude noch lebend zu verlassen. Jeder Weg nach unten war abgeschnitten. Der sichere Tod! So war der Schlaf sein Lebensretter geworden.

Ein junges Paar auf Hochzeitsreise hatte sich am 10. September im *Marriott World Trade Center Hotel* einquartiert, einem 22-stöckigen Gebäude mit 825 Zimmern. Am Morgen des 11. September machte sich der Bräutigam auf, um einige Besorgungen in der Stadt zu machen. Seiner schwangeren Frau wollte er außerdem ein paar Blumen mitbringen. Er war schon einige Zeit unterwegs. Als er erfuhr, was sich am WTC abspielte, machte er sich so schnell er nur konnte auf den Rückweg. Doch war es ihm nicht möglich, rechtzeitig ins Hotel zu gelangen, wo die Katastrophe bereits alles ausgelöscht hatte. Als die erste Maschine den Nordturm traf, fiel ein Fahrwerk mitten auf das Hoteldach. Dort lagen auch Leichenteile einiger jener Opfer, die eher in den Tod sprangen, als in den Flammen umzukommen. Feuerwehrleute versuchten, das mit rund 1000 Menschen voll besetzte Hotel zu evakuieren, dennoch kamen dort zwei Angestellte und etwa zwei Dutzend Gäste ums Leben. Der Einsturz des Südturms hatte das *Marriott*-Hotel in zwei Teile gespalten.

Einzelne tragische Geschichten von unzähligen weiteren, wie sie sich im Inferno des 11. September zutrugen. An jenem Tag wurde New York City in ein grauenerregendes, utopisch anmutendes Szenario verwandelt, das geradewegs einem endzeitlichen Kinostreifen hätte entstammen können. Als die ersten Bilder der brennenden Türme auf den Bildschirmen in aller Welt ausgestrahlt wurden, als dort zu sehen war, wie die riesigen Gebäude in wenigen Sekunden zusammenbrachen, ja regelrecht pulverisiert wurden, als die Menschenmassen vor der katastrophalen Schuttwolke

Abb. 4: Ground Zero kurz nach der Katastrophe

davonliefen, die sich mit unvorstellbarem Tempo wie ein dämonisches Ungetüm durch die Straßenfluchten wälzte, und als zudem noch irgendetwas, von dem es keine Bilder gab, mitten ins US-amerikanische Verteidigungsministerium raste – nun, als all diese Impressionen des Schreckens sich global manifestierten, glaubte manch einer, lediglich einen neuen Science-Fiction-Film zu sehen, mehr nicht. Tatsächlich konnten viele, die sich damals gerade im Ausland aufhielten und jene Nachrichten irgendwo zufällig im fremdsprachigen Fernsehen sahen, zunächst die Aufregung nicht verstehen, mit der Einheimische die Bilder aufnahmen. Doch schnell drang die traurige Wahrheit ins Bewusstsein, dass diese Ereignisse sich tatsächlich zugetragen hatten. Sie waren nicht von einem Filmemacher inszeniert worden.

Und doch fielen recht bald nach dieser unvergleichlichen Attacke so manche Ungereimtheiten auf, Merkwürdigkeiten und Widersprüche, die bei genauer Betrachtung *eine* Frage unvermeidlich werden ließen, sie sogar förmlich aufdrängten: War dieser monumentale Terroranschlag inszeniert worden? Mussten hier 3000 Menschen sterben, nicht vorrangig deshalb, weil eine Handvoll fundamentalistischer Attentäter dies so wollte, um weltweite Aufmerksamkeit für ihre Sache zu erringen, sondern vielmehr, weil eine perfide Politik das so wollte? Weil Geheimdienste und skrupellose Schattenmächte sowohl in der gegenwärtigen US-Regierung als auch direkt hinter ihr dies so planten? Wäre das wirklich denkbar? Natürlich, eine an sich unglaubliche Unterstellung. Viele winkten von vornherein ab. Ein abstruser Gedanke. Die US-Regierung oder regierungsnahe Kräfte sollten tatsächlich selbst zum Terroristen geworden sein und Tausende unschuldiger Amerikaner, Zivilisten wie auch Militärs wissentlich und im Rahmen eines abscheulichen Plans umgebracht haben, um – ja, was damit zu erreichen? Was würde so ein Handeln rechtfertigen oder überhaupt erforderlich machen?

Das Pearl Harbor des 21. Jahrhunderts

Dass »Nine-Eleven« unmittelbar für eine skrupellose Politik der US-Regierung missbraucht wurde, wird von den wenigsten kaum mehr ernstlich abgestritten. In einem *Spiegel-Special* aus dem Jahr 2006 beispielsweise bemerkt Erich Follath: »Mit Nine-Eleven ist die Welt verschwunden, wie sie bis dahin war.« Natürlich zitiert er hier vor allem die perfide Strategie der Terroristen wie auch die Ausbildung religiöser Fanatiker in Pakistan und Iran als die Hauptursachen des Übels, doch ergänzt er: »Und nicht zuletzt hat an der negativen Entwicklung eine US-Regierung Schuld, die sich in der Außenpolitik unilateral von der Weltgemeinschaft abgewandt hat. Die sich das Recht anmaßte, nach Gutdünken Präventivkriege zu führen; die im Inneren einige ihrer wichtigsten demokratischen Ideale und bürgerlichen Freiheiten verriet. George W. Bush, sein mächtiger Vize Richard Cheney und der arrogante Verteidigungsminister Donald Rumsfeld haben aus der Tragödie des 11. September weitgehend die falschen Schlüsse gezogen und diese erst spät, gelegentlich auch gar nicht revidiert ... Der Krieg gegen den Irak – in Wahrheit begonnen zur Absicherung amerikanischer Ölinteressen und in der vagen Hoffnung auf einen positiven Demokratie-Domino-Effekt in der Nahostregion – wurde der Öffentlichkeit mit der Mär von den irakischen Massenvernichtungswaffen verkauft. Und mit einer glatten Lüge: Diktator Saddam Hussein sei ein Terroristenförderer und damit implizit verantwortlich für Nine-Eleven.«

Nun, eine solche Lüge zur Umsetzung politisch-militärischer Ziele sei noch lange nicht mit Massenmord an der eigenen Bevölkerung zu vergleichen, so mag der eine oder andere argumentieren. Wirklich? Man sollte sich doch nur vor Augen führen, welche Konsequenzen eine Lüge dieses Kalibers mit sich bringt. Sie führt zu blutigen Kriegen, zu schrecklichen Massakern und militärischen Auseinandersetzungen, in denen nicht nur unschuldige Zivilisten auf gegnerischer Seite getötet werden, sondern auch unzählige Soldaten. Im Kriegsfall zwar üblich, doch unter welcher Prämisse? Ein Krieg, der auf Lügen basiert, mag nichts Außergewöhnliches sein, doch ist er noch verwerflicher als der unvermeidliche Krieg – ohnehin schon ein Trauerspiel, dass unsere »Zivilisation« es im 21. Jahrhundert noch nicht geschafft hat, über den Status bewaffneter Konflikte hinaus zu gelangen. Die Gründe dafür sind hinlänglich bekannt, dennoch wird die Sache an sich dadurch nicht besser. Abgesehen davon kennt die Geschichte ausreichend nachgewiesene verbrecherische Manipulationen – so genannte Verschwörungen –, von denen jede einzelne aufzeigt, wie weit die Großen dieser Welt zu gehen bereit sind, um ihre Ziele zu erreichen. Es wäre müßig, hier Beispiele zu nennen. Nur eine Ausnahme, weil sie ohnehin schon rein verbal mit dem Thema dieses Buches nahezu untrennbar verknüpft ist: Pearl Harbor! Schon in den Stunden der »Nine-Eleven«-Katastrophe hatte George W. Bush den Anschlag als das »Pearl Harbor des 21. Jahrhunderts« kategorisiert. Eigentlich wurde Bush damals erst wirklicher Präsident der USA. Plötzlich war da eine Vision – seine Vision, die er repräsentieren konnte. Und die Anschläge versicherten ihn einer einhellig hinter ihm stehenden Bevölkerung – ganz anders als bisher, denn George Bush wirkte zuvor eher fade. Abgesehen von den politischen Folgen war der Vergleich sogar auf perfide Weise durchaus gerechtfertigt. Nach außen hin betraf dieser Vergleich selbstredend nicht mehr als die vordergründige Übereinstimmung der Ereignisse – hinsichtlich eines feigen Angriffs aus dem Hintergrund, der die USA unvorbereitet traf und dabei Tausende unschuldiger Menschen in den Tod riss. Doch hintergründig verbindet Pearl Harbor weit mehr mit dem 11. September. Denn auch die japanische Attacke auf den US-Stützpunkt in Hawaii, die sich am 7. Mai 1941 in aller Massivität ereignete, geht auf einen Plan zurück, der *in dieser Form* nirgendwo anders als in den eigenen Reihen ausgeheckt worden war.

Was man damals benötigte, war nicht mehr und nicht weniger als wiederum ein triftiger Kriegseintrittsgrund der USA. In Kurzform: Wenn man Japan durch die US-Präsenz auf dem vorgelagerten Stützpunkt von Oahu auf Hawaii nur lange genug herausforderte, müsse eine Reaktion erfolgen. Durch das damalige Bündnis zwischen Japan, Italien und Deutschland bedeutete der Kriegseintritt gegen Japan automatisch auch den Krieg gegen Deutschland. Und darum ging es. Nur die Führung auf Pearl Harbor durfte davon nichts wissen – so wurden Konteradmiral Husband Edward Kimmel und Lieutenant General Walter Short vom Informationsstrom ausgeschlossen. Mit insgesamt acht gezielten Provokationen über ein ganzes Jahr hinweg wurde das Vorhaben konsequent in die Tat umgesetzt. Auch hier sah die Realität anders aus als die offizielle Darstellung, der Feind saß eben wirklich in den eigenen Reihen und insgesamt fast 2500 US-Amerikaner ließen ihr Leben. Sowohl hinsichtlich der Opfer als auch mit Blick auf die tatsächlichen Hintergründe und Motive weist der 11. September somit doch deutliche Parallelen zu Pearl Harbor auf.

Auf den folgenden Seiten soll es nicht vorrangig darum gehen, die Geschehnisse vom 11. September 2001 möglichst vollständig zu rekonstruieren, da dies bereits in Hunderten, ja Tausenden von Publikationen versucht wurde und sicherlich jeder, der sich mit dieser Materie auseinander setzt, unfraglich auch mehrere Bücher zu Rate ziehen dürfte. Dabei ist es hier wie in jedem anderen Fall auch durchaus sinnvoll, konträre Standpunkte zu betrachten, um sich eine einigermaßen unabhängige und ausgewogene Meinung zu bilden.

Gerade hinsichtlich des 11. September gibt es wahrhaft diametral entgegengesetzte Standpunkte, wobei die Fronten teils drastisch verhärtet sind. Auch hierfür scheinen die Hintergründe klar zu sein, doch hilft diese Situation bei einer Aufklärung wenig weiter. Nicht zu vergessen die weiterhin massive Geheimhaltung, die 9/11 nach wie vor umgibt.

Wir werden versuchen, anhand aktueller Erkenntnisse ein möglichst umfassendes Bild dessen zu zeichnen, was sich an jenem Tag ereignet hat.

Und wir werden zahlreichen Spuren nachgehen, die bis in die Gegenwart reichen und deutlich aufzeigen, wie weit die Beteiligung der US-Schattenregierung am 11. September ging.

Bush-Science

Keine der heute vorgelegten Theorien zu den Ereignissen vom 11. September ist ohne Schwachstellen, keine kann das Geschehen *wirklich* klären, keine kann jede der so drängenden Fragen beantworten – am wenigsten aber vermag das die offizielle Darstellung, die seit Jahren offenbar fest zementiert in einem Fundament aus Lügen alle Angriffe mit dem Recht des Stärkeren abschmettert! Ganz im Sinne der mächtigen Auftraggeber jener staatlich abgesegneten Studien, deren Resultate auch von den großen Medien propagiert und kaum kritisch kommentiert an den Konsumenten weitergegeben werden.

Das omnipotente Gebilde der US-Staatsmacht, das auch die Massenmedien finanziert und in ein sehr harmonisches Konzert der allgemeinen Berichterstattung einspannt, formuliert zudem die Vorgaben an die Wissenschaft, die so neutral und exakt nicht ist. Auch hier finden sich Zusammenhänge zwischen Theorien und Absichten, Zwangsläufigkeiten und Notwendigkeiten. Beliebt sind Computermodelle, die offenbar für alles eine Antwort parat haben. Der Computer wird zur allwissenden Blackbox und besitzt den nicht zu unterschätzenden Vorteil, Unsichtbares plötzlich sichtbar und damit a priori auch verständlich werden zu lassen. Diese Visualisierung beinhaltet einen beinahe unwidersprochenen Realitätsanspruch, auch wenn sich damit nichts als ein Trugschluss verbindet. In TV-Dokumentationen wird uns versprochen, nun genau zu zeigen, was wirklich geschah. Scheinbar unbestechliche Computersimulationen lassen einen Blick hinter die Kulissen zu, sie führen uns nunmehr »ins Zentrum der Katastrophe«. Endlich sieht der interessierte Betrachter im Detail, wie die Maschine in den Nordturm oder ins Pentagon eindringt und wie sie sich in ihre Bestandteile auflöst, wie sie explodiert und wie die Zerstörung von Flugkörper und Gebäudestruktur voranschreitet. Bilder sagen bekanntlich mehr als tausend Worte, und hier liegen nun die Beweise vor, die jeder Betrachter wiederum weiterzugeben vermag, als hätte er das wahre Geschehen mit eigenen Augen gesehen – von einem Beobachtungspunkt, der in Realität seinen sofortigen Tod bedeutet hätte.

Was also will man mehr, was gäbe es dem überhaupt noch Sinnvolles entgegenzusetzen? Zunächst vielleicht die schlichte Bemerkung, dass auch

Abb. 5: Computersimulation der Purdue-Universität – der Einschlag von AA 11 in den Nordturm. Eine Grundlage der offiziellen Studien. So wissenschaftlich Computermodelle wirken, so abhängig sind sie von der Programmierung und Dateneingabe. Falscher Input liefert zwangsläufig auch falschen Output. Doch die Massenmedien greifen diese Berechnungen willig als Darstellung der Wahrheit über 9/11 auf.

Astrologen heute mit Computern arbeiten, dieser Umstand jedoch nicht das Geringste über den Wert oder Unwert des damit erstellten Horoskops aussagt oder aber die Genauigkeit der astrologischen Vorhersage in irgendeiner Weise positiv beeinflussen würde. Der Computer erscheint selbst heute, wo fast jeder ihn nutzt, immer noch als das ultimative Mittel einer unanfechtbaren, sauberen wissenschaftlichen Analyse. Zumindest wird er gerne als solches präsentiert. Manchmal sicher nicht zu Unrecht, doch eben nicht immer. Der Rechner arbeitet mit Software, Formeln und Daten. Wenn die Software fehlerhaft ist oder die Formeln und Datensätze nicht korrekt sind, dann werden es auch die Ergebnisse sein. Eine Simulation ist nur so gut wie ihre Vorgaben. Wer will, kann damit die fantastischsten Vorgänge anscheinend glaubhaft wiedergeben, doch werden sie damit eben immer noch irreal sein. Wie sich herausgestellt hat, liefern die offiziellen Studien zum 11. September ebenfalls oft Daten, die nicht mit der tatsächlichen Situation übereinstimmen. Computersimulationen bleiben unter Verwendung dieses Grundlagenmaterials nichts als Pseudowissenschaft. Kritiker der Regierungsstudien, darunter Nobelpreisträger, haben bereits darauf hingewiesen, dass naturwissenschaftliche Prinzipien und unter anderem physikalische Gesetze missachtet und gebeugt wurden. US-Skeptiker der offiziellen Darstellung sprechen daher auch von »Bush Science« oder »Junk Science«.

Wir werden bald sehen, dass hier alternative Szenarien wahrscheinlicher sind und heute, nunmehr bereits Jahre nach den schrecklichen Ereignissen von Nine-Eleven, doch eine überwältigende Vielfalt an neuen Aussagen und Analysen vorliegt, an Theorien und Experimenten, Beobachtungen und Berechnungen, die letztlich danach verlangen, die Sachlage neu zu erörtern und die bisherigen offiziellen Verlautbarungen hierzu gründlich in Frage zu stellen. Gewiss existieren überzogene Theorien zu den unvergleichlichen Vorgängen von 9/11. Doch wen sollte das wundern? Der Vorfall steht in seiner Art völlig allein in der Geschichte der Menschheit da, Vergleiche sind also gar nicht möglich. Vor allem aber hat das Verhalten der staatlichen Stellen die Entstehung von so genannten Verschwörungstheorien geradezu heraufbeschworen. Die nicht akzeptable Darstellung der Regierungsanalysen scheint vielen geradezu Beleg dafür zu sein, dass der Feind wieder einmal in den eigenen Reihen zu suchen ist – dass 9/11, wie nicht wenige in Amerika sagen, ein »Inside Job« war. Solange es auf dieser Welt Geheimnisse und Geheimdienste gibt, solange gibt es mit absoluter Zwangsläufigkeit auch Verschwörungen. Wo hier die Grenze zwischen Theorie und Praxis zu ziehen ist, das werden sicherlich nur einige wenige wissen, jene, die selbst tief in die Vorgänge verstrickt sind.

»Wer nicht für uns ist, ist gegen uns!«

Gerade um die ganz großen Ereignisse der Geschichte bildet sich bekanntlich in relativ kurzer Zeit eine undurchsichtige Aura, in der sich, einem historischen Quantenschaum gleich, Raum und Zeit aufheben und alles möglich zu sein scheint. Dieser Umstand schlägt sich auch merklich in der Literatur nieder, die im Falle von 9/11 geradezu unüberschaubar geworden ist. Viele Bücher waren schon auf dem Markt, als von Ground Zero fast noch Rauch aufstieg. Schon damals machten Autoren auf etliche Ungereimtheiten aufmerksam, während einige Publikationen lediglich die Ereignisse nachzeichneten, die jenen Tag beherrschten. Im Grunde verblüffte allein schon eine einzige Tatsache beinahe jeden Beobachter, mochte er noch so geschockt sein.

Nachdem zunächst überhaupt keine Hinweise bekannt geworden waren und ganz offenkundig auch die Geheimdienste nicht im mindesten wussten, dass für jenes Datum eine komplexe und in ihrer Gewalt nie da gewesene Terroraktion auf US-Boden geplant war, folgten bereits am selben Tag erste Erklärungen darüber, welche Organisation hinter den Attacken stand und wer die Attentäter waren. Hier schien ganz deutlich etwas nicht zu stimmen. Woher kam der plötzliche Informationsfluss?

So stehen wir auch hinsichtlich 9/11 zumindest zwei großen Verschwörungslagern gegenüber: dem offiziellen und dem alternativen. Die Welt ist seit jenem Tag komplexer geworden, aber sie wurde auch deutlich simplifiziert, spätestens nachdem George W. Bush einen ideologischen Zebrastreifen über die Welt legte – getreu dem Motto: »Wer nicht für uns ist, der ist gegen uns!« Amerika musste sich nach den Anschlägen zwangsläufig verändern, doch die Art und Weise, wie sich dieser Wandel manifestierte, legt Absicht nahe.

Direkt nach den Attentaten stand die Welt beinahe geschlossen hinter den USA; hier machten sogar muslimische Nationen keine Ausnahme. Nachdem aber die folgende, zunehmend aggressive Machtpolitik der USA immer deutlicher wurde und sich spürbar abzeichnete, wie 9/11 als Freibrief illegaler Einmischungen und Kriege missbraucht wurde, relativierte sich vielerorts die Solidarität sehr zum Leidwesen der US-Spitze. Gräueltaten in Abu Ghraib oder Guantanamo Bay taten ihr Übriges, um den Ruf der USA in der Welt massiv zu schädigen. Wer darüber hinaus allerdings davon sprach, dass die US-Regierung selbst in die Geschehnisse vom 11. September verwickelt war – entweder, indem sie den Terror wissentlich und stillschweigend geschehen ließ oder aber sogar selbst Hand anlegte –, wer diese Behauptung allen Ernstes und sogar auf Grundlage umfangreicher Indizien aufstellte, erhielt einen eindeutigen Stempel aufgeprägt: Verschwörungstheoretiker und Antiamerikaner. Auch wenn wir uns den gleichen Vorwürfen aussetzen, und dies letztlich bald in alter Gewohnheit, werden wir hier nun die Argumente und Informationen beleuchten, wie sie in jüngster Zeit bekannt wurden oder sich im Laufe der aktuellen Recherche herausgestellt haben. Wir nehmen Zeugen als das, was sie sind und in der Form, in der sie ebenfalls vor Gericht gehört werden. Niemand kann in einen anderen Menschen hineinsehen und seine wahren Motive wirklich bis ins Letzte ergründen. Immer bleiben gewisse Unwägbarkeiten. Doch entscheidend dürfte das Gesamtbild sein. Höchstens die Zeit wird letztlich darüber urteilen, was wirklich geschah. Dieses Buch beruft sich auf verschiedenste Kontakte und Quellen, auf persönliche Gespräche mit Wissenschaftlern, Zeugen und Geheimdienstlern wie auch auf öffentlich zugängliches Material aus allerjüngster Zeit. Unter denjenigen Personen, die wesentliche Erkenntnisse zu einem durchaus verblüffenden alternativen 9/11-Szenario geliefert haben, befinden sich jedoch keineswegs nur Antiamerikaner. Im Gegenteil, oft sind es sehr besorgte Persönlichkeiten, welche um die großen Werte des alten Amerika fürchten. Im Grunde ist Amerika doch ein Land der Ideale und Vorbilder, ein Land, das die Jugend zumindest früher regelmäßig begeisterte und jeden erwachsenen Idealisten ebenso ansprechen musste – sofern es solche noch gibt. Umso größer dann die Enttäuschung beim Blick auf das »neue« Amerika! Nicht, dass vor Jahren oder Jahrzehnten alles dort eitel Sonnenschein gewesen wäre. Auch das alte Amerika kannte durchaus massive Verschwörungen, wie allein das schon genannte Paradebeispiel Pearl Harbor belegt. Doch jede Nation kann auf mehr oder minder düstere Kapitel ihrer Vergangenheit zurückblicken, und insgesamt schienen dennoch die großen Ideale von Freiheit und Gleichberechtigung noch eine andere Rolle zu spielen, indem sie ernster genommen wurden. Daher verwundern auch die Sorgen einiger »reinrassiger« Amerikaner nicht, die genau aus Liebe zu ihrem großen Land ausgiebig Kritik üben und aus ihrem Herzen keine Mördergrube machen, eben weil sie nicht nur ein großes Land ihre Heimat nennen wollen, sondern auch weiterhin ein großartiges, auf das es wert ist, stolz zu sein. Nicht umsonst sehnt sich der Politiker Gore Vidal das alte Amerika herbei und warnt das neue eindringlich davor, sich in der Welt zu isolieren sowie seinen eigenen Untergang zu provozieren.

Wenn hier Amerika ins Kreuzfeuer gerät, wenn hier die Rede ist von einer massiven Verschwörung, dann mit gutem Recht und aus ehrlichem Grund. Denn nicht allein die Fakten um 9/11 belegen, dass eine teils offen, größerenteils aber im Schatten operierende Regierung – eine Agenda, welche sämtliche Grundrechte mit Füßen tritt – im Begriffe ist, nicht nur ihr eigenes Land, sondern die gesamte Welt ins Verderben zu reißen. Zunehmend lässt sich umgekehrt auch beobachten, wie die kontinuierlich vorangetriebene, aggressive Globalisierung unter steter Berufung auf eine terroristische Bedrohung und den konsequenten »Krieg gegen den Terror« während ihres globalen Kreuzzuges für Demokratie und Freiheit letztlich in die eigene Isolierung gleitet. So bewahrheitet sich absolut Gore Vidals Schlagwort »Ewiger Krieg für ewigen Frieden«.

Das extensiv gepflegte Faustrecht begründet in altangestammter sozialdarwinistischer Weise sämtliche Aktionen und vermittelt zugleich offenbar trügerische innere Stärke. Nie zuvor erfuhr die Bevölkerung der Vereinigten Staaten die eigene Verletzbarkeit so sehr wie am 11. September 2001, direkt an ihren wirtschaftlichen wie militärischen Zentralorganen – oder zumindest an deren exponiertesten Symbolen. Was folgte, war jedoch nicht die gezielte Ausschaltung der vorgeblichen Hauptverursacher, sondern der Beginn einer durch Terror und Unwahrheiten legitimierten Expansionspolitik, weitgehend Barbarei fern jeglicher Verantwortlichkeit. Wie sich noch herausstellen wird, war 9/11 ein multifunktionales Szenario, das manche Gewinner kennt. Und manch einem seiner Planer muss es, so zynisch dies im Augenblick vielleicht klingen mag, als die einzige Lösung für ein wirklich großes Problem erschienen sein.

Auftakt einer Katastrophe

»HJCK« bleibt stumm

Als Präsident George W. Bush sich kurz nach 6.30 Uhr morgens zu einem sechs Kilometer langen Morgen-Jogging am *Colony Beach and Tennis Resort* in Longboat Key, Florida, aufmacht, sind bereits die ersten Aktionen im Gange, einen von langer Hand und verschiedenen »Masterminds« ausgeklügelten Plan umzusetzen und jenen Tag als düsteres Kapitel in die Geschichtsbücher eingehen zu lassen.

An verschiedenen Flughäfen der USA gehen 19 Männer an Bord von vier Maschinen, keiner von ihnen erscheint besonders verdächtig. Bei einigen gibt es zwar genauere Kontrollen, dennoch wird niemand festgehalten. Nur wenige Stunden später aber werden genau diese Personen als die Selbstmordattentäter des 11. September identifiziert. Trotz der perfekten Planung der dramatischen Ereignisse ging schon in den frühen Morgenstunden offenbar nicht alles glatt. Der Hauptkoordinator seitens der vermuteten Selbstmordattentäter, Mohammed Atta, hätte seinen Flug beinahe nicht mehr erreicht und hastete zum Abflug-Gate. Er war auch in die Zufallsauswahl des *Computer Assisted Passenger Prescreening System* (CAPPS) geraten, das Passagiere identifiziert, die ein Sicherheitsrisiko darstellen könnten. Die zusätzliche Kontrolle bewirkte jedoch nicht, dass Atta festgehalten wurde, sondern sollte allein gewährleisten, dass das Gepäck erst nach dem Boarding des Passagiers in die Maschine gelangte. Ohnehin scheint es recht seltsam, dass ein Selbstmörder gleich mit zwei Gepäckstücken unterwegs ist, obwohl er weiß, dass er einen Flug in den Tod gebucht hat und sicher keine private Habe benötigt. Dem Mann am Ticketschalter, Michael Tuohey, fielen Atta und sein Begleiter Abdulaziz Al-Omari auf, weil sie mit so genannten One-Way-Tickets für die erste Klasse eintrafen. Atta habe wütend ausgesehen und sei noch ungehaltener gewesen, als er erfuhr, am *Boston Logan Airport* erneut einchecken zu müssen. Al-Omari habe kaum englisch gesprochen und lediglich ein etwas dümmliches Lächeln aufgesetzt. Tuohey stellte später fest: »Ich kann nicht glauben, dass dieser Mann davon wusste, am selben Tag sterben zu müssen.«

Abb. 6: Die beiden als Al-Omari und Atta (hinten links) bekannten Personen, die als Terroristen an Bord von Flug 11 gewesen sein sollen. Das Bild stammt vom 10. August 2001 und wurde von einer Überwachungskamera an einem Geldautomaten aufgenommen.

Am Bostoner *Logan Airport* checken fünf Entführer für den *United-Airlines*-Flug 175 ein, wobei zwei sich sprachlich schwer tun, die üblichen Sicherheitsfragen am Ticketschalter zu beantworten. Überhaupt scheinen sie mit dem Reisen nicht im Geringsten vertraut zu sein. Einer von ihnen erklärt, er benötige ein Ticket, doch die zuständige Mitarbeiterin stellt fest, dass er bereits seinen Flugschein hat.

Während George Bush seine Runden um den Golfplatz dreht, brütet Sergeant Matt Rosenberg im Pentagon über einigen aktuellen Studien. Rosenberg gehört dem Medizinerteam des Pentagon an und befasst sich ausgerechnet in jenen Stunden mit einem neuen medizinischen Notfallplan, der auf dem »unwahrscheinlichen Szenario einer Flugzeugkollision« mit dem Gebäude basiert. Zufälligerweise. Zufälligerweise wird etwa zur gleichen Zeit das Alarmsystem von Gebäude Nummer 7 des World-Trade-Center-Komplexes ausgeschaltet bzw. in den TEST-Modus versetzt; dieser Modus bleibt über die nächsten acht Stunden aktiv. Andere Alarmsysteme sind ebenfalls inaktiv. Um 7.15 Uhr erscheinen jetzt Majed Moqed und Khalid Almihdhar am *American-Airlines*-Schalter des Washingtoner *Dulles International Airport*, um für Flug 77 einzuchecken – sie werden beide von CAPPS ausgewählt, müssen wiederholt die Sicherheitskontrolle passieren. Wie die offizielle Untersuchungskommission, *The 9/11 Commission*, in ihrem an vielen Stellen unvollständigen und auch unkorrekten Bericht später festhält, erschien Almihdhars Pass verdächtig und »könnte eine Verbindung zu *Al-Qaida* aufgewiesen haben«, dennoch gelangen die beiden Personen als offenbar völlig unverdächtige Passagiere an Bord von AA77. Auch Hani Hanjour, der angebliche Todespilot, der die Maschine laut offizieller Darstellung später ins Pentagon fliegen sollte, wird trotz zusätzlicher Kontrollen durch CAPPS ungehindert durchgelassen.

Um 7.59 Uhr startet Flug 11 mit 14-minütiger Verspätung vom *Logan Airport*, Boston. An Bord der Boeing 767 befinden sich unter den Passagieren neben Mohammed Atta vier weitere der vermuteten Luftpiraten.

Eigentlich sollte sich um diese Zeit Larry Silverstein im 88. Stockwerk des Nordturms zu einem Gespräch mit wichtigen Mietern diverser Büros einfinden. Doch Silverstein, der den WTC-Komplex erst im April des Jahres 2001 für 99 Jahre geleast hatte, erschien nicht. Vielmehr hatte er sich zu einem offenbar unaufschiebbaren Termin bei seinem Dermatologen begeben. Auch seine beiden Kinder Roger und Lisa Silverstein hätten sich üblicherweise in *Windows of the World* getroffen, dem Restaurant an der Spitze des Nordturms, um einige wichtige Gespräche zu führen. Doch auch sie waren nicht da. Sie hatten sich drastisch verspätet – und blieben von der folgenden Katastrophe verschont. Wer sich zum Zeitpunkt X in jenem Restaurant befand, hatte keine Chance mehr, das Gebäude lebend zu verlassen.

In der 97. Etage des Südturms findet gegen 8.00 Uhr eine Sicherheitsübung statt, die offenbar von der kalifornischen *Oracle Corporation* durchgeführt wird. Gegen 8.13 Uhr bricht der Kontakt zu Flug AA 11 ab. Pilot John Ogonowski reagiert noch auf eine Fluganweisung der Bodenkontrolle, missachtet aber schon im nächsten Augenblick die Anweisungen, in einen Steigflug überzugehen. Seltsamerweise scheint Ogonowski nicht einmal mehr in der Lage, den üblichen Notruf auszusenden. Dazu hätte es genügt, einen vierstelligen Code in den Transponder einzugeben. Über den Transponder wird fortwährend die Kennung der betreffenden Maschine an die Bodenkontrolle übermittelt, ebenso die genauen Koordinaten und Höhenangaben. Die Eingabe des spezifischen Codes für eine Flugzeugentführung übermittelt die vier Buchstaben HJCK für »Hijack« – »Entführung«.

Auch keine der übrigen im Laufe des Vormittags entführten Maschinen sendet jedoch einen entsprechenden SOS-Ruf aus. Kurz nachdem der Kontakt zum Piloten von AA 11 abbricht, wird auch der Transponder ausgeschaltet. Von der Maschine treffen keine Daten mehr ein. Etwa um die gleiche Zeit hebt nun *United Airlines* 175 vom *Logan Airport* ab, mit einer rund 16-minütigen Verspätung.

Betty Ong, eine der Stewardessen an Bord von AA 11, schafft es, unbemerkt von einem der bei älteren Boeing 767 in den hinteren Sitzen integrierten »Airphones« aus bei der *American-Airlines*-Reservierung anzurufen und dort mit Angestellten zu sprechen. Beinahe unvorstellbar: Sie befindet sich 25 Minuten in der Leitung, das heißt, bis zu zwei Minuten vor der Kollision der Maschine mit dem Nordturm! Ong erscheint am Telefon relativ gefasst und versucht, die Situation an Bord zu schildern. Nachdem sie zunächst die Flugnummer fälschlicherweise als »12« angibt, korrigiert sie auf »11« und erklärt, das Cockpit antworte nicht: »Jemand wurde in der Business Class niedergestochen und … ich glaube, sie setzen Tränengas ein …, so dass wir nicht atmen können. Ich weiß nicht, ich glaube, wir werden entführt.« – Dann bittet sie darum, einen Augenblick zu warten, gerade komme jemand aus dem vorderen Teil des Flugzeugs ins Heck. Sie erhält von Kollegen immer wieder Informationen über die Vorgänge im vorderen Teil der Maschine. Auch in der Bostoner Bodenkontrolle gehen Informationen ein, denn immer wieder öffnet sich die Funkverbindung. Bis zu acht Minuten vor der Kollision. Unklar ist, ob Ogonowski selbst den entsprechenden Knopf wiederholt drückt, um den Kontakt herzustellen, oder aber einer der Entführer ihn versehentlich berührt, was jedoch eher unwahrscheinlich ist. Demnach müsste Ogonowski die Maschine zumindest bis wenige Minuten vor der katastrophalen Kollision selbst gesteuert haben. Zur prinzipiellen Möglichkeit der von Bord geführten Telefonate findet seit Jahren eine hitzige Diskussion statt, vor allem auch, was vermeintliche Handy-Anrufe von Opfern betrifft. Selbst solche Anrufe ließen sich fälschen, um unreale Sachverhalte vorzutäuschen. Ein zusätzliches Problem in der Diskussion darüber stellt die sensible Gesamtsituation dar. Solche Behauptungen seien den Opfern gegenüber pietätlos. Zwar berührten etwas nüchterner betrachtet solche Fälschungen keineswegs die Opfer selbst, sondern nur die tatsächlichen Hintergrundpersonen, doch soll das Thema hier absichtlich ausgeklammert werden. Wie sich noch zeigen wird, ändert eine Verringerung der Zusatzannahmen zu 9/11 das Ausmaß der Verschwörung in keiner Weise. Daher bleiben zumindest einige vieldiskutierte Aspekte unberührt – nicht zuletzt aber auch, um das Volumen der Darstellung in einem erträglichen Rahmen zu halten und die Diskussion nicht ausufern zu lassen.

Einheit 269

Entgegen der später veröffentlichten Version scheint es zumindest einem der Entführer gelungen zu sein, eine Schusswaffe an Bord zu schmuggeln. Nur wie, das bleibt ein Rätsel. Jedenfalls spielten sich in der ersten Klasse nunmehr wohl dramatische Szenen ab. Wiederum will es ein überaus seltsamer Zufall – und solche Zufälle begegnen uns in jenen Stunden am laufenden Band –, dass sich an Bord von Flug AA 11 auch Daniel Lewin, ein ehemaliges Mitglied von *Sayeret Matkal* befindet. Hierbei handelt es sich um die »Späher des Generalstabes« als Sondereinheit der israelischen

Streitkräfte. Zu den Hauptaufgaben zählt auch die Terrorismusbekämpfung, wobei »Einheit 269« auf Antiterror-Einsätze außerhalb Israels spezialisiert ist. Offiziell wird die Existenz von *Sayeret Matkal* zwar abgestritten, doch liegen ausreichend Fakten vor, aus denen zahlreiche bemerkenswerte Aktivitäten dieser Sondereinheit hervorgehen. So wird die Verheimlichung lediglich zur Formsache.

Zu den Operationen zählen Entführungen ebenso wie Geiselbefreiungen. Als Chef der Gruppe trat bis 1996 Dani Yatom auf, dem bis 1998 auch der israelische Geheimdienst *Mossad* unterstand.

Daniel Lewin saß auf Platz 9B und damit genau vor einem der fünf Entführer – Satam al Suqami. Ohne dass weitere Einzelheiten bekannt wurden, kam es laut Schilderungen einer Stewardess – wahrscheinlich Betty Ong – zu einem tödlichen Zwischenfall an Bord. Suqami soll dabei eine Waffe auf Lewin gerichtet und ihn höchstwahrscheinlich gegen 8.20 Uhr Ortszeit erschossen haben. In seiner umfangreichen Arbeit *Crossing the Rubicon* kommentiert Michael C. Ruppert, Ex-Police-Sergeant des *Los Angeles Police Department*: »Lewin, ein 31 Jahre alter amerikanisch-israelischer Staatsbürger, war Absolvent des MIT [*Massachusetts Institute of Technology*] und vom israelischen *Technion*. Lewin war im Alter von 14 Jahren mit seinen Eltern nach Israel ausgewandert und arbeitete dort dann im IBM-Forschungslaboratorium in Haifa. Lewin war Mitbegründer und leitender Technologierepräsentant von *Akamai Technologies*. Er lebte mit seiner Familie in Boston. Ein vom 17. September 2001 stammender Bericht in [der israelischen Tageszeitung] *Ha'aretz* identifizierte Lewin innerhalb der israelischen Streitkräfte als ein ehemaliges Mitglied von *Sayeret Matkal* … Diese besondere Geschichte wirft eine Vielfalt von Fragen auf. Gab es auf den entführten Flügen doch Schusswaffen? Wie gelangten sie dorthin? Warum wurden sie nicht erwähnt? Wie kam es, dass jemand mit Lewins speziellem Hintergrund am Tag der Entführungen genau vor einem der Entführer saß? War er immer noch aktiv [für *Sayeret Matkal* tätig]? Bloßer Zufall ist hier nahezu unmöglich. So erhebt sich die Frage: Planten die Entführer – alle 19 – ihre Aktivitäten, um Lewin zu töten, oder folgte Lewin ihnen sogar über die Brücke zum Tod? Mussten sie ihn töten, um ihre Mission zu vollenden? Wer hatte wen infiltriert und wer enthüllte Lewins Gegenwart im von Mohammed Atta entführten Flugzeug? Aus meinem Blickwinkel ist eines absolut klar: Jemand auf höchster Ebene der israelischen Regierung erachtete Lewin für entbehrlich.«

Wie sich später noch zeigen wird, befanden sich noch andere bemerkenswerte Fluggäste an Bord von AA 11 – und nicht nur dort.

»Wir haben einige Maschinen ...«

In jenen Momenten, als Daniel Lewin sein Leben lässt, endet auch die Übertragung des IFF-Signals (»Freund-Feind-Kennung«) von AA 11 und die Maschine weicht massiv vom ursprünglich vorgegebenen Kurs ab. Dennoch benachrichtigt die Bostoner Bodenkontrolle keine andere zuständige Zentrale und leitet die Informationen in den folgenden 20 Minuten nicht an die nordamerikanische Luftraumüberwachung NORAD (*North American Aerospace Defense Command*) weiter. Warum, bleibt ungeklärt.

Während Flug 77 mit zehn Minuten Verspätung vom Rollfeld des Washingtoner *Dulles Airport* abhebt, geht ein Anruf aus Flug 11 bei *American Airlines* ein. Am Apparat ist die Stewardess Madeleine Sweeney. Unverständlicherweise kommen verschiedenen Berichten zufolge zwei Manager der *American-Airlines*-Zentrale in Fort Worth, Texas, darin überein, die Informationen nicht weiterzugeben – »Verbreiten Sie das nicht ... Belassen Sie es hier. Das bleibt unter uns«. Sweeney spricht auch davon, dass die Entführer eine Bombe ins Cockpit gebracht hätten, sie habe sie selbst gesehen. An der Sprengladung seien gelbe und rote Kabel zu sehen gewesen. Um 8.24 Uhr trifft über den aktivierten Bordsprechfunk von Flug 11 eine zunächst nicht gleich verständliche Nachricht bei den Fluglotsen ein. Sie hören, wie sich die Entführer über Lautsprecher an die Passagiere wenden: »Wir haben einige Flugzeuge. Bleiben Sie einfach ruhig und es wird Ihnen nichts geschehen. Wir fliegen zurück zum Flughafen ... Keine Bewegung. Alles wird in Ordnung sein. Wenn Sie versuchen, sich zu bewegen, gefährden Sie sich und das Flugzeug. Bleiben Sie einfach ruhig.« Auf den Schirmen verfolgen die Fluglotsen, wie die Maschine eine 100-Grad-Kehre in südliche Richtung macht. Mittlerweile konnte Amy Sweeney die Nummern der Sitzplätze dreier Entführer durchgeben – am Bostoner Flughafen weist der Dienstleiter Michael Woodward einen Kollegen an, die entsprechenden Daten zu überprüfen. Damit liegen Namen, Adressen, Telefonnummern und Kreditkartennummern zumindest dieser drei Entführer vor. Es sind Abdulaziz Al-Omari (Platz 9G), Mohammed Atta (Platz 9D) und Satam Al Suqami (Platz 10B). Dass jedoch diese Personen im Rahmen einer derart groß angelegten Aktion ohne Decknamen und gefälschte Dokumente an Bord gingen, gilt als völlig unverständliche Tatsache. Wenn nur ein Sicherheitsbeamter beim Check-in eine genauere Überprüfung veranlasst hätte, wäre die gesamte Aktion möglicherweise bereits aufgeflogen. Jetzt aber kristallisiert sich der Hintergrund heraus. Jetzt werden Namen genannt, die unmittelbar mit *Al-Qaida* in Verbindung gebracht werden. Bis heute ist nicht klar, ob diese Personen wirklich an Bord waren, es kursieren sogar Behauptungen, dass einige der vermeintlichen Selbstmörder heute noch leben. Und wenn die Namen lediglich benutzt wurden – als Decknamen für Entführer, die weder die wahre Mission kannten noch wussten, in wessen Namen sie auftraten? Das klingt recht abgehoben und unrealistisch. Immerhin aber hatte FBI-Chef Robert Mueller, der sein Amt zufälligerweise erst am 4. September 2001 und damit exakt eine Woche vor den Attacken antrat, genau diese Möglichkeit sehr bald in Betracht gezogen. So habe er schon am 12. September erklärt, die Namenslisten könnten unter Umständen überhaupt nicht die tatsächlichen Namen der Entführer enthalten. Doch die bekannt gewordenen Namen sind schließlich keine Fiktion. Interessanterweise erklärte man zu Beginn der Ermittlungen, es sei wegen Namensgleichheiten schwierig, eindeutige Zuordnungen durchzuführen. So exotisch die Namen für unsere Ohren auch klingen mögen, sie seien im arabischen Raum keineswegs einmalig. Trotzdem musste wohl jedem der tatsächlichen Namensträger im Falle einer Fälschung klar sein, als vermeintlicher 9/11-Attentäter missbraucht worden zu sein, um den *Al-Qaida*-Kontext künstlich zu generieren. Würde er deswegen an die Öffentlichkeit gehen oder sich aber einfach nicht drum scheren? Wieviel würden wiederum wir, die westliche Öffentlichkeit, davon mitbekommen? Egal, wie man zu dieser spekulativen Frage stehen mag, sie ist im Grunde für das 9/11-Szenario belanglos. Denn, wodurch zeichnete sich der *Al-Qaida*-Kontext wirklich ab?

Wir haben hier bisher stillschweigend vorausgesetzt, dass die 19 vermuteten Terroristen als solche den Behörden bereits bekannt waren. In seiner Ansprache vor dem *Commonwealth Club of California* in San Francisco erklärte allerdings FBI-Chef Robert S. Mueller am 19. April 2002 bezüglich der Attentäter: »Da niemand unter ihnen ein bekannter Terrorist war, hatte die Justiz keinerlei Grund, sie zu befragen oder zu inhaftieren.« Diese Aussage steht allerdings in völligem Widerspruch zu dem, was der Antiterror-Chefkoordinator Richard A. Clarke bereits am 11. September über eine abhörsichere Leitung im Pentagon erfuhr: »Wir haben die Passagierlisten der Fluglinien. Wir kennen einige der Namen, Dick. Das sind *Al-Qaida*-Leute.« Auch Clarke staunte über diese Information: »Ich war verblüfft. Nicht, weil das ein Angriff von *Al-Qaida* war, sondern weil sich Kämpfer von *Al-Qaida* an Bord von Flugzeugen befunden und dabei Namen angegeben hatten, die das FBI *Al-Qaida* zuordnen konnte.« Die CIA habe im Übrigen versäumt, das FBI über diese Personen zu informieren. Was also stimmte nun? Selbst informierte Kreise widersprechen sich zumindest in ihren offiziellen Darstellungen. Ist das Absicht oder Schlamperei?

Demnach bleibt, was die vermuteten Attentäter betrifft, nach wie vor ein großes Fragezeichen über ihre tatsächlichen Hintergründe und Motive bestehen, auch wenn die offiziellen Medien hier keinerlei Zweifel und Unsicherheiten kennen. Wie ganz allgemein, wenn es um 9/11 geht.

Es ist vor 8.30 Uhr. Langsam, sehr langsam beginnen nun Informationen über die Entführung von Flug AA 11 zu fließen. *Doch die NORAD wird immer noch nicht verständigt.* Für Ben Sliney, den nationalen Einsatzleiter in der Kommandozentrale der US-Bundesluftfahrtbehörde (*Federal Aviation Administration,* FAA), schlichtweg nicht nachvollziehbar. Seit Beginn seiner Karriere im Jahr 1964 gab es nicht einen Fall, bei dem das vorgeschriebene Prozedere nicht befolgt worden wäre. Doch Boston informierte die NORAD weiterhin nicht. Die Bodenkontrolle vermutete seltsamerweise immer noch einen »katastrophalen elektrischen Schaden« an Bord, was den Piloten offenbar dazu bewogen habe, New York anzusteuern.

Aus der Maschine berichtete Betty Ong von einer weiteren Zuspitzung der Situation. Außerdem gab sie andere Sitznummern für die Attentäter durch als Amy Sweeney. Sie waren nun offenbar auf 2A, 2B, 9A und 9B verteilt. Zwei Flugbegleiter hatten laut Ong schwere Stichverletzungen, einem Passagier war ihrer Schilderung zufolge in den Hals geschnitten oder gar die Kehle durchschnitten worden. Er sei jedenfalls schwer verletzt und lag wie tot in Sitz 10B – dem Platz, den ursprünglich Suqami einnahm.

Die Luftabwehr schläft

Am Boden geschieht immer noch wenig. Die FAA-Zentrale informiert weder NORAD noch das *National Military Command Center* (NMCC) im Pentagon, um eine Eskorte von Kampfjägern zum Jet zu beordern, wie in solchen Fällen üblich. Warum agiert die FAA-Leitung nicht? Wieder ein so merkwürdiger wie tragischer Umstand. Denn der für Entführungsszenarien zuständige Koordinator ist nicht anwesend! Mike Canavan, Direktor der *Civil Aviation Security* der FAA, hält sich just zu jenen Stunden in Puerto Rico auf. Später sagt er aus, sämtliche Ereignisse an jenem Tag versäumt zu haben. Niemand fragt nach, ob er denn nicht einen Stellvertreter mit den anstehenden Aufgaben betraut habe, sollte sich ein Zwischenfall im Luftraum ereignen. Offenbar schien er wohl von seinem eigenen Job nicht viel zu halten.

Doch Mike Canavan war an jenem Tag keineswegs der einzige hochrangige FAA-Repräsentant, der sich nicht am gewohnten Platze aufhielt. Bill Peacock, der Hauptkoordinator sämtlicher Fluglotsen, befand sich auf einer

Versammlung; Jack Kies, zuständig für taktische Operationen der FAA, nahm ebenfalls an einem Treffen teil; der leitende FAA-Manager Tony Ferrante befand sich bei einer Verhandlung in Chicago im Zeugenstand, und Rick Hostetler aus dem Planungsstab der FAA, der auch die Verbindung zwischen *Secret Service, US Special Operations Command* und dem Pentagon herstellte, saß beim Zahnarzt.

Doch genug der Beispiele. An jenem Tag schien jedenfalls offenbar niemand in seiner eigentlichen Funktion aktiv zu sein. Und wenn, so schlief er oder war nicht erreichbar.

Zwar kontaktieren die Fluglotsen des *Logan Airport* gegen 8.34 Uhr die *Otis Air National Guard Base* auf Cape Cod, Massachusetts, wo zwei Kampfjäger in 24-Stunden-Bereitschaft stehen. Auf dem Weg zu ihren Jets erhalten Lieutenant Colonel Timothy Duffy und Major Dan Nash die Order »Gefechtsstation«, sie sollen also in ihren Kampfjets auf den Einsatzbefehl warten. Mehr geschieht jedoch nicht. In diesen Minuten bricht der Oberbefehlshaber sämtlicher US-Streitkräfte mit seinem Wagenkonvoi zu einer kurzen Fahrt auf, um in Saratoga, Florida, eine Grundschule, die *Emma E. Booker Elementary School*, zu besuchen.

Während AA 11 in einen schnellen Sinkflug übergeht, gelingt es der Bostoner Bodenkontrolle nun erstmals, das Militär über die ablaufende Entführung und die sich entwickelnde Krise zu informieren. Der Anruf aus Boston geht an den NORAD unterstehenden NEADS (*North East Air Defense Sector*) und wird von Technical Sergeant Jeremy Powell entgegengenommen. In der Leitung ist ein Lotse, der Powell knapp über die Situation informiert: »Hallo, hier ist Boston. Wir haben ein Problem hier. Wir haben ein entführtes Flugzeug, das Richtung New York steuert und wir brauchen euch Jungs, um ..., wir brauchen jemanden, der ein paar F-16 startet oder irgendwas in dieser Art, helft uns hier raus!« – »Ist das die echte Welt oder nur Übung?«, fragt Powell verunsichert, denn ausgerechnet am 11. September 2001 finden zahlreiche militärische Großübungen statt, bei denen Angriffe einer feindlichen Macht und Terroranschläge aus der Luft geübt werden! Wieder einer jener bemerkenswerten, um nicht zu sagen: sehr merkwürdigen Zufälle. »Nein, keine Übung, kein Test«, erwidert der Lotse. Zumindest schien nun die Bodenkontrolle Boston einen gewissen Erfolg verbucht und die Informationen endlich weitergeleitet zu haben, wenn auch die übliche Kommandokette dabei völlig missachtet wurde (FAA informiert NMCC im Pentagon, NMCC kontaktiert daraufhin NORAD, worauf der Verteidigungsminister – Donald Rumsfeld – über einen militärischen Einsatz entscheidet).

Immer noch gab es aber einige Personen bei NEADS, die den Anruf als

Teil einer jener Übungen betrachteten. Immerhin war tatsächlich – und rein zufälligerweise – für die nächste Stunde eine Flugzeugentführung im Rahmen einer Übung eingeplant, die Major Kevin Nasypany entworfen hatte. Deshalb reagiert der Major absolut gelassen auf die eingehende Meldung und ruft den anderen Anwesenden laut zu: »Die Entführung wird nicht vor einer Stunde beginnen!« Doch eine verunsicherte Technikerin hakt noch einmal unter Kolleginnen nach. »Eine reale Entführung?« – Was folgt, sind eher scherzhafte Antworten mit entsprechendem Unterton. »Ja, ganz real!«, flunkert eine Kollegin, was eine dritte Mitarbeiterin nur mit »Cool!« kommentiert. Zumindest dieser Fall scheint klar zu sein.

Die Übungen jenes Tages sorgen für erhebliche Verwirrung, auch in den folgenden Minuten. Offenbar weiß darüber hinaus keiner so recht, zu welchen Befehlen er befugt ist oder nicht. NEADS-Chef Colonel Robert Marr kontaktiert völlig überflüssigerweise zunächst NORAD-Commander Larry Arnold im CONR-Hauptquartier auf der *Tyndall Air Force Base* in Florida, um ihn über die Notwendigkeit aufzuklären, Kampfjäger von der Otis-Basis aufsteigen zu lassen. Als Sektorkommandant verfügt Marr jedoch automatisch über die erforderliche Befugnis und muss nirgends zuvor um Erlaubnis nachfragen. Zumindest Arnold fackelt nicht lange. Eher leicht verwundert, drängt er Marr, sofort zu handeln. Offenbar ist sich Marr des Ernstfalls immer noch nicht wirklich bewusst.

Auf der Otis-Basis vergehen die Minuten und immer noch geschieht nichts. Die beiden Flieger verharren in Warteposition, doch der entscheidende Befehl ergeht einfach nicht. Währenddessen nähert sich Flug AA 11 New York. Der momentane Kurs führt die Maschine direkt über das *Indian-Point*-Kernkraftwerk in Buchanan, das sich nur 45 Kilometer nördlich von New York City befindet. Verschiedene Autoren wundern sich später darüber, dass die zu allem bereiten *Al-Qaida*-Terroristen die Maschine nicht direkt in diese Anlage hineinmanövrierten und damit eine weit größere Verwüstung anrichteten. In Anbetracht der schrecklichen Geschehnisse des 11. September erscheint diese Bemerkung fast geschmacklos, doch ganz nüchtern betrachtet, erweist sie sich schnell als durchaus gerechtfertigt. Extremistische Terroristen jenes Kalibers, Fanatiker, die größtmögliche Zerstörung für größtmögliche Aufmerksamkeit anstreben, sind gewiss zu allem bereit und werden auch keinerlei Skrupel hegen, ihren Erzfeind so massiv zu treffen, wie überhaupt nur irgend möglich.

Die Verwüstung des *Indian-Point*-Kraftwerks hätte insgesamt noch weitaus größere Schäden als das reale Szenario gezeitigt. Jedermann im Umkreis von mindestens 80 Kilometern wäre einer sehr akuten Gefahr ausgesetzt gewesen. Angesichts der hohen Besiedlungsdichte jener Region entspricht dies rund 20 Millionen US-Bürgern oder immerhin sieben Prozent der gesamten US-Bevölkerung. Wie gesagt, nüchtern betrachtet, gab es wohl keinen plausiblen Grund, warum die Terroristen eine solche Option nicht wählten. Antworten auf diese wesentliche Frage fallen erwartungsgemäß sehr unterschiedlich aus, bleiben jedoch allesamt zwangsläufig spekulativ.

Nun sind es nur noch Minuten, bis die erste Maschine in den Nordturm des World Trade Centers jagt. Kurz zuvor, um 8.42 Uhr, hebt Flug 93 vom *Newark International Airport* ab, 41 Minuten später als ursprünglich vorgesehen. Doch läuft der übliche Flugbetrieb immer noch in gewohnten Bahnen ab. Flug 93 konnte wegen hoher Auslastung des Flughafens nicht früher starten. Diese Maschine, der vierte an jenem Tag entführte Linienjet, wird gegen 10.06 Uhr unter nicht geklärten Umständen in Pennsylvania abstürzen. Gerade als Flug 93 in der Luft ist, erhält NORAD die Information, dass Flug 175 entführt wurde. Die Situation spitzt sich mehr und mehr zu, wird komplizierter, unübersichtlicher.

Kollision

Jetzt, um 8.46 Uhr, erhalten die Abfangjäger der Otis-Basis endlich den Befehl aufzusteigen. Doch ist es genau die Minute, in der Flug AA 11 in den Nordturm rast! Es scheint fast, als wäre der Befehl perfekt auf den Augenblick abgestimmt gewesen, jenen Moment, als sich die Katastrophe ohnehin ereignete. Und so fragen Skeptiker wiederum, ob dies wirklich nichts als Ironie des Schicksals und somit blanker, schrecklicher Zufall war.

Zielsicher rast die Maschine mit einer Geschwindigkeit von rund 690 Kilometern pro Stunde in die Nordflanke des WTC-Nordturms, der sich äußerlich vor allem durch die hohe Antenne vom Südturm unterschied. Flug 11 schlägt weit oben ein, zwischen der 93. und 99. Etage des insgesamt 110 Stockwerke hohen Gebäudes. Sofort gehen die schätzungsweise knapp 40 000 Liter Kerosin in einem gewaltigen Feuerball auf. Zu jenen frühen Stunden sind die Türme noch nicht voll besetzt. Vor allem viele Führungskräfte haben sich noch nicht eingefunden. Wer in der Lage war, einen derartigen Anschlag wie »Nine-Eleven« mit mehreren entführten Maschinen in die Tat umzusetzen, musste auch dazu fähig sein, diesen Umstand mit zu berücksichtigen. Autoren, die aus nahe liegenden Gründen der offiziellen Darstellung gegenüber sehr kritisch eingestellt sind, geben zu bedenken, dass *Al-Qaida*-Terroristen den Zeitpunkt sicherlich anders gewählt hätten, nämlich exakt so, dass die Präsenz möglichst zahlreicher und hochrangiger Wirtschaftsrepräsentanten gewährleistet gewesen wäre. Immerhin

Abb. 7: Der brennende Nordturm

demonstriert die Auswahl der Ziele doch offenbar deutlich die Absichten der Terroristen. Die Supermacht USA sollte auch laut offizieller These in ihren Kernpfeilern erschüttert werden. Die weithin bekannten und schier unübersehbaren Symbole von Wirtschafts- und Militärmacht sollten möglichst schwer getroffen werden: die selbstbewusst in den Himmel ragenden Türme des Welthandelszentrums in Manhattan ebenso wie die moderne Festung, jenes gigantische Fünfeck in Washington. Je radikaler, desto effektiver. Je mehr Opfer, desto größere Wirkung. Warum also wählten die Planer nicht einen anderen Zeitpunkt für diesen gigantischen Mehrfachanschlag aus?

Und wie kam es, dass der gesamte Verteidigungsapparat so erschreckend unbeweglich war? NEADS-Mitarbeiter suchten Flug AA 11 verzweifelt auf den Monitoren, obwohl die NORAD darauf spezialisiert ist, unidentifizierte Flugkörper – und genau das war AA 11 nach Ausschalten des Transponders – aufzuspüren und gegebenenfalls unschädlich zu machen. Nach Abschalten der Signalübermittlung war Flug 11 nur noch ein unscheinbarer Punkt auf den Radarschirmen. Dies geschah frühestens um 8.13 Uhr, wobei die Aussagen hierzu – wie beinahe stets – widersprüchlich sind.

NEADS-Chef Robert Marr beharrte später darauf, der Transponder sei erst nach 8.30 Uhr abgeschaltet worden. Erst zu diesem Zeitpunkt sei somit auch klar gewesen, dass die Maschine entführt worden war. Diese 17 zusätzlichen Minuten sollen den Umstand wett machen, dass NEADS so spät reagierte. Der winzige Punkt ging anscheinend unter Tausenden identifizierter Maschinen verloren, von denen jede ihre eigene Signatur auf den Monitoren hinterließ. Ein völlig überfüllter Luftraum. Kein Wunder also, dass niemand in der Lage war, die Maschine wirklich zu orten, wobei die Verwirrung durch die Übungen an jenem Tag noch ungleich größer war. Doch wer hatte die Übungen angesetzt? Wer hätte fähig sein müssen, Fakt und Fiktion weiterhin auseinander zu halten? Und: Konnte die vor allem nach außen orientierte Luftraumüberwachung wirklich so tief geschlafen haben? Konnte sie so unfähig sein, die verdächtige Maschine nicht durch zusätzliche Maßnahmen rechtzeitig zu verfolgen und aufzuspüren?

Dass ausgerechnet das über Jahrzehnte hinweg bestens trainierte und konzipierte Warn- und Verteidigungssystem einer Supermacht nicht in der Lage sein sollte, eine derartige Situation unmittelbar in den Griff zu bekommen, wäre eine unvergleichliche Schlappe, die im Grunde das gesamte System hoffnungslos ad absurdum führte. Letztlich wäre es völlig obsolet, die Regierung könnte es komplett abschaffen, der Unterschied wäre minimal.

Schon am 12. September 2001 erklärte General Anatoly Kornukov, der Chefkommandant der russischen Luftwaffe, sehr deutlich: »Ganz allgemein gesagt ist es unmöglich, einen Terrorakt innerhalb eines Szenarios auszuführen, wie es gestern in den USA benutzt wurde … Sobald sich etwas dieser Art hier ereignet, wird mir darüber auf der Stelle Bericht erstattet und in einer Minute sind wir alle in der Luft.« Nicht nur die Feststellung an sich, auch die Formulierung lässt tief blicken.

Vergessen wir auch nicht: Sämtliche Kurswechsel der entführten Maschinen wurden beobachtet. Allein diese Feststellung belegt doch, dass ihre Position zu jeder Zeit bekannt war.

Erinnern wir uns außerdem an eine weitere Tatsache. Selbst, wenn Robert Marr nicht irrte und demnach der Transponder von AA 11 erst um 8.30 Uhr abgeschaltet wurde, dann vergingen bis zum Einschlag von Flug 175 in den Südturm immerhin noch 33 Minuten und bis zum Einschlag von Flug 77 ins Pentagon sogar 67 Minuten, und dennoch konnten keinerlei wirksame Gegenmaßnahmen ergriffen werden, um zumindest diese letzte Attacke zu verhindern. Wiederum unglaublich. Uniformiertes Personal, das öffentliche Besuchergruppen durch das Pentagon führt, bewegt sich dabei ständig im »Rückwärtsgang«, um stets alle im Visier zu haben und somit zu verhindern, dass jemand einen illegalen Ausflug in nicht für öffentliche Touren zugelassene Bereiche unternimmt. Denn so etwas könnte die nationale Sicherheit ernstlich gefährden. Folglich muss jede Kleinigkeit bedacht werden. Doch gegen einen zerstörerischen Angriff vermag das Verteidigungsministerium nichts zu unternehmen. Selbst wenn das Pentagon nicht über ein eigenes Raketenabwehrsystem verfügt – diese an sich nahe liegende Vermutung wird von offizieller Seite abgestritten –, standen Abfangjäger auf unmittelbar benachbarten Luftwaffenbasen Washingtons für den sofortigen Einsatz zur Verfügung. Immerhin sprechen wir von der US-Hauptstadt und keiner Provinzbühne!

Auch New York City stellt an sich einen besonders sensiblen und demnach auch spezifisch zu sichernden Luftraum dar. Spätestens seit der B-25-Kollision mit dem Empire State Building im Jahr 1945 musste allen Verantwortlichen klar geworden sein, dass solche an sich »völlig unwahrscheinlichen« Ereignisse eben doch gelegentlich zur bitteren Realität werden. Sowohl Gebäudekonstrukteure als auch Militärgeneräle mussten diesen Fakten künftig Rechnung tragen und alles Menschenmögliche unternehmen, um das Ausmaß potenzieller Katastrophen dieser Art denkbar zu minimieren. Dabei dürfte wohl die Frage nach dem Verursacher eine untergeordnete Rolle spielen.

Mobile Waffen contra Luftattacke

Bemerkenswert ist, dass der amerikanische *Secret Service*, der mit dem FBI um den Rang der effektivsten bundespolizeilichen Behörde konkurriert, offenbar ein Geheimarsenal an *Stinger Missiles* im World Trade Center untergebracht hatte. Der Grund: Würde die Stadt bei einem Besuch des US-Präsidenten angegriffen, sollte sein Schutz weiterhin gewährleistet sein. Immerhin obliegt dem *Secret Service* vor allem diese eine Aufgabe. Doch allgemein verfügt die Behörde über Möglichkeiten zur Luftraumüberwachung und hier über das *Tigerwall*-System, das eine Frühwarnung hinsichtlich Bedrohungen aus der Luft gewährleisten soll und die geographische Verteilung von Flugzeugaktivitäten aufzeichnet.

Die FIM-92A-*Stinger*-Waffen sollen im WTC-Gebäude Nummer 7 bereitgehalten worden sein, wo der *Secret Service* ohnehin über Büros verfügte. *Stingers* sind hoch entwickelte Waffensysteme, die von verschiedenen »Plattformen« abgefeuert werden können, darunter von der Schulter eines einzelnen Soldaten aus. Wie die übrigen Varianten dient auch dieses *Man-portable Air Defense System* – also in etwa: von einer Person tragbares Luftverteidigungssystem – als Kurzstreckenwaffe gegen niedrig fliegende Ziele in der Luft (SHORAD – *Short-Range Air Defense*). Die Starteinheit wiegt nicht einmal sechs Kilogramm, voll bestückt erreicht die Waffe knapp 16 Kilogramm bei 1,5 Metern Länge und kann daher von einer Person noch recht gut geschultert werden. Die Rakete wurde übrigens von der *Raytheon Corporation* entwickelt, einem Unternehmen, das uns später noch einmal begegnen wird.

Die *Stinger Missile* ist mit einem passiven Infrarot-Detektor ausgestattet, der demnach selbst keine Strahlung emittiert, wie sie von dem eigentlichen Zielobjekt wahrgenommen werden könnte. Das System orientiert sich mittels der vom bewegten Ziel ausgehenden Wärmestrahlung. Sobald die

Waffe abgefeuert ist, steuert sie also selbsttätig auf ihr Ziel zu; der Schütze muss keine weitere Kontrollfunktion übernehmen und kann sich beispielsweise der Vorbereitung einer weiteren »Salve« widmen, um ein anderes niedrig fliegendes Objekt abzuschießen. Das integrierte Proportional-Navigationssystem einer *Stinger Missile* reagiert adaptiv auf eventuelle Ausweichmanöver des Ziels und verfügt außerdem über die Möglichkeit, eine IFF-Kennung abzufragen, das heißt, sich vor dem Vernichtungsschlag gleichsam zu »erkundigen«, ob das zunächst unidentifizierte Flugobjekt freundlich oder feindlich gesonnen ist. Im Falle von AA 11, deren IFF-Kennung gegen 8.20 Uhr deaktiviert wurde, bedeutete dies ein unbekanntes und demnach ganz offenbar feindliches Ziel. Die Maschine wäre abgeschossen worden. Nur stellt sich dabei noch die Frage, welche Schäden ein Abschuss der Linienmaschine über dem dicht besiedelten Manhattan verursacht hätte. Die *Stingers* besitzen eine maximale Reichweite von acht Kilometern, somit wäre ein Abschuss von AA 11 aus der Position des Gebäudes Nummer 7 wohl schwer möglich gewesen, ohne ein anderes Katastrophenszenario zu verursachen. Doch wäre ein Einsatz der portablen Waffensysteme an anderer Stelle sicherlich realistisch gewesen, ganz abgesehen einmal von einem rechtzeitigen Abschuss durch Kampfjäger – eine immerhin nicht unerprobte Option mit klaren Vorschriften. Doch am 11. September schien offenbar nichts klar.

Ein schrecklicher »Unfall«

Aus dem Nordturm des WTC steigen gigantische Rauchwolken auf, in seiner Flanke klafft ein weites Einschlagloch. Wie eingestanzt zeichnet es die Form der Boeing 767 nach, die hier in schrägem Winkel aufgeprallt ist. Selbst in diesen tragischen Augenblicken sind die federführenden Persönlichkeiten von Militär, Luftsicherung und Regierung noch nicht einmal über die Entführung der Maschine informiert. So soll selbst Jane Garvey, FAA-Chefin, keine Bestätigung erhalten haben. Und Präsident Bush, angeblich ebenfalls noch völlig ahnungslos, befand sich mit seiner Wagenkolonne unmittelbar vor seinem Ziel, der Grundschule in Sarasota. Man benötigt keine überschäumende Fantasie, um sich vorstellen zu können, dass Bushs Limousine mit jeden heute denkbaren Variationen der Kommunikationstechnologie ausgestattet ist, und auch eine eher minimalistische Ausrüstung, namentlich ein Autotelefon, hätte wohl genügt, ihm die entsprechende Information zukommen zu lassen. Doch, wie sich später deutlicher herauskristallisierte, war das alles offenbar überhaupt nicht nötig, wusste der Präsident wohl bereits seit längerem, was jener Tag bringen sollte. Zumindest gehen nicht wenige unabhängige Untersucher der Hintergründe von 9/11 keineswegs grundlos von dessen Vorauswissen aus.

Der offiziellen Darstellung folgend, erfuhr hingegen wohl Ari Fleischer, Bushs oft eher schweigsamer Regierungssprecher, als Erster von der katastrophalen Kollision in New York. Ihm sollen die ersten Informationen per Handy übermittelt worden sein – wer ihn anrief, ist jedoch nicht bekannt, und dabei wird es wohl auch bleiben.

Als Bush in einer Rede am gleichen Abend dann erklärt, er habe unmittelbar auf die Attacke hin die entsprechenden Reaktionspläne der Regierung aktiviert, bringt er offenbar etwas durcheinander. Diese akuten Maßnahmen im Falle eines Terrorangriffs, kurz CONPLAN genannt, wurden nämlich von niedrigerer Instanz aktiviert. Bush selbst erklärte, erst nach 9.55 Uhr gezielte Befehle hinsichtlich der Attacke gegeben zu haben.

In Anbetracht des äußerst träge reagierenden militärischen Abwehrmechanismus erscheint interessant, wie schnell die amerikanische Bundespolizei FBI aktiv wird – dies vor allem aber weniger bei der Sicherung als bei der Vernebelung von Spuren. Bereits in den Minuten nach dem ersten Einschlag treffen FBI-Beamte in der Zentrale von *American Airlines* ein und übernehmen unmissverständlich die Kontrolle. Ebenso finden sich unmittelbar nach der Kollision FBI-Beamte unter anderem in der Bostoner Flugleitzentrale ein, um Bandaufzeichnungen des Funkverkehrs von Flug 11 zu beschlagnahmen. Üblicherweise werden solche Aufnahmen allerdings dem *National Transportation Safety Board* (NTSB) überstellt, einer Verkehrsbehörde, die unter anderem für die Aufklärung entsprechender Unglücksfälle zuständig ist. Diesmal nicht. Allerorten scheinen am 11. September andere Gesetze zu gelten.

Der US-Präsident seinerseits soll schließlich im Korridor der Booker-Grundschule angeblich von seinem Berater Karl Rove kurz beiseite genommen und von dem gewaltigen Anschlag in New York City unterrichtet worden sein. »Was für ein schrecklicher Unfall«, soll er bemerkt und gemutmaßt haben, dass der Pilot vielleicht eine Herzattacke erlitt. Die Aussagen hinsichtlich des Gesprächs mit Rove decken sich jedoch nicht, und nach außen erweckt Bushs knapper Kommentar den Anschein, als würde er von einem kleinen Flugzeug ausgehen, nicht von einer Linienmaschine mit Copilot. Möglicherweise sollte dieser Anschein auch ganz absichtlich erweckt werden.

In den Minuten kurz nach dem ersten Einschlag sitzt der damalige CIA-Chef George Tenet gerade mit dem befreundeten Senator David Boren beim Frühstück. Ein Leibwächter unterbricht das morgendliche

Gespräch und reicht Tenet ein Handy. Jetzt erfährt er, dass das World Trade Center soeben *angegriffen* wurde – eine Wortwahl, die Boren überrascht. Nicht von einem Unfall ist die Rede, sondern unmittelbar und ohne Umschweife von einer Attacke. Tenet erklärt sofort, der Anschlag trage die Handschrift des *Al-Qaida*-Netzwerks von Osama bin Laden. Wie Tenet später selbst schrieb, musste es aus seiner Beurteilung der Sachlage nicht erst zum zweiten Einschlag kommen, um zu erkennen, mit einem gewaltigen Terroranschlag konfrontiert zu sein. Der CIA-Chef war sich von vornherein dessen bewusst. Man sollte eigentlich davon ausgehen können, dass der Chef des Auslandsgeheimdienstes einer Supermacht in der Tat entsprechende Schlussfolgerungen sehr zügig zu ziehen vermag. Dass aber eben jener mächtige Apparat nicht in der Lage gewesen sein soll, bereits im Vorfeld zumindest einige Hinweise auf die bevorstehende Terror-Katastrophe aufzuspüren, scheint hingegen weniger wahrscheinlich.

In jenen Minuten der ersten Kollision weiten sich die dramatischen Ereignisse auch bei Flug 175 aus. Ein New Yorker Fluglotse sieht noch, wie Flug 11 vom Monitor verschwindet – er hatte offenbar ganz anders als die militärischen Spezialeinheiten überhaupt keine Schwierigkeiten, die Maschine weiter zu verfolgen, auch nachdem ihr Transponder ausgeschaltet worden war. Genau bis zur Kollision mit dem Nordturm.

Dem Lotsen selbst war dabei jedenfalls nicht bewusst, dass AA 11 vom Bildschirm verschwand, weil sie in das World Trade Center raste. Vielmehr glaubte er, sie habe die Flughöhe weiter verringert und sei deshalb »unsichtbar« geworden. Gleichzeitig aber verfolgte er den Kurs von Flug 175 weiter und beobachtete nun, wie hier plötzlich der Transponder deaktiviert wurde. Wie er später erklärte, wusste er rein instinktiv, dass zwischen den beiden Maschinen ein Zusammenhang bestehen musste.

Die Krise

Bushs Irrtum

Während CNN gegen 8.48 Uhr die ersten Aufnahmen der Einschlagstelle am rauchenden Nordturm sendet (Sequenzen der Kollision selbst wurden erst am folgenden Tag ausgestrahlt), bahnt sich bereits neues Unheil an. Vier Minuten nach dem ersten Treffer endet der Funkkontakt zu Flug 77. Außerdem kommt Flug 175 in jenen Minuten vom Kurs ab, die Maschine dreht in südöstliche Richtung ab und geht in einen Steigflug über. Ein Besatzungsmitglied funkt durch, dass die Maschine entführt und die restliche Crew umgebracht wurde.

Mittlerweile sollte bei NORAD selbst die letzte Maus in höchste Alarmbereitschaft versetzt sein. So würde man zumindest annehmen. Doch absolute Fehlanzeige. Ungehindert dringt Flug 175 weiter Richtung Manhattan vor. Unterschiedliche Zeitangaben verwirren die Situation zusätzlich und verhindern eine Klärung der tatsächlichen Abläufe sowie des Kenntnisstandes von NORAD. Während ursprünglich die Rede davon war, dass NORAD um 8.43 Uhr von der Entführung der zweiten Maschine erfuhr, soll die Behörde laut dem Bericht der offiziellen 9/11-Kommission davon erst Kenntnis erhalten haben, als das Flugzeug in den Südturm gerast war. Auch über das Verstummen des Transponders von Flug 77 gegen kurz vor neun Uhr früh wird NORAD offenbar nicht unterrichtet.

Gegen 8.53 Uhr allerdings ruft NORAD-Major Don Arias seinen jüngeren Bruder Adam an, der hoch oben im Südturm arbeitet, in der 84. Etage – »Schau, dass du raus kommst, geh' nach Hause … Eine zweite Maschine ist gekapert worden und es könnte einen zweiten Angriff geben.«

Bis zu diesem Angriff sind es de facto nur noch zehn Minuten. Im Südturm herrschte offenbar völlige Unklarheit darüber, wie man sich am besten verhalten sollte. Die meisten glaubten an ein furchtbares Unglück, nicht an Absicht, als sie von der Explosion im Nachbarturm überrascht wurden. Einige standen sofort auf, um das Gebäude zu verlassen. Laut Durchsagen war es jedoch gefährlicher, sich auf die offene Straße zu begeben als im Turm zu bleiben. Die Einsatzleiter der Feuerwehr sahen das völlig anders. Jene Kollision ließ demnach den gesamten Komplex unsicher werden. Also rieten sie der Polizei der zuständigen Hafenbehörde (*Port Authority*) sowie dem Gebäudepersonal zur sofortigen Evakuierung.

Der eigentliche Befehl zur Evakuierung von Turm 1 und 2 erging erst geschlagene 13 Minuten nach dem ersten Treffer. Um 8.59 Uhr erteilte die Leitung des *Port Authority Police Department* die unmissverständliche Order hierzu. Unmittelbar darauf folgte der erweiterte Befehl, den gesamten Komplex zu räumen. Warum aber erst jetzt?

Auch hier also flossen die Informationen nur zäh, und auf Grund der internen Durchsagen, besser am Platz zu bleiben, kehrten tragischerweise viele an ihre Schreibtische zurück. Überlebende erinnern sich später an die Worte, wie sie aus den Lautsprechern drangen: »Unser Gebäude ist sicher. Sie können wieder auf ihre Etage zurückkehren. Wenn Sie etwas erschöpft sind, können Sie einen Schluck Wasser trinken gehen oder in der Cafeteria einen Kaffee zu sich nehmen … In Turm 1 ist ein Feuer entstanden. Turm 2 ist davon unbeeinträchtigt. Wenn Sie gehen wollen, können Sie dies tun. Wenn Sie in Ihr Büro zurückkehren wollen, ist das in Ordnung.«

Adam Arias ist durch den Anruf seines Bruders geradezu elektrisiert. Er springt auf und läuft durch etliche Büros auf seiner Etage, um Kollegen und anderes Personal von der Dringlichkeit zu überzeugen, auch diesen Turm sofort zu verlassen. Tatsächlich rettet er einigen das Leben, indem er sie beinahe schon mit Gewalt von ihrem Arbeitsplatz zerrt. Insgesamt verlassen rund zwei Drittel der in jenen Minuten insgesamt Anwesenden den Südturm. UA 175 geht nunmehr bereits in den Sinkflug über, um die letzten Meilen ins tödliche Finale zurückzulegen.

George W. Bush sitzt derweilen in einem Klassenzimmer der Emma-Booker-Grundschule und hört sich im Rahmen einer PR-Aktion einige Kindergeschichten an. Wie er später bei wiederholter Gelegenheit erklärte, habe er kurz vor Betreten des Unterrichtsraumes im Fernsehen verfolgt, wie die erste Maschine in den Nordturm flog. Das war jedoch nicht möglich. Denn wie schon erwähnt waren am 11. September im Fernsehen keine Bilder der Kollision selbst zu sehen. Gezeigt wurde ausschließlich das bereits getroffene WTC 1. *Was* hatte Bush also *wo* gesehen? Ein Sprecher des Präsidenten erklärte, hierbei handele es sich um eine nicht zutreffende Erinnerung, Bush habe sich also getäuscht. Seltsam, dass ihn niemand bereits bei erster Gelegenheit auf diesen Fauxpas aufmerksam machte, um eine Wiederholung des Fehlers auszuschließen. Gerade bei einem derlei einschneidenden Ereignis dürfte vor allem der Präsident sich kaum so bemerkenswert irren. Wenn er aber den Zusammenprall bereits auf seiner Fahrt per Live-Übertragung in seiner Limousine mit verfolgen konnte? Dann natürlich wäre klar, warum er sich daran erinnerte, noch vor Betreten

Abb. 8: Andrew Card sucht George Bush im Klassenzimmer der Emma-Booker-Schule auf, um ihn über den zweiten Anschlag auf das World Trade Center zu unterrichten. Bush will kurz zuvor bereits auf TV gesehen haben, wie die erste Maschine den Nordturm rammte. Doch Bilder von diesem Einschlag gab es erst am 12. September. Wo hatte Bush also diese Aufnahmen gesehen?

des Klassenzimmers den Einschlag der Maschine gesehen zu haben. Wie man es auch wendet, nicht wenige ausgewiesene Experten, darunter altgediente Journalisten sowie hochrangige Militärs, haben ihrer Verwunderung darüber Ausdruck verliehen, dass Bush seinen Besuch der Grundschule nicht bereits abbrach, als er durch seinen Stabschef Andrew Card von der ersten Katastrophe erfuhr. Und das nicht nur, um als Oberbefehlshaber der Streitkräfte wesentliche Entscheidungen zu treffen. Denn sein Aufenthalt in der Booker-Schule war allgemein bekannt und demnach seine persönliche Sicherheit bei einer weiteren Attacke durch nichts gewährleistet. So hätte er sofort an einen sicheren Ort gebracht werden müssen. Zudem bestand durch die Anwesenheit des US-Präsidenten vor allem innerhalb dieser extremen Krisensituation auch eine deutliche Gefahr für die gesamte Schule. Doch selbst nach der zweiten Kollision bleibt Bush weiterhin ruhig sitzen und hört den Kindern zu. Noch rund zehn Minuten lang. Kein Wunder, dass kritische Stimmen sich fragen: War das schlichtweg Mut zum Risiko oder Sicherheit durch Kenntnis der tatsächlichen Hintergründe von 9/11? Nachdem ihm Andrew Card einige Worte ins Ohr geflüstert hat, beißt sich Bush kurz auf die Lippen, sein Blick geht ins Leere und die nächsten Sekunden wirkt er eher desinteressiert und teilnahmslos.

Blanker Zufall?

Im New Yorker Flugkontrollzentrum verfolgen die Lotsen, wie die Maschine auf den World-Trade-Center-Komplex zurast. Um 9.03 Uhr donnert Flug 175 mit einer Geschwindigkeit von rund 800 Kilometern pro Stunde zwischen der 77. und 85. Etage in den Südturm. Während aus den noch höher gelegenen Stockwerken des Nordturms bedrohliche, düstere Rauchungetüme hervortreten, stößt aus der getroffenen Ecke des Südturms ein gewaltiger Feuerball hervor. Der Albtraum hat einen neuen Höhepunkt erreicht. Wenn auch zwei Drittel der ursprünglich hier Anwesenden evakuiert werden konnten, bleibt es mit beinahe 3000 Todesopfern doch eine Bilanz des Schreckens. Unter ihnen ist auch Adam Arias, der nach dem Anruf seines Bruders wie hypnotisiert durch das Gebäude hetzte, um möglichst viele Mitarbeiter davon zu überzeugen, alles stehen und liegen zu lassen und den Büroturm auf schnellstem Wege zu verlassen. Er selbst aber hielt sich viel zu lange im Gebäude auf. Als es kollabierte, wurde er mit in den Tod gerissen.

Um 9.03 Uhr steht Jim Pierce am Fenster eines Konferenzraums im *Millenium*-Hotel, unweit des World-Trade-Center-Komplexes. Pierce beobachtet, wie der Südturm von der Boeing 767 getroffen wird. Pierce ist Managing Director der AON-Versicherung, die ursprünglich eine Konferenz im 105. Stock des Südturms abgehalten hätte – dort, wo AON etliche Büros besaß.

Pierce musste den Veranstaltungsort kurzfristig ins *Millenium*-Hotel verlegen, da der zunächst vorgesehene Raum im WTC sich als zu klein für die Gruppe erwiesen hatte.

Pierce und das Konferenzteam hätten den Vormittag wohl nicht überlebt.

Pierce ist ein Cousin des US-Präsidenten.

Worin bestand nun die glückliche Fügung? Dass der ursprünglich vorgesehene Raum zu klein war oder aber vielmehr, dass Jim Pierce durch seine familiäre Verbindung zu George W. Bush über lebensrettendes Vorwissen verfügte? Eine andere AON-Gruppe traf sich an jenem Vormittag im 105. Stockwerk des WTC 2. Von rund 50 Teilnehmern entgingen nur sechs der Katastrophe.

Die Entscheidung, die Pierce-Gruppe ins *Millenium*-Hotel zu verlegen, wurde am Vorabend getroffen. Jedenfalls kann Jim Pierce den entscheidenden Hinweis selbst wirklich nur absolut kurzfristig erhalten haben, alles andere würde keinen Sinn machen. Ansonsten hätte man von vornherein das *Millenium* gewählt, um keinen Verdacht zu erwecken. Oder es war doch wieder einmal der blanke Zufall, der hier seine Hand im Spiel hatte, wie so oft bei vielen Ereignissen rund um 9/11.

Wir haben bei einigen einleitenden, persönlichen Geschichten bereits gesehen, dass manch einer sein Überleben tatsächlich nichts als dem puren Zufall verdankt. Nur dürfen wir dabei nicht vergessen, hier lediglich einige wenige Beispiele aus einer großen Zahl ganz gewöhnlicher Bürger zu kennen, von denen die meisten allerdings kein Glück hatten und in der Katastrophe umkamen. In Relation hierzu finden wir einen erstaunlich hohen Anteil an Personen der Führungsetagen, privilegierten Personen mit teils guten Verbindungen zu Regierungskreisen oder gar dem Präsidenten selbst, die jenes an sich eher so seltene Glück hatten, zu überleben. Und wenn der Glücksfaktor nun einmal über das statistische Grundrauschen hinausgeht, drängt sich uns – wenn auch zugegeben spekulativ und nicht belegbar – zumindest die Frage auf, inwieweit hier wirklich Zufall noch als zulässige Erklärung gelten kann.

Fort Knox, aber ohne Panzertüren

Unmittelbar nach dem zweiten Einschlag trifft Mike McCormick, Chef der Flugleitzentrale Long Island, New York, eine weit reichende Entscheidung. Ohne Rücksprache mit höheren Stellen gibt er Anweisung, sämtliche Starts und Landungen in New York City auszusetzen. Kurz darauf werden auch in Washington, dem Ausgangspunkt von Flug 77, keine Starts mehr genehmigt. Boston lässt jetzt die Cockpit-Sicherheit erhöhen, doch seltsamerweise negiert später die offizielle Untersuchungskommission diese von der Bostoner Leitstelle durchgeführte und an die FAA herangetragene Aktion. Auch bei gutem Willen kann man sich hierbei doch des Eindrucks nicht erwehren, dass im Nachhinein der Versuch unternommen wurde, das zeitliche Vorwarnschema, präventive Maßnahmen und Handlungsspielräume bestimmter Behörden künstlich in einen engeren Rahmen zu setzen sowie andernorts Fehler und Auslassungen zu suggerieren, um damit einen plausiblen Hintergrund für ein an sich völlig unglaubhaftes Szenario zu schaffen. Für ein Szenario, wie es in offiziellen Studien propagiert wird.

Auch im Pentagon verhielten sich die federführenden Persönlichkeiten eher ignorant und beinahe fatalistisch, selbst noch, als die zweite Maschine ihr Ziel getroffen hatte. Verteidigungsminister Donald Rumsfeld und sein Stellvertreter Paul Wolfowitz befanden sich gerade in einer Besprechung, als sie von den Ereignissen erfuhren – offenbar ebenfalls recht spät. »Jemand sagte, ein Flugzeug habe das World Trade Center getroffen«, so erinnert sich Paul Wolfowitz und ergänzt in routinierter, unerschütterlicher Sachlichkeit: »Dann machten wir den Fernseher an und begannen zu verfolgen, wie das zweite Flugzeug in das Gebäude schoss. So erinnere ich mich daran, ein wenig verschwommen … Ganz unmittelbar schienen wir nicht viel unternehmen zu können, also fuhren wir damit fort, was auch immer das Thema jenes Treffens gerade war.«

Das Verteidigungsministerium schien sich damals trotz der dramatischen Geschehnisse in New York geradezu in einer Art Dornröschenschlaf zu befinden. Der zuständige Sicherheitschef saß in seinem Büro und hatte noch um neun Uhr früh nichts vom ersten Einschlag gewusst, bis ihn sein Presseoffizier um eine Stellungnahme bat. Immerhin sah er auf diese Weise noch, wie UA 175 im Südturm detonierte, was ihn dazu bewegte, die Sicherheitsstufe um eine Stufe zu erhöhen. Das war nicht viel und bedeutete verstärkte Patrouillenfahrten auf dem Gelände sowie zusätzliche Fahrzeugkontrollen. Von einem Ausnahmezustand keine Rede.

Jeder, der die üblichen Sicherheitsvorkehrungen US-amerikanischer Behörden sowie militärischer und sogar auch ziviler Stellen kennt, wird hier aus dem Staunen nicht herauskommen. Für gewöhnlich sind überall Wachmannschaften unterwegs, alles ist straff durchorganisiert. Wer auffällt, gerät schnell unter Observation, wird abgefangen und befragt. Nicht selten werden auch die Personalien aufgenommen.

Ich habe selbst schon einiges in dieser Hinsicht erlebt und glaube, durchaus zu wissen, wovon ich spreche. Bei einem nicht eingeplanten Besuch des NASA-JPL in Pasadena wurde ich während eines Spaziergangs »netterweise« von einem Security-Fahrzeug im Schritt-Tempo begleitet, bis man mich verhörte und sämtliche Personalien aufnahm. Angeblich hatte ich über einen Zaun steigen wollen. Zunächst glaubte ich an eine Verwechslung. Tatsächlich hielt ich mich ständig auf dem Gehweg auf und blieb nur einmal kurz stehen, um in Richtung eines meterweit entfernten, beinahe völlig transparenten Zauns zu blicken. Nach wenigen Sekunden des Verharrens setzte ich meinen Weg fort und folgte dem Verlauf des Bürgersteigs um eine Straßenbiegung herum. Hier bemerkte ich dann den Einsatzwagen, der mich nun ein gutes Stück begleitete. Als ich stehen blieb, hielt auch das Fahrzeug, und ein Officer stieg aus, um mich auf den »Vorfall« anzusprechen. Zwar hatte ich noch aus früheren Zeiten Kontakte ins JPL, doch wollte ich meinen Zufallsbesuch nicht ausdehnen und auch niemanden unangemeldet überraschen, um mich dann auch noch über das gegenüber internationalen Besuchern an den Tag gelegte Verhalten der Security zu beschweren. Die Wachmannschaften taten eben ihren Dienst. Wenigstens taten sie ihn, sogar geradezu übereifrig. So wurde ich an jenem Tag noch ein weiteres Mal auf den vermeintlichen Vorfall angesprochen. Wie auch immer, selbst die zivile Raumfahrtbehörde NASA wacht, wie sich nicht nur in diesem Falle gezeigt hat, sehr streng über ihre Anlagen und Institutionen.

Umso mehr sollte man doch davon ausgehen dürfen, dass das Pentagon sich grundsätzlich in ständiger Alarmbereitschaft befindet. Wir sprechen immerhin vom Verteidigungsministerium der Vereinigten Staaten von Amerika. Oder fühlt man sich dort etwa so extrem sicher, dass jede zusätzliche Maßnahme auch im Falle einer sich längst sehr deutlich abzeichnenden, mehrfachen Terroraktion überflüssig erscheint? Können wir uns Fort Knox ohne Panzertüren oder die Bank von England ohne Alarmsysteme vorstellen? Heute, wo bald jeder Kleinwagen über ein Warnsystem verfügt? Doch genau so, genau wie eine Bank ohne Alarmanlage schien das Pentagon. Die Planer hatten trotz einer massiven, teils bombensicheren Konstruktion terroristische Angriffe aus dem eigenen Territorium heraus für völlig unrealistisch erachtet.

Sicher nicht ganz zu Unrecht geht der französische Journalist Thierry Meyssan von einem Raketenabwehrgürtel um das Pentagon aus; trotz einiger Zeugenaussagen, die teils aus früheren Jahren des Kalten Krieges stammen, gibt es leider keinen Beweis für diese durchaus nahe liegende Vermutung. Von offizieller Seite wurde die Existenz einer solchen Raketenabwehr im Jahr 2001 abgestritten, was an sich bestimmt nicht gleichbedeutend mit seiner Nichtexistenz sein muss. Da ziehen auch die Argumente kaum, auf Luftaufnahmen seien auf dem Gebäude keinerlei entsprechende Anlagen zu erkennen. Die Größe dieses Fünfecks darf eben nicht unterschätzt werden, und die zahlreichen Strukturen, die in das Dach eingebettet sind, ließen rein theoretisch durchaus etliche verdeckte Abwehrsysteme zu. Nur mangelte es eben an handfesten Beweisen hierfür.

Laut offizieller Darstellung sollen auf Anordnung von Donald Rumsfeld dann erst nach den Attacken tatsächlich einige Abwehrsysteme um Washington herum und in der Nähe des Pentagon installiert worden sein. Dies immerhin noch vor dem ersten Jahrestag von Nine-Eleven, und zwar im Rahmen einer Übung (*Clear Skies II*) und nicht als Reaktion auf eine spezifische Gefahr hin. Die Aktion umfasste Boden-Luft-Raketen für kurze Reichweiten, genauer gesagt das *Avenger*-System: mobile Einheiten, die bis zu acht *Stinger Missiles* in kurzer Folge abfeuern können. Vorausgegangen war dieser Übung einige Monate zuvor bereits *Clear Skies I*. Wir sollen also glauben, dass das Pentagon die gesamte Zeit seit seiner Grundsteinlegung völlig ungeschützt war? 60 Jahre lang? Wir sprechen vom Verteidigungsministerium der Supermacht USA!

»Das ist ein Angriff von *Al-Qaida*!«

Kurz nachdem die zweite Maschine in das World Trade Center manövriert wurde, setzen Rumsfeld und Wolfowitz ihr Treffen fort, da sie offenbar ohnehin nicht viel unternehmen können. Präsident Bush befindet sich in diesen Minuten noch in der Booker-Grundschule, er kommt erst später ins Verteidigungsministerium.

In einem Flur des Pentagon trifft ein Journalist auf einen namentlich nicht bekannten Mitarbeiter, der zwar offenbar keine konkreten Informationen besitzt, dennoch aber eine recht prophetische Feststellung äußert: »An Ihrer Stelle würde ich dem E-Ring heute fernbleiben. Denn wir sind die nächsten!« Für eine *Vermutung* doch ungewöhnlich deutlich ausgedrückt. Die Anschläge seien entsprechend koordiniert, um von diesem Ablauf ausgehen zu können. Interessant aber auch die Feststellung, dem E-Ring fernzubleiben, also dem *äußersten* Gebäudering des Pentagons. Zu diesem Zeitpunkt konnte niemand wissen, aus welcher Richtung und welchem Winkel das Flugzeug auf das Pentagon krachen würde. Bei einem steilen Absturz ins Zentrum hätte es weit größeren Schaden anrichten können, vor allem an den inneren Ringen. So mag man hierzu stehen, wie man will, doch verwundert schon ein wenig, wenn die Warnung so ortsspezifisch ausgesprochen wird, anstatt ganz allgemein nahe zu legen, das Gebäude wenn irgend möglich am besten ganz zu verlassen.

Unmittelbar nach der zweiten Attacke wird New York City von Polizeichef Joseph Esposito in höchste Alarmbereitschaft versetzt. Im Rahmen der *Operation Omega* findet daraufhin unter anderem auch die Evakuierung sämtlicher Regierungsgebäude statt. Zur selben Zeit gelangen hochrangige Militärs im Pentagon ebenfalls zur Einsicht, dass mit einer Attacke auf das Verteidigungsministerium zu rechnen sei. Doch keine Spur von Evakuierungsmaßnahmen.

Im Weißen Haus findet eine von Antiterror-Koordinator Richard A. Clarke geleitete Videokonferenz statt, an der per Live-Schaltung Verteidigungsminister Donald Rumsfeld, Sicherheitsberaterin Condoleezza Rice, CIA-Chef George Tenet, FBI-Chef Robert Mueller, FAA-Verwaltungsleiterin Jane Garvey sowie der stellvertretende Innenminister Richard Armitage und andere hochrangige Persönlichkeiten teilnehmen. Clarke ist der Chef-Krisenmanager für die Attacken vom 11. September. Später notierte Clarke, wie er durch den Westflügel des Weißen Hauses zum Büro von Dick Cheney gerannt war und mit seiner ungewöhnlichen Eile einige besorgte Blicke auf sich gezogen haben muss, nachdem er kurz zuvor einen Anruf der Krisenmanagerin Lisa Gordon-Hagerty erhalten hatte. So erfuhr er vom ersten Einschlag.

Clarke befand sich in diesen Augenblicken in einer Konferenz und nur wenige Häuserblöcke vom Weißen Haus entfernt. Wie er in seinem Bericht *Against All Enemies* erklärt, brach er die Besprechung sofort ab, setzte sich in seinen Wagen und hastete augenblicklich zum Weißen Haus, wobei er Lisa Gordon-Hagerty im Vorfeld beauftragte, die Antiterror-Sicherheitsgruppe (*Counterterrorism Security Group,* CSG) über eine sichere Leitung in Alarmbereitschaft zu versetzen. Diese Gruppe vereinte sämtliche Chefs der Sicherheits- und Antiterror-Organisationen der US-Regierung. Richard Clarke war deren Vorsitzender und stellte fest: »Während der Arbeitszeit konnten wir innerhalb von fünf Minuten Kontakt zueinander aufnehmen, zu jeder anderen Zeit lag die Bereitschaftsfrist bei 20 Minuten ... Ich war kurz vor dem ersten Tor am Weißen Haus, als Lisa erneut anrief: ›Gerade eben wurde der zweite Turm getroffen.‹ – ›Na gut, jetzt wissen wir, mit wem wir's zu tun haben. Ich will die Chefs aller Washingtoner Behörden sofort auf dem Bildschirm haben, am wichtigsten ist die FAA.‹«

Im Büro des Vize-Präsidenten angekommen, bittet Cheney um eine Beurteilung der Situation. Clarke erwidert: »Das ist ein Angriff von *Al-Qaida*, und die bevorzugen Simultanangriffe. Die Sache ist vielleicht noch nicht zu Ende.« – Ihm ist also, ohne jeden weiteren Beweis in Händen zu halten, von vornherein klar, dass hinter den Attacken nur *Al-Qaida* stehen kann. In Anbetracht dessen, dass Clarke tatsächlich außer den beiden Anrufen von Lisa Gordon-Hagerty noch über keinerlei weitere Informationen verfügt, ist dies auch angesichts seines immensen Hintergrunds als Antiterror-Koordinator doch einigermaßen erstaunlich. Wie erklärt sich das?

Die ebenfalls im Büro anwesende Condoleezza Rice habe Richard Clarke dann unmittelbar gefragt, welche Vorgehensweise er empfehle. In *Against All Enemies* berichtet Clarke hierzu: »Wir hatten bereits zuvor darüber gesprochen. Im Juni hatte ich ihr eine Checkliste gegeben, die festlegte, was nach einem Angriff zu tun war. Damit hatte ich auch meine Ansicht unterstreichen wollen, dass eine große Sache auf uns zukam und wir in die Offensive gehen mussten.« Nun wird seine Äußerung doch verständlicher. Ihm war schon Monate zuvor bewusst gewesen, dass ein Ereignis dieser Art bevorstand. Wie konnte es dann sein, dass trotz aller guten Worte und aller Vorausschau des obersten Antiterror-Chefs der machtvolle, über Jahre und Jahrzehnte ins Detail entwickelte Verteidigungsapparat so kläglich versagte? Nun aber war die Katastrophe im vollen Gange. Vielleicht ließ sich das wohl noch Kommende aufhalten?

Im Weißen Haus werden jetzt einige Vorbereitungen eingeleitet, die nur teilweise präsente Führungsspitze in Sicherheit zu bringen. Vizepräsident Dick Cheney und Sicherheitsberaterin Condoleezza Rice werden schließlich gebeten, sich in den unterirdischen Schutzbunker des Gebäudes zu begeben.

Dick Cheneys Befehl

Von Flug 77 ruft eine Stewardess ihre Mutter in Las Vegas an, um ihr zu sagen, dass der Jet gekidnappt wurde. Sie bittet sie darum, *American Airlines* zu verständigen. Über die Sachlage scheint man sich dort jedoch bereits im Klaren, allerdings herrscht bei den Fluglotsen offenbar trotzdem weitreichende Uninformiertheit. Während der nächsten Minuten werden in New York sämtliche Flughäfen geschlossen, Brücken und Tunnel gesperrt. Die Kommunikation der zuständigen Stellen scheint immer noch mäßig bis überhaupt nicht zu funktionieren und NORAD weiterhin großteils völlig uninformiert zu sein. Gegen 9.21 Uhr, eher noch später, warten auf der *Langley Air Force Base* in Virginia offenbar zwei F-16-Piloten auf den Einsatzbefehl; noch verharren sie auf Gefechtsstation, obwohl bereits zwei Flugzeuge das Trade Center getroffen haben.

Von Flug 93, der mit über 40-minütiger Verspätung abhob, dringen nunmehr erste Anrufe durch, in denen von einer Entführung die Rede ist. Seit wenigen Minuten findet eine Telekonferenz statt, an der verschiedene Behörden teilnehmen. Nur eine wesentliche davon fehlt – das *National Military Command Center* (NMCC) im Pentagon. Der stellvertretende FAA-Leiter Monte Belger verlieh seiner Verärgerung darüber deutlich Ausdruck und erklärte später verwundert: »Ich habe in meiner 30-jährigen FAA-Karriere Dutzende von Entführungen durchlebt … und sie waren immer dabei. Sie waren immer im Netz und hörten stets mit jedem mit.« So wenig, wie Belger nun die Absenz des NMCC in dieser extremen Situation verstehen kann, so frustriert ist er auch über das immense Versagen der Kommunikation im Allgemeinen.

Wenige Minuten vor dem Einschlag ins Pentagon findet im unterirdischen Not-Kommandoraum (*Presidential Emergency Operations Center*, PEOC) des Weißen Hauses im Beisein des Verkehrsministers Norman Mineta ein ungewöhnlicher Wortwechsel statt. Ein nicht namentlich genannter junger Officer betritt den Krisenraum und informiert den Vize-Präsidenten: »Die Maschine ist noch 50 Meilen entfernt.« Kurz darauf meldet er sich wieder und gibt die aktuelle Entfernung mit 30 Meilen an. Beim dritten Mal sagt er: »Das Flugzeug ist noch zehn Meilen entfernt – stehen die Befehle immer noch?« Wie Mineta sich erinnert, dreht sich der unerschütterliche Cheney daraufhin um, wirft den Kopf in den Nacken und erwidert gereizt: »Natürlich stehen die Befehle noch. Haben Sie irgendetwas Gegenteiliges vernommen?« – Mineta geht angesichts der Situation davon aus, dass es sich um den Befehl zum Abschuss der Maschine handeln muss. Nichts anderes konnte jetzt noch in Frage kommen. Tatsächlich aber musste Mineta dann feststellen, dass überhaupt nichts unternommen wurde und die ungenannten Befehle demnach lauteten, die Maschine *nicht* abzuschießen!

Threatcon, POTUS und FLOTUS

Zeitweilig hält Captain Charles Leidig die Kontrolle über das NMCC inne. Eine Minute vor dem Aufprall der Maschine lässt er eine Konferenzschaltung einrichten, wobei das NMCC mit verschiedenen Behörden und Regierungspersonal in Kontakt tritt. So steht jetzt die Verbindung mit dem kanadischen Partnerzentrum, mit strategischen Kommandos, mit NORAD, FAA, Weißem Haus, Notfall-Behörden, Präsident Bush, Vize Cheney, Verteidigungsminister Rumsfeld und anderen.

Gegen 9.30 Uhr gibt Richard A. Clarke die Order, sämtliche Übersee-Botschaften der USA zu schließen und alle Militärbasen zunächst in Alarmstufe *Threatcon Alpha* zu versetzen, später dann auf *Threatcon Delta*. Laut einem Zirkular der *Washington Headquarters Services*, WHS (No. WHS 97-01 vom 5. Oktober 1996) werden seitens des Schutzdienstes der Verteidigung (*Defense Protective Service*, DPS) an allen Gebäudeeingängen des Pentagon Informationen über das *Threatcon*-Level bereitgestellt. Die fünf Stufen von *Threatcon* (*Threat Condition* = Zustand der augenblicklichen Bedrohung) sind:

Threatcon Normal – Keine aktuelle Bedrohung durch terroristische Aktivitäten.

Threatcon Alpha – Es existiert eine allgemeine Bedrohung durch mögliche terroristische Aktivitäten gegen Anlagen, Gebäude und/oder Personal, wobei die Natur und das Ausmaß der Bedrohung nicht vorhersehbar sind.

Threatcon Bravo – Es existiert eine erhöhte und besser vorhersehbare Bedrohung durch terroristische Aktivitäten, selbst, wenn noch kein spezielles Ziel ermittelt werden konnte.

Threatcon Charlie – Ein Zwischenfall hat sich ereignet oder aber nachrichtendienstliche Informationen sind eingetroffen, die anzeigen, dass eine bestimmte terroristische Aktion kurz bevorsteht.

Threatcon Delta – Ein terroristischer Angriff hat sich ereignet oder aber nachrichtendienstliche Informationen sind eingetroffen, denen zufolge Aktionen gegen eine ausgewählte Örtlichkeit wahrscheinlich sind.

Clarke erinnert sich, in diesen Momenten auch in einiger Sorge um den Präsidenten gewesen zu sein. Also erkundigte er sich: »Wo ist POTUS? Wen haben wir in seiner Nähe?« – Man erklärte ihm, der Präsident befinde sich immer noch in der Schule in Florida. Brian Stafford, der Chef des *Secret Service*, wandte sich leise an Clarke und sagte: »Wir müssen ihn herausholen und an einen sicheren Ort bringen … und an einen geheimen Ort. FLOTUS habe ich schon in Sicherheit gebracht.« POTUS und FLOTUS, damit bezeichnen die Mitarbeiter des Weißen Hauses intern Präsident und First Lady, **P**räsident **O**f The **U**nited **S**tates und **F**irst **L**ady **O**f The **U**nited **S**tates.

POTUS trat in diesen Augenblicken gerade vor die Fernsehkameras, die in Räumlichkeiten der Booker-Schule aufgestellt worden waren. Clarke und das Krisenteam verfolgten die CNN-Sendung, in der Präsident Bush erstmals Stellung zu den Anschlägen bezog. Der Zeitpunkt der Übertragung lag exakt im ursprünglich vorgegebenen Veranstaltungsplan dieses Vormittags, wodurch Bush für die Attentäter natürlich zum perfekten Ziel hätte werden können. Durch die Vorankündigung und dadurch, dass Bush nicht unmittelbar nachdem er von den Anschlägen auf das World Trade Center erfahren hatte, an einen anderen, unbekannten Ort verbracht wurde, wäre es den Attentätern ebenso ein Leichtes gewesen, eine Maschine auf die Booker-Grundschule zu lenken und den Präsidenten der Vereinigten Staaten zu töten. Seit dem Anschlag auf den Nordturm war nun bald eine Dreiviertelstunde vergangen, seit dem Anschlag auf den Südturm eine knappe halbe Stunde. George Bush hätte also die Schule längst verlassen haben können.

Die Welt ist gelähmt

Kurz nach 9.30 Uhr überquert Flug 77 den Capitol Beltway, jenen gewaltigen Straßenring um Washington, D. C., und nähert sich dem Pentagon. Die Maschine befindet sich in über 2000 Metern Höhe und bewegt sich mit einer Geschwindigkeit von rund 650 Kilometern pro Stunde. Was nun folgt, ist ein akrobatisches Manöver: AA 77 geht bei weiterhin hoher Geschwindigkeit in einen dramatischen Sinkflug über und bewegt sich auf einer Abwärtsspirale. Das Flugzeug vollführt dabei einen beinahe vollständigen Kreis, fällt innerhalb von zweieinhalb Minuten auf Bodenniveau. Während dieser Kehre gerät AA 77 in unmittelbare Nähe des Weißen Hauses. Daher machten schon Vermutungen die Runde, das Flugzeug wäre bei noch größerer Annäherung wohl abgeschossen worden, da der *Secret Service* den Luftraum des Präsidentensitzes wahrscheinlich mit *Stinger Missiles* sichert. Übrigens wäre dies doppelt interessant, denn eine offizielle Argumentation, warum das Pentagon nicht mit einer Boden-Luft-Abwehr ausgestattet wurde, beruft sich auf damit verbundene Gefahren für die Umgebung. Nun befindet sich aber das Weiße Haus direkt in Washington, dort dürfte also die Gefährdung durch den Abschuss solcher Raketen noch deutlich höher angesiedelt sein. Ohne diese Frage zu vertiefen, schien sowieso niemand ernstlich einen Abschuss zu erwägen, ob vom Boden aus oder von der Luft. Norman Minetas wahrhaft dramatische Beobachtungen in den Momenten kurz vor der Katastrophe sprechen zumindest für eine absichtliche Unterlassungssünde Dick Cheneys.

Während Flug 77 in großem Bogen seinem tragischen Ende entgegensteuert, vollzieht auch die mittlerweile in Gang gekommene Wagenkolonne von POTUS eine, wenn auch weit weniger dramatische, Kehrtwende. Als Bush die Booker-Schule nach seiner kurz gehaltenen Ansprache verlässt und in seine Limousine steigt, fahren die Wagen zunächst in die falsche Richtung ab. Ihr Ziel, der *Sarasota-Bradenton Airport,* befindet sich genau in entgegengesetzter Richtung.

Der Hintergrund erscheint ein wenig nebulös. Doch sollen dem *Secret Service* in jenen Momenten einige Informationen zugeflossen sein, die auf eine möglicherweise bevorstehende Attacke auf den Präsidenten und seine Maschine, die *Air Force One*, hingedeutet hätten. Später stellte sich heraus, dass diese Information angeblich auf einem Irrtum beruhte. Gäbe es nicht die vielen großen Fragezeichen rund um den 11/9, so wäre das Szenario einer Attacke auf den bekannten Aufenthaltsort des Präsidenten, wie schon erwähnt, nahe liegend gewesen. Nur hätte genau dies dem Sicherheitspersonal auch ohne die später eintreffenden Informationen unmittelbar nach dem zweiten Einschlag sonnenklar sein müssen. Doch offenbar fühlte man sich sehr sicher, dass nichts passieren würde. Vielleicht wäre es beinahe schon auffallend gewesen, hätte sich der Wagentross gemäß dem Protokoll und ohne weitere Auffälligkeiten ruhig und sicher Richtung Flughafen aufgemacht. So musste hier vielleicht eine glaubwürdigere Situation geschaffen werden. Unter Umständen auf Geheiß von Card oder Bush selbst?

Unwichtig, denn sobald wir den inszenierten Terror ins Kalkül ziehen, sollten wir uns auch unmittelbar ins Bewusstsein rufen, wer diesen ungeheuerlichen Plan überhaupt in seinem vollständigen Ausmaß gekannt haben dürfte. Gewiss waren es nur sehr wenige Personen. Daher kann davon ausgegangen werden, dass fast der komplette Security-Stab, sofern nicht andere Befehle von höherer Stelle ihn in seinem Agieren einschränkten, überhaupt nichts von einer Konspiration wusste, sondern genauso handelte, wie von ihm in einer gravierenden Krise erwartet wurde.

Erschwerend für die Beurteilung der Sachlage ist natürlich der Umstand, dass sich ein Terrorakt jener Dimension nie zuvor abspielte und damit Vergleichsmöglichkeiten nicht bestehen.

Zumindest zwei bedrohliche Maschinen befinden sich jetzt bekanntlich in der Luft und führen erschreckende Manöver aus.

Flug 93 geht über Ohio in einen radikalen Steigflug über, um kurz darauf sofort wieder in die Tiefe zu sinken, während Flug 77 laut offizieller Darstellung seinen tödlichen Kreis vor Washington, D. C., zieht.

Trotz der bisherigen Katastrophen des Tages findet keine Evakuierung wesentlicher Einrichtungen statt. Offenbar verhallten Richard Clarkes Worte ungehört. So bleiben das Kapitol, das Staatsministerium und das Pentagon weiterhin voll besetzt. Auch im Weißen Haus läuft die Sicherheit eher auf Sparflamme, evakuiert wurden gerade einmal einige Repräsentanten der Führungsebene, darunter wie erwähnt Cheney und Rice. Bush versucht in diesen Augenblicken von seiner Limousine aus, Cheney telefonisch zu erreichen, doch kommt keine Verbindung zustande. Auch mit einem geborgten Handy gelingt ihm kein Anruf. Selbst ein Anrufversuch aus der *Air Force One* schlägt fehl, so heißt es offiziell. Die Telefone seien überlastet gewesen, da jeder jeden anrief. Und doch drängt sich die Vermutung auf, dass es in diesen besonderen Momenten unter Umständen praktischer war, wenn der militärische Oberbefehlshaber einfach von der Kommunikation ausgeschlossen war, sogar ganz in seinem Sinne. Denn nur so ließ sich rechtfertigen, dass bestimmte Befehle einfach nicht gegeben wurden und die Katastrophe weiter ihren Lauf nehmen konnte.

Um 9.37 Uhr rast ein großes Flugzeug, ganz offenbar Flug AA 77, mit vollem Tempo auf der Höhe der Grasnarbe direkt von Westen kommend in die Flanke des Pentagon hinein und endet in einem mächtigen Feuerball. Zufälligerweise ist es auf den Tag genau der 60. Jahrestag der Grundsteinlegung des Pentagon (11. September 1941).

Von New York und Washington steigen bedrohliche Rauchwolken auf. Mittlerweile sind drei große Flugzeuge in unvergleichliche Symbole der Vereinigten Staaten gestürzt, haben Tausende von Menschen dabei in den Tod gerissen und eine Nation nachhaltig in Angst und Schrecken versetzt. Der Plan der Terroristen schien völlig aufgegangen und in geradezu unheimlicher Konsequenz ausgeführt worden zu sein. Mindestens ebenso unheimlich scheint das Versagen sämtlicher Sicherheitsorgane der Supermacht, das einen ungehinderten Staffellauf von Katastrophe zu Katastrophe überhaupt erst ermöglichte.

Und ihrerseits wie ein Lauffeuer gehen die utopisch anmutenden Bilder um die ganze Welt, die wie gelähmt ist. In diesen Stunden ruht die Arbeit, gebannt haften die Blicke auf den Bildschirmen und jedermann weiß, dass sich die Welt wahrhaft schlagartig verändert hat. Wie und mit welchen Konsequenzen, darüber ließ sich nur bang spekulieren. Und manche Spekulation blieb an jenem Tag in der Kehle stecken. Jetzt standen nicht nur die USA auf dem Spiel, sondern die gesamte Welt. Plötzlich manifestierte sich etwas in der Gesellschaft, was in diesen manchmal schon wahrhaft babylonisch erscheinenden Zeiten den Anflug von Demut hatte. Aufmerksame Beobachter konnten wahrnehmen, wie Angst und Unsicherheit gewisse Unarten eines nicht selten allzu selbstbewussten Miteinanders verdrängten. Und wer den Straßenverkehr als psychologische Spielwiese unserer Gesellschaft erkannt hat, wird sogar bemerkt haben, dass hier für einige Tage ein kleines Phänomen zu verzeichnen war: Man zog die üblicherweise gerne präsentierten Ellenbogen etwas ein und erinnerte sich plötzlich wieder eines überholten Brauchs, den man Höflichkeit nannte. Manch einer mag sich über diese Randbemerkungen – und mehr sollen sie denn wirklich nicht sein – vielleicht ein wenig amüsieren. Dennoch, es war so! Jeder spürte nunmehr ganz für sich alleine den Hauch des Todes in dieser Welt, welche die Vergänglichkeit weitgehend verdrängt hat und bald mehr einem gigantischen Werbespot gleicht als der Wirklichkeit. Nein, der 11. September hatte wahrhaft nichts Gutes an sich, aber er erinnerte uns alle an die Zerbrechlichkeit des Gewohnten, des Alltäglichen. Und er zog einer zum Gemeingut gewordenen, wenn auch weitgehend künstlichen Arroganz in Radikalmanier den Boden unter den Füßen weg. Nicht allein den USA, sondern uns allen. Und manch einer dürfte wohl einen massiven Gegenschlag der USA befürchtet haben, der eine Aufwärtsspirale des Schreckens heraufbeschwören hätte können. Doch gleich wie – dass diese Ereignisse über kurz oder lang ihre globalen Folgen zeitigen würden, dass diese Welt nie mehr so sein würde wie zuvor, das stand außer Frage. Und wir erleben das in zunehmendem Maße.

In den nächsten Stunden jenes düsteren Tages sind auf allen Sendern fast ununterbrochen die Bilder der Einschläge zu sehen. Doch bald werden weitere Aufnahmen folgen, die das wahre Ausmaß der Katastrophe wohl auch dem arglosesten Betrachter deutlich vor Augen führen. Sehr bald werden auch Skeptiker auf den Plan gerufen, die öffentlich erklären, dass wir belogen und betrogen wurden. Sie behaupten, dass die Ereignisse vom 11. September definitiv von finsteren Kräften im Umfeld der US-Regierung zugelassen, ja sogar konzipiert und ausgeführt wurden. So genannte Verschwörungstheorien beginnen schnell die Runde zu machen. Manche Argumente erweisen sich bei näherem Hinsehen als wenig realistisch, andere wiegen dafür aber bis heute durchaus schwer …

Eine Minute vor Zehn ereignet sich wiederum Unfassbares. Innerhalb kürzester Zeit stürzt plötzlich der vor einer knappen Stunde getroffene Südturm in sich zusammen. Fast scheint es so, als ob sich das Gebäude in weiches Pulver verwandelt, so widerstandslos sacken Stahl und Beton zu Boden, um in einer dichten Staubwolke aufzugehen. Einer satanischen Todeswelle gleich, rollt sie mit hohem Tempo durch die Straßenfluchten rund um den WTC-Komplex, treibt panische Menschenmassen vor sich her und hüllt Manhattan in ein weißes Leichenkleid. Szenen, wie wir sie aus ungezählten Endzeitfilmen kennen und damals noch eher mit gewissem Amüsement aufgenommen haben, so unwahrscheinlich, wie sie schienen – doch nun führt die Wirklichkeit Regie, Visionen materialisieren sich zu einem unerbittlichen Drama auf der Weltbühne.

Angesichts dieses Schreckens werden die Meldungen über den nur sieben Minuten später erfolgten Absturz von Flug 93 beinahe zur Nebensache. Und so, wie die Nachrichten hierzu mitten in der Schuttwolke von WTC 2 zu verschwinden scheinen, so scheint auch Flug 93 verschwunden zu sein. An der Absturzstelle in Pennsylvania ist so gut wie nichts mehr von der Maschine ausfindig zu machen. Ein Rätsel beginnt das nächste abzulösen. Exakt eine halbe Stunde nach dem Kollaps des Südturms wiederholt sich das Unfassbare am zuvor getroffenen Nordturm. Eine Stunde und 43 Minuten sind vergangen, seit AA 11 in die Nordflanke von WTC 1 raste. Nun stürzt der Gebäudekoloss genau wie WTC 2 zu Boden, einem ins Auge getroffenen Zyklopen gleich.

Wieder diese unglaublichen Bilder, wieder scheint sich das Gebäude wahrhaft in Schall und Rauch aufzulösen. Zweimal 110 Stockwerke sind nun dem Erdboden gleichgemacht. In Sekundenschnelle ist es geschehen. Stunden später sollen sich die unglaublichen Bilder noch ein drittes Mal wiederholen. Nicht mehr in diesem Ausmaß, aber nicht minder erstaunlich. Als um 17.25 Uhr das von keinem Flugzeug getroffene Gebäude Nummer 7 schlagartig wie ein Kartenhaus zusammenbricht, bleibt ebenfalls kaum etwas von dem immerhin 47-stöckigen Wolkenkratzer übrig. Doch auch diese Katastrophe wird fast schon nicht mehr wahrgenommen. In den Medien dominieren nach wie vor jene Bilder vom zweiten Einschlag, den fallenden Zwillingstürmen, den gigantischen Staubwolken in den Straßen, flüchtenden Menschen und schließlich auch denjenigen, die dieses furchtbare Geschehen ganz offenbar auslösten. Wer waren diese Personen und wie konnte ihnen ein derart teuflischer Plan in derartiger Perfektion gelingen?

Piloten des Schreckens

Terroristen mit Tarnkappe

Wenn es um die 19 vom FBI aufgelisteten Entführer der vier Maschinen geht, so sind die mittlerweile zirkulierenden Informationen oft mindestens genauso widersprüchlich wie die Darstellungen zu allen anderen Teilaspekten des riesigen Rätsels von 9/11. Die offizielle Version befriedigt in gar keiner Weise. Nicht zuletzt auch, da hier sehr bald nach den Ereignissen ein festes Muster zementiert wurde, das trotz zahlreicher anders lautender Erkenntnisse und Aussagen später nie mehr modifiziert wurde. Wir werden uns auf den folgenden Seiten nur einigen Ungereimtheiten widmen, um den Rahmen dieses Buches nicht zu sprengen. Ohnehin wäre es vermessen, in Anbetracht der von Anfang an durch offizielle Behörden betriebenen Unterdrückung wesentlicher Informationen davon auszugehen, eine Klärung der Vorfälle vom 11. September erreichen zu können. Zunehmend hat sich aber gezeigt, wie viele Fragen die offizielle Darstellung aufwirft. Zunehmend kristallisierte sich auch heraus, dass diese Darstellung in vielen Einzelheiten schlichtweg nicht der Wahrheit entsprechen kann und daher kritische Fragestellungen durchaus gerechtfertigt sind. In vielen Fällen dürfte es noch Jahre dauern, bis – wenn überhaupt – Antworten auf solche Fragen gefunden werden. Den Kritikern der staatlich sanktionierten Theorie von 9/11 wird oft vorgeworfen, nicht mehr zu tun als vermeintlich unbequeme Fragen zu stellen. Doch: Werden sie nicht gestellt, verfallen wir in Starre. Dann bleibt es eben beim Status quo. Wer nicht fragt, stirbt dumm. Über tausend Fragen hinaus konnten aber einige Ungewöhnlichkeiten und Hintergründe aufgedeckt werden, die nach Wunsch und Willen nicht gänzlich unbestimmter Personenkreise besser für immer unter den Trümmern von Ground Zero begraben geblieben wären.

Besonders, wenn es um die Attentäter geht, wird die Diskussion oft völlig nebulös und verwirrend. So klar und einfach die öffentliche Position hierzu auch ist, so komplex wird die Situation bei näherem Hinsehen. Das fängt schon mit der beinahe ketzerischen Frage an, ob die als Terroristen beschuldigten Personen wirklich an Bord der Maschinen waren. Vielleicht noch ketzerischer mag aber die Feststellung sein, dass diese Frage an sich nur eine *sekundäre* Bedeutung für das Geschehen besitzt. Denn wir wissen, dass der WTC-Komplex wie auch das Pentagon attackiert wurden und wer dafür verantwortlich gemacht wurde. Selbst wenn sich herausgestellt hätte oder noch herausstellen würde, dass eigentlich ganz andere Täter die Attacken verübten, müsste immer noch bewiesen werden, dass diese nicht in Verbindung zu *Al-Qaida* standen. Will sagen: An der offiziellen Darstellung würde sich wohl immer noch nicht viel ändern. Wir stehen hier ohne Zweifel vor einem über lange Zeit absolut unerschütterlichen offiziellen Bild letztlich unantastbarer US-Instanzen.

Jedenfalls fällt im Umfeld um den terroristischen Hauptplaner, den aus Ägypten stammenden Mohammed Atta, und dessen Verbündete doch einiges an Ungereimtheiten auf, denen wir uns jetzt widmen wollen. Sie beginnen natürlich schon im Vorfeld der Katastrophe. Mohammed Atta hatte im August und September wiederholt Fahrzeuge bei der Firma *Warrick Rent-A-Car* in Deerfield Beach/Pompano, Florida, angemietet, zuletzt vom 29. August bis zum 9. September 2001. Auf dem Vertrag erscheint als zusätzlicher Fahrer außerdem Marwan Al-Shehhi, dessen letzter Wohnsitz im nahen Hollywood, Florida, lag. Al-Shehhi wird später als Entführer von Flug UA 175 aufgeführt. Schon viele Tage vor dem Attentat erscheinen die Terroristen mit Klarnamen auf den Dokumenten. Wie konnten sie sich so sicher sein, nicht frühzeitig entlarvt zu werden? Zwar wurde unter anderem auch von FBI-Chef Robert Mueller erklärt, keiner der Attentäter von 9/11

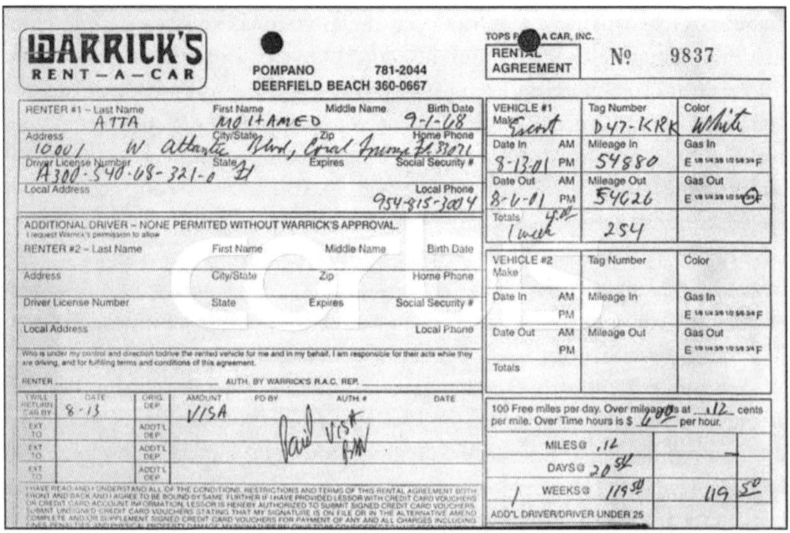
WARRICK'S RENT-A-CAR
POMPANO 781-2044
DEERFIELD BEACH 360-0667
RENTAL AGREEMENT
№ 9837

RENTER #1 – Last Name: ATTA | First Name: MOHAMED | Birth Date: 9-1-68
Address: 10001 W Atlantic Blvd, Coral Springs FL 33071
Driver License Number: A300-540-68-321-0 | State: FL
Local Phone: 954-815-3004
VEHICLE #1 Make: Escort | Tag Number: D47-KRK | Color: White
Date In: 8-13-01 | Mileage In: 54880
Date Out: 8-6-01 | Mileage Out: 54626
Totals: 1 week | 254

ADDITIONAL DRIVER – NONE PERMITED WITHOUT WARRICK'S APPROVAL
RENTER #2 – Last Name | First Name | Middle Name | Birth Date
Address | City/State | Zip | Home Phone
Driver License Number | State | Expires | Social Security #
Local Address | Local Phone

AMOUNT: VISA
100 Free miles per day. Over mileage at .12 cents per mile.
MILES @ .12
DAYS @ 20.50
1 WEEKS @ 119.50 | 119.50
ADD'L DRIVER/DRIVER UNDER 25

Abb. 9: Beleg über Attas Anmietung eines Fahrzeuges bei *Warrick*

sei zuvor als Terrorist in Erscheinung getreten. Doch widerspricht, wie schon erwähnt, der Anti-Terror-Experte Richard A. Clarke dieser Aussage sehr deutlich. Und im September 2005 meldeten sich mehrere Pentagon-Repräsentanten, die sich an eine Geheimdienst-Grafik erinnerten, auf der Mohammed Atta als Terrorist und *Al-Qaida*-Angehöriger aufgeführt wird – allerdings bereits rund ein Jahr vor den Anschlägen in New York und Washington.

Laut Aussage von Army Lieutenant Colonel Anthony Shaffer und Navy Captain Scott Philpott wurden damals im Rahmen einer unter dem Code *Able Danger* operierenden Geheimeinheit noch drei weitere jener Entführer vom 11. September identifiziert. Sie erinnerten sich auch daran, auf dem Diagramm ein Foto von Atta gesehen zu haben. Wohlgemerkt, alles lange vor 9/11. Offizielle Untersucher des Pentagon erklärten, nicht in der Lage zu sein, die Angaben von Shaffer und Philpott zu bestätigen oder zu entkräften. Sie befragten jedoch insgesamt 80 weitere Mitarbeiter und fanden darunter immerhin drei weitere Personen, die sich ebenfalls an die Karte erinnerten. Zwei dieser zusätzlichen Zeugen bestätigten auch das erwähnte Foto Attas. Offenbar treffen also die Schilderungen von Shaffer und Philpott tatsächlich zu. Und somit zeichnet sich ab, dass die Attentäter den einschlägigen US-Behörden durchaus nicht unbekannt gewesen sein dürften.

Auffallende Aktionen, zumal bei Verzicht auf Decknamen, schienen demnach sehr riskant. Laut Mueller agierte jedoch das terroristische Netzwerk extrem vorsichtig. Die Vorbereitungen verliefen unter striktester Geheimhaltung. Es gab keine Spuren, keine Daten, keine verräterische Kommunikation. In Robert Muellers Worten: »Unsere massiven Nachforschungen brachten ein ernüchterndes Porträt von 19 Entführern zum Vorschein, die ihre Attacken mit übergenauer Planung, außergewöhnlicher Geheimhaltung und einem weitreichenden Wissen darüber ausführten, wie Amerika funktioniert.

Die Pläne wurden in Übersee ausgeheckt und finanziert. Die Anfänge liegen fünf Jahre zurück. Jeder der Entführer stammte aus dem Ausland: 15 aus Saudi-Arabien, zwei aus den Vereinigten Arabischen Emiraten und jeweils einer aus dem Libanon und aus Ägypten. Alle 19 kamen auf legalem Weg in unser Land, und nur drei hatten die legalen Grenzen ihrer Visa am Tag der Attacken überzogen.« – Auch diese Bemerkungen vom 19. April 2002 sind interessant. Einmal, weil hier ein konkreter Vorbereitungszeitraum von fünf Jahren genannt wird. Zum zweiten auch, weil »nur« drei der Entführer am 11. September 2001 ihr Visa überzogen hatten, trotz aller Planung und Präzision. Dass sie damit unter Umständen am Flughafen auffällig geworden und aus dem Verkehr gezogen werden hätten können, scheint überhaupt nicht von Bedeutung gewesen zu sein. Mueller fährt fort: »Während sie sich hier aufhielten, unternahmen die Entführer alles, um unter unserem Radar zu bleiben. Sie kontaktierten keine bekannten terroristischen Sympathisanten. Sie verübten keine unerhörten Verbrechen. Sie kleideten und gaben sich wie Amerikaner, gingen an Orten wie *Wal-Mart* einkaufen und aßen bei *Pizza Hut*, vermengten sich stets mit dem einheimischen Bodensatz. Als vier von ihnen in den Tagen vor dem 11. September wegen zu schnellen Fahrens aufgehalten und bestraft wurden, blieben sie ruhig und erweckten keinen Verdacht.« Dennoch ungewöhnlich, dass sie überhaupt durch überhöhtes Tempo auffielen. Denn vor allem in den Tagen vor den Attacken hätten sie normalerweise noch wesentlich vorsichtiger in allen Aktionen werden müssen. Und um zufälligerweise in die Gesetzesmaschinerie zu geraten, war ein »unerhörtes Verbrechen« sicher nicht unbedingt nötig. Hierzu bedurfte es unter gegebenen Umständen weit weniger.

Schließlich erläutert Mueller: »Die Entführer hinterließen auch keine schriftlichen Spuren. Im Verlauf unserer Untersuchung haben wir nicht ein einziges Stückchen Papier entdeckt, das auch nur einen Aspekt des Komplotts vom 11. September erwähnte – weder hier in den Vereinigten Staaten noch in der Fundgrube an Informationen, die sich in Afghanistan und andernorts auftat. Die Entführer hatten keine Computer, keine Laptops, keine Speichermedien jeglicher Art. Sie nutzten Hunderte verschiedener öffentlicher Telefone und Handys, oft mit bezahlten Telefonkarten, die sich ganz besonders schwer verfolgen lassen. Und sie stellten sicher, dass alles Geld, das sie zur Finanzierung ihrer Attacken erhielten, in kleinen Beträgen übermittelt wurde, um eine Entdeckung zu vermeiden.«

Das Bojinka-Komplott

War man seit dem ersten Anschlag auf das World Trade Center, jenem Bombenattentat von 1993, nunmehr vorsichtiger geworden? Der ursprünglich aus Kuwait stammende Terrorist Ramsi Ahmed Yousef, der im britischen Wales ein Ingenieursstudium absolviert hatte und später in Terrorlagern zum Bombenexperten ausgebildet worden war, verursachte am 26. Februar 1993 die Autobombenexplosion in einer Tiefgarage des World Trade Centers. Mit einer Ladung von 700 Kilogramm TNT beabsichtigte Yousef, den Gebäudekoloss zum Einsturz zu bringen. Der Anschlag misslang, wenn er auch seinen Tribut forderte. Die gewaltige Explosion ereignete sich um die Mittagszeit und riss ein Loch von 30 Metern in die Betonmauern von vier unterirdischen Geschossen. Sechs Menschen kamen dabei ums Leben, mehr als 1000 wurden verletzt. Zusammen mit Khalid Scheich Mohammed plante Yousef bald darauf einen Vielfach-Anschlag, zu dessen Finanziers auch Osama bin Laden gerechnet wird.

Am 21. und 22. Januar 1995 sollten insgesamt elf Passagierflugzeuge vorwiegend über dem Pazifik gesprengt werden. Dieses Horrorszenario wurde als das »Bojinka-Komplott« bekannt, auch *Oplan Bojinka* oder *Operation Bojinka* etc. genannt. Das Wort *Bojinka* entstammt nur scheinbar einer osteuropäischen Sprache. Tatsächlich aber leitet es sich wohl aus arabischen Dialekten ab und bedeutet soviel wie *Explosion*. Dieses Komplott sollte genau eine Woche vor den Flugzeuganschlägen auch noch die Ermordung von Papst Johannes Paul II. einschließen. Die dritte Komponente bestand darin, eine *Cessna* in die CIA-Zentrale in Langley, Virginia, zu steuern. Einige Quellen sprechen auch davon, dass eine weitere Maschine ins Pentagon geflogen werden sollte.

Die Wurzeln des Planes reichen in das Jahr 1994 zurück. Damals hielten sich Yousef und Scheich Mohammed im philippinischen Manila auf. Unmittelbar vor der Ausführung der Anschläge konnte die Tat vereitelt werden. Während eines Gebäudefeuers drang die städtische Polizei in das Appartement eines gewissen Abdul Hakim Murad ein und fand dort diverse Ausrüstungsgegenstände zum Bombenbau. Im Zuge einiger Experimente war die Wohnung in Brand geraten. Der gesamte Plan flog schließlich auf, als die Beamten ein Laptop entdeckten, auf dem zahlreiche Details zum Komplott abgespeichert waren.

Damals arbeiteten die Terroristen also durchaus mit Computern. Und einem Bericht der *New York Times* zufolge war dies 2001 nicht anders.

Ende Januar 2002 berichtete die Journalistin Felicitas Barringer über ungewöhnliche Vorkommnisse in Kabul, Afghanistan. Alan Cullison, ein Kollege vom *Wall Street Journal*, benötigte ein funktionierendes Laptop. Sein Computer war auf einer Fahrt durch unwegsames Gelände stark beschädigt worden und Cullison musste natürlich seine neuesten Berichte ohne größere Verzögerung an das *Wall Street Journal* senden können, was sich in dieser Region ohnehin nie ganz einfach gestaltete.

Ein Händler in Kabul verweist Cullison an jemanden, der einen Computer besitzt, und bald stellt sich heraus, dass dieses Gerät ursprünglich aus einem ganz besonderen Haushalt stammt. Offenbar nämlich gehörte es einer Person aus dem engeren *Al-Qaida*-Umfeld! Gesondert war noch eine Festplatte dabei. Und für 1100 Dollar wechselten die Geräte ihren Besitzer, der schnell Verdacht schöpfte. Zwar waren sämtliche Daten gelöscht worden, doch möglicherweise enthielten die Speicher dennoch verwertbare Informationen, die sich retten ließen. Die Redaktion kontaktierte das Verteidigungsministerium, um potenziell wichtiges Material sofort weiterzuleiten und auf diesem Wege eventuell selbst auch einige neue Informationen zu erhalten. Tatsächlich stellten die amtlichen Computerexperten rund 1750 Dateien sicher, die zahlreiche Details und zudem Informationen über einen *Al-Qaida*-Scout mit Namen Abdul Ra'uff enthielten . Auf dem PC fanden sich genaue Aufzeichnungen über dessen Aktivitäten der vergangenen Monate.

Schließlich stellte sich anhand von zahlreichen Parallelen heraus, dass Ra'uff ein Mann namens Richard C. Reid war, der am 22. Dezember 2001 den *American-Airlines*-Flug 63 mit 197 Passagieren an Bord in die Luft sprengen wollte. Reid wurde als »Schuhbomber« bekannt, da er Sprengsätze in seinen Schuhen zünden wollte.

Eine ziemlich ungewöhnliche Geschichte. Sie vermittelt in Anbetracht der sehr zufälligen Fundumstände beinahe ein wenig das Gefühl, als ob hier letztlich die Aufmerksamkeit auf *Al-Qaida* gelenkt werden sollte. Ähnlich wirkt auch die Entdeckung des Bojinka-Komplotts, so unmittelbar vor der Umsetzung der Tat und ebenfalls durch einen erstaunlichen Zufall. Doch lässt sich darüber nur spekulieren. Diesen Berichten zufolge gab es aber folglich noch über den 11. September 2001 hinaus schriftliches Material bzw. PC-Daten. Sie relativieren also die Aussage von FBI-Chef Mueller. Wenn er seine Bemerkungen hinsichtlich fehlender Spuren auch stets auf die Entführer bezieht, so scheinen sie ihre Vorbereitungen doch über lange Zeit sogar überdurchschnittlich sorgfältig und mit größter Vorsicht ausgeführt zu haben.

Aus der Sicht einer Terrororganisation jenes Kalibers müssen wir wohl davon ausgehen, dass misslungene Anschläge wie WTC 1993 und Bojinka 1995 durchaus ihre organisatorischen Folgen zeitigten und alles unternommen wurde, um die nächste große Aktion wirklich erfolgreich zu beenden. Auf der anderen Seite sollte man spätestens seit 1995 auch von einer massiv erhöhten Alarmbereitschaft des FBI und anderer US-Behörden ausgehen dürfen. Schon der erste Anschlag auf das World Trade Center war folgenreich genug, um den Ernst der Situation zu erkennen und sich angesichts dieser Radikalität eine gewisse Vorstellung vom Ausmaß künftiger Anschläge machen zu können. Als schließlich die Pläne für die *Operation Bojinka* auf dem Tisch lagen, dürften wohl die letzten Zweifler verstummt sein. Natürlich musste auch *Al-Qaida* auf Grund dieser mittlerweile immensen Vorkenntnisse ihrer Feinde mit höchster Umsicht vorgehen, um nicht bereits im Vorfeld aufzufliegen.

Auffälligkeiten

Doch die Attentäter verhielten sich vor allem in den Tagen vor dem 11. September in vielerlei Hinsicht dermaßen unvorsichtig, dass sie dadurch ihren großen Plan durchaus stark hätten gefährden können. Mohammed Atta und seine Mittäter erschienen wie erwähnt überall unter ihren Klarnamen; seltsamerweise fanden die Anmietungen der Fahrzeuge auch stets unter Attas Namen statt, was ebenfalls in dieser geballten Form hätte auffallen können. So mietete er fast gleichzeitig zwei Fahrzeuge. Der eine Wagen war ein weißer Mitsubishi der Firma *National Rental Car* in Springfield. Das Fahrzeug fiel auf dem Bostoner *Logan Airport* in mehrfacher Weise auf. Zunächst direkt auf dem Parkplatz des Flughafens. Ein Zeuge meldete sich nach den Anschlägen bei den Behörden und erklärte, er habe eine seltsame und ärgerliche Begegnung mit einigen Männern gehabt, die offenbar aus dem Mittleren Osten stammten. Sie parkten neben ihm in jener weißen Mitsubishi-Limousine, wobei einer seine Wagentüre öffnete, aber sich offenbar noch mit seinem Gepäck im Fond beschäftigte und den nebenan in seinem Fahrzeug sitzenden Zeugen dadurch länger am Aussteigen hinderte. Dessen Flug ging früh ab, die Zeit war entsprechend knapp und der Fluggast musste sich geradezu aus dem Auto kämpfen, um weiterzukommen. Jene Männer hatten angeblich zunächst überhaupt nicht auf ihn reagiert. Schließlich soll es dann doch zu Streitigkeiten gekommen sein.

Im offiziellen Bericht wird jedoch nicht herausgestellt, ob der Zeuge einen oder mehrere der so teilnahmslos wirkenden Orientalen als die Attentäter identifizierte. Wie in anderen Fällen auch, gibt es zu dieser Darstellung mehrere Varianten, wobei eben auch die Zahl der vermutlichen Attentäter variiert.

Die amerikanische Presse, darunter auch große Organe wie *ABC News*, berichtete zunächst über fünf Personen, die sich in dem Mitsubishi befunden hätten. Der abschließende Report der offiziellen 9/11-Untersuchungskommission hingegen spricht nur von drei Insassen. Es sollen demnach die AA-11-Entführer Waleed Al-Shehhi, Wail Al-Shehhi und Satam Al Suqami gewesen sein. Der Wagen wurde am 11. September auf dem Parkdeck gefunden und durchsucht. Dabei stießen die Ermittler auf eine ganze Reihe belastenden Materials. Darunter einen Brief Attas, der sich an seine Gefährten auf dem Weg in den Tod gerichtet hatte und offenbar den charakteristischen O-Ton eines geläuterten, islamistischen Selbstmordattentäters anklingen lässt. Die Texte sollten die Mitstreiter offenbar ermutigen, aus dem Leben zu scheiden. Auch Bänder mit Gesängen und Gebeten bleiben im Wagen zurück. Bezeichnend sind natürlich vor allem die im Fahrzeug aufgefundenen arabischen Betriebsanleitungen für eine Boeing 767. Was wollte man eigentlich noch mehr? Damit schien die Verbindung absolut klar zu sein. Nur drängen sich vielen Skeptikern wiederum einige Fragen auf, die nicht unberechtigt sein dürften. Einmal bestand die erneute Gefahr einer vorzeitigen Entdeckung – die Fluganleitungen lagen auf dem Rücksitz! Wo waren sie vorher? Gingen die Terroristen die ganze Zeit über so nachlässig mit diesem verräterischen Material um, dann war eine zufällige Entdeckung des Komplotts keinesfalls ausgeschlossen, und hier am Flughafenparkplatz wäre erhöhte Vorsicht auf jeden Fall geboten gewesen. Stattdessen streiten sich die Attentäter zunächst noch mit einem anderen Fluggast herum, der in seiner Verärgerung unter Umständen bereits den nächsten Flughafen-Mitarbeiter auf das Fahrzeug und seine seltsamen Insassen aufmerksam hätte machen können. Und schließlich lassen sie auch noch die Handbücher offen liegen, so dass ein eventuell gerufener oder zufällig in der Nähe tätiger Angestellter durchaus Verdacht schöpfen und Meldung hätte machen können.

Diese Nachlässigkeiten stehen für sich im Raum und bleiben einfach unerklärlich, ebenso wie das oft so auffällige Verhalten der Entführer. Ungewöhnlich auch, dass ihr Fahrzeug eine Sondergenehmigung enthielt! Neben den anderen Dokumenten fand sich nämlich ein *Ramp Pass* in dem Mietwagen. Er befugt die Insassen, direkt an die Rollbahnen zu fahren. Wie die vermuteten Attentäter an diese Genehmigung kamen, bleibt eine unbeantwortete Frage. Der weiße Mitsubishi wird übrigens von Videokameras bis zum 11. September insgesamt fünfmal an der Einfahrt zum Parkplatz des *Logan*-Flughafens gefilmt. Allerdings sind die Insassen nur schemenhaft zu erkennen.

Interessant ist, dass trotz zahlreicher Spekulationen viele Fragen rund um die Attentäter bis heute von offizieller Seite nicht geklärt wurden. Selbst Jahre nach den Ereignissen blieben die staatlich bestellten Ermittler bei ihrer schnell zementierten Darstellung der Geschehnisse. Ähnlich verhält es sich mit Beweismaterial, das bis zum heutigen Tag nicht freigegeben wird. Daher lassen sich viele Abläufe nicht wirklich einwandfrei nachzeichnen. Hierzu kursieren mittlerweile auch in seriösen Quellen teils deutlich abweichende Darstellungen. Vor allem aber hält das FBI wesentliche Informationen unter Verschluss und hindert durch diese geheimdienstliche Politik selektiver Preisgabe von Informationen die Öffentlichkeit daran, ein wahrheitsgetreues, faktisches Bild der Wirklichkeit zu erhalten. Wir werden darauf noch wiederholt zu sprechen kommen.

Auffälligkeiten bei den Attentätern stehen beinahe an der Tagesordnung. So auch bei Mohammed Atta, dem als »Mastermind« der Operation eingestuften Terroristen. Wie es heißt, sei er öfter durch Unfreundlichkeit, aufbrausende Art oder trotziges Verhalten aufgefallen.

Unregelmäßigkeiten wurden schon bei seiner Einreise aus Deutschland in die Vereinigten Staaten am 10. Januar 2001 verzeichnet. Er geriet in eine Diskussion mit einem Inspekteur der US-amerikanischen Einwanderungs- und Einbürgerungsbehörde INS (*Immigration and Naturalization Services*), da er ohne sein Studentenvisum F-1 eingereist war. Atta führte zwei unterschiedliche INS-Papiere mit sich, doch das wesentliche Dokument fehlte. Er hätte sein F-1-Visum natürlich rechtzeitig von Deutschland aus mittels eines anderen Formulars (I-20) beantragen müssen. So aber traf er in den Staaten ein und versuchte nun zu erklären, warum er die Papiere nicht bei sich führte. Ähnlich verhielt es sich eine Woche später mit Marwan Al-Shehhi, der bei seiner US-Einreise ebenfalls kein Studentenvisum mit sich führte. Beiden gelang es dennoch, die Beamten zu überzeugen. Sie könnten andernfalls ihre Pilotenausbildung nicht beenden. Tatsächlich bezogen sich die Studentenvisa auf Kurse an Flugschulen.

Ein seltsamer Flugschüler

Von den rund 200 Flugschulen in Florida war vor allem *Huffman Aviation* von Rudi Dekkers sehr beliebt, da sie die Lizenz besaß, das nötige I-20-Formular herauszugeben. Folgen wir hinsichtlich der Pilotenausbildung von vier der 19 Selbstmordkandidaten einmal der offiziellen Darstellung des *9/11 Commission Report*. Denn selbst aus dieser »abgespeckten« Version der tatsächlichen Vorgänge geht teils schon wahrhaft Erstaunliches hervor.

Den diesbezüglichen Nachforschungen zufolge traf die zuvor in Hamburg angesiedelte Gruppe in den Vereinigten Staaten ein, um ihr Flugtraining dort zu beginnen. Ende Mai kam Marwan al Shehhi in Newark an. Er war von Brüssel abgeflogen. In New York wartete er dann auf die Ankunft von Mohammed Atta. Der wiederum war zunächst mit dem Bus nach Prag gefahren, um am folgenden Tag nach Newark zu fliegen. Der Umweg über Prag sollte lediglich die Sicherheit erhöhen, um die Spuren zu verwischen, da Atta glaubte, sich vielleicht durch seine vorherigen, mehrfachen Flüge von Hamburg aus bereits verdächtig gemacht zu haben. Diese Vorsicht zu einem Zeitpunkt, an dem wohl relativ wenige Verdachtsmomente vorlagen, steht in bemerkenswertem Widerspruch zu jenen Tagen unmittelbar vor den Anschlägen, als eigentlich jeder einzelne noch so kleine Schritt genauestens bedacht werden musste. Und dennoch nahmen genau dann die Vorsichtsmaßnahmen ganz drastisch ab.

Atta und Shehhi wussten bei ihrer Ankunft noch nicht, an welcher Flugschule sie ihre Ausbildung beginnen sollten. Der knapp einen Monat später eintreffende Ziad Jarrah, vorgeblicher Pilot von Flug 93, schulte sich hingegen sofort im *Florida Flight Training Center* (FFTC) in Venice an der Westküste Floridas ein. Nach einer Visite bei der *Airman Flight School* in Norman, Oklahoma, wo »Terrorist Nummer 20«, Zacarias Moussaoui, einige Monate später mit der Ausbildung begann, entschied sich Atta dann für *Huffman Aviation*.

Allein schon die Geschichte von Zacarias Moussaoui belegt, dass im Vorfeld von 9/11 merkliche Hinweise auf die bald folgenden Ereignisse vorlagen. Moussaoui saß bereits hinter Gittern, als die Anschläge verübt wurden, aber gerade deshalb steht sein Fall als bis heute einzigartiges Indiz dafür, dass Kräfte innerhalb der US-Regierung die Attacken zumindest zuließen, wenn nicht gar bei der Umsetzung nachhalfen.

Der Franco-Marokkaner Moussaoui wurde am 16. August 2001 in Minnesota festgenommen, nachdem er seinen Ausbildern in der *Pan Am International Flight Academy* in Eagan wegen mangelnder Kenntnisse und ungewöhnlicher Äußerungen aufgefallen war. Moussaoui verhielt sich angriffslustig und unkooperativ, außerdem fiel seinem Lehrer auf, dass er nichts über seinen persönlichen Hintergrund verraten und auch nicht mit ihm französisch sprechen wollte. Stets wich er Fragen aus. In der Flugschule wunderte man sich auch darüber, dass Moussaoui den fälligen Betrag von 8300 US-Dollar ohne mit der Wimper zu zucken bar auf den Tisch legte. Noch mehr aber wunderte man sich über seine Erwartungen hinsichtlich des Unterrichts, die in ihrer Überspanntheit fast schon kindlich erschienen. So erklärte er, als Pilot für einen Jumbo-Jet trainiert zu werden. Allerdings gehe es ihm hierbei nicht um das Einüben von Starts und Landungen, er wolle den Jet nur steuern, solange er sich in der Luft befinde. Ungewöhnliche Wünsche eines Mannes, der nicht einmal mit einem Kleinflugzeug richtig umzugehen verstand!

Selbst bei Personen, die nie im Leben etwas mit Terrorabwehr, Geheimdiensten oder verdeckten Operationen zu tun gehabt hatten, mussten angesichts solchen Ansinnens alle Alarmglocken gleichzeitig läuten. Und sie taten es auch. Der Fluglehrer wandte sich zusammen mit dem stellvertretenden Firmenleiter an zwei demokratische Kongressabgeordnete, um ihnen den »Fall Moussaoui« vorzutragen, nachdem sie vier- bis sechsmal vergeblich versucht hatten, das FBI zu verständigen. Der Fluglehrer war schließlich ob dieser Ignoranz so aufgebracht, dass er seinem letzten Gespräch die Warnung hinzufügte: »Eine voll betankte 747 kann als Bombe eingesetzt werden!«

Schließlich kam Bewegung in den Fall, und Moussaoui wurde von der Einwanderungsbehörde INS wegen seines ab dem 23. Mai überzogenen Visums inhaftiert. Prinzipiell hätte dasselbe einige Monate zuvor auch Mohammed Atta zustoßen können.

Einige örtliche FBI-Agenten in Minneapolis erkannten den Ernst der Situation und stuften den ungewöhnlichen Flugschüler sofort als einen Terrorverdächtigen ein. Sie beantragten daher eine Genehmigung, seinen Computer auf mögliche Hinweise zu untersuchen. Von höherer Stelle in Washington erhielten die FBI-Leute aus Minneapolis allerdings eine glatte Absage! Die Beweise reichten nicht aus, um den juristischen Richtlinien hierfür zu entsprechen. Und auch weitere Erkenntnisse über Moussaoui genügten nicht. Einige FBI-Leute blieben am Ball und stellten fest, dass er bereits an der *Airman Flight School* in Oklahoma 57 Flugstunden genommen hatte, aber so schlecht war, dass er die Maschine nie eigenhändig manövrieren durfte.

Nun gab es allerdings noch eine andere Verbindung zur *Airman Flight School*. Sie findet sich gleichsam in der Vorgeschichte zur Vorgeschichte. Denn auch die Planer des im letzten Augenblick vereitelten Bojinka-Szenarios, bei dem unter anderem fast ein Dutzend Linienmaschinen im Flug gesprengt werden sollten, hatten hier bereits trainiert. Auch wenn seitdem Jahre vergangen waren, erscheint doch merkwürdig, dass Moussaoui nunmehr die gleiche Flugschule besuchte und dabei so auffällige Wünsche äußerte. War er wirklich der verhinderte Attentäter »Nummer 20«, der – sofern er nicht festgenommen worden wäre – als Terror-Pilot in einer der vier entführten Maschinen von 9/11 gesessen hätte? Demnach war Osama bin Laden sein Auftraggeber.

Am 26. August 2001 erhielt die FBI-Zentrale in Washington eine Information des französischen Geheimdienstes, dass Moussaoui tatsächlich mit *Al-Qaida* und bin Laden in Verbindung stehe. Auch dieser Hinweis führte in eine Sackgasse. Kurzzeitig setzten sich FBI und CIA in Sachen Moussaoui an einen Tisch, um wiederum zur Erkenntnis zu gelangen, dass die Beweise nicht ausreichten, ihn als potenzielle Bedrohung zu erachten.

Rund drei Monate nach den Attacken von 9/11 stellte dann die *New York Times* fest, der Fall Moussaoui werfe »neue Fragen auf, warum das *Federal Bureau of Investigation* und andere Behörden die Entführungen nicht verhinderten«.

Die Reaktion des FBI war dann am 2. Januar 2002 in der *Washington Post* nachzulesen, weitere Erklärungen folgten am 31. Januar. Angesichts dieser Antwort scheint allerdings selbst die Geschichte vom Storch, der die Kinder bringt, plausibler.

Zunächst statuierten die Verantwortlichen, sich gleichsam in einer Zwickmühle befunden zu haben, da keine wirklichen Beweise vorlagen, dass Moussaoui mit *Al-Qaida*, bin Laden oder in irgendeiner Weise mit einem geplanten Terroranschlag in Verbindung stehe. Daher habe auch keine Rechtsgrundlage dafür bestanden, seinen Computer zu durchforsten – auf dem, wie es heißt, auch später keine belastenden Daten gefunden werden konnten. Das abgelaufene Visum hingegen genügte kurioserweise, um ihn sofort zu verhaften. Ein Repräsentant des FBI stritt außerdem ab, jene Warnung hinsichtlich des betankten Jumbo-Jets je erhalten zu haben. War das überhaupt nötig? Anscheinend schon, denn laut FBI »kam der Gedanke, jemand könnte ein Flugzeug in ein Gebäude fliegen oder als Bombe einsetzen, nie auf ... Wir waren über ein typisches Entführungsszenario besorgt.«

Wirklich bemerkenswert.

Das FBI wäre nicht einmal auf den Gedanken gekommen, dass eine entführte Maschine absichtlich in ein Bauwerk gesteuert werden könnte! Obwohl bereits 1994/95 exakt ein solcher Schreckensplan aufflog und durch die asiatischen Behörden gerade noch rechtzeitig vereitelt wurde. Bojinka schloss nicht nur die Sprengung von Linienmaschinen ein, sondern auch einen Kamikaze-Flug in die CIA-Zentrale in Langley. Ein derartiges Konzept sollte, selbst als blanke Theorie, im Gedächtnis haften bleiben. Nun, vielleicht tat es das sogar wirklich, nur bei den falschen Leuten. War Bojinka die Blaupause von 9/11?

Keine Todesstrafe für Moussaoui

Viereinhalb Jahre nach den Anschlägen auf WTC und Pentagon gab Moussaoui erstmals zu, von den Plänen gewusst zu haben. Bereits während früherer Verhöre hatte er eingestanden, er sei für einen Anschlag auf das Weiße Haus ausgewählt worden, den er allerdings nicht am 11. September, sondern erst später verüben sollte. Nun aber bezog er sich erstmals konkret auf den 11. September und erklärte, von dem Terror-Komplott gewusst zu haben. Er habe damals nur gelogen, damit die Anschläge nicht noch in den letzten Augenblicken vereitelt werden konnten. Am 23. Mai 2006 meldete sich dann allerdings Osama bin Laden auf einer von offiziellen Stellen für authentisch erachteten Tonbandaufnahme zu Wort, in der er Zacarias Moussaoui entlastet. Hier erklärt er laut englischer Übersetzung: »Ich bin derjenige, der für die Auswahl der 19 Personen, welche die Anschläge verübt haben, verantwortlich war, und ich habe Moussaoui mit keinerlei

Funktion beauftragt … Ich habe Zacarias nicht angewiesen, mit ihnen an dieser Mission teilzunehmen.«

Warum belastete sich Moussaoui dann aber selbst? War er auf eigene Rechnung tätig – und spielte nur wieder der Zufall mit, dass er bei der *Pan-Am*-Flugschule vorstellig wurde, um letztlich für einen solchen Einzelgänger-Anschlag zu üben? Eine eher unwahrscheinliche Vorstellung. Seine fliegerischen Fähigkeiten waren zudem so miserabel, dass er es nicht weit gebracht hätte und auch für bin Laden nicht von Nutzen gewesen wäre. Wer aber stand hinter Moussaoui? Bis zum gegenwärtigen Augenblick lässt sich diese Frage nicht wirklich beantworten. Abgesehen von der Beweispflicht, kein bisheriger Vorschlag befriedigt hier.

Die offizielle Darstellung nennt Khalid Scheich Mohammed als Mann hinter Moussaoui, wobei der Terrorist Ramzi Binalshibh als Koordinator zwischen dem Scheich und den diversen »Operatoren« in den Vereinigten Staaten auftrat. Binalshibh selbst hatte kein Einreisevisum in die Staaten erhalten, da er weder in Deutschland noch in Jemen feste Bindungen hatte, die seine Rückkehr dorthin sichern würden. Die Einwanderungsbehörde befürchtete also, er würde illegal in den Staaten bleiben wollen. Damit war Binalshibh aus dem Spiel. Woraufhin Moussaoui als weiterer Pilot ausgewählt worden sein soll. Scheich Mohammed sandte ihn dann zunächst zur Ausbildung nach Malaysia, doch – so heißt es im offiziellen Bericht – ihm gefiel dort keine Pilotenschule. Also schickte ihn Scheich Mohammed anschließend nach Pakistan. Von dort ging es weiter nach London, wo er zwischen Oktober und Dezember 2000 wohnte, anschließend in die USA und zur *Airman Flight School* in Norman, Oklahoma.

Ohne dass im offiziellen Bericht eine nähere Begründung zu finden ist, begibt sich *Al-Qaida* dann auf die Suche nach Ersatz für Moussaoui, obwohl seine Verhaftung erst im August 2001 erfolgte. Lag es an seinen mangelnden fliegerischen Qualitäten, dass er offenbar unbrauchbar wurde? Die Geschichte um Moussaoui bleibt mysteriös.

Es dürfte auch eher unwahrscheinlich sein, dass der nach eigener Aussage mit ihm bekannte Mohammed Atta den offenbar zu allem bereiten Moussaoui gewissermaßen als Versuchskaninchen einsetzte, um herauszufinden, wie schnell oder langsam die Gesetzesmaschinerie ansprang. Es wäre ein ziemlich unsinniger Test gewesen und hätte im Normalfall nur höchste Alarmbereitschaft ausgelöst. Im Normalfall. Doch was war bei 9/11 schon normal?

Auch ein Ablenkungsmanöver von den tatsächlichen Lokalitäten und Attentätern hätte wohl im Normalfall eher schlafende Hunde geweckt als wirklich den Zweck erfüllt, die Vorgänge weiter zu vernebeln.

Moussaoui sitzt heute in einem Hochsicherheitsgefängnis. Während die Staatsanwaltschaft auf Todesstrafe wegen Beihilfe zum dreitausendfachen Mord plädierte, bemühte sich die Verteidigung um eine Abwandlung auf lebenslange Haft und argumentiert damit, dass die Sicherheitsorgane der Vereinigten Staaten aufgrund ausreichender Hinweise in der Lage gewesen wären, die Anschläge auch ohne Moussaouis Geständnis zu verhindern. Bereits am 4. Mai 2006, also noch vor der angeblich authentischen bin-Laden-Äußerung zu Moussaoui, wurde das Todesurteil von den Geschworenen abgelehnt. Drei Mitglieder der Jury gingen sogar so weit und notierten, der Angeklagte habe nur begrenztes Wissen über die Angriffspläne von 9/11. Bruce Hoffman, Terrorismus-Experte bei der *RAND Corporation*, einer mächtigen und in viele geheime Aktivitäten involvierten US-Denkfabrik, ließ eine vielleicht nicht uninteressante, weil doppeldeutige Rand-Bemerkung verlauten: »Die Jury schien zu sagen, dass er [Moussaoui] nur ein kleiner Akteur ist, jemand in der Peripherie. Es läuft auf jemanden hinaus, dessen Hände nicht von Blut durchtränkt sind.« – Moussaoui selbst reagierte nach der Urteilsverkündung zwar mit verdrossenen Blicken, doch als er abgeführt wurde, rief er aus: »Amerika, du hast verloren … Ich habe gewonnen!«

Aggressive Schüler

Dass der Fall Moussaoui das Geschehen um 9/11 jedoch im Nachhinein noch nebulöser werden lässt, als es ohnehin schon ist, steht außer Frage. Er belegt aber wiederum, wie wenig unternommen wurde, um die Anschläge zu vereiteln.

Selbst laut offizieller Darstellung konnten die Terroristen ihre Vorbereitungen völlig unbehelligt treffen, obwohl nicht zuletzt auch die Geldtransfers beachtlich waren. FBI-Chef Mueller behauptete, die Terroristen hätten darauf geachtet, dass nur kleine Beträge flossen, doch selbst der Bericht der Untersuchungskommission zeichnet ein anderes Bild. Zu den Transfers, die von Scheich Mohammeds Neffen Ali Abdul Aziz Ali aus Dubai durchgeführt wurden, heißt es in Abschnitt 7.2 klar und deutlich: »Ali sandte Shehhi und Atta zwischen dem 29. Juli und 17. September 2000 eine Gesamtsumme von 114 500 US-Dollar in fünf Transfers, die zwischen 5000 und 70 000 US-Dollar rangierten.« Das waren also keine ganz kleinen Summen, die hier aus dubioser Quelle an die simplen Flugschüler flossen!

Atta und Shehhi bemühten sich Mitte September 2000 darum, ihren touristischen Status in einen Studienaufenthalt zu wandeln und erklärten der Behörde, bei *Huffman Aviation* bis zum 1. September 2001 lernen zu wollen. Ende September 2000 traten sie dann allerdings zwischenzeitlich bei *Jones Aviation* in Sarasota, Florida, in Erscheinung – zufälligerweise übrigens jenem Ort, in dem sich auch die Booker-Grundschule befindet, die Bush am 11. September besuchte.

Die beiden neuen Flugschüler erwiesen sich laut Aussage eines anonymen Lehrers von *Jones Aviation* oft als aggressiv und grob. Anfang Oktober fand eine Prüfung statt, bei der die Schüler ihre Kenntnisse zu den Bordinstrumenten belegen mussten. Beide fielen durch. Aufgebracht erklärten sie, in Eile zu sein, da ihre Arbeit zu Hause bereits warte. Und bald wechselten sie zu *Huffman Aviation* über.

Die anderen potenziellen Selbstmordflieger von *Al-Qaida* erwiesen sich ebenfalls als wenig begabte Schüler diverser US-Flugschulen. Und auch die spärlichen Englischkenntnisse bereiteten oftmals Probleme, so dass die Fluglehrer einen Abbruch der Ausbildung in einigen Fällen außergewöhnlich schnell nahe legten. Immerhin hatte Ziad Jarrah, der später angeblich in UA 93 am Steuer saß, gegen Mitte August 2000 seinen Flugschein für eine einmotorige Maschine in der Tasche. Doch von hier bis zu einer großen Linienmaschine war es noch ein weiter Weg. Und die Manöver vom 11. September 2001 erforderten ein besonders hohes fliegerisches Können. Vor allem der Anflug auf das Pentagon stellte – beim etwa Dreifachen der üblichen Landgeschwindigkeit einer Linienmaschine – höchste Anforderungen an den Piloten. Dieser Pilot soll allerdings auch nicht Jarrah gewesen sein, sondern Hani Hanjour. War er ein Fliegergenie?

Eine Gefahr für die Sicherheit

Aus der offiziellen Untersuchung erfahren wir zu Hani Hanjour Folgendes: »Im Jahr 1996 kehrte Hanjour in die Vereinigten Staaten zurück, um seine Flugausbildung weiterzuverfolgen, nachdem er von einer saudi-arabischen Flugschule abgewiesen worden war. Er sah sich bei Flugschulen in Florida, Kalifornien und Arizona um; und er fing kurzzeitig bei einigen davon an, bevor er dann nach Saudi-Arabien zurückkehrte.« Schon aus diesen wenigen Sätzen scheint hervorzugehen, dass Hanjour offenbar kein sonderliches Durchhaltevermögen bezüglich seiner Ausbildung besaß und eher den Weg des geringsten denkbaren Widerstands suchte. Interessant auch, dass er bereits von einer saudischen Flugschule abgewiesen worden war, bevor er sein Glück in den Staaten versuchte. Doch weiter im Text: »1997 kehrte er nach Florida zurück und begab sich danach zusammen mit zwei Freunden nach Arizona. Dort fing er seine Flugausbildung mit ernsthafter Absicht an. Hanjour schaffte es, seine private Fliegerlizenz nach drei Monaten zu erhalten. Einige weitere Trainings-Monate brachten ihm einen kommerziellen Pilotenschein, herausgegeben im April 1999 von der *Federal Aviation Administration* (FAA). Dann kehrte er nach Saudi-Arabien zurück. Wie berichtet wird, bewarb sich Hanjour nach seiner Heimkehr bei der Zivil-Luftfahrtbehörde in Jeddah, wurde aber abgelehnt.« Nach einigen Reisen erhielt er am 25. September ein US-Studentenvisum, um am 8. Dezember 2000 wieder in die USA einzureisen. Zunächst nach San Diego, dann nach Oakland, wo er ein Studium beginnen wollte: Englisch als Zweitsprache. Doch er nahm nie daran teil. Wieder in San Diego, schloss er sich Nawaf al Hazmi an, einem der fünf vermuteten Entführer von Flug 77. »Hazmi und Hanjour verließen San Diego beinahe unmittelbar und fuhren nach Arizona, um sich in Mesa anzusiedeln«, so der offizielle Bericht. »Hanjour begann ein Auffrischtraining an seiner alten Flugschule, *Arizona Aviation.* Er wollte auf Maschinen mit mehreren Triebwerken üben, doch hatte er Schwierigkeiten, da sein Englisch nicht gut genug war. Der Fluglehrer riet ihm abzubrechen, doch Hanjour sagte, er könne nicht nach Hause zurückkehren, ohne seine Ausbildung abgeschlossen zu haben. Zu Beginn des Jahres 2001 begann er mit dem Training an einem Boeing-737-Flugsimulator an der *Pan Am International Flight Academy* in Mesa. Einer der Fluglehrer dort stellte fest, dass [Hanjours] Leistungen deutlich unter dem Durchschnitt lagen und riet ihm davon ab, weiterzumachen. Wiederum blieb Hanjour beharrlich; er schloss die anfängliche Ausbildung bis Ende März 2001 ab.«

Nun, demnach war Hanjour doch recht erfolgreich gewesen. War er also wirklich in der Lage, eine Boeing 757 ins Pentagon zu steuern? Dann muss er sich wohl vom unterdurchschnittlichen Schüler zum absoluten Überflieger entwickelt haben, der es mit der Präzision einer Lenkwaffe aufnehmen konnte.

Aufzeichnungen der FAA belegen zwar, dass Hanjour eine Berufsflieger-Lizenz erworben hatte, doch enthalten sie keine Antwort auf die Frage, wo und wie das im Einzelnen geschehen sein soll. Die FAA schweigt sich bis dato darüber aus. Die Quellen, aus denen die gigantische Diskrepanz zwischen Sein und Schein der fliegerischen Fähigkeiten Hanjours hervorgehen, gelten nach allgemeiner Einschätzung nicht gerade als unseriös, sie werden im Gegenteil oft und gern als verlässliche Medienorgane zitiert. So berichtete die *New York Times* am 4. Mai 2002 von der deutlichen Verwunderung der ehemaligen Ausbilder Hanjours, als sie erfuhren, er habe die Maschine in das Pentagon gelenkt. Marilyn Ladner, Vize-Präsidentin der betreffenden Flugschule in Phoenix, Arizona, erklärte, ihre Mitarbeiter hätten nie vermutet, dass Hanjour der Entführer war, sondern befürchteten, dass er ein Sicherheitsrisiko darstellen würde, sollte er im Cockpit einer kommerziellen Maschine sitzen. Nun, Verfechter der »offiziellen Verschwörungstheorie« werden dies natürlich mit einer Brise Sarkasmus bestätigen, bewahrheitete sich doch diese Befürchtung laut dem staatlich sanktionierten Szenario aufs Schrecklichste.

Tatsache ist, dass Fluglehrer der *Pan Am International Flight Academy* die Echtheit der Lizenz Hanjours anzweifelten. Seine fliegerischen Fähigkeiten seien so lausig gewesen und sein Englisch so unangemessen, dass sie nicht glauben konnten, er sei je in der Lage gewesen, eine authentische Lizenz zu erhalten. Doch die FAA bestätigte die Legitimität. Mitarbeiter der renommierten Flugschule beschrieben Hanjour als einen höflichen, bescheidenen und sehr stillen Menschen – aber als sehr schlechten Piloten. »Ich bin bis heute völlig über die Möglichkeit erstaunt, er könne ins Pentagon geflogen sein. Er konnte überhaupt nicht fliegen«, so erinnert sich ein Mitarbeiter der Flugschule.

Als das FBI die Entführerliste von 9/11 herausgab, staunten zwei Fluglehrer des *Freeway Airport* in Bowie, Maryland, ebenfalls nicht schlecht, als sie Hani Hanjour als Piloten aufgeführt sahen. Sheri Baxter und Ben Conner erinnerten sich sofort an den schlanken, zurückhaltenden Mann, der im August 2001, also nur einen Monat vor den Anschlägen, eine kleine Maschine anmieten wollte. Vor der Aushändigung der Maschine sollte Hanjour drei Testflüge absolvieren, doch hatte er einige Probleme, die einmotorige *Cessna 172* zu handhaben. Sowohl während des Fluges als auch bei der Landung kam er mit der Maschine nicht klar. Da nützte auch seine Fluglizenz nichts, ebensowenig die in seinem Logbuch eingetragenen 600 Flugstunden. Der leitende Fluglehrer Marcel Bernhard weigerte sich, Hanjour die Maschine auszuhändigen.

Halten wir fest: Hanjour war also nicht einmal in der Lage, eine kleine *Cessna* sicher zu steuern, soll aber eine Boeing 757 als äußerst tödliche Waffe missbraucht und mit höchster Genauigkeit in ihr finales Zielobjekt gesteuert haben!

Kunstflieger aus dem Simulator?

Auch um die drei anderen Terrorpiloten war es, wie sich gezeigt hat, nicht viel besser bestellt. Wenn man aber den offiziellen Untersuchungsbericht liest, der die mangelhaften fliegerischen Fähigkeiten der Kollaborateure innerhalb einiger Passagen immerhin ebenfalls eingesteht, so präsentieren die abschließenden Bemerkungen ein relativ rund wirkendes und recht erfolgreiches Bild hinsichtlich deren Flugstudien: »Die drei Piloten in Florida setzten ihre Ausbildung fort. Atta und Shehhi beendeten sie bei *Huffman* und erhielten ihre ›instrument certificates‹ im November von der FAA. Mitte Dezember 2000 bestanden sie ihre Berufspiloten-Simulatortests. Ungefähr zur gleichen Zeit begann Jarrah mit Simulator-Training, das ebenfalls in Florida stattfand, jedoch in einem anderen Ausbildungszentrum. Bis Ende 2000 – und damit weniger als sechs Monate nach ihrer Ankunft – simulierten die drei Piloten Flüge auf großen Jets.«

Angesichts der eher schwachbrüstigen Leistungen, wie sie die diversen Fluglehrer den diversen Flugschülern bescheinigten, erstaunen diese wohl euphemistischen Aussagen der Untersuchungskommission nicht nur *ein wenig.*

Der einzige Weg, auf dem einige der Kandidaten das Fliegen lernten, bestand darin, dass sie bald schon aus den Flugschulen rausgeworfen wurden, weil sie so unbegabt waren. Doch selbst, wenn sie ganz gemäß der offiziellen Schilderung alle Examen bestanden hätten, aus ihnen wären deshalb noch keine Kunstflieger geworden, erst recht nicht mit gewaltigen Linienjets! Wer im Physikunterricht gut abschneidet, alle Prüfungen besteht und das Fach vielleicht auch noch erfolgreich studiert, wird eben trotzdem noch lange kein Einstein.

Es erscheint überhaupt einigermaßen befremdlich, dass *Al-Qaida* das Risiko einging, die Terrorpiloten in den USA trainieren zu lassen, wo sie über einen langen Zeitraum hinweg leben mussten und durch einige ungewöhnliche Aktionen und Vorhaben auffielen. Viel logischer erschiene doch, wenn sämtliche Attentäter über Jahre hinweg bereits in einem islamischen Land ausgebildet und bestens auf ihre Mission vorbereitet wurden. Aus den offiziellen Darstellungen geht deutlich hervor, dass die Vorbereitungen sich über etwa fünf Jahre hinweg erstreckten. Dass dieses komplexe, hoch organisierte und kaum durchdringbare Netzwerk des Terrors das Risiko eingeht, einige wohl zu allem bereite Personen völlig auf Verdacht einzusetzen, erscheint kaum glaubhaft. Umso weniger, als hoch spezialisierte Aufgaben zu bewältigen waren. Dies anzuzweifeln ist gleichbedeutend damit, die beruflichen Anforderungen und Aufgaben eines Linienpiloten auf unzulässige Weise herabzusetzen.

Kein einziger Amateurpilot, der nur einigermaßen im Vollbesitz seiner geistigen Kräfte wäre, würde sich ins Cockpit einer großen Linienmaschine setzen und ernstlich glauben, die Maschine auch nur annähernd zu beherrschen. Nun, wenn *Al-Qaida* sich letztlich auf eine Handvoll völlig ungeeigneter »Piloten« verließ, erlaubte dieser Umstand dann vielleicht die Schlussfolgerung, dass sich wirklich niemand anderes fand, der geeigneter gewesen wäre? Offenbar gab es auch keinen zu allem bereiten und schon komplett ausgebildeten, erfahrenen Linienpiloten, der diese mörderische und auch selbstmörderische Aufgabe übernehmen wollte. Warum auch?

Alles, was wir sicher wissen, besteht in der enormen Diskrepanz zwischen Sein und Schein. Wir wissen, dass die Qualifikation nicht eines einzigen der vom FBI aufgelisteten Kamikaze-Piloten auch nur annähernd zum Fliegen einer Linienmaschine ausgereicht hätte. Und im völligen Kontrast hierzu haben wir alle wohl ungezählte Male selbst gesehen, mit welch ultimativer, unbeirrbarer und unfassbarer Präzision AA 11, UA 175 und AA 77 in ihre Ziele gesteuert wurden. Rein technisch waren das fliegerische Meisterleistungen, denen selbst noch erfahrene Berufspiloten großer Airliner ihren Beifall gezollt hätten, wäre es rein um Artistik und nicht um Massenmord gegangen. Und mal ganz ehrlich: Hätten uns nicht die großen Medien und die offiziellen Untersuchungsgremien immer und immer wieder eingeredet, ja gar eingeimpft, dass hier die besagten Selbstmordattentäter am Werk waren, sondern wären vielmehr nur einige Randgruppen mit dieser Behauptung aufgetreten – kaum einer, der dann nicht über diese abstruse Behauptung gelacht hätte.

Das ist eben Manipulation, ganz demokratisch, ganz einfach. Sobald die Mehrheit ein Szenario akzeptiert hat, ist die Wahrheit damit demokratisch definiert. Der manchmal existenzielle Bequemlichkeitsfaktor spielt dabei durchaus eine Rolle, allein aus energetischer Sicht. Denn jeder weiß, gegen den Strom zu schwimmen, kostet mehr Energie und kann im Extremfall sogar den Untergang bedeuten. Nein danke also, das muss nicht sein! Und da wundern wir uns, warum zu Zeiten ganze Terror-Regime an die Macht kamen und ihre eigene, düstere Welt errichteten? Aber das passiert heute nicht mehr. Keinesfalls. Es verbietet sich natürlich auch, Vergleiche mit der Vergangenheit anzustellen, denn die Welt verändert sich viel zu schnell. Heute ist nicht gestern, und in einer anderen Welt wiederholt sich nichts.

Dennoch, manches können wir allerdings durchaus aus der Geschichte lernen. Unter anderem, dass Propaganda vor allem harm- und ahnungslose Menschen blendet. Wenn schließlich die bittere Wahrheit allgemein erkannt und akzeptiert wird, dann ist es meistens schon zu spät. Doch lassen wir das jetzt.

Einzige Schlussfolgerung aus den vorliegenden Fakten also bleibt: Die am 11. September entführten Flugzeuge müssen ganz offensichtlich von anderen Piloten gesteuert worden sein. Wir werden uns später noch einmal dieser spannenden Frage widmen.

Rätsel über Rätsel

Verwirrung um Atta & Co.

Mohammed Atta war an den Tagen vor 9/11 bekanntlich viel unterwegs und ging teils ein deutlich erhöhtes Entdeckungsrisiko ein. Zudem schien er sich immer wieder auffällig zu verhalten, geradezu schon, als ob er auf sich aufmerksam machen wollte. Angefangen bei der *Washington Post* berichteten zahlreiche Tageszeitungen und Blätter am 16. September 2001 beispielsweise über den Zeugen Tony Amos, den Barbesitzer von *Shuckums Restaurant* in Hollywood, Florida. Amos erinnerte sich genau, dass der tiefgläubige Atta zusammen mit seinem ebenso religiösen Gefährten Al-Shehhi stundenlang gezecht hatte – der eine soll sich mit Wodka zugeschüttet haben, der andere mit Rum. Anschließend sei es zu einem handfesten und lautstarken Streit wegen der ausstehenden Rechnung gekommen, wobei Atta dann schließlich behauptete, *American-Airlines*-Pilot zu sein und alles bezahlen zu können.

Abgesehen von der weithin bekannten Tatsache, dass gläubige Muslime keinen Alkohol zu sich nehmen, verhielten sich die beiden Terroristen reichlich unprofessionell. Sie gefährdeten eine über fünf Jahre hinweg geplante Mammutmission. Der Gegner konnte überall auf sie lauern. Und tatsächlich befanden sich laut den Erkenntnissen der offiziellen Kommission die US-Geheimdienste schon seit Sommer in einer deutlich erhöhten Alarmbereitschaft. Demnach rechnete man weltweit mit baldigen und spektakulären Attacken. CIA-Direktor George Tenet erklärte gegenüber der Kommission: »Das System blinkte rot.«

Gerade jene Zeit birgt viele widersprüchliche Informationen über Mohammed Attas Aufenthaltsorte, sein Verhalten und seine Aktionen. Am 29. August gab Atta einen 14 Tage zuvor bei *Warrick* in Pompano Beach, Florida, angemieteten Wagen nach insgesamt rund 3000 abgespulten Kilometern zurück. Dabei verhielt er sich sehr freundlich und machte den Vermieter sogar noch darauf aufmerksam, dass das Fahrzeug vor der Weitergabe an den nächsten Kunden noch eine Inspektion benötigte. Am selben Tag mietete er einen Ford Escort an, den er wiederum nach über 1000 Kilometern Fahrleistung am 9. September 2001 ablieferte. Nun aber wird es immer verwirrender. Während Atta den Escort bei *Warrick* in Pompano Beach, Florida, abgab, mietete er ebenfalls am 9. September am *Logan Airport* – Boston, Massachusetts – einen blauen Nissan Altima an. Das war am frühen Abend, exakter: um 18.06 Uhr. Waren hier zwei verschiedene Attas zugange oder unternahm der uns zumindest vorgeblich bekannte Atta eine wiederum nicht bekannte Flugreise von Florida nach Boston? Auch am Morgen befand er sich in Boston. Denn zu früherer Stunde wird Atta

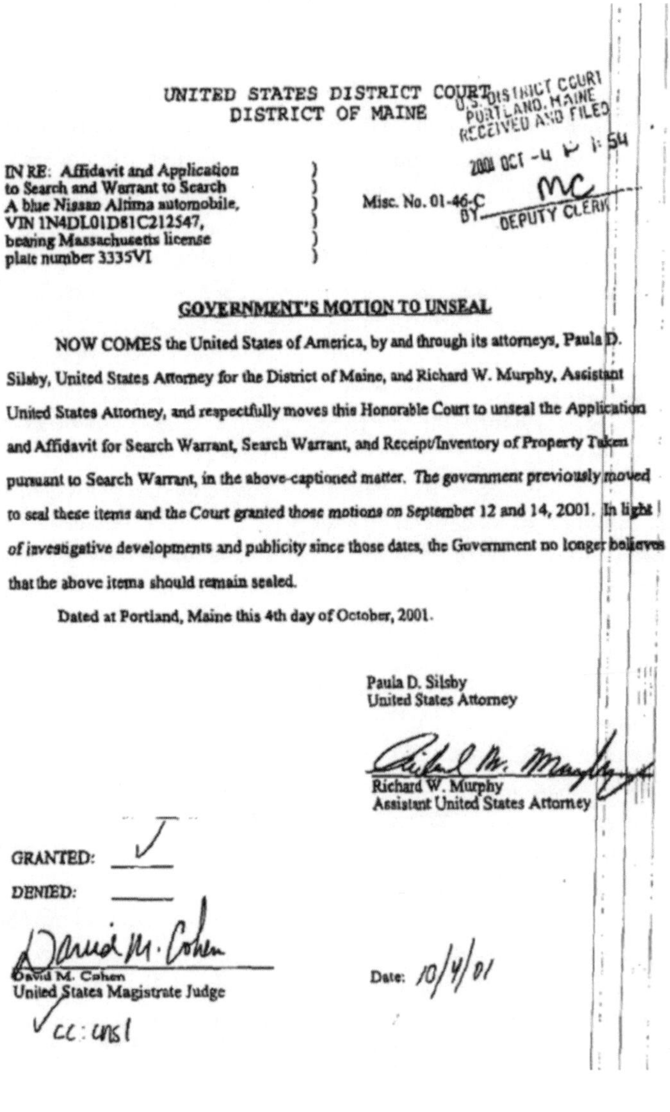

UNITED STATES DISTRICT COURT
DISTRICT OF MAINE

U.S. DISTRICT COURT
PORTLAND, MAINE
RECEIVED AND FILED
2001 OCT -4 P 1:54
BY MC DEPUTY CLERK

IN RE: Affidavit and Application to Search and Warrant to Search A blue Nissan Altima automobile, VIN 1N4DL01D81C212547, bearing Massachusetts license plate number 3335VI) Misc. No. 01-46-C

GOVERNMENT'S MOTION TO UNSEAL

NOW COMES the United States of America, by and through its attorneys, Paula D. Silsby, United States Attorney for the District of Maine, and Richard W. Murphy, Assistant United States Attorney, and respectfully moves this Honorable Court to unseal the Application and Affidavit for Search Warrant, Search Warrant, and Receipt/Inventory of Property Taken pursuant to Search Warrant, in the above-captioned matter. The government previously moved to seal these items and the Court granted those motions on September 12 and 14, 2001. In light of investigative developments and publicity since those dates, the Government no longer believes that the above items should remain sealed.

Dated at Portland, Maine this 4th day of October, 2001.

Paula D. Silsby
United States Attorney

Richard W. Murphy
Assistant United States Attorney

GRANTED: ✓
DENIED: ____

David M. Cohen
United States Magistrate Judge

Date: 10/4/01

✓ cc: cnsl

offenbar von einer Zeugin beim Check-in für Flug 11 am Bostoner *Logan Airport* gesehen. Die Geschäftsfrau Jan Shineman bemerkt eine auffällige Person, die sie später als Mohammed Atta identifiziert. Der sommerlich gekleidete Mann verhält sich ungewöhnlich. Er streift umher, macht sich Notizen und beobachtet die Piloten während ihrer Routinechecks im Cockpit. Vom Gate hat er freien Blick auf die Maschine. Atta selbst führt kein Gepäck mit sich, lediglich ein Notebook. Und er steigt nicht in die Maschi-

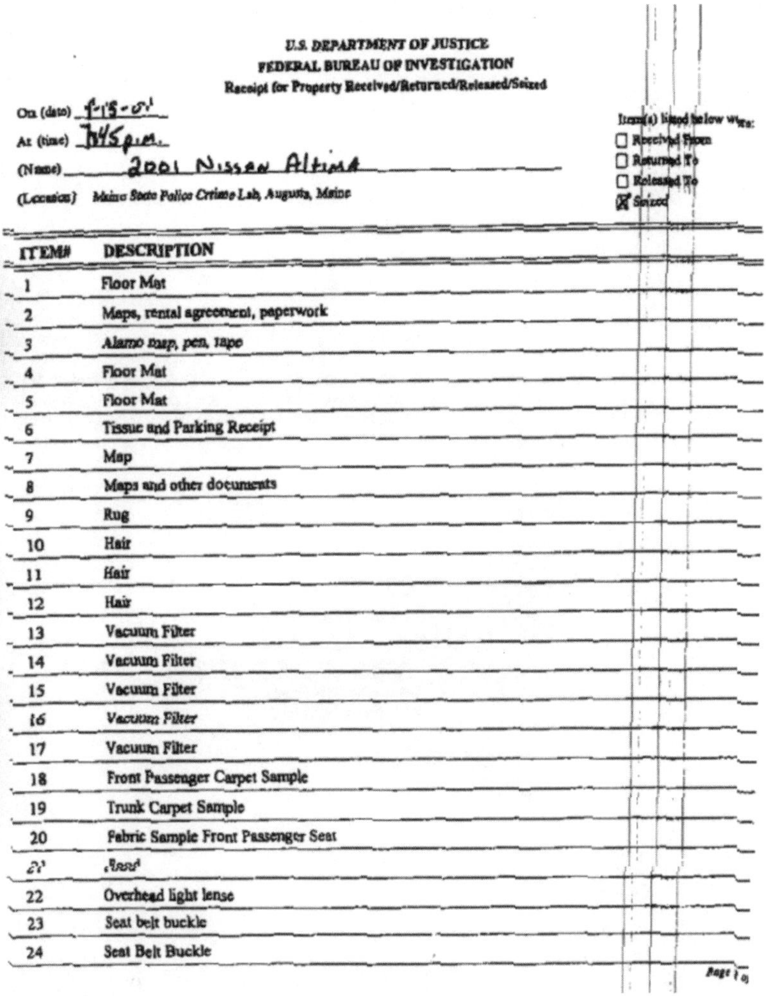
U.S. DEPARTMENT OF JUSTICE
FEDERAL BUREAU OF INVESTIGATION
Receipt for Property Received/Returned/Released/Seized

On (date) 9-15-01
At (time) 3:45 p.m.
(Name) 2001 Nissan Altima
(Location) Maine State Police Crime Lab, Augusta, Maine

Item(s) listed below were:
☐ Received From
☐ Returned To
☐ Released To
☒ Seized

ITEM#	DESCRIPTION
1	Floor Mat
2	Maps, rental agreement, paperwork
3	Alamo map, pen, tape
4	Floor Mat
5	Floor Mat
6	Tissue and Parking Receipt
7	Map
8	Maps and other documents
9	Rug
10	Hair
11	Hair
12	Hair
13	Vacuum Filter
14	Vacuum Filter
15	Vacuum Filter
16	Vacuum Filter
17	Vacuum Filter
18	Front Passenger Carpet Sample
19	Trunk Carpet Sample
20	Fabric Sample Front Passenger Seat
21	[illegible]
22	Overhead light lense
23	Seat belt buckle
24	Seat Belt Buckle

Page 1 of

Abb. 10, 11 und 12 (auf den Seiten 88 bis 90): Freigabe der FBI-Durchsuchungsergebnisse des blauen Nissan Altima

ne. »Wenn er an Bord gegangen wäre, dann hätte ich den Captain informiert«, betont Jan Shineman später, denn jener Mann habe unheimlich und erschreckend auf sie gewirkt. Doch Atta nahm Flug 11 nach Los Angeles erst zwei Tage später, am 11. September.

Die Verwirrung über Attas scheinbar gleichzeitige Präsenz an zwei verschiedenen Orten setzt sich im unmittelbaren Vorfeld der Katastrophe noch fort. So bleiben für den 10. September 2001 eine ganze Menge offener Fragen.

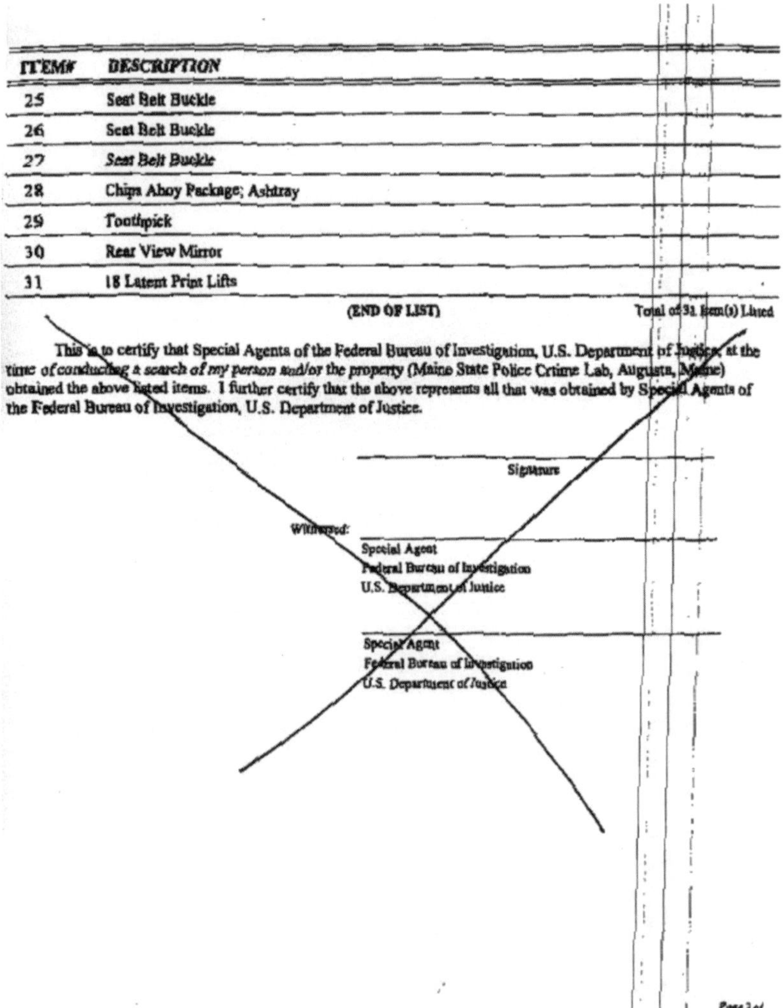

ITEM#	DESCRIPTION
25	Seat Belt Buckle
26	Seat Belt Buckle
27	Seat Belt Buckle
28	Chips Ahoy Package; Ashtray
29	Toothpick
30	Rear View Mirror
31	18 Latent Print Lifts

(END OF LIST) Total of 31 Item(s) Listed

This is to certify that Special Agents of the Federal Bureau of Investigation, U.S. Department of Justice, at the time of conducting a search of my person and/or the property (Maine State Police Crime Lab, Augusta, Maine) obtained the above listed items. I further certify that the above represents all that was obtained by Special Agents of the Federal Bureau of Investigation, U.S. Department of Justice.

Signature

Witnessed:

Special Agent
Federal Bureau of Investigation
U.S. Department of Justice

Special Agent
Federal Bureau of Investigation
U.S. Department of Justice

Page 2 of

Nach Darstellung des FBI holte Atta seinen Mitverschwörer Abdulaziz Al-Omari an jenem Tag vor der Terroraktion mit dem gerade angemieteten blauen Nissan Altima am Bostoner *Milner*-Hotel ab, um anschließend gemeinsam nach Portland in Maine zu fahren. Dort treffen die beiden Verschwörer gegen 17:43 Uhr ein und nehmen sich ein Zimmer im *Comfort-Inn*-Hotel. Sie werden in Portland bei verschiedenen Gelegenheiten von automatischen Sicherheitskameras erfasst – an einer Tankstelle, an zwei Geldautomaten und in einem *Wal-Mart*-Einkaufszentrum. Vom FBI veröffentlichte Aufnahmen zeigen offenbar Al-Omari auf mehreren Einzelbildern in sichtlich gelöster Stimmung. Er scheint sogar Grimassen zu ziehen und lacht anschließend; zumindest nach diesen Momentaufnahmen zu urteilen macht er nicht den Eindruck eines Menschen, der am nächsten Morgen wissentlich in den Tod geht.

Warum Atta und Al-Omari am 10. September 2001 zunächst nach Portland fuhren, um einen Tag darauf noch vor Sonnenaufgang wieder nach Boston zu fliegen, ist ein bis heute ungeklärtes Rätsel. Bisher konnten nur einige denkbare Erklärungen dafür angeführt werden:

- Die beiden vermutlichen Terroristen mussten noch dringend eine unbekannte Person treffen, die ihnen in jenen letzten Stunden grünes Licht für 9/11 gab oder aber weitere Instruktionen vermittelte, welche nicht telefonisch oder per Mail weitergegeben werden konnten, um die gesamte Aktion nicht noch im letzten Moment zu gefährden.
- Durch den Verbindungsflug nach Boston wollten die beiden Entführer die dortigen Sicherheitskontrollen umgehen. Ähnlich wie der kleine Autoverleih von Brad Warrick in Florida, der keine genaueren Überprüfungen der Kunden vornahm und daher nach offener Aussage des Besitzers auch von Kriminellen frequentiert wird, schien der kleinere Flughafen von Portland den beiden Attentätern möglicherweise sicherer.
- Atta und Al-Omari wollten vermeiden, dass insgesamt zehn Entführer etwa gleichzeitig in Boston eintrafen, um von dort weiterzufliegen.
- Vielleicht wollten sie auch lediglich prüfen, ob sie verfolgt würden, so mutmaßt der an sich für sämtliche *europäische* Operationen zuständige CIA-Mann Tyler Drumheller.

Wie auch immer die zutreffende Erklärung lauten mag, Atta und sein Begleiter gingen ein hohes Risiko ein, vor allem auch wegen häufiger Unwägbarkeiten bei Inlandsflügen an der Ostküste. So hätte es ohne weite-

Abb. 13: FBI-Fahndungsbilder von Al-Omari, hier am Geldautomaten des UNO-Restaurants in Portland. Weiß dieser Mann, dass er am nächsten Tag sterben wird? Im Hintergrund ist Mohammed Atta zu sehen.

res passieren können, dass sie am nächsten Morgen mit gehöriger Verspätung und nicht mehr rechtzeitig zur sicheren Ausführung der konzertierten Terroraktion in Boston eintrafen.

Was die potenzielle Überwachung der Gruppe um Mohammed Atta anlangt, fand sie schon sehr lange statt. Die Tatsache, dass deren Aktionen im weiten Vorfeld von 9/11 bereits über Monate und Jahre von FBI, CIA und NSA verfolgt wurden, rückt das gesamte Geschehen wiederum in ein anderes Licht. Die Attentate hätten demnach wirklich rechtzeitig vereitelt werden können. Angeblich seien die Zeichen nicht erkannt worden. Und daher seien die Informationen nicht einmal zwischen den Behörden ausgetauscht worden!

Auch diejenige Behörde, die in den USA bekanntlich die größten Ohren besitzt und normalerweise selbst das unterdrückte Husten eines orientalischen Flohs mitbekäme, blieb völlig taub – auf all ihren sensiblen Lauschern, deren sie weit mehr besitzt als nur zwei. In Wirklichkeit blieb sie eher *stumm*, denn sie hörte doch manches klammheimlich mit. Die NSA (*National Security Agency*) verfolgte nämlich im Sommer 2001 durchaus die Gespräche von Mohammed Atta mit Khalid Scheich Mohammed und zeichnete sie auf. Und selbst die kleineren Ohren der USA waren damals sämtlich gespitzt.

Wie sich herausstellte, positionierte die US-Bundespolizei FBI geraume Zeit vor 9/11 eine Abhörantenne im Indischen Ozean, um damit keinen anderen Zweck zu verbinden als die Gespräche des Scheichs mithören zu können. Selbst wenn die NSA also keine Informationen weiterleitete, sollten die FBI-Leute auf ganz unabhängigem Wege ebenfalls sichere Informationen über die bevorstehenden Ereignisse erhalten haben.

Das FBI entwickelt sich deutlich über seinen bundespolizeilichen Status hinaus zu einem neuen US-Geheimdienst. Das zeigt sich seit 2001 zunehmend, wobei vor allem gerade das FBI hinsichtlich 9/11 zahlreiche Informationen unterdrückt. So auch beim Abschiedsbrief Mohammed Attas – der seltsamerweise in einem seiner Koffer gefunden wurde. *Seltsamerweise* deshalb, weil beide Koffer angeblich nur durch Zufall auf dem Flughafen zurückblieben, anstatt mit Flug 11 im Nordturm zu verbrennen. Von dem Schriftstück ist nur die Übersetzung veröffentlicht worden, während das Original vom FBI unter Verschluss gehalten wird. Interessant.

Der doppelte Atta

Werfen wir aber noch einmal einen Blick auf die Geschehnisse vom 10. September. Wie schon bei anderen Gelegenheiten, trat Mohammed Atta jetzt wiederum doppelt in Erscheinung. Er hielt sich demnach nicht nur in Boston bzw. Portland auf, sondern auch in Manhattan. Laut Informationen des FBI suchte er das World Trade Center einen Tag vor den Attacken auf, um sich per GPS der exakten Koordinaten zu vergewissern. Selbst, wenn dem wirklich so war, ist das durchaus eine bemerkenswerte Tatsache. Man würde schon erwarten, dass derartige Überprüfungen angesichts der perfekten Gesamtplanung längst vorgenommen wurden und jeder Beteiligte im Interesse der Aktion seine »Ausflüge« auf das Wesentlichste beschränkte. Aber das Gegenteil war der Fall.

Atta begab sich FBI-Informationen zufolge auf die Aussichtsterrasse im 107. Stock des Südturms, um dort mit Hilfe des *Global Positioning Systems* und damit per Satellit die exakte Position des Gebäudes zu bestimmen. Den FBI-Erkenntnissen zufolge hatte sich Mohammed Atta einen GPS-Empfänger aus dem Katalog bestellt. Die Bundespolizei geht davon aus, dass die Terroristen das GPS an Bord nahmen und es tatsächlich als Navigationshilfe benutzten, da sie im Umgang mit den Großflugzeugen zu unerfahren waren. *Quax, der Bruchpilot*, lässt grüßen!

Kaum vorstellbar, wie die Flugzeugentführer die Kontrolle im Cockpit übernehmen. Während ein wahrer Schreckenspilot sich hinter das Steuer klemmt und im Instrumentenwirrwarr einige Schalter durchprobiert, steht sein Co-Chaot daneben, fuchtelt mit dem GPS herum und ruft: »Weiter nach links, du musst weiter nach links, und jetzt runter!«

Allein bei den Manövern, welche die Maschinen nach der Übernahme ausführten, musste letztlich klar werden, dass sie jeweils von sicherer Hand gelenkt wurden. Die Kurvenradien beispielsweise konnte kein GPS vorgeben. Zudem bleibt auch fraglich, ob das GPS-System innerhalb des Flugzeugs überhaupt sicher funktioniert hätte. Nicht zu vergessen ist: Seit dem Jahr 2001 hat sich auch technisch einiges geändert, und heute ist bereits wieder manches möglich, was damals einfach noch nicht funktionierte. So auch beim GPS.

Der GPS-Empfang in einer abgeschlossenen Kabine war jedenfalls nicht sicher gewährleistet. Nur die 32-Kanal-Systeme arbeiten innerhalb von Räumen zuverlässig, nicht aber die alten 16/20-Kanal-Geräte. Ich habe das wiederholt mit eigenen GPS-Empfängern erlebt, und diese Geräte können durchaus noch andere kleine, aber sehr störende Tücken an den Tag legen. Störend vor allem dann, wenn man mit 800 Kilometern pro Stunde dahinrast und keine Zeit zum Abwarten bleibt, bis ein verlässliches Signal eintrifft. Jedenfalls dürfte sich wohl keiner der Planer von 9/11 unter den gegebenen Umständen auf diese Technik verlassen haben, die in anderen Situationen natürlich eine kaum zu überschätzende Hilfe ist.

Abgesehen von alledem: Befand sich Atta wirklich in New York City? Zumindest Kreditkarten-Auszüge scheinen das zu belegen, auch wenn der offizielle 9/11-Report den Aufenthalt *nicht* erwähnt.

Für seine Fahrt nach Manhattan, den Besuch auf dem Trade Center und die Rückfahrt stand ihm nur der Vormittag des 10. September zur Verfügung. Die vorherige Nacht verbrachte er laut FBI-Chef Mueller im *Milner*-Hotel, Boston, und fuhr bereits kurz nach Mittag zusammen mit Al-Omari nach Portland. Die Fahrtzeit von Boston nach Manhattan wird immerhin auf rund vier Stunden geschätzt – also kaum machbar in der zur Debatte stehenden Zeitspanne.

An der Mautstelle bei Ausfahrt 13 des *Massachusetts Turnpike* (»Mass Pike«), dem gebührenpflichtigen Autobahnstück zwischen Boston und Stockbridge, wurde ein erst später bedeutsamer Zwischenfall registriert. Der Beamte notierte das Kennzeichen eines weißen Mitsubishi Mirage, nachdem es wegen der Gebühr von 3,10 Dollar zu einem heftigen Disput mit dem Fahrer gekommen war, der anschließend einfach ohne zu bezahlen davonfuhr. Am Steuer: niemand anderer als *Mohammed Atta*. Warum verhielt er sich wegen lumpiger drei Dollar derart auffällig? War hier Absicht im Spiel? Wollte *jene Person* am Steuer auffallen, so dass man sich später genau an den Vorfall erinnern würde? Und dann die Mehrfachpräsenzen ein und derselben Person!

Genau weil sich die Geschichte so problematisch gestaltete, suchten nicht zuletzt auch die Medien nach möglichen Erklärungsansätzen und wurden wohl auch fündig. Die *New York Post* erklärte schließlich jedenfalls, die ganze Angelegenheit beruhe auf einer Verwechslung. Es gebe nämlich tatsächlich einen zweiten Mohammed Atta, der sich genau in jenen Stunden im Trade Center aufgehalten habe: ein renommierter Nieren- und Genspezialist, Assistenz-Professor am Hospital der *Johns Hopkins University*.

Dieser Mohammed Atta stammte ebenfalls aus Ägypten, hatte dort bis 1986 an der Mansoura-Universitätsschule für Medizin studiert und kam im Jahre 1991 in die Vereinigten Staaten von Amerika, zunächst ans *Cabrini Medical Center* in New York.

Der Arzt habe sich an jenen Tagen mit seiner neuen Braut auf Reisen befunden und am 10. September mit ihr im *Windows of the World*, dem Restaurant im Nordturm, essen gehen wollen.

Zumindest ist der Name Mohammed Atta nicht ganz so selten, und die exotischer klingenden Namen einiger übriger Entführer finden sich ebenfalls keineswegs nur ein einziges Mal. Auch dieser Umstand erleichterte die ohnehin schon verworrene Situation nicht gerade. Einige Quellen vermuten daher, dass tatsächlich wiederholt Verwechslungen stattgefunden haben. Zeitweilig wurden mehrere vermeintliche Entführer als lebend gemeldet. Dass das FBI in diesem Punkt bis heute keine vollständige Klarheit bzw. vollständige Identifizierung vorlegen konnte oder wollte, verwundert dabei schon.

Mohammed Attas Vater, der Kairoer Rechtsanwalt Mohammed el-Amir Awad al-Sayed Atta, bezweifelte lange Zeit, dass die Aufnahmen der Überwachungskameras am Flughafen Portland und andere Entführer-Bilder wirklich seinen Sohn zeigen. Kritisch eingestellte Stimmen machen auch darauf aufmerksam, dass nie Überwachungsvideos der großen Flughäfen gezeigt wurden, auf denen Atta oder Mitverschwörer zu sehen sind.

Atta Senior erklärte, ein oder zwei Tage nach den Attentaten noch mit seinem Sohn telefoniert zu haben – die zeitlichen Angaben variieren hier. Später sei noch ein längerer Brief von ihm eingetroffen. Im Sommer 2005 aber schien er seine Meinung langsam zu ändern und er akzeptierte den Tod seines Sohnes. Trotzdem wieder ein ungewöhnlicher Sachverhalt. Sofern wir dem Vater nicht unterstellen wollen, die Wahrheit nicht verkraftet und daher gelogen zu haben, bleibt zwangsläufig die Frage offen, wer sich denn dann bei ihm gemeldet hat und wer auf den Aufnahmen zu sehen war. Der Vater dürfte in der Lage gewesen sein, den eigenen Sohn auch am Telefon einwandfrei zu erkennen.

Ohne nun die Fallbeispiele allesamt aufzuzählen, soll wenigstens nicht unerwähnt bleiben, dass auch zu den Sprachkenntnissen der einzelnen Entführer teils sehr unterschiedliche Aussagen existieren. Zu Mohammed Atta finden sich häufiger Aussagen, er habe durchaus gut oder relativ gut englisch gesprochen. Zeugen aus der Sportbar *Shuckums* in Hollywood, Florida, erwähnen hingegen einen starken Akzent bei ihm, genau wie bei der Atta zugeschriebenen Stimme, die sich auf Flug AA 11 an die Passagiere richtet.

Abb. 14: Lebte Mohammed Atta nach dem 11. September noch? Hier das Bild einer Überwachungskamera, aufgenommen am 10. November 2001.

Solche Unstimmigkeiten und das offenbar parallele Auftreten derselben Person könnten darauf hindeuten, dass einige der Entführer möglicherweise »gedoubled« wurden. Natürlich stellt sich dabei sofort die Frage, warum die Entführer diese Art von Verstärkung überhaupt erhalten haben sollen. Eine denkbare Erklärung könnte sein, gezielt die Aufmerksamkeit auf einen bestimmten Personenkreis zu lenken. Indem man später gut erinnerbare Vorfälle kreierte, wurde das entsprechende Umfeld von 9/11 stärker geprägt. Unter Umständen musste einfach für eine bessere Indizienlage hinsichtlich der Entführer gesorgt werden. Selbst mit dieser Unterstützung – sollte sie wirklich in dieser Art und Weise erfolgt sein – gelang es nicht, eine eindeutige Situation zu schaffen. Sie dürfte aber zumindest zur Schaffung des gewünschten *öffentlichen* Bildes ausgereicht haben.

Und am Ende mochte die verbliebene Unsicherheit bereits wieder gewollt gewesen sein, da genau dadurch wie auch durch das Zurückhalten wesentlicher Informationen ein undurchsichtiger, verwirrender Gesamtzustand die Folge war. Die schon angesprochene Namensgleichheit vernebelte die Sachlage noch weiter. Und auch hier stoßen wir wieder auf Ungereimtheiten und seltsam inkonsequentes Vorgehen. Vom Verzicht auf Decknamen war bereits die Rede. Offenbar agierten alle Terroristen völlig sorglos und traten nirgends unter falschen Familiennamen auf. Doch zehn Tage nach den Anschlägen berichteten die Medien über falsche Identifizierungen durch das FBI. Am 20. September 2001 gab die an den 9/11-Untersuchungen federführend beteiligte US-Behörde zu, sich hinsichtlich der Identifikation zumindest teilweise getäuscht zu haben. Die Agenten identifizierten Salem Al-Hazmi und Abdulaziz Al-Omari als zwei der insgesamt 19 beteiligten Terroristen. Bald aber stellte sich heraus, dass Al-Hazmi lebte. Er ging in Saudi-Arabien völlig unbescholten seiner beruflichen Tätigkeit als Mitarbeiter einer regierungseigenen petrochemischen Firma in Yanbu nach. Aufgebracht nahm er zur Kenntnis, nunmehr als weltweit gesuchter Top-Terrorist zu gelten. Wie er erklärte, habe er Saudi-Arabien seit zwei Jahren zwar

Abb. 15 (oben): Ein etwas verschwommenes Bild, das offenbar Atta und Al-Omari zeigt, aufgenommen am Morgen des 11. September 2001 von einer am Flughafen von Portland installierten Überwachungskamera. Weshalb die beiden einen Zubringerflug aus Portland wählten und das Risiko eingingen, Flug AA 11 nicht rechtzeitig zu erreichen, bleibt ein Rätsel. Seltsam auch, dass nur vom Flughafen Portland Überwachungsaufnahmen der beiden »Hijacker« vorhanden sind, nicht aber von den Großflughäfen.

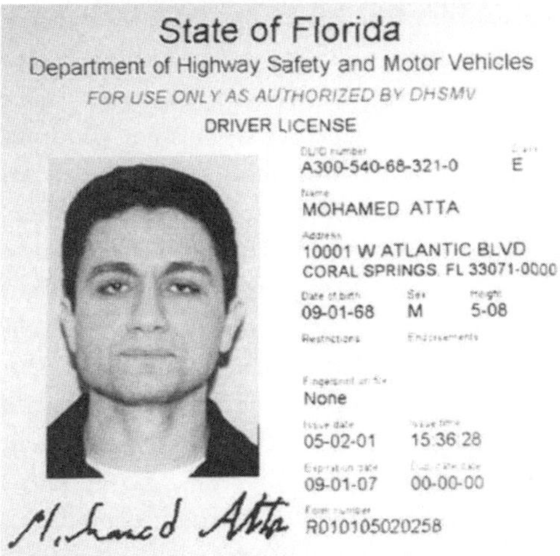

Abb. 16 (Mitte): Mohammed Attas bekanntestes Foto stammt von diesem Führerschein.

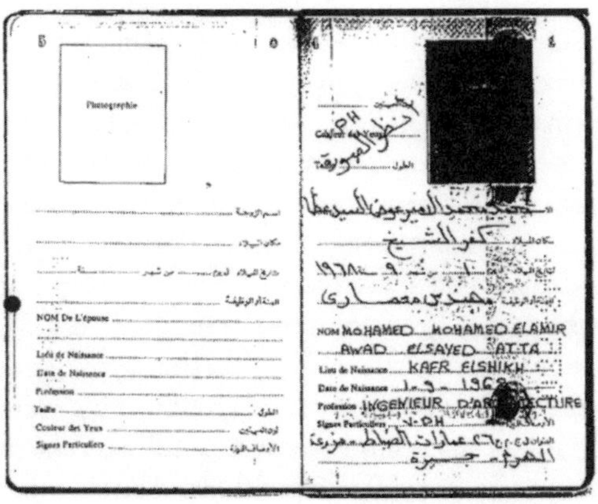

Abb. 17: Der ägyptische Pass Mohammed Attas

nicht mehr verlassen, doch bei einem Aufenthalt in Kairo, der mittlerweile drei Jahre zurücklag, sei ihm sein Pass von einem Taschendieb gestohlen worden. Stellen Sie sich vor, Sie nehmen einen Auslandsurlaub und Ihre Papiere kommen abhanden. Ärgerlich genug. Doch Jahre später, nachdem bereits alle lästigen Behördengänge erledigt und der Vorfall längst vergessen ist, erfahren Sie, angeblich am größten Terroranschlag der Geschichte beteiligt gewesen zu sein! Sie lesen ihren Namen in allen Zeitungen, er geht durch alle Medien, durch Radio und Fernsehen. Sie gehörten angeblich einer Gruppe von Extremisten an, die Linienmaschinen in die mächtigsten Symbole der Supermacht USA steuerte und dabei über 3000 Menschen in den Tod riss! Eine kaum nachvollziehbare Situation. Genauso erlebte es auch Abdulaziz Al-Omari. Der echte Al-Omari arbeitet heute als Elektroingenieur in Saudi-Arabien, so das FBI. Mitte der 1990er Jahre hielt er sich als Student in Denver auf, wo ihm die persönlichen Papiere bei einem Einbruch abhanden kamen – rund fünf Jahre vor den Anschlägen also. »Der Name ist genau der meine«, so erklärte er einem Journalisten, »und das Geburtsdatum ist ebenfalls gleich. Aber ich bin nicht derjenige, der das World Trade Center in New York bombardiert hat.« Die saudische Botschaft machte auf Grund dieser Enthüllungen darauf aufmerksam, dass viele weitere Terrorverdächtige sich falsche Identitäten angeeignet haben könnten. Warum aber sollte ausgerechnet der Hauptterrorist jener diabolischen Gruppe unter seinem tatsächlichen Namen reisen? Oder hatte Mohammed Attas Vater doch Recht mit seiner von ihm jahrelang verteidigten Behauptung, der Mann auf den diversen veröffentlichten Bildern sei nicht sein Sohn, der ja sogar an Flugangst gelitten habe?

Aber wenn in Portland ein anderer eincheckte und auch der Führerschein gar nicht den echten Mohammed Atta zeigt, dann muss der wohl ebenfalls noch am Leben sein. Warum meldet er sich dann nicht, warum zeigt er sich nicht öffentlich? Die Vermutung wurde schon geäußert, dass Attas Vater tatsächlich nach den Anschlägen von seinem Sohn angerufen wurde, der ihn beruhigte, gleichzeitig aber in Sorge war, durch die Namensgleichheit Schwierigkeiten zu bekommen, und daher untertauchte. Oder würde dies die gelegentlich schon geäußerte These unterstützen, dass die Bestohlenen am Ende sogar am gesamten Komplott mitbeteiligt waren, von Anfang an, und ihre Papiere damals den späteren Attentätern bereitwillig aushändigten? Ein über Jahre hinweg abgekartetes Spiel also, durch das die Terroristen Papiere authentischer Personen erhielten, denen man Jahre später jedoch überhaupt nichts nachweisen konnte. Das allerdings wäre eine handfeste Unterstellung, und um auch nur entfernt eine solche Vermutung in Betracht zu ziehen, müsste der Hintergrund der betreffenden

Personen schon sehr gründlich überprüft werden; andernfalls wäre jede Aussage unzulässig. Nur ist das eine Angelegenheit der verschwiegensten US-Behörden. Journalisten und Außenstehende können hier zur Zeit nicht über den Status der Spekulation hinausgelangen. Und weiter geht es mit der Verwirrung rund um die Attentäter. Fast scheint hier auch der Wahnsinn eine gewisse Methode zu besitzen.

Un-Pässlichkeiten

Eine ungewöhnliche Meldung tauchte bereits kurz nach den Anschlägen auf. *Newsweek* und *Washington Post* verlautbarten, fünf der Entführer seien gegen Mitte der 1990er Jahre auf amerikanischen Militärbasen ausgebildet worden, auf Anlagen, die für die Öffentlichkeit nicht zugänglich sind. Drei der Terroristen hätten auf dem *Navy*-Stützpunkt in Pensacola, Florida, an einem für ausländische Offiziere bestimmten militärischen Training teilgenommen. Das Pentagon hob beschwichtigend die Hand und erklärte, die Übereinstimmungen im Namen seien nicht ohne weiteres mit einer Identität der Personen gleichzusetzen.

Ein Pentagon-Sprecher erklärte sinngemäß, er sei zwar nicht befugt, Näheres preiszugeben, doch die jeweils voneinander abweichenden Lebensläufe würden darauf hinweisen, dass es sich in Wirklichkeit um unterschiedliche Personen handele, um Namensvetter und nicht mehr. Dabei schien anfangs alles noch so klar zu sein – vor allem, nachdem per Zufall einige unversehrte Dokumente der Attentäter nach der WTC-Attacke aufgetaucht waren: auf den Straßen, mitten im Staub und Schutt der pulverisierten Wolkenkratzer. Berühmt ist die Geschichte von Mohammed Attas Pass, der aus den Trümmern geborgen worden sein soll.

Es ist nun einmal ganz normal, dass sich in der meist nebelhaften und düsteren Aura, wie sie sich um weltbewegende Großkatastrophen legt, einiges an Gerüchten aufkeimt. Sie bilden sich dort gelegentlich sogar wie Schimmelpilze im feuchten Kellermoder. Doch so, wie auch dieser Pilz nicht aus dem Nichts entsteht, genauso existiert oft auch ein realer Kondensationskeim, um den sich eine ungewöhnliche, vielleicht auch unwahre Geschichte lagert. Dieser Kern muss dann eben freigeschält werden. Und gelegentlich ist es sogar umgekehrt, nämlich immer genau dann, wenn die Wahrheit sogar noch unfassbarer ist als die Fiktion. Die Geschichte von Mohammed Attas Pass ist ein solcher Fall. Dieser eine, besondere Pass wurde nie gefunden. Zumindest wurde darüber nie Glaubwürdiges verlautbart. Irgendwie und irgendwann stand einfach die Behauptung im Raum und gelangte gleichsam in den steten Medienkreislauf. Dermaßen durchgerührt, trat sie ihre Weltreise an und wurde zur allgemein bekannten, akzeptierten Wahrheit. Und die meisten, die darüber berichteten, glaubten das auch. Ist es ein Wunder, dass in einer komplexen Welt, in der sich zudem Nachrichten so schnell wie nie zuvor verbreiten, auch Irrtümer aufblühen können? Und niemand ist davor gefeit, diese Irrtümer zu übernehmen.

Genau das geschah mit Attas Pass.

Doch wie gesagt, die eigentliche Geschichte ist viel spannender – die wahre Geschichte nämlich: Nicht einer, sondern gleich mehrere Pässe tauchten aus den Trümmern wieder auf! So berichtete der New Yorker Polizist Bernard Kerik, dass kurz nach den Anschlägen ein Pass der Entführer gefunden wurde, einige Häuserblöcke von Ground Zero entfernt. Daraufhin habe das FBI das Suchfeld ausgedehnt. *ABC News* hatte sehr zügig von der Entdeckung berichtet, später äußerte sich auch die *Washington Post* zu dem bemerkenswerten Fund. Der offizielle Untersuchungsbericht nennt dann auch Namen. Auf Seite 525 heißt es hierzu kurz: »Nur die Pässe von Satam al Suqami und Abdul Aziz al Omari wurden nach 9/11 geborgen. Beide waren bearbeitet worden.« Der zweite Satz bezieht sich unter anderem auf Erläuterungen im fünften Kapitel des Untersuchungsberichtes. Wie dort beschrieben, habe es ein eigenes *Al-Qaida*-Kommitee zur Fälschung von Dokumenten gegeben, von Pässen, Visa und Kennkarten. Wobei man sich fragt, warum einige der Terroristen von 9/11 bekanntlich bereits mit überzogenen Visum herumreisten. Wurde hier nicht rechtzeitig Sorge getragen, dass solche Fehler nicht unterlaufen? Sie hätten die mörderische Mission durchaus im letzten Moment kippen können.

Pässe und auch andere Dokumente lagen laut offiziellem Bericht in ausreichender Zahl vor. Denn »*Al-Qaida* forderte von den Djihadisten, ihre Pässe abzugeben, bevor sie an die Front zogen«. Mohammed Atta und der marokkanische Extremist Zakariy Essabar galten als ausgebildete Passfälscher. Doch Atta habe selbst keinen gefälschten Pass benutzt. Wie dem auch sei, die blanke Tatsache, dass in den Straßenzügen um das zerstörte World Trade Center sogar zwei relativ unversehrte, lesbare Pässe gefunden wurden, aus denen die Identität der Attentäter angeblich hervorging, grenzt ohne Zweifel an ein Wunder. Natürlich lagen auf den Straßen Myriaden von Papierfetzen herum, doch waren sie die kläglichen Relikte aus zweimal 110 Etagen Büroraum. Da verbrannte bei weitem nicht alles. Doch wir alle haben gesehen, wie die beiden Maschinen beim Aufprall in einem verheerenden Feuerball aufgingen. Und die Pässe mussten wohl aus den Flugzeugen stammen und nicht aus den Büros des WTC. Fast unmöglich, dass in diesem immer wieder und vor allem von Verfechtern der etablierten These zitierten Inferno ein Dokument erhalten bleibt und auf die Straße geschleudert wird. Noch unmöglicher, dass gleich zwei solcher Dokumente gefunden werden! Und noch unwahrscheinlicher, dass dies ausgerechnet die Pässe von Attentätern sind! Welche Steigerung könnte es da überhaupt noch geben?

Nun, dass insgesamt *drei* Pässe gefunden wurden.

Tatsächlich stießen die Bergungskräfte im Absturzgebiet von UA 93 immerhin noch auf ein Fragment des Passes von Ziad Jarrah, dem Todespiloten jener Maschine, deren Flug in einem wiederum rätselhaften Absturz im US-Bundesstaat Pennsylvania endete. Wir haben es hier also wirklich mit bemerkenswerten Funden zu tun, die den offiziellen Untersuchungen wiederum sehr zugute kamen. Und wiederum mehr Beweismaterial für die Täterschaft von *Al-Qaida*.

Abb. 18: Links: das FBI-Foto von Ziad Jarrah; rechts: das Foto, das innerhalb des Pass-Fragments an der Absturzstelle von UA 93 aufgefunden wurde.

Doch halten wir einen Moment inne. Irgendetwas stimmt hier nicht. Tatsächlich haben wir doch vorhin gerade gesehen, dass die Attentäter eben keinerlei Klarnamen benutzten, sondern sich gestohlener Identitäten bedienten. Diese offenbar so arg- wie ahnungslosen Personen zählten aber nicht zu *Al-Qaida*. Wie also konnten die betreffenden Namen einen Hinweis auf bin Laden geben? Stets wurden Decknamen als Klarnamen ausgewiesen, um genau diesen Zusammenhang herzustellen. Doch eher still sickerten dann die Enthüllungen über die namentlichen Übereinstimmungen durch. Dass damit ein Argumentationsglied wegfiel, blieb dennoch unerwähnt. Aber dies nur am Rande.

So reiht sich eine Seltsamkeit an die andere, die Auflistung ließe sich noch beliebig fortsetzen. Nur einige bemerkenswerte Aspekte sollen noch kurz zur Sprache kommen.

Rätsel um Johnelle Bryant

Eine in vielerlei Hinsicht durchaus merkwürdige Geschichte machte einige Monate nach den Anschlägen die Runde. Johnelle Bryant, eine Mitarbeiterin des US-Landwirtschaftsministeriums, sei im April oder Mai 2000 von

Mohammed Atta aufgesucht und schließlich sogar von ihm bedroht worden. Die Geschichte hört sich abstrus an: Atta habe sich damals in das Hauptbüro in Homestead, Florida, begeben und sich dort zuerst einmal geweigert, überhaupt mit einer Frau zu sprechen. Als ihm nichts anderes übrig blieb, trug er Ms. Bryant sein Anliegen vor – er benötige ein Darlehen über 650 000 Dollar, um ein Flugzeug für die Schädlingsbekämpfung zu erwerben und umzubauen. Er wolle einen chemischen Tank konstruieren, der jeden nutzbaren Quadratzoll an Fläche ausfüllen sollte, alles bis auf den vom Piloten beanspruchten Bereich. Im Verlauf des Gesprächs ließ Atta bald überraschende Einzelheiten durchblicken, so heißt es – und selbst *ABC News* brachte die Story. Demnach erzählte er zunächst, gerade aus Afghanistan eingetroffen zu sein und dann nach Spanien und Deutschland weiterreisen zu wollen. Er schien auch nichts dagegen zu haben, dass Ms. Bryant sich einige Notizen machte, achtete dabei sogar darauf, dass sie seinen Namen richtig festhielt! Dann wurde er schon konkreter und sprach von seinem Interesse an einem New-York-Besuch. Die nächsten Fragen entwickelten sich in eine unerwartete Richtung, und wer diese Geschichte erstmals vernimmt, wird wohl spätestens jetzt verwundert den Kopf schütteln müssen.

Angeblich habe Atta ausgerechnet jene Angestellte des Landwirtschaftsministeriums über die Sicherheitsbedingungen am World Trade Center ausgefragt, über *Al-Qaida* und dort benötigte amerikanische Mitglieder gesprochen sowie erklärt, bin Laden werde eines Tages als die größte Führungspersönlichkeit dieser Welt bekannt sein. Atta habe unbedingt ein Luftbild Washingtons kaufen wollen, das im Büro hing, und sogar eine hohe Summe dafür geboten, nachdem Bryant abgelehnt hatte. Als sie ihm erzählte, eines der abgebildeten Gebäude sei ihr früherer Arbeitsplatz, soll Atta erwidert haben: »Wie würde es Ihnen gefallen, wenn jemand ein Flugzeug in das Gebäude Ihrer Freunde hineinlenkte?«

Seine Aussagen wurden demnach immer bedrohlicher, ebenso sein Verhalten. Laut Bryant fragte er sie: »Was könnte mich daran hindern, hinter Ihren Schreibtisch zu treten und Ihnen die Kehle durchzuschneiden und dann mit einer Million Dollar aus dem Safe hier zu verschwinden? … Wie würde es Amerika gefallen, wenn ein anderes Land Washington zerstörte und einige jener Monumente dort, so wie die Städte in meinem Land zerstört wurden?« Das Gespräch sei dann damit beendet gewesen, dass Johnelle Bryant ihrem aufgebrachten Gegenüber erklärte, das Darlehen ablehnen zu müssen. Eine wirklich bemerkenswert seltsame Geschichte. Gab es für Ms. Bryant keine Möglichkeit, unbemerkt Sicherheitspersonal zu alarmieren? Warum legte Atta seine eigentlichen Absichten so unverkennbar dar? Glaubte er, seine Enthüllungen seien so unwahrscheinlich, dass eine Regierungsangestellte der Sache nicht weiter nachgehen würde? Nun, falls sich alles so zugetragen hat, wie berichtet, dann hatte er sogar Recht. Denn Ms. Bryant leitete die Informationen nicht an andere Behörden weiter. Die Medien berichteten damals aber, dass andere, namentlich nicht genannte Mitarbeiter sich an die Begegnung mit Atta erinnerten. Auch Regierungsvertreter bestätigten die Geschichte, so heißt es, und sie ergänzten, Johnelle Bryant habe einen Lügendetektortest bestanden. Außerdem habe die Befragung von Gefängnisinsassen andere Informationen bestätigt, was immer nun im Einzelnen darunter zu verstehen ist. Atta habe Bryant später noch einmal aufgesucht, allerdings mit leicht verändertem Aussehen, und ebenso wie drei andere Terroristen nochmals vergeblich um das Darlehen gebeten.

Wenn der Mann, der Johnelle Bryant damals aufsuchte, wirklich Mohammed Atta war, grenzte sein Verhalten wahrlich an Idiotie. Doch laut der offiziellen Darstellung hielt sich der AA-11-Terrorpilot zu jener Zeit noch gar nicht in den USA auf, sondern reiste erst Anfang Juni über Prag in die Staaten. Laut unbestätigten Aussagen aber soll im Rahmen des großenteils klassifizierten Antiterror-Programmes *Able Danger* festgestellt worden sein, dass Atta sich bereits in der Zeit vor Juni 2000 in den USA aufhielt.

Wer hatte Ms. Bryant aufgesucht? Der echte Atta oder ein Doppelgänger von ihm? Oder basiert die ganze Geschichte auf blanker Fantasie? Doch wirkt sie bald so abstrus, dass sie schon wieder wahr sein könnte.

Ms. Bryant selbst ist mittlerweile unauffindbar, ihre Spur scheint sich im Nichts zu verlieren. Doch gab/gibt es sie wirklich – oder zumindest eine Person, die sich phonetisch Johnelle Bryant nannte. Es existiert eine Fotografie von ihr, Bryant gab ein Interview auf *ABC News,* außerdem kursieren noch einige weitere Informationen. Seltsamerweise aber sieht es so aus, als habe sie nie im Landwirtschafts-Ministerium (*US Department of Agriculture*) in Homestead gearbeitet. Bei einer Suche tauchte nur eine Brenda Bryant in Florida auf, die für das USDA tätig ist, nicht aber in Homestead. Und für größere Darlehen erwies sich Bill Croman in der Funktion als Farm Loan Manager zuständig. Wenn man aber den Vornamen kürzt und nach Johnell Bryant sucht, wird man in Washington fündig. Im *USDA Washington Metropolitan Area Telephone Directory* erscheint sie als Mitarbeiterin. Auf dem Anrufbeantworter läuft eine private Ansage, in der Ms. Bryant ihren Umzug nach Florida und eine andere Telefonnummer mitteilt, die allerdings auf einen gewissen Qemal Rexhepi registriert ist. Sie selbst scheint nicht greifbar zu sein.

Wenn sie damals wirklich bei der USDA tätig war und ein Mann sie aufsuchte, der sich als Mohammed Atta ausgab, bleibt die Frage, warum er dies überhaupt tat. Etliche bisherige Beobachtungen sprachen bereits dafür, dass möglicherweise Doppelgänger von Atta & Co. im Land unterwegs waren.

Wenn US-Behörden bereits im Voraus von den geplanten Attacken auf World Trade Center und Pentagon wussten, diese aber nicht verhinderten, können wir wohl davon ausgehen, dass die Angriffe im Sinne einflussreicher Kräfte der US-Regierung standen und sogar stattfinden sollten. Denken wir dabei nur an die Worte des ehemaligen Präsidentenberaters Dov Zakheim, der dem Projekt für ein Neues Amerikanisches Jahrhundert (*Project For A New American Century*, PNAC) angehört, einer US-Denkfabrik mit hartem politischen Kurs. Zakheim erklärte in einer Veröffentlichung zur »Neubildung der amerikanischen Verteidigung«: »Der Prozess der Transformation wird, selbst wenn er revolutionäre Veränderungen mit sich bringt, wahrscheinlich lange andauern, sofern nicht ein katastrophales und beschleunigendes Ereignis stattfindet – ähnlich einem neuen Pearl Harbor.« Die Publikation stammt aus dem Jahr 2000! Ein Jahr später traf dieses Ereignis ein und George W. Bush zögerte wahrhaft nicht lange, 9/11 als das Pearl Harbor des 21. Jahrhunderts zu bezeichnen.

Wieder einmal nichts als Zufall.

Desinformation

Erinnern wir uns noch einmal kurz an das Verhalten Dick Cheneys in der Untergrundzentrale des Weißen Hauses. Als sich Flug AA 77 dem Pentagon näherte, wurde er von einem Offizier wiederholt darauf angesprochen, ob der Befehl noch stehe. 50 Meilen, 30 Meilen, zehn Meilen. Der ungenannte Befehl stand weiterhin. Cheney reagierte bald gereizt und erkundigte sich fast zynisch bei dem »Störenfried«, ob der denn einen gegenteiligen Befehl vernommen hätte. Verkehrsminister Norman Mineta wunderte sich über den Vorgang, ging aber davon aus, dass der Abschussbefehl gemeint war. In Wirklichkeit kann es aber nur der Befehl gewesen sein, die Maschine unter keinen Umständen abzuschießen. Später folgen weitere Belege für ein unglaubliches Szenario.

Wenn wir davon ausgehen, dass die Ereignisse stattfinden sollten und die Regierung zumindest über die Angriffspläne informiert war oder aber gar als Miturheber zu gelten hat, müssen wir uns nicht wundern, dass offizielle Stellen blockieren, dass unabhängige Untersuchungen verhindert wurden, dass Informationen unterdrückt wurden, dass absichtlich undurchsichtige Situationen geschaffen wurden und: dass hier und da nachgeholfen wurde, um ein bestimmtes Szenario zu fördern. Hierzu wären gewiss auch Doppelgänger dienlich gewesen. Sie konnten gezielt Informationen verbreiten, die es später umso leichter werden ließen, die Urheber von 9/11 zweifelsfrei zu identifizieren. Sie mochten über Informationen verfügen, die dem Personenkreis der vermeintlich echten Entführer verschlossen blieben. Sie sorgten möglicherweise auch für auffällige Begebenheiten, die einzelnen Zeugen in Erinnerung blieben.

Unter Umständen diente auch der Auftritt des vermeintlichen »Mohammed Atta« bei jener ebenfalls mysteriösen Johnell Bryant diesem Zweck. Am Ende spielt dabei nicht einmal eine Rolle, ob es jenen Mann überhaupt gab, ob Ms. Bryant in jener Behörde arbeitete oder nicht und welche Funktion sie wirklich innehat. Wichtig ist nur, dass die Geschichte, so abstrus sie erscheinen mag, Eingang in die Medienwelt gefunden hat, als eine von vielen Hintergrundgeschichten, in denen Attentäter offen davon sprachen, eine Attacke zu planen. Geschichten dieser Art müssen nicht unbedingt Schlagzeilen machen, letztlich unterstützen sie ja nur die längst bekannte und abgesegnete Darstellung. Doch es konnte nicht schaden, sie auszusäen. Als Desinformation und damit zur Verwirrung, aber auch als Bestätigung dafür, dass die Attentäter längst wussten, worin ihre Aufgabe bestand. In diesen Kontext fällt auch eine angebliche Äußerung des Terror-Piloten, der Flug 175 in den Südturm gesteuert haben soll. Marwan Al-Shehhi habe im April oder Mai 2000 gegenüber einem Hamburger Bibliothekar das World Trade Center erwähnt und davon gesprochen, dass bald ein großes Ereignis bevorstehe. Er ergänzte: »Es wird Tausende von Toten geben, Sie werden an mich denken.«

Die im Geheimplan von 9/11 vorgesehenen und eingesetzten Doppelgänger durften zwar durch etliche Aktionen auffallen, jedoch sicher nicht durch Handlungen, die im Widerspruch zu ihrer Religion und ihrer extremistischen Auffassung standen. Wenn nun also zahlreiche Zeugen berichteten, die 9/11-Attentäter bei vielen Gelegenheiten unter anderem in Sexbars gesehen zu haben, stand das zweifelsfrei im krassen Widerspruch zu deren Glauben. Niemand der (un)verantwortlichen 9/11-Planer hätte dies zugelassen, sofern die Attentäter unter seiner offenen Kontrolle standen. Im Rahmen der hochgeheimen Operation wäre alles vermieden worden, was auf die wahren Urheber hindeuten konnte und alles unternommen worden, um das Bild der islamistischen Selbstmord-Attentäter zu festigen. Doch die vier verdächtigen Gruppen, die später an Bord der vier Maschinen gingen und uns heute namentlich als die Hijacker, die Entführer bekannt sind, durften wohl nicht wissen, dass sie sterben würden. Ihr Verhalten zeigt von vornherein, dass sie bestimmt nicht jene strenggläubigen Moslems waren, als die sie allgemein präsentiert wurden. Durch ihr Verhalten hätten sie ihre eigenen Überzeugungen verhöhnt und Lügen gestraft. Genau dieses Verhalten demonstriert wie gesagt aber, dass wir es hier mit den »Originalen« zu tun haben und nicht mit den Doubles, welche die Glaubwürdigkeit der 19 Personen keinesfalls schmälern durften. Die Originale kannten also die Rolle, die sie bald spielen sollten, zumindest diesen Überlegungen zufolge weitgehend nicht. Sie mochten demnach vielleicht ausländische Agenten sein, Doppelagenten gar, oder aber einfach von anonymen Mittelsmännern angeheuerte Sündenböcke – vieles, nur keine überaus gläubigen Moslems. Ja, spekulative Verschwörungstheorie, ganz recht. Nicht anders als die offizielle Version auch. Nur demgegenüber deutlich als Spekulation ausgewiesen und dennoch plausibler. Klar ist allerdings nur, dass nicht eine der bis heute aufgestellten Theorien dem Anspruch auf absolute Wahrheit genügt. Allein die von behördlicher Seite – aus momentan nicht zu diskutierenden Gründen – betriebene Zurückhaltung und Vernebelung von Informationen bewirkt selbstredend, dass 9/11 von unabhängigen Rechercheuren wohl nie komplett aufgeklärt werden kann. Doch die Wahrheit dürfte in einiger Hinsicht sogar noch erschreckender sein als manche »Verschwörungstheorie« dies bereits annimmt.

Schon Monate vor den Attacken werden einige der Flugzeugentführer in diversen Bars gesehen. Hier betrinken sie sich und sehen Strip-Shows an. An den Tagen vor 9/11 frequentieren sie die einschlägigen Bars noch intensiver. Am bekanntesten sind Zeugenberichte aus der Sportbar *Shuckums* in Hollywood, Florida. Dort tauchen Mohammed Atta, Marwan Al-Shehhi und ein unidentifizierter Begleiter schwer betrunken auf – die Bedienung Patricia Idrissi führt sie zu einem nahen China-Restaurant und erinnert sich später: »Sie waren stockbetrunken.« Und sie kamen wieder, um noch mehr zu trinken. Atta bestellt fünfmal hintereinander Wodka mit Orangensaft, Al-Shehhi bevorzugt fünfmal Rum mit Cola. Wie vom »echten« Mohammed Atta zu erwarten, spricht der hier im *Shuckums* sitzende Mann mit schwerem, unüberhörbarem Akzent. Schließlich kommt es mit Atta zu der schon kurz erwähnten Streitigkeit wegen der Rechnung, wobei der Ägypter seine Erklärung hinlallt, er sei *American-Airlines*-Pilot und könne alles bezahlen. Bald aber lässt sich an dieser ursprünglichen Darstellung der Vorgänge im *Shuckums* eine interessante Abwandlung feststellen. Jetzt nämlich ist Atta nicht betrunken, vielmehr beschäftigt er sich mit einem Videospiel und delektiert sich an harmlosem Preiselbeersaft. Al-Shehhi seinerseits ist nun derjenige, der über die Rechnung zu diskutieren beginnt und schließlich zahlt. Diese Variante setzt sich letztlich durch. Drei Tage später finden sich einige Personen, die offenbar zum Umfeld der Entführer zählen, im *Pink Pony* wieder, einem Striptease-Club in Daytona Beach. Sie legen für Alkohol und private Strip-Vorführungen größere Summen hin. In jenen Tagen vor 9/11 hauen einige der Entführer noch einmal richtig auf die Pauke. Im *Sunrise 251*, einer Bar in Palm Beach, geben Atta und Al-Shehhi in weniger als einer Stunde rund 1000 Dollar aus. Wenn man allerdings *Krug*-Champagner und *Perrier-Jouet* bestellt, ist dies kein größeres Wunder. Selbst die einfachste Cuvée *Krug* ist nicht unter 120 Dollar zu haben, eine Jahrgangs-Cuvée *Krug Clos du Mesnil* schlägt als teuerster Sekt auf dem Markt mit bis zu 3000 Dollar pro Flasche zu Buche, in Einzelfällen noch wesentlich mehr.

Kurz vor dem Tag X ließen also Entführer wie Atta, Al-Shehhi, Hamza Alghamdi und Majed Moqed ihren Gelüsten noch einmal freien Lauf, frönten Sex und Alkohol. Wie lassen sich diese Ausschweifungen verstehen? Wussten sie demnach doch, dass sie bald sterben würden, dass sie nun die letzte Chance hatten, verpasste Gelegenheiten nachzuholen? Waren ihre Exzesse also nichts als eine moderne Variation der Henkersmahlzeit? Der Eindruck liegt nahe. Allerdings gingen bis kurz vor 9/11 teils noch größere Summen bei den Entführern ein – wofür eigentlich, wenn sie doch ohnehin nur noch einige Tage zu leben hatten?! Weiteres Geld wurde jedenfalls persönlich verfügbar und die Entführer machten damit, was sie wollten. Nun, zumindest ein Teil der Gelder wurde im Wortsinne verflüssigt. Grundsätzlich müssen die gesteigerten Barbesuche wohl nicht zwangsläufig darauf schließen lassen, dass die Männer von ihrem nahen Tod wussten. Einige von ihnen wollten sich möglicherweise Mut für ihr Vorhaben antrinken, wie im Einzelnen dieses Vorhaben auch wirklich beschaffen gewesen sein mochte. Und dafür hatte jemand noch einmal kräftig den Geldhahn aufgedreht.

Das Testament

Mohammed Atta unterhielt in Florida zwei Konten. Ebenfalls unter »seinem« Namen. Anfang August 2001 trafen bei ihm aus Pakistan 100 000 Dollar ein. Diese erhebliche Summe stammte offenbar vom pakistanischen Finanzier Scheich Omar Saeed. Im Jahr 2003 sagt ein hochrangiger FBI-Mann mit dem bezeichnenden Namen John S. Pistole vor dem Senats-Kommitee für Regierungsangelegenheiten aus, das FBI sei in der Lage gewesen, die Quelle jenes Geldeingangs mit pakistanischen Konten identifizieren zu können. Im Bericht der 9/11-Kommission wird später seltsamerweise kein Wort mehr darüber verloren, dass eine Finanzierung Attas aus pakistanischen Quellen erfolgte.

Und warum erhielt Atta rund einen Monat vor seinem, ihm doch angeblich völlig bewussten Tod noch eine derart hohe Geldsumme? Ein wahrhaft mysteriöses Sterbegeld für den Terrorpiloten. Diese Bezahlung impliziert aber nicht nur, dass Atta offenbar selbst nichts von seinem Schicksal wusste, sondern darüber hinaus auch, dass seine Finanziers dies wohl ebenfalls nicht wussten. Sonst hätten sie sicher Wege gefunden, die versprochene Summe zwar verfügbar zu machen, selbst aber weiterhin und über Attas Tod hinaus Zugriff darauf zu haben. Worin bestand dann aber die wirkliche Mission?

Und was hatte es dann aber mit dem fünfseitigen, handgeschriebenen »Testament« Mohammed Attas auf sich? Abgesehen von der bereits erwähnten, verwirrenden Tatsache, dass der Selbstmord-Attentäter für seine letzte Reise zwei Koffer gepackt hatte und diese dann sogar noch am Flughafen zurückblieben, wirft auch der Text des Schriftstücks selbst für Fachleute einige Fragen auf.

Der britische Journalist Robert Fisk, der Osama bin Laden dreimal interviewte, äußerte sich von Anfang an sehr skeptisch zum betreffenden Dokument. Schon am 29. September 2001 veröffentlichte er einen Beitrag im *Independent*, um die Widersprüche des vermeintlichen Atta-Textes aufzuzeigen. Man darf dabei nicht vergessen, dass das arabische Original vom FBI bis heute unter Verschluss gehalten wird. Veröffentlicht wurde lediglich eine Übersetzung. Laut Fisk müssen jene Männer, die das Mehrfach-Inferno vom 11. September entfesselten, an eine sehr spezielle Version des Islam geglaubt haben oder aber »überraschend wenig vertraut mit ihrer Religion gewesen sein«.

Der Text beginnt mit den Worten: »Im Namen Gottes, des gnädigsten und barmherzigsten ... Im Namen Gottes, meiner selbst und meiner Familie.« Dann heißt es unter anderem: »Die Zeit der Freude und der Vergeudung ist vorüber ... Sei optimistisch ... Prüfe all deine Sachen – deine Tasche, deine Kleidung, deine Messer, dein Testament, deine Ausweise, deinen Pass ... Versuche dein morgendliches Gebet mit einem offenen Herzen zu beten.« – Schließlich folgt ein Absatz mit der Überschrift: »Letzte Nacht«. Hier richtet sich der Schreiber wieder an seine Mitstreiter und ermahnt sie: »Erinnere dich daran, dass du dich in dieser Nacht zahlreichen Herausforderungen gegenübersehen wirst. Aber du musst ihnen ins Auge blicken und sie hundertprozentig verstehen ... Gehorche Gott, seinem Botschafter, und kämpfe nicht mit dir selbst, wo du schwach werden wirst ... Jeder hasst den Tod, jeder fürchtet den Tod ...« Fisk findet hier zahlreiche Formulierungen, die ein echter Muslime wohl so nie zur Anwendung bringen würde. So würde er das moderne Wort »optimistisch« nicht

Abb. 20: Ziad Jarrah (links) und Mohammed Atta (rechts) verabschieden sich von der Welt. Sie wirken auf diesem Videoband eher gelöst und in heiterer Stimmung.

gebrauchen, ebenso wenig »hundertprozentig«. Direkt nach Gott würde er den Propheten Mohammed nennen, so Fisk, und er müsste seine Glaubensgenossen nicht an das Morgengebet erinnern. Muslime werden auch ermutigt, den Tod nicht zu fürchten, da mit ihm ein neues Leben beginne. Fisk wundert sich auch, dass nicht eine der Forderungen Osama bin Ladens erwähnt wird, durch die schließlich die gewaltige Attacke gerechtfertigt würde. Der gesamte Text scheint ihm weit mehr von einem christlichen Hintergrund geprägt und daher entweder fatal fehlübersetzt oder aber eine komplette Fälschung zu sein. Ähnlich scheint es sich mit den mysteriösen Abschiedsvideos der Attentäter zu verhalten. Die britische *Sunday Times* erhielt diese Videos »durch einen zuvor getesteten Kanal«, so heißt es. Erstmals sind darauf Filmsequenzen mit Mohammed Atta zu sehen, der hier zusammen mit Ziad Jarrah in Erscheinung tritt. Beide machen einen gelösten und fröhlichen Eindruck, lachen und scherzen offenbar auch. Es sind Bilder ohne Worte, der Ton fehlt.

Als er ein Dokument vorzulesen beginnt, wird Mohammed Atta ernst. Auf dem Papier steht »Testament«, doch selbst Lippenleser sind nicht in der Lage herauszufinden, was Atta sagt. Somit wird auch nicht klar, welchen Hintergrund dieses Testament wirklich hat, in welchem Kontext es steht und welche Konsequenzen Atta selbst auf sich zukommen sah. Die Aufnahmen standen kurzfristig auf der Internetseite der *Sunday Times* zur Ansicht, dann wurden die betreffenden Links deaktiviert. Trotz ihres sensationellen Charakters – oder vielleicht gerade deshalb – sind sie dort verschwunden. So bleibt auch hier nichts Konkretes oder Glaubwürdiges zurück. Ähnlich wie Robert Fisk argumentiert auch der Religionsprofessor Richard Foltz aus Florida, wenn es um das Verhalten der angeblich strenggläubigen Entführer geht: »Es ist unverständlich, dass eine Person in einer Nacht trinkt und in eine Strip-Bar geht und sich dann am nächsten Tag im Namen von Allah umbringt … Leute, die sich für ihren Glauben das Leben nehmen, stammen aus einer sehr strengen islamischen Ideologie. Irgendetwas passt hier nicht.«

Und nicht nur hier.

In the name of God all mighty
Death Certificate

This is what I want to happen after my death, I am Mohamed the son of Mohamed Elamir awad Elsayed: I believe that prophet Mohamed is God's messenger and time will come no doubt about that and God will resurrect people who are in their graves. I wanted my family and everyone who reads this will to fear the Almighty God and don't get deceived by what is in life and to fear God and to follow God and his prophets if they are real believers. In my memory I want them to do what Ibrahim (a prophet) told his son to do, to die as a good Muslim. When I die, I want the people who will inherit my possessions to do the following:

1. The people who will prepare my body should be good Muslims because this will remind me of god and his forgiveness.

2. The people who are preparing my body should close my eyes and pray that I will go to heaven and to get me new clothes, not the ones I died in.

3. I don't want anyone to weep and cry or to rip their clothes or slap their face because this is an ignorant thing to do.

4. I don't want anyone to visit me who didn't get along with me while I was alive or to kiss me or say goodbye when I die.

5. I don't want a pregnant women or a person who is not clean to come and say goodbye to me because I don't approve of it.

6. I don't want women to come to my house to apologize for my death. I am not responsible for people who will sacrifice animals in front of my lying body because this is against Islam.

7. Those who will sit beside my body must remember Allah, God, and pray for me to be with the angels.

8. The people who will clean my body should be good Muslims and I do not want a lot of people to wash my body unless it is necessary.

9. The person who will wash my body near my genitals must wear gloves on his hand so he won't touch my genitals.

10. I want the clothes I wear to consist of three white pieces of cloth, not to be made from silk or expensive material.

11. I don't want any women to go to my grave at all during my funeral or any occasion thereafter.

12. During my funeral I want everyone to be quiet because God mentioned that he likes being quiet on three occasions, when

Abb. 20 und 21 (folgende Seite): Mohammed Attas letzter Wille, allerdings in englischer Übersetzung. Seltsam genug: Das Original bleibt unter sicherem FBI-Verschluss. Doch mindestens ebenso seltsam ist, warum Atta sein Testament ursprünglich offenbar in einen später aufgefundenen, weil am Flughafen – seltsamerweise – (*weiter Seite 111*)

you recite the *Koran, during* the funeral and when you are crawling. You must speed my funeral procession and I would like many people there to pray for me.

13. When you bury me the people with whom I will be buried should be good Muslims. I want to face east toward Mecca.

14. I should be laying on my right side. You should throw the dust on my body three times while saying from the dust, we created you dust and to dust you will return. From the dust a new person will be created. After that everyone should mention Gods name and that I died as a Muslim which is Gods religion. Everyone who attends my funeral should ask that I will forgiven for what I have done in the past (not this action).

15. The people who will attend my funeral should sit at my grave for an hour so I will enjoy their company and slaughter animals and give the meat to the needy.

16. The custom has been to memorialize the dead every forty days or once a year but I do not want this because it is not Islamic custom.

17. I don't want people to take time to write things on paper to be kept their pockets as superstition. Time should be taken to pray *to God instead.*

18. All the money I left must be divided according to the Muslim religion as almighty God has asked us to do. A third of my money should be spent on the poor and needy. I want my books to go to any one of the Muslim masque. I wanted the people who look at my will to be one of the heads of the Sunna religion. Whoever it is, I want that person to be from where I grew up or *any person* I used to follow in prayer. People will be held responsible for not following the Muslim religion. I wanted to the people who I left behind to fear God and not to be deceived by what life has to offer and to pray more to God and to be good believers. Whoever neglects this will or does not follow the religion that person will be held responsible in the end.

This was written on April 11, 1996, the Islamic calendar of zoelqada is 1416.

Written by MOHAMED MOHAMED ELAMIR AWAD ELSAYED.

Witnesses: ABDELGANI MUZWADI (signature)

Witnesses: ALMUTASADEQ MUNIR (signature)

zurückgebliebenen Koffer auf den Flug mitnehmen wollte, wo er doch wusste, dass alles in einem Feuerball sein Ende finden würde. Warum gibt er in dem Schriftstück, laut der englischen Übersetzung, auch genaue Anweisungen zu seiner Bestattung, wo doch auch ihm klar sein musste, restlos zu verbrennen?

Von Agenten verfolgt

Wenige Stunden nach den Attacken auf WTC und Pentagon stand das FBI vor dem *Comfort Inn*, wo Atta und Al-Omari die Nacht vom 10. auf den 11. September verbracht hatten. Laura Wale war gerade nach Hause gekommen und hatte einen anstrengenden Tag hinter sich gebracht. Sie war Managerin des Hotels. Nicht allein, dass die Nachricht über die gewaltigen Anschläge sie tief erschüttert hatte. Durch die radikalen Einschnitte in den gesamten Linienflug-Verkehr musste sie sich um zahlreiche zusätzliche Gäste kümmern, die keinen Anschlussflug mehr bekommen hatten. Im Hotel befasste sich ein eigener kleiner Krisenstab mit der Situation. Als Laura Wale gegen sieben Uhr abends nach Hause kam, war sie müde und die Bilder der grauenhaften Ereignisse ließen sie nicht mehr los, selbst wenn sie den Fernseher nicht anhatte. Kaum war sie in ihren eigenen vier Wänden eingetroffen, klingelte das Telefon.

»Ihr Hotel steht in direkter Verbindung zu den Attacken«, so die Stimme am anderen Ende der Leitung – ein FBI-Agent. »Wir benötigen Sie hier.« Der Agent war bereits im Hotel.

Laura Wale machte sich also auf den Weg zurück, um den Bundespolizisten zur Verfügung zu stehen. Was hatten die Attacken mit ihrem Hotel zu tun? Eine direkte Verbindung? Welche?

Laura Wale hielt sich für die nächsten 48 Stunden ununterbrochen im *Comfort Inn* auf und erfuhr, dass Atta und Al-Omari der Grund waren, warum das FBI sich so sehr für ihr Hotel interessierte. Darin bestand also die direkte Verbindung. In den folgenden beiden Tagen wurde Mrs. Wale beinahe zur FBI-Sekretärin, sie telefonierte, faxte, füllte Formulare aus und überstellte auch das Überwachungsvideo des Hotels an die Beamten. Die wiederum waren überall zugange, um sämtliche verbliebenen Spuren zu sichern und nach weiteren Hinweisen zu suchen. Wie Laura Wale sich erinnert, fanden sie dann jenes T-Shirt Attas, das später auf der FBI-Internetseite präsentiert wurde; es lag in einem der Müllcontainer des Hotels. Die Hotelmanagerin wurde noch darüber belehrt, dass sie die gesamte FBI-Untersuchung gegenüber Journalisten weder bestätigen noch abstreiten dürfe. Da sie angeblich eine der ersten Personen war, die das Hotelzimmer der Terroristen nach den Anschlägen betrat, wurde sie zudem noch auf Anthrax getestet – darüber regte sich Laura Wale fast am meisten auf. Doch kam es noch drastischer. Denn am 26. September musste Mrs. Wale feststellen, dass die US-Regierung ihren Namen in den Gerichtsprotokollen des Falles Zacarias Moussaoui offen nannte. Sie war über nichts informiert worden und wusste auch nicht, in welcher Weise sie oder aber ihr Hotel in einer Verbindung zu jenem »zwanzigsten Terroristen« gestanden haben könnte. Eine Antwort darauf erhielt sie nicht, die zuständige Behörde schwieg sich aus.

Im Hotel gingen Hunderte von Anrufen ein, die Medien ließen in den ersten beiden Wochen nach den Attacken nicht locker. Was folgte, waren schlaflose Nächte. Laura Wale zog sich zurück, verfiel in Depression. Da sie nicht zur Ruhe kam, fraß sie sich während der ohnehin verlorenen Nächte regelrecht durchs Internet, um mehr über die Zusammenhänge herauszufinden. Wie besessen brütete sie über dem Computer und versuchte auch im Hotel alles zu sichern, was ihr noch an Material geblieben war. Sie kopierte Rechnungen und stellte eine Liste der Gegenstände zusammen, die das FBI aus dem betreffenden Hotelzimmer mitgenommen hatte. Die sonst eher besonnene, kühle Geschäftsfrau war wie verwandelt.

Bei einer Gelegenheit wurde sie wegen überhöhter Geschwindigkeit angehalten. Sie erklärte dem Deputy, von Agenten der Regierung verfolgt worden zu sein.

Im Übrigen kapselte sich die bislang so energische und alles andere als menschenscheue Managerin weiter ab. Bis schließlich die Nerven nicht mehr mitmachten. Laura Wale kollabierte unter dem wachsenden Druck, sie hatte ihr Gleichgewicht nun völlig eingebüßt und landete schließlich in einer psychiatrischen Klinik in Maryland. Hatte sie wirklich den Verstand verloren? Natürlich stellt sich die Frage, ob sie denn nun tatsächlich von Regierungsleuten verfolgt wurde. Und Laura Wale fragte sich ihrerseits, warum das FBI öffentlich Bilder verschiedener Überwachungsvideos aus Portland zeigte, auf denen die beiden Entführer zu sehen sind, während sie die Aufnahmen aus der Lobby des *Comfort Inn* unter Verschluss hielten. Dafür musste es wohl einen inhaltlichen Grund geben. Die Bilder schienen irgendetwas zu zeigen, was nicht an die Öffentlichkeit gelangen sollte, so glaubte Laura Wale. Verrannte sie sich zunehmend in Verschwörungstheorien? Sie begann sich auch mitschuldig an den Geschehnissen des 11. September zu fühlen, da ihrer Ansicht nach alles in Portland angefangen hatte. Genauer gesagt: in ihrem Hotel. Natürlich stimmte das nicht, doch zumindest für sie hatte es diesen Anschein. Wie sollte die Hotelmanagerin Verdacht schöpfen oder überhaupt in der Lage sein, ihre Hotelgäste sämtlich auf Auffälligkeiten zu »scannen«?

Laura Wale wurde sogar einen Tag, bevor sie die beunruhigende Entdeckung machte, in den Gerichtsprotokollen zu Moussaoui namentlich genannt zu sein, vom FBI für ihre unermüdliche Assistenz und Professionalität gelobt. Doch 9/11, die Medien und das FBI hatten Laura Wale regelrecht aus ihrem bisherigen Leben geworfen. Und sie fragte sich, wie das FBI so unmittelbar nach den Anschlägen auf das *Comfort Inn* in Portland gestoßen war.

Zeugen unter Druck

Die 9/11-Zensur des FBI zeichnet sich generell durch eine »kräftige Handschrift« aus, viele Informationen wurden aus teils unerfindlichen Gründen bis heute zurückgehalten, gelangten nie an die Öffentlichkeit. In manchen Fällen, offenbar auch gehäuft hinsichtlich des Aufenthaltes von Atta und Al-Omari in Portland, ist diese Unterdrückung von Informationen wirklich völlig unverständlich.

Zwischen 19.00 und 20.30 Uhr wurden die beiden Entführer in einem *Pizza Hut* sowie dem *Weavervane Seafood Restaurant* gesehen. Im Zusammenhang mit deren Erscheinen im *Pizza Hut* spricht das FBI das erste und einzige Mal von »zwei Männern aus dem Mittleren Osten«, ohne sie beim Namen zu nennen. Das zweite Restaurant erwähnt das FBI überhaupt nicht.

Wenn wir einem Bericht der *New York Times* vom 5. Oktober 2001 glauben wollen, so instruierte das FBI sowohl die Angestellten des *Wal-Mart* von Portland als auch diejenigen des *Pizza Hut*, keinerlei Kommentare dazu abzugeben, was die beiden Männer gekauft oder zu essen bestellt hatten! Welch ein Geheimnis mochte sich dahinter verbergen? War die Pizzasorte eine Angelegenheit der nationalen Sicherheit der Vereinigten Staaten?

Dass Zeugen im Umfeld von 9/11 vom FBI deutlich unter Druck gesetzt wurden, zeigte sich nicht nur in diesen Fällen. Der amerikanische Autor und Fernseh-Journalist Daniel Hopsicker hat bei weitreichenden Recherchen ähnliche Fakten publiziert. Hopsicker gilt, wie im Übrigen jeder, der gegenüber der offiziellen Variante starke Zweifel anmeldet, als ein echter »Verschwörungstheoretiker«. Er beruft sich zwar auch auf zahlreiche Zeugenaussagen, genau wie seine investigativen Kollegen der Massenmedien und genau wie auch die staatlichen Behörden. Dennoch gibt es da noch einen gewissen Unterschied. Nur wie sich dieser Unterschied definiert, bleibt eine individuelle Angelegenheit. Die Frage, wessen Informationen wir mehr vertrauen dürfen, muss wohl sowieso jeder für sich selbst beantworten.

Hopsicker verfolgte die Spur der Entführer in Florida und brachte seine Erkenntnisse im Buch *Welcome to Terrorland* zu Papier. Er erklärt: »FBI-Agenten schikanierten und bedrohten Zeugen von Aktivitäten der 9/11-Terroristenverschwörung in Florida. Wie heutige und ehemalige Anwohner von Venice, Florida, sagen, warnten sie [die Zeugen] davor, mit Reportern zu sprechen.« Im Zuge seiner Recherchen begegnete Hopsicker auch einer jungen Frau, die sich ihm gegenüber als eine kurzzeitige Freundin Mohammed Attas ausgab, die damals 21-jährige Amanda Keller. Sie arbeitete in einem Pizza-Restaurant und wohnte in den *Sandpiper Apartments* in Venice, genau im gleichen Gebäudekomplex, in dem sich auch Atta, Al-Shehhi und vier andere Attentäter eingemietet hatten.

Sie wusste so manche Details über den Hauptentführer von AA 11 zu berichten. Viele seiner Lebensgewohnheiten harmonierten auch ihren Schilderungen zufolge nicht mit seinem Glauben. Damit bestätigte sie zum einen das mittlerweile bereits bekannte Bild. Außerdem konnte sie noch anderes dokumentieren.

Das FBI begann sich für die junge Frau zu interessieren und strebte laut Hopsicker daher einen kompletten Informationsstopp an. Amanda Keller schien plötzlich gefährlich geworden zu sein. Gegenüber verschiedenen Zeitungsreportern, die sie belagerten, habe sie kaum etwas gesprochen. Das FBI habe sie laut Hopsicker bereits deutlich eingeschüchtert, und sie selbst erklärte: »Ich kann wirklich nichts sagen. Ich habe Angst, Probleme zu bekommen.« Und selbst diese Äußerung war bereits gefährlich. Amanda Keller erinnert sich an einen besonders hartnäckigen Journalisten, der nicht mehr von ihr abließ. Der letzte Ausweg schien ihr daher, direkt in die Höhle des Löwen zu gehen und das FBI selbst anzurufen. Sie wählte die Nummer eines Agenten, der mit ihr ohnehin bereits in Kontakt stand und erklärte ihm das Problem – im Beisein des Reporters. Der FBI-Beamte forderte sie auf, den Zeitungsmann an den Apparat zu holen, um selbst mit ihm zu sprechen. Wie Hopsicker sagt, ließ der Journalist seit diesem Augenblick von ihr ab. Für Amanda Keller ein Rätsel, sie erfuhr nie, was der FBI-Agent am Telefon sagte. Sie selbst jedenfalls hielt sich an die Forderung des FBI, »zu niemandem zu sprechen, meinen Mund zu halten«, denn sie sei von der Behörde bereits zu sehr eingeschüchtert worden. Auch aus dem weiteren Umfeld von Mohammed Atta führt Hopsicker einige Zeugen auf, denen es angeblich nicht viel anders erging als Amanda Keller. Als sie in den *Sandpiper Apartments* über einige Monate hinweg mit Atta zusammenlebte, war eine gewisse Mrs. Stephanie Frederickson ihre Nachbarin. Das FBI habe ihr unmittelbar nach den Attacken zu verstehen gegeben, dass sie sich in der Identifikation getäuscht haben müsse. Dann unterstellte man ihr Lügen. Letztlich sollte sie ihre Geschichte ändern und wurde wöchentlich einmal von den Beamten visitiert.

Ähnlich verhielt es sich mit Amanda Keller. Fünf Jahre nach den Anschlägen und nachdem ihre Geschichte erstmals bekannt geworden war, nahm sie all ihre Behauptungen zurück und gestand reuig: »Es war mein Fehler zu lügen – ich habe darüber nicht nachgedacht.« Ihr damaliger Freund sei ein anderer Flugschüler gewesen, der allerdings nichts mit 9/11 zu tun hatte.

Seitdem ist das FBI mit Amanda Keller zufrieden. Und sie selbst geht auf Abstand zu ihrem Vorleben als Freundin von Mohammed Atta. Sie ist mittlerweile verheiratet und hofft, ihr neuer Name könne ihr helfen, sämtliche Gerüchte hinter sich zu lassen.

Wieder eine seltsame Geschichte. Vielleicht wollte sich Amanda Keller wirklich nur wichtig machen, versprach sich öffentliche Auftritte und Geld von ihren Behauptungen. Doch wenn sie ohnehin nicht der Wahrheit entsprachen, dann waren sie für jede offizielle Untersuchung wertlos. Nur, warum interessierte sich dann das FBI für sie?

CIA-Kontakt im Südpazifik?

Die vermeintliche Freundin von Mohammed Atta schien noch einen anderen wunden Punkt berührt zu haben, während sie mit Hopsicker sprach. Sie erwähnte einen gewissen Wolfgang, einen Mann, den sie als Attas besten Freund beschrieb. Die beiden seien unzertrennlich gewesen. Den Nachnamen allerdings, den habe sie nicht gekannt. Hopsicker versuchte dennoch, eine möglichst genaue Beschreibung dieser Person zu erhalten. Wie er sagt, gelang es ihm schließlich herauszufinden, wer jener Wolfgang wirklich war: Ein Mann namens Wolfgang Bohringer (Böhringer), der auf einer abgelegenen Insel im Südpazifik lebte.

Im November 2006 erhielt dann ein neues New Yorker Monatsblatt, *The New York Megaphone*, von einer anonymen Quelle nahe einer staatlichen Arbeitsgruppe zur Terrorabwehr (*Joint Terrorism Task Force*, JTTF) den Hinweis, die Gruppe verlasse sich deutlich auf Hopsickers Nachforschungen über Atta und Amanda Keller. Am 16. November 2006 gab die JTTF einen Terroralarm für Bohringer heraus. Und schon am nächsten Tag erschien ein Einsatzteam auf jener Insel, Fanning Island, rund 1500 Kilometer südlich von Hawaii. Nach Informationen des *Megaphone* soll Bohringer sofort gekontert haben: »Sie können mich nicht verhaften, ich arbeite für die CIA!« Einen Tag später war er wieder frei, man sei einem Irrtum unterlegen. Zwar sei jemand verhaftet worden, aber nicht Bohringer. Wer, das müsse geheim bleiben. Verwirrende Aussagen in einem verwirrenden Fall. Bald meldete sich eine andere dubiose Quelle beim *Megaphone*. Diese Person stellte sich als ehemaliger Informant des JTTF vor sowie als Undercover-Agent für die Terrorabwehr-Einheit *Operation Diamondback*. Diese ihrerseits anonyme Person bestätigte die Arretierung Bohringers am 17. November und erklärte dazu: »Die Antwort ist ja, und er arbeitet – ich kann darüber nicht sprechen.«

»– für die CIA.« Wollte er den Satz eigentlich so vervollständigen?

Wenn jener mysteriöse Bohringer tatsächlich für den amerikanischen Auslandsgeheimdienst arbeitete, dann wäre sein laut Amanda Keller sehr enger freundschaftlicher Bezug zu Mohammed Atta natürlich von höchster Bedeutung. Und es würde dann auch ganz gewiss nicht verwundern, wenn das FBI alles Erdenkliche unternähme, um solche Details nicht an die Öffentlichkeit gelangen zu lassen.

Denn sofort würden mindestens zwei Fragen geradezu wie eine Flammenschrift an der Wand aufleuchten. Erstens: Wenn die CIA längst einen derart engen Kontakt zum Terroristenführer von 9/11 aufgebaut hatte, warum stieß man offenbar dennoch nicht auf Belege für dessen Pläne, warum wurde dann nichts unternommen, diesen verheerenden Anschlag zu vereiteln? Und zweitens: Wurde Mohammed Atta von der CIA angeworben, ausgebildet, bezahlt?

Bekanntlich lässt sich eine Hypothese nicht durch eine andere Hypothese belegen. So ähnlich würde sich die Situation hier leider gestalten, auch wenn zahlreiche Hintergründe – von denen bald noch die Rede sein wird – durchaus für 9/11 als großenteils hausgemachtes Desaster sprechen. Doch ein bestimmter Aspekt der Bohringer-Geschichte lässt seinen Hintergrund als vermeintlicher CIA-Agent wirklich fragwürdig erscheinen. Bohringer kam aus Deutschland in die Vereinigten Staaten und wurde dort erst im Jahre 2002 eingebürgert. Nun stellt sich die nicht ganz unberechtigte Frage, ob ein Nicht-Amerikaner überhaupt CIA-Agent werden kann. Und die – zumindest offizielle Antwort – darauf ist: definitiv nein! Wenn wir uns streng auf diese Aussage berufen, dann konnte Bohringer also gewiss kein Agent des US-Auslandsgeheimdienstes sein. Doch Geheimdienste werden nicht umsonst als solche bezeichnet, wobei einige Praktiken vor allem bei ihnen sicherlich nicht im Lehrbuch stehen. Dass Nicht-Amerikaner zumindest für die CIA tätig waren bzw. mit ihr kooperierten, ist bekannt. Wir müssen nur an Manuel Noriega in Panama denken, der für seine Dienste jährlich 200 000 US-Dollar bezog. Vielleicht war Bohringers Einbürgerung im Jahr 2002 ja an seine Loyalität in gewissen Angelegenheiten geknüpft.

Zu allem stellt sich die Frage zu einem CIA-Umfeld nicht nur mit Blick auf Mohammed Atta, sondern ganz besonders auch mit Blick auf denjenigen, der als eigentlicher Verursacher der Attacken von 9/11 definiert wurde – Osama bin Laden.

Das Gesicht des Terrors

Zeuge des Schattenreichs

Während der Recherchen für dieses Buch traf ich unter anderem auch mit Oswald LeWinter zusammen, einem sicherlich in vielerlei Hinsicht ungewöhnlichen, wenn nicht gar außergewöhnlichen Herrn. Er ist Teil jener geheimdienstlichen Schattenwelt. Und wie es sich eben für diese finstere Welt geziemt, so erweist sich auch jener mittlerweile in die Jahre gekommene Mann als von vielerlei Mysterien umgeben. Über Jahrzehnte hinweg mischte er als hochrangiger CIA-Agent bei zahlreichen undurchsichtigen Aktionen mit und war Chef des *Intelligence Tactical Assessment Centers* (ITAC) der NATO. Heute wird er wechselweise als Whistleblower oder als Top-Desinformant der CIA tituliert, wobei natürlich bei solchen Kategorisierungen die Grenzen oft fließend sind. Desinformation konstituiert sich zu einem hohen Prozentsatz aus Information, die geschickt mit Unwahrheiten verknüpft wird, um auch die Fakten unwahr erscheinen, um sie unbrauchbar und irreführend werden zu lassen. *Operation Overlord*, die Invasion der Normandie, an jenem sicher berühmtesten »D-Day«, konnte nach Ansicht einiger Autoren nur mit Hilfe von gezielter Desinformation gelingen. Angeblich vertrauenswürdige Quellen versorgten Hitler demnach mit geheimdienstlichen Informationen über die bevorstehende Operation. Diese Quellen arbeiteten jedoch für die Alliierten. Sie gaben zahlreiche Details über den geheimen Plan weiter, mit nur einer leichten Variation: Die Koordinaten der Landung passten nicht. Der deutsche »Atlantikwall« wurde daher am falschen Punkt konzentriert, während die Invasionstruppen an fünf anderen Stränden der Normandie landeten …

Der in Wien geborene LeWinter, Sohn einer unehelichen Tochter Albert Einsteins und somit Enkel des Physikgenies, erntete später zahlreiche Preise als Lyriker und scheint zu einem gewissen Grade mit seiner CIA-Vergangenheit abgeschlossen zu haben. Und die war wirklich bewegt. Immer wieder fiel er mit ungewöhnlichen Aktionen und Aussagen auf. So war er einer der Hauptinformanten für Barbara Honegger, Ex-Mitarbeiterin einer der renommiertesten US-Denkfabriken – der *Hoover Institution*. Die Forscherin war auch als politische Analystin im Weißen Haus tätig. Barbara

Honegger verfasste ein Werk mit dem Titel *October Surprise* und erhielt wesentliche Informationen von LeWinter, der damals unter dem Namen *Razine* auftrat. Diese Oktober-Überraschung habe einen Millionendeal zwischen den USA und dem Iran betroffen; dabei handelten hochrangige Repräsentanten beider Länder auf europäischem Boden eine absichtliche Verlängerung der Geiselnahme von Teheran aus. In der dortigen amerikanischen Botschaft wurden seinerzeit 52 US-Bürger festgehalten. Wenn deren Befreiung noch unter dem damaligen US-Präsidenten Jimmy Carter gelungen wäre, hätte dieser Triumph seine Wiederwahl bedeuten können, was die Kräfte hinter dem neuen Kandidaten, Ronald Reagan, mit der *October Surprise* natürlich unbedingt zu verhindern gedachten – und was ihnen offensichtlich auch gelang. Der israelische Geheimdienstler Ari Ben-Menashe bestätigte die in Honeggers Buch getroffenen Aussagen. In einem späteren BBC-Interview erklärte LeWinter, von einem Tuch bedeckt, er habe Barbara Honegger keine akkuraten Informationen vermittelt. Können wir das überhaupt von einem Geheimdienstler erwarten? Rayelan Allan war mit dem Geheimdienstler Gunther Russbacher verheiratet und brachte es einmal auf die nur auf den ersten Blick einfache Formel: »Ein CIA-Agent lügt immer. Wenn einer sagt, er lügt, was bedeutet das dann?«

In einem anderen Kontext, aber nicht zuletzt wiederum mit Blick auf LeWinter, schreibt der *Sunday-Herald*-Journalist Liam McDougall: »Es ist eine Geschichte über Mord, Verrat und internationale Spionage, schmutziger als alles, was dem Geist von James-Bond-Schöpfer Ian Fleming hätte entspringen können. Zwei ehemalige Geheimdienst-Agenten, mittlerweile von US-Behörden diskreditiert, sollen die Existenz einer von der CIA gedeckten Organisation behaupten, die eingerichtet wurde, um jeden, der diesen Geheimdienst mit dem Bombenanschlag auf Lockerbie in Verbindung bringen könnte, zu ›dämonisieren‹ und ›finanziell‹ zu vernichten.« Die staatsterroristische Attacke auf den *PanAm*-Flug 103, der 1988 nahe einem Wohngebiet im schottischen Lockerbie nach einer Explosion abstürzte, wurde von einigen Autoren als Geheimdienstanschlag beschrieben. Gemäß vorher nicht bekannter gerichtlicher Dokumente eines Prozesses gegen die CIA, startete eine verdeckte Gruppe namens *TD-Wave* eine Verleumdungskampagne gegen die beiden abtrünnigen Agenten. Sie nämlich hatten erklärt, im Besitz von Informationen darüber zu sein, dass die USA jene Terroristen bezahlt und ausgebildet hätten. Der Name der Agenten: Lester Coleman und Oswald LeWinter.

Coleman, der Ende der 1980er-Jahre auch für den US-Nachrichtendienst der Verteidigung (*Defense Intelligence Agency*, DIA) und die US-Drogenbehörde (*Drug Enforcement Agency*, DEA) in Zypern tätig war, kam bald in Schwierigkeiten. Er behauptete, man habe ihn auf Grund einer falschen Betrugsanklage verhaftet und ins niederländische Gefängnis *Camp Zeist* gebracht, nachdem er als möglicher Lockerbie-Zeuge in Erscheinung getreten war. Coleman schrieb später das Buch *Trail of the Octopus* (*Die Spur des Kraken*), womit jener gewaltige, vielarmige Mechanismus einer Schattenregierung und ihrer weltweiten verdeckten Operationen gemeint war. 1994 bekräftigte Coleman seine Aussagen hinsichtlich der geheimdienstlich organisierten Bombardierung von Flug 103 noch einmal gegenüber dem amerikanischen Dokumentarfilmer Allan Francovich – der 1997 eines ungewöhnlichen Todes starb. Der Journalist hatte an einer Filmserie zu verdeckten Operationen der USA gearbeitet und verfolgte damals gerade eine heiße Spur zum Mord an Olof Palme, dem schwedischen Ministerpräsidenten. Francovich flog von seinem Londoner Wohnsitz in die USA, um dort endlich in Kontakt mit dem wahren Mörder Palmes zu kommen. Direkt bei der Zollkontrolle in Houston erlitt der gerade 56-jährige Journalist einen Herzinfarkt und starb. Ein natürlicher Tod, zumindest in dem Sinne, dass Francovich natürlich tot war ... Vor allem aber war es der beste Moment, um aus dem Leben zu scheiden – kurz bevor sich die Wahrheit offenbarte. Ob »man«, wie in einigen anderen Fällen, auch hier ein wenig nachgeholfen hat?

Oswald LeWinter, der ebenfalls in Verbindung mit Francovich gestanden hatte, sprach mir gegenüber kurz und bündig davon, dass der Filmemacher ermordet wurde.

Ähnlich wie Lester Coleman geriet auch LeWinter durch seine Aussagen und Aktionen in mancherlei Schwierigkeiten. 1998 trat er in Verhandlungen mit John McNamara, dem Sicherheitschef von Mohammed Al-Fayed, dem er zwei hochbrisante Geheimdokumente gegen eine Millionensumme verkaufen wollte. Es handele sich um CIA-Papiere, die ein Mordkomplott an Prinzessin Diana und Dodi Al-Fayed klar belegen sollten. Bis heute ist der Multimillionär davon überzeugt, dass sein Sohn und die Prinzessin von Wales einem gezielten Anschlag zum Opfer fielen und sowohl der britische Auslandsgeheimdienst MI6 als auch die amerikanische CIA darin involviert waren. Schon während der ersten Verhandlungen mit LeWinter war McNamara klar, sich mit dem Kauf geheimer CIA-Dokumente an einer illegalen Aktion zu beteiligen. Also verständigte er die US-Behörden, mit denen nun alles Weitere unter der Hand abgesprochen wurde. Laut deren Weisung sollte er die Gespräche mit LeWinter weiterführen. Schließlich traf man sich zur Übergabe in einem Wiener Nobelhotel. LeWinter und einige andere Ex-Agenten waren zugegen, als die Falle zuschnappte. Das war am 22. April 1998. Wie mir LeWinter sagte, stand er nun vor der Wahl, wegen Hochverrats oder wegen Fälschung eingebuchtet zu werden. Er wählte die zweite Variante. Hätte er weiterhin die Echtheit der Dokumente behauptet, so hätte er schweren Landesverrat begangen. Sofern er aber erklärte, das Material sei gefälscht, konnte man ihm nur wegen Betrugs etwas anhaben und die Strafe würde demnach deutlich milder ausfallen. So viel zu seiner persönlichen Aussage.

Natürlich gab es eine dritte Möglichkeit – dass nämlich die Dokumente tatsächlich gefälscht, die Inhalte aber völlig korrekt waren. Jedenfalls wurde LeWinter wirklich wegen schweren Betrugs verurteilt und saß zweieinhalb Jahre in einem Wiener Gefängnis.

Nun soll es hier natürlich nicht weiter um den Fall Diana gehen, sondern lediglich um einige Facetten aus dem Leben jenes vielfach mysteriösen Oswald LeWinter, der später bedauerte, nicht Violinvirtuose geworden zu sein. Während unseres Gesprächs ging er an seinen Phonoschrank und holte alte Aufnahmen hervor, um eine kleine Kostprobe seines Könnens zu geben. Wie er sagte, stammten sie von einem Konzert aus dem Jahr 1946, als er gerade einmal 14 Jahre alt war. Eine Aufführung in New York. Wirklich unglaublich, was da zu hören war. Wenn dieser Violinist wirklich Oswald war, wäre ihm als Musiker ohne Zweifel eine Weltkarriere beschieden gewesen. Ich glaube, mir dieses Urteil erlauben zu können, da ich mit Musik aufgewachsen bin. Mein leider bereits vor vielen Jahren verstorbener Vater war Konzertmeister im Großen Symphonieorchester des Bayerischen Rundfunks und hat in den größten Konzertsälen der Welt musiziert. Mein ursprüngliches Ziel, als Pianist schließlich in die Filmkomposition zu gehen, wurde frühzeitig durch eine schwere Operation vereitelt, doch glaube ich dennoch, die Qualität eines Musikers einschätzen zu können.

»Wir waren es nicht!«

LeWinter hatte sich in einem bequemen Sessel niedergelassen, umklammerte seinen mit einem goldenen Kobrakopf verzierten Gehstock fest und versank in einer längst vergangenen Zeit. Seine Karriere sollte ganz anders verlaufen. Vor allem ein Aspekt daran interessierte mich ganz besonders:

Oswald LeWinter erklärte, CIA-Ausbilder von Osama bin Laden gewesen zu sein. Zuletzt habe er ihn im Jahr 2003 getroffen. Natürlich wollte ich mehr von ihm hören. »Es gibt einen Zeitungsbericht darüber«, hob LeWinter an und fuhr fort:

»Eine portugiesische Zeitung ist dem nachgegangen. Es war so: Ich habe bin Laden ausgebildet, nicht in Kriegskunst, sondern er hat Kommunikations-Ausrüstung bekommen, und ich habe ihn in deren Benutzung angeleitet. Er hat auch ein Satellitenhandy bekommen.«

AvR: »Wo hat das stattgefunden?«

LeW: »Tora Bora, Afghanistan.«

AvR: »Die Höhlensysteme dort, inwieweit war die CIA involviert?«

LeW: »Natürlich war das CIA. Die wollten, dass die Russen ein Vietnam erleben. Khun Sa [= Chang Shi-Fu, der wohl weltgrößte Heroinschmuggler, Anm. d. Verf.] hat den Russen Drogen zugespielt, damit die vollgepumpt nach Hause gingen. Das war Khun Sa.«

AvR: »In welchem Zeitraum und in welcher Art verlief die Ausbildung?«

LeW: »Ja, das war unterschiedlich. Das waren mal ein paar Wochen, dann nichts mehr, dann wieder ein paar Wochen. So im Ganzen sechs Monate.«

AvR: »Wenn es sich bei jenen Höhlensystemen um CIA-Anlagen oder zumindest um der CIA bekannte Anlagen handelt, muss doch ziemlich genau bekannt sein, wo sich bin Laden aufhält. Wenn man an die Jagd nach bin Laden denkt, ist das doch alles eine Farce.«

LeW.: »Die wissen heute genau, wo er ist. Ich habe bis vor kurzem seine Handy-Nummer gehabt. Die wissen, wo er ist, nur wollen sie ihn nicht. Sobald sie bin Laden haben, haben sie keinen Schuldigen mehr.«

AvR: »Auf der Homepage des FBI ist er als der meistgesuchte Terrorist aufgelistet, wird aber dort nicht direkt mit den Anschlägen von 9/11 in Verbindung gebracht.«

LeW: »Natürlich ist er der meistgesuchte Terrorist. Aber ich würde ihn eher als den meist nicht zu findenden Terroristen bezeichnen – Man *darf* bin Laden nicht finden.«

AvR: »Er wird jedenfalls nicht als Verursacher genannt …«

LeW: »Schauen Sie, ich habe mit ihm gesprochen. Er redet nicht viel – er ist …, er ist überhaupt nur ein, ein Aushängeschild. Zawahiri ist der Boss. Ich bin hingegangen, im Jahr 2003 – denn ich wollte wissen, was geschehen war. Ich habe über das World Trade Center geschrieben, jedoch nie einen Schuldigen genannt, und ich habe in meinem Buch 400 Fragen gestellt, die bis heute nicht beantwortet wurden. Und dann habe ich gefragt: ›Habt ihr das getan?‹ – Darauf sagt er [bin Laden]: ›Sei nicht verrückt. Natürlich haben wir das nicht getan! Wir haben doch kurz nachdem es geschehen ist, der ganzen Welt gesagt: Wir waren es nicht. Aber die Amerikaner und die Israelis haben so eine starke Medienmaschinerie, und die haben gesagt, dass wir es sind, *es sind, es sind*! Und wir haben plötzlich gemerkt: Auf einmal sind riesige Geldmengen eingetroffen und unglaublich viele junge, idealistische Kämpfer zu uns gestoßen. Und da haben wir gesagt, nun, sie tun das, was wir selbst nicht konnten, und sie haben das für uns gemacht. Warum nicht zugeben, dass wir schuldig sind? Und so haben wir das gemacht. Was soll's, es hat uns geholfen.‹ – Ich frage ihn: ›Aber was macht ihr heute?‹, worauf bin Laden nur meinte: ›Es ist alles dezentralisiert. Wir sind, wenn du so willst, die internationale Bank für Terrorismus. Wir haben keine Kontrolle darüber, was diese Leute in Indonesien oder auf den Philippinen machen. Sie kommen zu uns und sagen: Wir brauchen Geld. Und wir fragen: Habt ihr gute Projekte? – Ja! – Gut, dann schicken wir ihnen Geld.«

AvR: »Und wie müssen wir das nun bezüglich des 11. September verstehen? War das eine reine CIA-Aktion oder hat man den Terroristen einfach Tür und Tor geöffnet?«

LeW: »Nun, es ist Folgendes. Wir wissen von der Weltpresse, dass sie allesamt wussten, dass es kommt. Sie haben gewusst, wo es kommt, sie haben gewusst, wann es kommt. Sie haben Warnungen selbst von Israel erhalten. Und das haben sie ignoriert. Und warum? Nicht aus purer Arroganz, obwohl das im Spiel war, aber schauen Sie: Am Tag vorher, am 10. September, gab es im Repräsentantenhaus, im Kongress ein Meeting, in dem man Bush anklagen wollte und eine Amtsenthebung bewirken wollte, da er dem Land so geschadet hatte. Er hat die Wirtschaft ruiniert, er ist zurückgetreten von internationalen Verträgen wie dem Kyoto-Vertrag. Und plötzlich passiert die Sache mit dem World Trade Center. Bush hat schon davon gewusst, als er mit den Kindern zusammensaß. Wenn er es nicht gewusst hätte, dann hätte er damit rechnen müssen, dass man ihn als Nächstes dort ausbomben würde und hätte die Schule sofort verlassen. Aber er blieb sitzen und hat mit den Kindern gelesen … Was geschah dann? Nun, Bush ist dann später weggeflogen und Cheney war im Weißen Haus und hat den Befehl gegeben, dass die Jagdflieger *nicht* in die Luft steigen. Das war eine interessante Angelegenheit. Denn das Gesetz verlangt nicht, dass der Kommandant eines Luftwaffen-Stützpunktes eine Sondererlaubnis zum Handeln braucht. Kurz nach der Wahl Bushs hat sich das geändert. Man brauchte seitdem entweder den Verteidigungsminister, den Vizepräsidenten oder Bush für die Genehmigung. Das war eine Bush-Änderung des *White-House*-Beschlusses. Und das war auch nicht richtig, denn er darf das unter dem »War Powers Act« einfach nicht tun. Plötzlich war er der Held der Nation und niemand sprach mehr von Amtsenthebung. Und nicht zuletzt dafür mussten rund 3000 Menschen sterben.«

AvR: »Es ist ja eigentlich schon zynisch, wenn er vom Pearl Harbor des 21. Jahrhunderts gesprochen hat. Es war doch eine ähnliche Geschichte.«

LeW: »Aber man muss da gar nicht so weit gehen. Churchill hat durch ENIGMA gewusst, dass die Deutschen Coventry bombardieren würden. Und da hat man ihm gesagt: ›Wir haben noch drei Tage, wir können

Coventry evakuieren.‹ – Und darauf sagt er: ›Kommt nicht in Frage, dann wissen sie sofort, dass wir den Code geknackt haben.‹ Und so hat er 80 000 Menschen sterben lassen. Er war sowieso ein grausamer Mensch, Churchill. Genauso wie sein Vorfahr, der Herzog von Marlborough.«

OBL

Und Osama bin Laden, was für ein Mensch ist er? Die Frage scheint schnell beantwortet, denn zahlreiche blutige Terroraktionen gehen auf sein Konto und auch 9/11 wird ihm zugeschrieben, obwohl bis heute kein eindeutiger Beweis vorliegt. Daher weigert sich verschiedenen Aussagen zufolge auch das afghanische Taliban-Regime, ihn auszuliefern. Es soll hier nun nicht darum gehen, auch noch die Biographie bin Ladens zu schreiben. Doch einige und teils durchaus kontroverse Aspekte herauszugreifen, scheint für das Gesamtbild nötig, wenn auch sicherlich nicht ausreichend zu sein. Wir dürfen nicht nur die Komplexität des Themas 9/11 nicht außer Acht lassen, sondern ebenso wenig übersehen, wie komplex die Welt ist, aus der Osama bin Laden stammt oder jene Welt, in die er sich später begab. Diese Welten des Osama bin Laden dürften für beinahe jeden der westlichen Kultur verhafteten Zeitgenossen ebenso geheimnisvoll und verwirrend sein wie viele Aspekte unserer vorwiegend materialistisch geprägten Welt den Islamisten es sind.

Osama bin Laden wird in der zweiten Hälfte der 1950er-Jahre in eine der superreichen arabischen Familien hineingeboren, als 17. von insgesamt 57 Kindern des Großunternehmers Muhammad bin Laden. Der Geburtsort wird stets mit Dschidda angegeben, doch beim Geburtsdatum oder auch nur -jahr sind sich die Experten weit weniger sicher. Meist wird das Jahr 1955 genannt, immer wieder auch 1957. Aus der Jugend des intelligenten und tüchtigen Osama bin Laden gibt es nicht viel Spektakuläres zu berichten. Er studiert an der König-Abdul-Aziz-Universität, wird Betriebswirt und Nationalökonom. Alles scheint dazu angetan, dass er wie sein Vater ins Baugeschäft einsteigen und den mächtigen Konzern übernehmen wird. Die väterliche Firma besitzt Monopolstellung, sie hält den Exklusivvertrag für Renovierungs- und Restaurationsarbeiten an den heiligen Stätten in der Hand. Die Familie bin Laden gilt als einflussreichste im gesamten saudischen Königreich. Spätestens ab dem Jahr 1977 finden wir Osama bin Laden dort auch als jungen Unternehmer wieder. Sein Weg vom vielversprechenden Bauunternehmer zum vermutlich (oder vermeintlich) radikalsten Abriss-Experten und tausendfachen Mörder führt über zahlreiche Stationen. Der anfangs eher mäßig religiöse Osama bin Laden beginnt sich gegen Ende der 1970er-Jahre intensiver mit einigen neuen Konzepten des Glaubens zu befassen. So soll er damals bereits mit diversen islamistischen Schriften in Berührung gekommen sein, die zu einem Heiligen Krieg gegen alle Feinde des Islam aufrufen. Darunter vor allem die USA. An sich erscheint dies hinsichtlich der damaligen Situation leicht verwirrend, da der übrige bin-Laden-Clan amerikafreundlich eingestellt war und auch heute noch ist.

Zudem marschieren im Jahr 1979 sowjetische Truppen in Afghanistan ein, weshalb sich von Pakistan aus islamistische Kämpfer formieren und erbitterten Widerstand leisten. Die Saudis stehen als Finanziers hinter dieser Bewegung, die außerdem von den USA mit Waffen unterstützt wird. Als steinreicher Bauunternehmer konnte bin Laden hier, wie in vielen anderen Fällen auch, mit vollen Händen gleichfalls aus eigener Quelle schöpfen. Er setzte unzählige Bulldozer in Bewegung, um in verhältnismäßig kurzer Zeit eine unterirdische Geheimanlage zu errichten, die Schutz gegen die Sowjets, aber auch gegen andere Feinde bieten konnte.

Damals begann sich eine neue Deutung des Wortes *Djihad* zu entwickeln, das im Grunde das angestrengte Bemühen um eine nützliche, gute Sache beschrieb. Ein Kampf, der kaum kriegerisch gemeint ist. Der Große Djihad bedarf einer Selbstüberwindung. Während sich die Mudschahid dieser Herausforderung stellen, gibt es auch solche, die sich davor scheuen – die Qa'idin. Der Kampf mit Waffen stellt für den traditionellen Moslem die Ausnahme dar, da der Islam als friedliche Religion charakterisiert ist. Somit lässt sich »Djihad« auch nicht unmittelbar als »Heiliger Krieg« übersetzen. Eine völlig neue Definition aber stellte der blinde Student Omar Abdher Rahman in jener Zeit auf, als bin Laden sich intensiver mit religiösem Gedankengut zu beschäftigen begann. In seiner 2000-seitigen Doktorarbeit statuiert er, die traditionellen Begriffe »Kleiner und Großer Djihad« ließen sich historisch gar nicht rechtfertigen. Vielmehr habe der Prophet Mohammed zu keiner Zeit davon gesprochen. Mit anderen Worten degradierte er diese Terminologie zur blanken Fiktion. Das Ergebnis war eine weitaus radikalere Fassung. Der Djihad fordere zum Waffengang gegen die Feinde auf, gegen die Ungläubigen. Außerdem fügte einer der bald sehr zahlreichen Gefolgsleute Rahmans den neu definierten Djihad nun zu den fünf traditionellen Pfeilern des Islam hinzu, als sechste wesentliche Stütze. Ein anderer Anhänger der neuen Lehre war Scheich Abdulla Azzam.

Der Islamistik-Kenner Michael Pohly sowie der Islam-Forscher und Anti-Terror-Experte Khalid Durán stellen in ihrem bin-Laden-Porträt zu Abdulla Azzam fest: »Nach der Invasion sowjetischer Truppen in Afghanistan im Dezember 1979 zog er um die Welt, um junge Männer für den

Djihad in Afghanistan zu rekrutieren. Das geschah keineswegs im Auftrag des CIA, wie immer wieder behauptet wird, sondern aus freien Stücken. Stütze war ihm dabei in den letzten Jahren seines Lebens ein junger Millionär aus Saudi-Arabien, der zu 'Azzams Jünger wurde, Osama bin Laden … 'Azzam wurde sein Lehrer, der ihn in der neuen Ideologie des Djihadismus unterwies und islamistisch legitimierte. Politisch fasste bin Laden seine Ziele allerdings schnell weiter als sein Lehrer. Sein Vorhaben: die Eroberung der Welt.« Die beiden Autoren betonen nochmals, dass Azzam und bin Laden entgegen der landläufigen Meinung politischer Beobachter nie wirklich auf Seiten der USA gestanden haben. Freund und Feind sind nicht selten schwer auseinander zu halten, und vor allem verlieren sich nachvollziehbare Zusammenhänge gerne im Gespinst geheimdienstlicher Operationen. Das obige Zitat lässt bewusst oder unbewusst eine Suggestion mitschwingen. Nämlich die, dass die CIA damals in der betreffenden Region und bei den betreffenden Extremisten kaum eine Rolle spielte – oder zumindest eine untergeordnete. Doch wenige Seiten darauf wird diese Vermutung relativiert. Stichwort Pakistan. Dort regierte in jener Zeit und bis zum Jahr 1988 der islamistische Diktator-General Zia ul-Haq und versuchte, eine pro-pakistanische Führung in Afghanistan zu etablieren. Man ließ ihn gewähren. Pohly und Durán gehen hier nun kurz auf die Rolle der CIA ein: »Die Saudis gaben den Pakistanern Geld für den Krieg, die Amerikaner gaben ihnen die nötigen Waffen. Der stark präsente CIA war jedoch kaum im Einsatz, stattdessen wurde alles über den ISI abgewickelt, sozusagen das pakistanische Pendant zum CIA.«

Der amerikanische Auslandsgeheimdienst zeigte sich an dieser Region und den Vorgängen dort hoch interessiert, und der pakistanische Geheimdienst wurde gleichsam zu seinem verlängerten Arm. Man arbeitete offenbar eng zusammen. Die beiden Autoren fahren fort: »Die CIA lieferte Waffen auch nicht an die Mudjahidin, sondern an den ISI, und die Pakistaner entschieden, an welche Afghanen sie diese weitergaben. Für den CIA war das bequem, vor allem schien auch alles sehr gut zu laufen. Immerhin entwickelte sich Afghanistan über die Jahre zu einem ebenso schlimmen Desaster für die Sowjetunion, wie es Vietnam für die Amerikaner gewesen war.« Genau wie bereits Oswald LeWinter erklärte und dabei auch auf die Drogenaktionen von Khun Sa verwies.

Die bin-Laden-Biographen glauben jedoch nicht, dass der meistgesuchte Terrorist von der CIA aufgebaut wurde. Obwohl selbst der ägyptische Staatspräsident Hosni Mubarak in einem Interview am 14. September 2001 dieselbe Ansicht vertrat, halten sie diese Darstellung für einen weit verbreiteten Mythos. Der (natürlich) umstrittene französische Journalist Thierry

Meyssan hält dem in seinem Buch *Der inszenierte Terrorismus* deutlich entgegen und erklärt zu bin Laden: »Im Dezember 1979 wurde er von seinem Vormund, dem Prinzen Turki al-Faisal al-Saud (von 1977 bis August 2001 Direktor des saudischen Geheimdienstes) dazu überredet, die finanzielle Leitung der geheimen Geschäfte der CIA in Afghanistan zu übernehmen. Im Laufe von zehn Jahren investierte die CIA 2 Mrd. Dollar in Afghanistan, um der UdSSR zu schaden, und führte damit die kostspieligsten Operationen ihrer Geschichte durch. Die saudischen und amerikanischen Stellen rekrutierten Islamisten, bildeten sie aus, bewaffneten sie und trieben sie in einen Djihad (Heiliger Krieg), um stellvertretend für die USA die Sowjets zu bekämpfen und zu besiegen.«

Letztlich ein plausibles Szenario, wenn man bedenkt, dass Osama bin Laden damals erst begann, in seine neue, islamistische Philosophie hineinzuwachsen, auch wenn sich der Übergang relativ schnell vollzog.

Bekanntlich verfügt bin Laden über beinahe unerschöpfliche finanzielle Mittel, sein Vermögen wird auf rund 300 Millionen US-Dollar geschätzt. Ein Großteil der Einnahmen stamme aus Rauschgiftschmuggel und anderen illegalen Geschäften, nicht zuletzt auch aus dem islamistischen Netzwerk, so erklären Pohly und Durán. Alles in allem die besten Voraussetzungen, ein global aktives Terrornetzwerk zu errichten – *Al-Qaida*, was soviel wie »Die Basis« bedeutet.

Für viele Beobachter steht außer Frage, dass *Al-Qaida* in den USA einen Erzfeind sieht, dessen Unterstützung gegen die einstige Sowjetunion bin Laden sich zwar erfreute, die aber letztlich keine freundschaftlichen Gefühle aufkommen ließ. So merken auch Pohly und Durán an: »Gewiss freuten sich 'Azzam und bin Laden über die amerikanischen *Stinger*-Raketen, doch ließen sie sich dadurch nicht kaufen.« Die Meinungen gehen hier deutlich auseinander, und immer wieder ist die Rede davon, dass Osama bin Laden – den die CIA schlicht OBL nennt – selbst für die CIA tätig gewesen sei und auch die Attacken mit dem US-Geheimdienst abgestimmt habe.

Gemeinsame Wurzeln

Ein Verdachtsmoment liegt auch in den gemeinsamen geschäftlichen Verbindungen zwischen der Familie Bush und der Familie bin Laden beziehungsweise der Saudi-Binladin-Gruppe (SBG). Hier existieren vielfältige Verflechtungen. Vor allem *einen* gemeinsamen Nenner gibt es seit dem Jahr 1987 – die geheimnisvolle *Carlyle Group*, die zumindest über einige Jahre hinweg trotz enormer geschäftlicher Erfolge kaum im Rampenlicht der

Öffentlichkeit stand. Mittlerweile hat sich das geändert, und möglicherweise muss der viel zitierte Krake, jene Schattenregierung der USA, gegenwärtig im Interesse der Verschleierung wieder einmal ein neues Zuhause suchen und seine Farbe wechseln, wie schon öfters zuvor.

An der Spitze des *Carlyle*-Unternehmens fanden sich zahlreiche hochrangige Regierungsleute vor allem aus Zeiten von George Bush, dem Älteren. Er selbst war ebenfalls dort als Berater repräsentiert, daneben ein kleines Nest aus CIA-Leuten und Mitgliedern des *Council on Foreign Relations* (CFR), einem Karrierekatalysator für aufstrebende Politiker sowie Denkfabrik der aggressiven Globalisierungsstrategien. Für *Carlyle* erwiesen unter anderem auch Ex-US-Verteidigungsminister Frank Charles Carlucci III und Ex-Außenminister Colin Powell ihre Dienste. Wir finden in diesem Umfeld auch Donald H. Rumsfeld wieder. Und unter *Carlyle*-Kontraktoren ließen sich nicht zuletzt Mitglieder aus dem Hause bin Laden finden. Frank Carlucci war Vorsitzender der *Carlyle Group*, bis der scheidende IBM-Chairman Louis V. Gerstner jr. ihn im Januar 2000 ablöste.

Gegründet wurde *Carlyle* von einem ehemaligen Mitarbeiter des Weißen Hauses, David M. Rubenstein, sowie zwei Investment-Experten. Allein seitens der federführenden US-Kräfte sind hier so manche friedlich vereint. Doch die ziemlich genau zwischen Kapitol und Weißem Haus im Washingtoner Regierungsviertel angesiedelte *Carlyle Group* ist selbst so friedlich nicht. Sie zählt zu den mittlerweile mächtigsten Rüstungskonzernen der USA. Innerhalb von nur 13 Jahren brachte es die Gruppe auf ein Vermögen von rund 13 Milliarden US-Dollar – im Schnitt für jedes Jahr eine Milliarde. *Carlyle* verwaltet heute 71,3 Milliarden US-Dollar in diversen Projekten, verteilt über 30 Büros weltweit.

Und wieder ein merkwürdiger Zufall: Die nach dem New Yorker Lieblingshotel der Gründer benannte Gruppe veranstaltete ihre Jahreshauptversammlung ausgerechnet am 11. September 2001 im *Ritz-Carlton*-Hotel in Washington! Sie zählte als Rüstungskonzern zu den großen Profiteuren jenes Tages. Als solcher kaufte sie sich zwei Jahre vor den Anschlägen, im August 1999, auch in eines der verborgensten Projekte ein, in einen multifunktionalen militärischen Komplex, der zum Geheimsten rechnet, was die Vereinigten Staaten zu bieten haben – DET3/AFFTC, besser bekannt als *Area 51* am Groom Lake im US-Bundesstaat Nevada. Auch dort hat der auf 9/11 folgende globale *War on Terrorism* in den vergangenen Jahren einige intern wie extern gut erkennbare Veränderungen bewirkt. Die *Carlyle Group* jedenfalls befand sich in einer hervorragenden Position, um die nun von der Bush-Regierung locker gemachten Gelder für diesen neuen Weltkrieg und für Gewinn bringende Projekte zu nutzen.

Carlyle agiert auf internationaler Ebene und verfügt über die angemessenen Kontakte, aber auch über die Mittel, diesen Kontakten gerecht zu werden. Der ehemalige britische Premierminister John Major soll für einen knappen Monat der Mitarbeit die stolze Summe von 105 000 Pfund erhalten haben, Präsident Bush sen. für jede öffentliche Rede im Auftrag und Namen des Konzerns rund 80 000 US-Dollar! Als weitere Berater der Gruppe traten der philippinische Staatspräsident Fidel Ramos, Ex-Bundesbankpräsident Otto Pohl, der thailändische Premier Anand Panyarachun und der saudische Prinz Alwaled bin Talal bin Abdul Aziz Alsaud auf. Unter den Mitgliedern von *Carlyle* befinden sich zahlreiche gewichtige Namen, viele Biographien lesen sich wie karrieristische Lehrbuchbeispiele. Andere verbinden sich mit bemerkenswerten Hintergründen.

Unter den »Managing Directors« der Gruppe fällt auch der Name Jonathan E. Colby auf. Er war unter Präsident Nixon Stabsassistent für außenpolitische Fragen im Nationalen Sicherheitsrat, der damals unter der Leitung Henry Kissingers stand. Colby absolvierte die Princeton-Universität sowie die *Yale Law School* und gehört – fast schon selbstredend – dem CFR an. Sein Vater war der unter sehr mysteriösen Umständen ums Leben gekommene William Colby, CIA-Direktor zwischen 1973 und 1976.

Die früher für *Morgan Stanley* tätige Karen H. Bechtel zählt seit 2005 ebenfalls zum Kreis der Verwaltungsleiter von *Carlyle*. Ihr Name wiederum ist mit dem *Bechtel*-Konzern verknüpft, der auf der Geheimanlage DET3/AFFTC genau wie *Carlyle* eine bedeutsame Rolle spielt und gewaltige Spezialbauprojekte weltweit realisiert hat – wie beispielsweise den *Channel Tunnel*. Zudem hegt *Bechtel* ein gediegenes Interesse an Pipeline-Konstruktionen durch den Mittleren Osten. Was *Carlyle* selbst wirklich betreibt, liegt zu größeren Teilen im Dunkel. Gegenüber der Presse hält man sich vielfach bedeckt und geht lieber auf Distanz. Nur ist klar, dass *Carlyle* stetig Vertragspartner an- und verkauft.

Als früherer Generaldirektor von *Bechtel* tritt der Ex-US-Außenminister George P. Shultz in Erscheinung, der seinerseits eng mit der Binladin-Gruppe in Verbindung steht – beginnend mit deren Bankennetz bis hin zu den Bauprojekten. Die beiden Journalisten Oliver Burkeman und Julian Borger schreiben zu den politischen Kontakten und der Verbindung zwischen *Carlyle*, Bush und bin Laden: »Als Carlucci 1989 hinzu kam, brachte er eine Phalanx an früheren CIA-Untergebenen und Leuten aus dem Pentagon mit … Erfolg brachte mehr Investoren, einschließlich des internationalen Finanziers George Soros und 1995 die sehr wohlhabende saudiarabische Binladin-Familie, welche betont, längst alle Verbindungen zu ihrem berüchtigten Verwandten abgebrochen zu haben. Der erste Präsident

Bush hat, wie es heißt, die Binladin-Familie zweimal in Saudi-Arabien besucht, im Interesse der Firma [*Carlyle*].« Eine vertrauliche Quelle erklärte im Oktober 2001: »Ich kann die Tatsache bestätigen, dass jede *Binladin-Group*-Investition in die *Carlyle*-Gruppe beendet worden ist oder gegenwärtig beendet wird. Sie gipfelte in einer Investition von zwei Millionen US-Dollar in den *Carlyle-II*-Fonds, was übrigens nur einen sehr kleinen Teil eines 1,3-Milliarden-Dollar-Fonds ausmachte. Im Schema der Investitionen und im Schema der Geschäfte beider Parteien war das sehr wenig. Wir müssen das in der richtigen Perspektive sehen.« Dennoch, die vielfältigen Verbindungen sind bezeichnend.

Das schwarze Schaf

Ein wesentlicher Aspekt bei der Einordnung und Bewertung Osama bin Ladens betrifft das Verhältnis zum Rest seines großen saudischen Clans. Meist wird verbreitet, allerspätestens seit den Anschlägen vom 11. September habe ihn die Familie ausgestoßen. Er sei das ungeliebte schwarze Schaf. Michael C. Ruppert, der Ex-Police-Sergeant aus Los Angeles, der ausgiebige Nachforschungen zu den Hintergründen von 9/11 angestellt hat, widerspricht dem entschieden. Den Gedanken, Osama bin Laden sei schon lange von den eigenen Angehörigen verstoßen worden, sollte man schnell verbannen, so meint er. »Diese Entfremdung ereignete sich angeblich nach dem Irakkrieg im Jahr 1991, als die Amerikaner ihre Militärbasen auf saudischem Boden beließen und Osama, der während des sowjet-afghanischen Konfliktes ein US-Alliierter und CIA-Protegé war, sich dem Terrorismus zuwandte.«

1988 kam das Familienoberhaupt Salem bin Laden bei einem bis heute ungeklärten Unfall mit einem Ultraleichtflieger über Texas ums Leben. Salem, einer der ältesten Halbbrüder von Osama bin Laden, war übrigens Investor in George W. Bushs wenig erfolgreiche Ölfirma *Arbusto Energy* gewesen.

Nach Salem bin Ladens Tod übernahm Bakr bin Laden die Familiengeschäfte, zeigte sich ebenfalls absolut pro-amerikanisch und verdammte im Jahr 1993 die Anschläge, die er mit Osama bin Laden in Verbindung brachte. Ruppert sieht darin eine pragmatische Aussage. Man stellte sich auf jeden Fall weiter auf die Seite der USA. Und wann auch immer finanzielle Transaktionen zwischen dem Clan und dem abtrünnigen Osama ans Licht kämen, würde man ohne Umschweife erklären, damit Anschläge innerhalb Saudi-Arabiens verhindern zu wollen. Nachdem sich Osama bin Laden gegen die Entscheidung des Königshauses wandte, US-Truppen auf saudischer Erde zu erlauben, wurde ihm 1994 die Staatsbürgerschaft aberkannt. Dadurch entstand nach außen hin der Eindruck eines kompletten Bruchs sowohl mit der Monarchie als auch mit der eigenen mächtigen Familie.

Michael C. Ruppert zitiert einige belegte Beispiele dafür, dass bin Laden jedoch nach wie vor mit seiner Familie in Verbindung stand und einige Familienmitglieder seine terroristischen Aktivitäten sogar unterstützten. Ruppert betont aber: »Das soll nicht in der Art verstanden werden, dass sie im Interesse Saudi-Arabiens handelten. Das bedeutet, dass sie in den Interessen der bin Ladens und ihrer Alliierten handelten.« Aus diesen Kontakten nach 1994 wird indirekt auch ersichtlich, dass die geschäftlichen Verbindungen der SBG mit *Carlyle* (zwischen 1995 und 2001) und der Bush-Familie nicht völlig abgekoppelt von Osama bin Laden zu sehen sind. Auch in bekannten US-Medien, darunter der *Washington Post* und dem *New Yorker*, wurde wiederholt berichtet, dass die Familienbande zu bin Laden keineswegs abrissen.

Im Frühjahr 2000 habe sich demnach bin Ladens Mutter Hamida ein zweites Mal mit ihm getroffen. Laut CIA-Informationen war Osama bin Laden am 9. Januar 2001 bei der Hochzeit seines Sohnes Mohammed in Kandahar anwesend und befand sich in Begleitung seiner Mutter und zweier Brüder.

Das letzte bekannte Telefongespräch zwischen Mutter und Sohn fand rund ein Jahr später statt, von seinem Satellitentelefon aus, Nummer 008 73-682 50 53 31. Natürlich verbindet sich damit kein Geheimnis mehr und diese Nummer ist längst nicht mehr aktiv. 1996 fing die *National Security Agency*, der technische Geheimdienst der USA, jedoch Hunderte von Gesprächen auf dieser Leitung ab; bin Laden sprach mit Kontaktleuten in Saudi-Arabien, Pakistan und im Sudan. Bei seinem letzten Gespräch erklärte er seiner Mutter, er würde lange nicht mehr anrufen können. Außerdem sagte er, dass große Ereignisse stattfinden würden, so heißt es. War er also doch der Verursacher von 9/11? Wenn die Geschichte vom letzten Telefonat stimmt, dann hätte er dem Geheimdienst, von dessen Abhöraktion er unfraglich ausgehen musste, allerdings untrügliche Hinweise gegeben. Und trotzdem wurde niemand wach. Oder war er schlichtweg Mitwisser des Kommenden? Wusste er etwas, was die US-Geheimdienste ebenfalls schon längst wussten? Wie auch immer, dieses Gespräch würde vor allem untermauern, dass bin Laden bis wenige Monate vor den Attacken noch familiäre Kontakte pflegte. Auch der ehemalige Chef der Terrorabwehr, Vincent Canistraro, kann sich Gegenteiliges nicht vorstellen: »Ich habe die bin Ladens über Jahre hinweg verfolgt. Viele Familienmitglieder behaupteten, Osama sei nicht länger einer von ihnen. Das ist leicht gesagt, doch Blut ist für gewöhnlich dicker als Wasser.« Das belegen auch die Aussagen einiger sehr westlich eingestellter Familienangehöriger, so auch von Carmen bin Laden, der Schwägerin des »meist nicht zu findenden« Terroristen. Die amerikanischen Geheimdienste und Sonderkommandos waren des Öfteren schon nahe daran, Osama bin Laden aufzuspüren, doch entwischte er ihnen jedes Mal.

Im Februar 2001 sollen sich laut CIA-Informationen zwei seiner Schwestern in Abu Dhabi mit einem *Al-Qaida*-Mann getroffen und ihm große Summen an Bargeld überreicht haben. Und dann gab es da noch ein sonderbares Bankkonto in der Schweiz. Im Jahr 1990 eröffneten die beiden Brüder Omar und Heidar bin Laden dieses Konto mit einer anfänglichen Summe von 450 000 US-Dollar. Die einzigen, die Verfügungsgewalt besaßen, waren die anderen beiden Brüder Yeslam und Osama bin Laden. Das Konto bestand mehrere Jahre. Ein weiteres Schweizer Gemeinschaftskonto wurde einer Gesellschaft namens *Cambridge* zugeordnet. Bei ihr handelt es sich um ein Subunternehmen der *Binladin Group*. Die beiden Kontoinhaber: Osama bin Laden und Akberali Moawalla, ein pakistanischer Geschäftsmann und Partner von Yeslam bin Laden. Von diesem Konto wanderte im Jahr 2000 die unvorstellbare Summe von 241 Millionen Euro in undurchsichtige pakistanische Kanäle. Als Yeslam später darauf angesprochen wurde, erklärte er, nicht in Geldwäsche verwickelt zu sein, schon gar nicht, wenn es um *Al-Qaida* gehe. Die Zahlung an Mohammed Atta erfolgte ihrerseits aus pakistanischer Quelle. Wie schon erwähnt, verlor später die offizielle 9/11-Untersuchungskommission kein Wort über die finanziellen Verbindungen nach Pakistan. Weder von Yeslam bin Laden noch von Akberali Moawalla ist auch nur einziges Mal die Rede. Sollten hier heiße Spuren verwischt werden? Denken wir nur an die Nähe des pakistanischen Geheimdienstes ISI zur CIA!

Welche Rolle Yeslam möglicherweise spielte oder spielt, bleibt spekulativ. Er pflegt einen westlichen Lebensstil und scheint völlig distanziert von seinem Bruder und dessen Glaubenssätzen. Er habe ihn zum letzten Mal vor rund 18 Jahren gesehen.

Gegenüber dem Schweizer Magazin *Die Weltwoche* erklärte seine Ex-Frau Carmen bin Laden auf die Frage, ob Yeslam das Terrornetz seines Bruders unterstützte: »Das kann ich nicht beweisen, aber ich bin besorgt. Er hat die Schweizer Staatsbürgerschaft erhalten, ohne dass sein weltweites Geschäftsnetz genau analysiert worden wäre. Ich habe das undurchsichtige Geflecht untersuchen lassen und kann belegen, dass er in mehr als 75 Firmen involviert ist, viele von ihnen Offshore-Gesellschaften.«

Selbst wenn Carmen bin Laden mehr wüsste, würde sie es wohl kaum

Date: 9/19/2001 Time: 9:57:30 AM Page 1

Updated: 9/19/2001 9:57:00 AM

	Board	Dest.	NAME	D/O/B	PASSPORT #	NATIONALITY
X	LAX	BOS	Jason Blum (LAPD)		[redacted]	United States
1.	LAX	OEJN	Najia Binladen		[redacted]	Saudi Arabia
2.	MCO	OEJN	Khalil Binladen		[redacted]	Saudi Arabia
3.	MCO	OEJN	Sultan Binladen		[redacted]	Saudi Arabia
4.	MCO	OEJN	Maria M.F. Bayma	7/21/54	[redacted]	Saudi Arabia
5.	MCO	OEJN	Isabel Bayma		[redacted] [redacted]	Brazil
6.	MCO	OEJN	Khalil Sultan Binladen		[redacted]	United States
7.	IAD	GVA	Shafig Binladen		[redacted]	Saudi Arabia
8.	IAD	LBG	Akberali Moawalla		[redacted]	British
9.	IAD	OEJN	Omar Awad Binladen	4/10/70	[redacted]	Saudi Arabia
10.	IAD	OEJN	Kholoud Osama Kurdi	9/9/79	[redacted]	Saudi Arabia
11.	IAD	OEJN	Badr Ahmed Binladin	6/25/80	[redacted] [redacted]	Saudi Arabia United States
12.	BOS	OEJN	Nawaf Bark Binladen	4/28/71	[redacted]	Saudi Arabia
13.	BOS	OEJN	Reem Hamza Asar	5/15/78	[redacted]	Saudi Arabia
14.	BOS	OEJN	Omar Saleh Almadoudi	1/16/77	[redacted]	Saudi Arabia
15.	BOS	OEJN	Faisal Saleh Almadoudi	4/27/75	[redacted]	Saudi Arabia
16.	BOS	OEJN	Mohammed Saleh Binladen	9/22/82	[redacted]	Saudi Arabia
17.	BOS	OEJN	Salman Salem Binladin	9/18/77	[redacted]	Saudi Arabia
18.	BOS	OEJN	Tamara Khalil Binladen	1/16/81	[redacted]	Saudi Arabia
19.	BOS	OEJN	Sana's Mohammed Binladen	12/8/61	[redacted]	Saudi Arabia
20.	BOS	OEJN	Mohammed Awed Aljohi	4/20/72	[redacted]	Saudi Arabia
21.	BOS	OEJN	Hasan Awed Aljohi	5/24/76	[redacted]	Saudi Arabia
22.	BOS	OEJN	Suyati BT Sumiran Sadar	6/25/70	[redacted]	Indonesia
23.	BOS	OEJN	Faisal Khalid Binladen	10/22/80	[redacted]	Saudi Arabia
24.	BOS	OEJN	Salem Ali Salem Alyafeai	6/21/83	[redacted]	Yemen
25.	BOS	OEJN	Almtasim Mazen Alsawwaf	8/12/83	[redacted]	Saudi Arabia
26.	BOS	LBG	J.P. Buonono	7/29/55	[redacted]	United States
27.	BOS	LBG	Joseph Allen Wyka	7/21/68	[redacted]	United States
28.	BOS	LBG	Ricardo V. Pascetta	12/02/50	[redacted]	United States

(U//LES) Flights Departing the US Carrying Saudi Subjects Immediately After 09/11/2001

(U//LES) According to information contained in FBI databases, there were six flights leaving the US between 09/14/2001 and 09/24/2001 carrying Saudi nationals.

(U//LES) On 09/14/2001, four individuals, including a member of the Saudi Royal Family, flew from Providence, RI to Paris, France aboard a chartered aircraft. (265A-NY-280350-LA serial 4757)

Abb. 22 und 23: »Familien-Ausflug« – Diese Passagierliste, offenbar vom 19. September 2001 stammend, besteht vorwiegend aus Mitgliedern der bin-Laden-Familie sowie engen Vertrauten. Mit diesem Flug wurden 13 bin Ladens aus den USA ausgeflogen. Nicht nachgewiesen sind entsprechende Flüge noch innerhalb des allgemeinen Flugverbots. Fast noch interessanter als die zahlreichen Namen der Verwandtschaft Osama bin Ladens ist allerdings die Auflistung von Akberali Moawalla. Er nämlich verfügte zusammen mit Osama bin Laden über ein gemeinsames Konto, von dem im Jahr 2000 die gewaltige Summe von 241 Millionen US-Dollar in geheime pakistanische Kanäle floss. Im offiziellen 9/11-Report wird auf die Pakistan-Verbindung nicht eingegangen. Vielleicht, weil die Spur zu heiß ist. Sie führt auch zum verlängerten Arm der CIA.

verraten. Doch die Situation gestaltet sich verwirrend. Kein Familienmitglied streitet die Täterschaft von Osama bin Laden ab, doch der Clan hält zu ihm, ebenso wie letztlich das saudische Königshaus auch. Wenn OBL die Anschläge nicht verübte, wäre dann nicht weit mehr zu erwarten, dass die mächtige Familie sämtliche Medien zusammentrommelt und gegen die Verleumdungen der US-Regierung protestiert? Doch wie steht es um den Kontakt zum Sohn, Bruder, Cousin seit den Anschlägen? Ganz gleich, ob er der Kopf hinter 9/11 war oder nicht, Osama bin Laden kann nicht mehr öffentlich in Erscheinung treten, außer auf Videos. Ganz gleich, ob er mit der CIA und einer US-Schattenmacht kooperierte – aus welchen Gründen auch immer –, er kann seinen geheimen Aufenthaltsort nicht verlassen. Die Familie scheint von ihm keine Informationen zu erhalten, ist auf die große Berichterstattung angewiesen und kann den Gegenbeweis nicht antreten. Oder steht sie in Kontakt mit ihm und soll den Beweis gar nicht antreten?

Botschaften

Wenn Oswald LeWinter davon spricht, dass bin Laden die Anschläge ihm gegenüber abstritt und schließlich mitmachte, weil plötzlich große Summen flossen, so ließe sich mit dieser Aussage besser verstehen, warum fast niemand der offiziellen These widerspricht. Und warum Osama bin Laden offenbar auch in den diversen Videos, wie sie von ihm weltweit ausgestrahlt wurden, so widersprüchliche Aussagen macht. Zunächst streitet er jede Beteiligung ab, dann bestätigt er plötzlich seine Urheberschaft.

Wie damals berichtet wurde, stießen US-Einsatzkräfte in Jalalabad, Afghanistan, auf ein Videoband bin Ladens. Ohne nun die Hintergründe dieser wiederum seltsamen Geschichte diskutieren zu wollen, hier nur so viel: Dieses Band wurde bereits am 13. Dezember 2001 vom US-Außenministerium freigegeben. Zu sehen sind bin Laden und einige seiner Verbündeten, die in der Region aufgenommen wurden, bevor die US-Streitkräfte in Kandahar einmarschierten. Das Band wurde mit einer englischen Übersetzung der Äußerungen bin Ladens versehen. Der Originaltext steht offenbar nicht zur Verfügung. Somit konnte bin Laden im Grunde alles in den Mund gelegt werden – wir kennen das spätestens seit der *Wochenshow*, nur dass hier jeder weiß, was gespielt wird. Im ersten Interview gibt Osama bin Laden zu, von den Attacken und ihren Folgen gewusst zu haben: »Wir haben im Voraus die Zahl der feindlichen Opfer berechnet, wie sie basierend auf der Position des Turmes zu erwarten wären. Wir haben berechnet, dass die drei oder vier Stockwerke getroffen würden. Ich war über all das voller Optimismus ... Wir waren seit dem vorherigen Donnerstag darüber informiert, dass das Ereignis an jenem Tag stattfinden würde.« Eine bemerkenswerte Feststellung. Von wem wurde bin Laden informiert? Wer hatte die eigentliche Kontrolle inne? »Wir hatten unsere Arbeit an jenem Tag beendet und das Radio eingeschaltet ... Muhammad aus der ägyptischen Familie [wenn er denn diese Worte im Original überhaupt gesprochen hat, dann meint bin Laden hier Mohammed Atta] war für die Gruppe verantwortlich ... Die Brüder, welche die Operation durchgeführt haben, wussten einzig und allein, dass sie eine Märtyrer-Operation vor sich hätten, und wir baten jeden einzelnen, nach Amerika zu gehen, doch wussten sie nichts über die Operation, nicht einen einzigen Buchstaben. Aber sie waren trainiert und wir enthüllten ihnen die Operation nicht, bis sie dort waren und kurz bevor sie in die Flugzeuge stiegen.« Gemäß einer *Reuters*-Meldung sollen die meisten Flugzeugentführer nicht gewusst haben, bei den Anschlägen selbst umkommen zu müssen.

Diese Aussagen würden zumindest erklären, warum die Attentäter sich in vielerlei Hinsicht nicht danach verhielten, als ob sie von ihrem nahen Tod wüssten. Dennoch äußerst seltsam. Die vier vermeintlichen Todespiloten mussten auf jeden Fall früher Bescheid gewusst haben, doch auch sie verhielten sich nicht anders als die übrigen. Zudem bestand ein gewaltiges Risiko darin, dass die über den Plan informierten Terroristen ihre Glaubensgenossen einweihten – ob nun völlig absichtlich oder durch unbedachtes Verhalten. Vor allem während der wiederholten Trinkgelage und Exzesse bestand diese nicht zu unterschätzende Gefahr. Ob die Reaktion der übrigen »Hijacker« dann so ohne weiteres absehbar gewesen wäre, bleibt fraglich. Doch wie weit sind diese Aussagen Osama bin Ladens überhaupt authentisch?

Fünf Tage nachdem das US-Außenministerium das erste Band veröffentlicht hatte, also am 18. Dezember 2001, streitet bin Laden jedenfalls seine Beteiligung sehr deutlich ab: »Ich betone, dass ich diesen Akt, der von Einzelpersonen mit ihrer eigenen Motivation ausgeführt wurde, nicht verübt habe«, so ließ er auf dem *Al-Jazeera*-Satellitensender verbreiten. Ganz anders seine Botschaft vom 29. Oktober 2004. Rechtzeitig zur Präsidentenwahl verbreitet *Al Jazeera* ein neues Videoband, mit neuen Erklärungen Osama bin Ladens. Geradezu eine neue *October Surprise*, vor allem, wenn wir daran denken, was bin Laden angeblich zu Oswald LeWinter sagte: Es traf auf einmal sehr viel Geld ein!

Im neuen Video präsentiert sich bin Laden plötzlich als die bewegende Kraft hinter den Anschlägen. In seiner immerhin 18 Minuten dauernden Ansprache, die er direkt ans amerikanische Volk richtet, bestätigt er zumindest in der englischen Übersetzung, alle Entführer selbst angeleitet zu haben. Darüber hinaus erklärt er sogar, warum er die gewaltige Terrorattacke entfesselte: »Ich werde Ihnen die Gründe hinter diesen Ereignissen erklären, und ich werde Ihnen die Wahrheit über die Augenblicke mitteilen, als jene Entscheidung getroffen wurde, so dass Sie darüber nachdenken können. Gott weiß, dass uns der Plan, die Türme zu treffen, nicht in den Sinn kam, sondern dass mir die Idee kam, als die Angelegenheiten hinsichtlich der Unterdrückung und der Gräueltaten der amerikanisch-israelischen Allianz gegen unser Volk in Palästina und Libanon zu weit gingen.« Als Israel im Jahr 1982 Türme im Libanon zerstörte, sei ihm der Einfall gekommen, das World Trade Center in Schutt und Asche zu legen.

Mit diesen Äußerungen erwies Osama bin Laden seinem Erzfeind George Bush einen großen Gefallen. Einen größeren hätte er ihm zu jenem Zeitpunkt bald nicht erweisen können. Kurz vor der Wahl wurde das offizielle Szenario komplett bestätigt. Diese terminliche Abstimmung scheint so plump, dass sie fast schon wieder glaubhaft wäre. So oder ähnlich müssen wohl die Experten gedacht haben, als sie das Material vorbereiteten. Man kann nicht anders als vermuten, dass hier manipuliert wurde.

Die Videobotschaften sind ohnehin ein Kapitel für sich. Da kursieren Filmaufnahmen von Menschen, die bin Laden sein sollen, ihm aber nicht im Entferntesten ähneln. Genaue Daten zum Zeitpunkt der Aufnahmen stehen nicht zur Verfügung und vermeintlich bei 9/11 ums Leben gekommene Attentäter erscheinen im Frühjahr 2002 quicklebendig auf Aufnahmen, die Kenner als »sehr aktuelles Bildmaterial« bezeichneten. Da erscheinen anachronistische Sequenzen, die einem in ihrer gesamten Paradoxie geradewegs ins Auge springen: Ahmed Ibrahim A. Alhaznawi, als einer der Entführer an Bord von UA 93 in Shanksville, Pennsylvania, umgekommen, spricht vor einem Hintergrundbild, das die brennenden Twin Towers zeigt.

Abb. 24: Bin Laden und seine Doppelgänger. Auch hier also das gleiche Spiel, wie es bei Mohammed Atta und den anderen vermeintlichen Entführern betrieben wurde. Es bedarf keiner weiteren Erläuterung, echt und falsch voneinander zu unterscheiden. Dennoch schafften es all die »Versionen« in die großen Medien.

Offenbar eine perfide Form der Propaganda oder Verwirrungstaktik? Natürlich kann der Hintergrund einfach hineinkopiert worden sein und beweist nicht, dass Alhaznawi noch lebt. Doch werden die Aufnahmen, die ihn zeigen, als aktuell eingestuft.

Wir haben an sich schon hinreichend gesehen, wie verwirrend die Sachlage sich auch auf US-Seite gestaltet. An der offiziell als Fakt abgesegneten These scheint nur weniges wirklich stimmig. Vieles ist schlichtweg nur paradox, unvollständig, unverständlich oder geheim. Michael C. Ruppert stellt dem neunten Kapitel seine Werkes *Crossing the Rubicon* zwei interessante Bush-Zitate gegenüber, die exakt ein halbes Jahr auseinander liegen. Am 13. September 2001 erklärte der erst durch 9/11 richtig stark gewordene US-Präsident: »Das Wichtigste für uns ist, Osama bin Laden zu finden. Das ist unsere allererste Priorität und wir werden nicht ruhen, bis wir ihn finden.« Am 13. März 2002 erklärte der (offenbar gleiche!) US-Präsident hinsichtlich bin Laden: »Ich weiß nicht, wo er ist. Ich habe keine Idee, und ich schere mich auch nicht darum. Es ist nicht wichtig. Das ist nicht unsere Priorität.« Da verstehe einer die Welt! Wie kommentiert gleich Michael Ruppert: »Osama bin Laden ist wahrscheinlich der letzte Zeuge, den die Vereinigten Staaten gerne befragen würden.« Der Ex-Sergeant räumt die verlockende Annahme ein, dass bin Laden in Wirklichkeit ein sorgsam herangezüchtetes, geschütztes wie auch geschätztes Gut des amerikanischen und des britischen Geheimdienstes sein könnte. Oder aber lediglich benutzt wurde. Für eine Geheimoperation, die unter Umständen über das reine Zusehen und Geschehenlassen noch weit hinausgeht.

VERDACHTSMOMENTE

David gegen Goliath – hoch drei!

Osama bin Laden vermittelt in der englischen Übersetzung seiner Videoaufzeichnung, wie sie am 13. Dezember 2001 ausgestrahlt wurde, exakt das Bild, das auch in den USA von offizieller Seite vorgelegt wurde. Das wird vor allem in diesem Satz deutlich: »Ich glaubte, dass die vom Kerosin verursachten Feuer das Metallgerüst schmelzen und die getroffenen Teile wie auch die darunter befindlichen Etagen zum Einsturz bringen würden.«

Viele Massenmedien und die unterschiedlichsten Advokaten der ohnehin etablierten, von Regierungsseite abgesegneten 9/11-Studien geben sich mit der geradezu auffallenden Übereinstimmung zufrieden und sehen darin nichts als die letztendliche Bestätigung und einen hervorragenden Beweis für die Richtigkeit sämtlicher behördlicher Aussagen. Die vermeintlichen Skeptiker hätten sich demnach in all ihren Alternativszenarien geirrt. Der Feind saß nicht in den eigenen Reihen, auch wenn es eklatante Versäumnisse gab. Osama bin Laden gab selbst zu, der Urheber von 9/11 zu sein. Damit sollte der Fall erledigt sein. Doch weit gefehlt, die Skeptiker waren hartnäckig und verbohrt, sie suchten trotz der klaren und sich deckenden Aussagen der gegnerischen Parteien weitere Indizien für eine Verschwörung – und wurden fündig. Tatsächlich zeigte sich über die Jahre, dass einige Vermutungen wohl über das Ziel hinausschossen, vermeintliche Beweise nicht zutrafen oder offenbar belastende Fakten nur auf Gerüchten basierten. Wir dürfen uns in Anbetracht der teils unverständlichen Geheimhaltung und Vernebelung nicht wundern, wenn immer wieder falsche Schlussfolgerungen gezogen wurden. Viel verwunderlicher sind die zahlreichen Mängel der offiziellen Theorie, von denen wir noch einige kennen lernen werden. Verwunderlich ist auch, dass wichtige Zeugen nicht gehört oder Einzelpersonen mit wesentlichen Einsichten oder Ergebnissen eingeschüchtert wurden oder auf die eine oder andere Weise zum Schweigen gebracht worden sind. Dafür muss es Gründe geben. In diesem Kapitel werden wir auch hierzu weitere Beispiele kennen lernen.

Nur derjenige, der etwas zu verbergen hat, wird Informationen unterdrücken. Im Falle von 9/11 geschah das sogar am laufenden Band. Diese

Situation hat zwangsläufig zur Folge, dass unabhängige Untersucher sich ohnehin in einer massiv benachteiligten Lage befinden und wir, wie in vielen anderen Fällen auch, Zeugen des Spiels David gegen Goliath hoch drei werden. Von daher dürfte jedem klar sein: Gültige Beweise dafür, was am 11. September 2001 wirklich geschah, kann niemand liefern, wenigstens außerhalb des Kreises derer, welche die direkte Verantwortung für dieses gigantische Verbrechen mit sich herumtragen.

Doch das, was wir alle damals mit eigenen Augen gesehen haben, wie auch die verfügbaren Informationen zu 9/11, wie auch die Recherchen ungezählter und hartnäckiger Skeptiker, darunter hervorragende Fachleute verschiedenster Disziplinen – das alles belegt uns vor allem, dass die Welt massiv belogen wurde. Nunmehr, Jahre nach der Katastrophe, erscheint dies deutlicher denn je. Und wir nähern uns der Wahrheit zumindest an, wir beginnen mehr als nur ein schemenhaftes Bild dessen zu entwickeln, was sich damals ereignet hat. Aus einer schier endlosen Liste weitgehend unbeantworteter Fragen kristallisieren sich logische Abläufe heraus. Sich gegenseitig bestätigende Detailbeobachtungen und unabhängige Zeugenaussagen geben Einblick in ein Szenario, das wohl jeder von uns sofort verwirft, solange er nicht mit geradezu erschreckenden Fakten konfrontiert wird. Das Erschreckendste an allem mag die diabolische Konsequenz, die extreme Kaltblütigkeit und die bestechende Logik sein, die aus jenen Fakten spricht.

Zündstoff

Werfen wir einen Blick auf eine ganz willkürliche und bei weitem nicht vollständige Liste der zitierten Ungereimtheiten und Mysterien von 9/11 und rufen uns damit in Erinnerung, was alles von der 9/11-Kommission nicht oder bestenfalls sehr unbefriedigend erklärt wurde. Diese Liste bezieht sich lediglich auf den World-Trade-Center-Komplex und lässt das Pentagon oder auch den Absturz von Flug 93 noch völlig außer Acht:

- Der Kollaps der beiden Zwillingstürme erfolgte *ähnlich* einer kontrollierten Sprengung, bei minimiertem Schaden und maximaler Wirkung.
- Der Kerosinbrand erzeugte keine ausreichend hohen Temperaturen, um die Tragfähigkeit des Stahls ausreichend zu beeinflussen oder sogar völlig schwinden zu lassen.
- Andererseits fand sich laut Aussagen von Fachleuten noch wochenlang rotglühender Stahl in den Trümmern. Die Energie zu dessen

extremer Erhitzung konnte nicht aus der Katastrophe stammen, wenn sie so ablief, wie die offiziellen Studien darstellen. Wärmebilder zeigen die starke Erhitzung am Ground Zero.

- An der Einschlagstelle, dort, wo der Kerosinbrand am extremsten gewütet haben muss, sind direkt an der zerstörten Außenwand einzelne Menschen zu sehen, die winken, um auf ihre verzweifelte Situation aufmerksam zu machen. Die Temperaturen wären dort viel zu hoch gewesen, als dass ein Mensch sich in diesem Bereich aufhalten und überleben hätte können.
- Das Baumaterial, ebenso auch die Büroeinrichtungen und über 1000 Menschen wurden beim Kollaps regelrecht pulverisiert, selbst von der Verglasung der Gebäude ist nichts übrig.
- Die Explosionseffekte waren weit energiereicher als von der Kerosinexplosion zu erwarten gewesen wäre. Die Explosions- und Trümmerwolke entwickelte sich in unverhältnismäßiger Größe und Art.
- Zahlreiche Zeugen vernahmen zusätzliche Explosionen.
- In den Straßenzügen bildete sich *kurz vor* dem Kollaps weißer Rauch unbekannter Herkunft und Natur.
- Aus etlichen Etagen unterhalb der eigentlichen Detonationen traten ungeklärte zusätzliche Wolken aus – hier wurde Material horizontal nach außen gedrückt, offenbar ohne dass der Kollaps bereits im Gange war. Bemerkenswert sind weiße Explosionswolken, die aus den Skylobbies hervortreten. Diese Bereiche zählten zu den extra verstärken Schichten in der WTC-Struktur.
- Wiederholt kann ein symmetrischer Kollaps bei einer asymmetrischen Ausgangsverteilung der vertikalen Kräfte beobachtet werden.
- Die Antenne des Nordturms stürzt als Erstes nach unten – sie ruht aber auf dem hochstabilen zentralen Stützsystem des Gebäudes. Die zeitliche Abfolge widerspricht jeder Logik.
- Der in sich intakte Gebäudeabschnitt oberhalb der Einschlagstelle am Südturm neigt sich als Ganzes zur Seite, stürzt dann in die Tiefe und scheint sich noch innerhalb der Detonationswolke völlig aufzulösen. Eine befriedigende Erklärung wurde bisher nicht geliefert, wie überhaupt für den gesamten Kollaps der Türme, der in Sekundenschnelle erfolgte.
- Auch Gebäude Nummer 7 bricht nach mehreren Stunden wie das Musterbeispiel einer kontrollierten Sprengung zusammen, obwohl es nie von einem Flugzeug getroffen wurde.
- Die Trümmer der Zwillingstürme werden weit hinausgeschleudert und sind trotz der Asymmetrie der Einschläge und (beim Südturm)

des Kollapses sehr gleichmäßig verteilt – beides kann als Indiz für eine Sprengung gedeutet werden. Offenbar handelte es sich nicht allein um Impakt-, sondern zusätzlich um Explosionsereignisse.
- Seismische Messungen deuten auf zusätzliche starke Erschütterungen vor dem jeweiligen Kollaps hin.
- Die übrig gebliebenen Stahlträger sind teils entweder massiv verdrillt, was sich ebenfalls nur durch zusätzlich zugeführte Energien erklären ließe. Einige Aufnahmen der Bergungsarbeiten zeigen im 45-Grad-Winkel gekappte Kernträger; der gleiche Winkel wird bei kontrollierten Sprengungen gewählt.
- Am gesamten Bereich von Ground Zero herrscht für nichtautorisierte Personen striktes Fotoverbot – rein aus Pietätsgründen?
- Auf dem Gebäude der Deutschen Bank in New York werden unzählige winzige Knochenfragmente gefunden. Die größten davon erreichen nur einen Zentimeter Länge. Hier müssen ungeheure Kräfte gewirkt haben, um die Opfer derart massiv zu fragmentieren und ihre Überreste so weit hinaus auf die Dächer anderer Gebäude zu schleudern. Nach der Kerosindetonation aber waren die Kräfte vorwiegend gravitativ bestimmt und daher vertikal abwärts gerichtet. Die Knochenfunde werden als neues schlagkräftiges Indiz für eine gezielte Sprengung der Gebäude gedeutet.

Brechen wir die Liste an dieser Stelle ab, sie wäre noch beliebig fortsetzbar. Auf den folgenden Seiten kann und soll es nicht um jeden Einzelaspekt gehen, sondern vorwiegend um einen Überblick über die bisher bemerkenswertesten Argumente dafür, dass die beobachteten Effekte nicht allein durch die Flugzeugtreffer ausgelöst worden sein können. Wir werden einigen neueren Spuren folgen, durch die sich die bisher bekannten Hinweise darauf noch weiter verdichten, dass 9/11 ein ungeheuerliches Insider-Verbrechen war. Dabei werden wiederholt auch unabhängige Untersucher und Zeugen zu Wort kommen, die durch ihr Engagement noch nachträglich zu Schaden gekommen sind, weil die Wahrheit oft sehr unbequem sein kann.

Abb. 25: Die Antenne auf dem Nordturm. Sie sank als Erstes in die Tiefe, nur Augenblicke darauf stürzte auch die Perimeterwandung nach unten.

Versuchen wir also, uns wenigstens einen aktuellen Überblick über die Vielzahl an Argumenten zu verschaffen.

Warum kollabierten beide Wolkenkratzer? Das ist wohl die zunächst alles bewegende und entscheidende Frage, mit der sich wenigstens vier Grundaspekte verbinden:

A. Informationen über die Struktur der Gebäude und Vergleiche mit anderen Großbauwerken.
B. Erkenntnisse, Aussagen und Theorien, dass die beiden Türme einem Zusammenstoß bzw. sogar mehreren Kollisionen und Bränden standhalten konnten.
C. Beobachtungen, die nahe legen oder sogar belegen, dass eine Sprengung der Auslöser war.
D. Beweise dafür, dass weder B noch C zutreffen, sondern die Türme ausschließlich infolge der Kollisionen und der resultierenden Brände kollabierten.

Äpfel und Birnen

Erinnern wir uns noch einmal kurz an das Jahr 1945 und das Empire State Building. Am 28. Juli schmetterte damals ein B-25-Bomber in rund 300 Metern Höhe mitten in das seinerzeit höchste Gebäude der Welt. Spätestens seit jenen Tagen sind Konstrukteure solcher Wolkenkratzer vorgewarnt, derartige Katastrophen in ihre Konzepte einzubeziehen. Das Empire State Building überstand jene Kollision, die 14 Tote und etliche Verletzte forderte. Es überstand sie sogar so gut, dass das Monument nur einige Tage später wieder geöffnet werden konnte, auch wenn die Reparaturen noch viele Monate in Anspruch nahmen.

Nun, keine Frage: Die Maschine war natürlich wesentlich kleiner als die Boeings, die in den WTC-Komplex rasten. Es handelte sich um einen mittleren Bomber vom Typ *North American B-25 Mitchell*. Dieses fünfsitzige Flugzeug bringt eine Leermasse von knapp zehn Tonnen auf die Waage. Die maximale Startmasse ist bei rund 16 Tonnen angesiedelt. Zum Vergleich: Eine Boeing 767 wiegt leer rund 81 Tonnen, die Startmasse erreicht maximal 136 Tonnen. Hinzu kommen die höheren Kollisionsgeschwindigkeiten an den Zwillingstürmen.

Abgesehen von diesen nicht unwesentlichen Unterschieden gilt das Empire State Building als eine sehr massive Struktur, bestehend aus einem dichten Netz verstärkter Stahlsäulen, wobei die Außenwände großzügig dimensionierte Bereiche aus Ziegelstein mit Kalkverkleidung aufweisen; sie reagieren auch bei hoher Windlast so flexibel auf horizontale Schwingungen, dass durch diese Kräfte bislang keine Risse aufgetreten sind. Die über den gesamten horizontalen Querschnitt dicht verteilten Stahlpfeiler geben dem Gebäude eine hohe Festigkeit, allerdings um den Preis nutzbaren Raumes.

Das World Trade Center stellte einen komplett anderen, neuen Typus von Hochhaus dar, der den Anforderungen moderner Großraumbüros bei gleichzeitig enormer Stabilität der Konstruktion gerecht werden sollte. Wir kommen noch darauf zurück. Für den Augenblick nur so viel: Jeder der Türme bestand aus einer sehr massiv ausgelegten zentralen Trägerstruktur aus Spezialstahl. Sie war aus einem Gitterwerk voluminöser Kernsäulen aufgebaut. Jede dieser insgesamt 47 Säulen besaß einen rechteckigen Querschnitt von 90 auf 36 Zentimetern. Im unteren Bereich des WTC, dort, wo die Belastung besonders groß war, brachten es diese »core columns« auf eine Wandstärke von zehn Zentimetern, die sich schließlich in den höchsten Stockwerken auf sechs Millimeter verjüngte. Innerhalb dieser Kernzone befanden sich Treppenhäuser und Fahrstuhlschächte, verschiedene Diensträume und Flure. Die insgesamt je 236 Trägersäulen, welche die Außenverkleidung bildeten, bestanden aus Stahlpfeilern mit nahezu quadratischem Querschnitt von zirka 40 auf 40 Zentimeter, wiederum je nach Einbauhöhe maximal zehn Zentimeter stark. Die mit einer Feuerisolierung versehenen Außensäulen waren in einem Abstand von rund einem Meter zueinander platziert. Jeweils drei dieser vertikalen Pfeiler bildeten über drei stählerne Horizontalplatten ein massives Bauelement, das in die wachsende Außenschale eingeklinkt werden konnte. Die einzelnen Elemente waren über Bolzen an den Enden der quer liegenden Stahlplatten verbunden. Zwischen ihnen lagen jeweils 3,7 Meter Höhe, also genau ein Stockwerk. Kernsäulen und Säulen der Peripherie standen über Stahlträger in Verbindung, die in jede zweite Außensäule griffen. Querverstrebungen und zusätzliche Verstärkungen an den Gebäudeecken rundeten das strukturelle Konzept ab. Gewellte Stahlwannen bildeten schließlich die Grundlage für zehn Zentimeter starke, feuerfeste Betonböden, die allerdings keine tragende Funktion besaßen. Insgesamt realisierten die Ingenieure mit dieser Stahlkonstruktion einen Wolkenkratzer, der nicht komplett von Säulen durchsetzt war, sondern weitflächige Büroräume und damit auch eine effektive Nutzung des verfügbaren Platzangebots bot.

Wenn wir uns die Empire-State-Katastrophe von 1945 vor Augen führen, dann also bestimmt nicht deshalb, um die Wahrscheinlichkeit für den WTC-Einsturz besser abschätzen zu können. Beide Gebäude sind dafür viel zu unterschiedlich ausgelegt. Und somit wären wir beim berühmten Vergleich von Äpfeln mit Birnen. Aber es gibt etwas anderes, was hier gleicher-

Abb. 26: Auf diesem alten Bild aus der Bauphase des WTC ist die Struktur des Wolkenkratzers deutlich zu erkennen. Im Inneren der massive Kern aus 47 Perimetersäulen, außen die 236 Perimetersäulen.

Abb. 27: Ein noch früherer Bauabschnitt zeigt den Aufbau des World Trade Centers an der Basis; hier sind auch die unterirdischen Bereiche zu sehen.

maßen Interesse und Verwunderung wecken könnte. Denn im letzten Kriegsjahr traf eine deutlich langsamere und deutlich kleinere Maschine ein offenbar deutlich massiveres Gebäude. Wenn wir uns noch einmal die Details in Erinnerung rufen, von denen bereits die Rede war, wird uns auffallen, dass damals jedoch trotzdem Flugzeugteile durch eine gesamte Etage rasten und durch die gegenüberliegende Außenmauer wieder ins Freie schossen! Doch beim WTC-Nordturm – weitgehend Fehlanzeige. Zwar stürzte ein Fahrwerk auf das *Mariott*-Hotel, doch wäre in Anbetracht der hohen Einschlagsgeschwindigkeit der Maschine und der immer wieder angeführten »schwächeren« Bauweise des WTC eigentlich mit weit mehr komplett durchdringenden Teilen zu rechnen gewesen.

Somit ist bei dem vergleichsweise stabileren Gebäude eine größere Einschlagwirkung und Gebäudedurchdringung in der Horizontalen zu verzeichnen gewesen.

Im Oktober 1992 raste eine Boeing 747 der Fluggesellschaft *El-Al* mitten in einen vielstöckigen Amsterdamer Wohnblock und durchtrennte das Gebäude regelrecht. Die schwere Maschine war deutlich langsamer als die Jets, die in die Zwillingstürme stürzten. In Mailand traf im Januar 2002 eine einmotorige Maschine das Pirelli-Hochhaus. Sie flog mit etwa 200 Kilometern pro Stunde in den Büroturm und verursachte mit ihren zwei Tonnen eklatanten Schaden, der in der Relation wesentlich größer war als der von den WTC-Jets verursachte. Katastrophen dieser Art werden oft angeführt, um zu zeigen, dass im letzten Fall manches, was uns gesagt wird, einfach nicht gestimmt haben kann. Und ganz gewiss hat sehr vieles nicht gestimmt. Sprechen die hier erwähnten Paradoxien für eine doch extrem stabile Konstruktion des WTC oder dafür, dass die Flugzeuge beim Eintauchen in die Gebäude gesprengt wurden? Welchen Sinn würden diese zusätzlichen Sprengungen aber machen? Einmal wäre der Effekt nach außen noch größer, außerdem würden keine größeren Teile übrig bleiben, die bei der extrem hohen Geschwindigkeit auf den gegenüberliegenden Gebäudeseiten wieder austreten, herabstürzen und unbeabsichtigte Begleitschäden erzeugen würden. Immerhin wurde beim Eindringen in die Gebäudeflanken aus verschiedenen Perspektiven ein unerklärliches Aufblitzen am Flugzeug-Rumpf wahrgenommen …

Zweifel

Auch vielen Fachleuten erscheint der plötzliche Einsturz beider WTC-Türme ohnehin mehr als verdächtig. Die Gebäude schwankten nach den

Treffern kurz, um sich dann schnell zu stabilisieren. Wir stehen natürlich vor einem großen Problem: Die Katastrophe vom 11. September stellt ein einzigartiges Ereignis dar – es gibt daher, wie schon erwähnt, keine zuverlässigen Vergleichsmöglichkeiten, denn nie zuvor wurden Gebäude dieser Größenordnung und Bauhöhe von Linienmaschinen getroffen, noch dazu absichtlich und daher auch mit extrem hoher Geschwindigkeit.

Diese Situation machte es der offiziellen 9/11-Kommission natürlich leicht, ihre Variante felsenfest zu vertreten, denn das Gegenteil muss erst einmal bewiesen sein. Direkt kaum machbar, doch durch eine Kette von durchaus zugkräftigen Schlussfolgerungen lassen sich einige Aussagen treffen, die mittlerweile sogar sehr deutlich zeigen, dass wir belogen und betrogen wurden.

Uns werden faszinierende Computersimulationen präsentiert, die aber nur soviel wert sind, wie die Daten und Parameter, mit denen sie erstellt wurden. Zudem beruhen sie auf definitiv unzulässigen Annahmen, denn niemand kann genau sagen, was innerhalb der Türme abgelaufen ist und welche Beschädigungen eingetreten sind und welche nicht. Das heißt, hier fußen auch die offiziellen Berechnungen weitgehend auf Spekulation und sind damit wissenschaftlich irrelevant. Doch uns werden sie weiterhin als die einzig wahre Interpretation und trotz ihres pseudowissenschaftlichen Hintergrundes als einzig zulässige, auf exakter Forschung beruhende und durchweg seriöse Erklärung verkauft. Nur werden vor allem Begriffe wie Wissenschaftlichkeit und Seriosität gerne als Deckmantel gebraucht, um Fakten zu verschleiern. Eine präzise Definition lässt sich auf sie jedoch nicht anwenden. Sie unterliegen vielfältigem Wandel und stellen somit auch keine zeitunabhängigen Konstanten dar, sondern sind Resultat sehr menschlicher Entscheidungen ebenso wie von Fehlentscheidungen, zudem oft von subjektiven Meinungen und absichtlichen Manipulationen.

Eine anonym gehaltene Umfrage des Wissenschaftsmagazins *Nature* hat vor einigen Jahren ergeben, dass von über 3000 befragten Wissenschaftlern jeder Dritte in seinen Arbeiten bereits gelogen und verfälscht hat, um die Ergebnisse der vertretenen Theorie anzupassen. Hier handelt es sich also wohl nicht um *unbewusste* Verfälschungen, bei denen einzelne Aspekte oder Forschungen schlichtweg übersehen wurden oder psychologische Effekte eine Rolle spielten.

Und wenn es um den 11. September geht, können wir trotz des Wirrwarrs an zirkulierender Information doch feststellen: Die offizielle Seite hat bereits im Vorfeld wie im Umfeld weitreichende Verfehlungen begangen. Sie war ganz augenscheinlich sogar massiv darauf bedacht, die Katastrophe im Mindestfalle ungehindert geschehen zu lassen. Die offiziellen Untersuchungsberichte erwiesen sich zudem als vielfach mangelhaft. Daher darf auch nicht verwundern, wenn einige unabhängige Beobachter beinahe jede behördliche Aussage hierzu sehr kritisch abwägen. Wir müssen dabei, wie schon erwähnt, leider ebenso in Betracht ziehen, dass auf Grund mangelnder Offenheit seitens der US-Regierung – auch bei gewiss nicht sicherheitsrelevanten Fragestellungen – gelegentlich falsche Schlussfolgerungen gezogen wurden.

Natürlich steht die Kardinalfrage im Raum, warum die Gebäude letztlich eingestürzt sind. Die Antwort darauf kann sehr einfach sein: Die riesigen Wolkenkratzer wurden von Großraumjets getroffen. Es gab gigantische Feuerbälle. Die Struktur wurde durch die Einschläge selbst wie auch durch die Feuer so geschwächt, dass die Gebäude zwangsläufig einstürzen mussten, und zwar genau in der von Millionen Menschen live am Bildschirm mitverfolgten Art und Weise. Auf den ersten Blick klingt das absolut plausibel. Nur bei »näherem Hinsehen« kommen bald Zweifel auf. Und einige Fachleute, die sehr genau hinsahen, haben sich im Nachhinein sogar gefragt, warum sie die Unstimmigkeiten nicht sofort bemerkt haben. Doch vor allem konkretere Untersuchungen haben wirklich Ungewöhnliches ans Licht gebracht.

Insgesamt stürzten am 11. September 2001 drei große Stahlgerüst-Hochhäuser ein – die beiden von Flugzeugen zerschossenen Zwillingstürme sowie das von keinem Jet getroffene Gebäude WTC 7. Sehr oft ist zu hören, dass die Kerosinfeuer den Stahl von WTC 1 und WTC 2 stark erhitzten und instabil werden ließen, was den Einsturz ausgelöst hätte. Diese Gebäude würden dann allerdings als die ersten Hochhäuser in Stahlgerüst-Bauweise gelten, die durch Brandeinwirkung kollabierten. Wie sich noch zeigen wird, war bei der Konstruktion der beiden Hochhäuser durchaus auch eine Flugzeugkollision berücksichtigt worden. Die Gebäude sollten den WTC-Planern zufolge einen solchen Zusammenstoß überstehen.

Tatsache ist, dass sich die Strukturen am 11. September bald nach dem jeweiligen Aufprall wieder stabilisierten. Da die Kollisionen jeweils in großer Höhe erfolgten und die unteren Stockwerke nicht betroffen waren, zählt das Argument einer extrem hohen strukturellen Belastung infolge der immensen Höhe der Gebäude nur sehr bedingt. Nicht zuletzt daher wurde die Diskussion von offizieller Seite zunächst auf eine spezifische Theorie fokussiert, die allerdings genaueren Betrachtungen ebenfalls nicht standhält – dazu gleich mehr. Jedenfalls verlagerte sich auf Grund dessen die Suche nach der Einsturzursache auf die Brände.

Dem schon erwähnten Argument, dass nie zuvor Stahlkonstruktionen infolge von Feuern einstürzten, werden immer wieder interessante Beispiele

Abb. 28: Der Brand des McCormick-Gebäudes wird gerne als Argument für den Nachweis verwendet, dass auch Stahlskelett-Bauten bereits einstürzten. Doch kann wohl eine Großmarkthalle nicht mit einem Wolkenkratzer verglichen werden. Auf dieser Aufnahme ist gut erkennbar, dass das ausladende Dach hier natürlich einbrechen musste, die Wände blieben hingegen stehen.

entgegengehalten. Besonders gern wird der Einsturz des ursprünglichen McCormick-Place-Gebäudes in Chicago als Beleg dafür angeführt, dass Stahlkonstruktionen eben doch kollabieren können.

Das McCormick-Gebäude lag in einem Gelände, das gegenwärtig den weltweit drittgrößten Komplex an Ausstellungs- und Versammlungshallen birgt. Jener Bau wurde 1960 errichtet und brannte 1967 lichterloh. Damals befand sich extrem brennbares Material im McCormick-Gebäude. Innerhalb von nur 30 Minuten gab das Dach den Flammen nach und stürzte ein. Ist damit die ursprüngliche Aussage widerlegt? Nein, denn das McCormick-Place-Gebäude lässt sich grundsätzlich nicht mit dem World Trade Center vergleichen. Es handelt sich dabei um ein relativ flaches, aber sehr großes Gebäude, eine große Ausstellungshalle mit einem Dach extremer Spannweite, das von einem stählernen Gitternetz getragen wurde. Von daher verbietet sich beinahe schon ein Vergleich, denn die Gebäudetypen sind viel zu unterschiedlich.

Fast erübrigt es sich anzumerken, dass die Hallenwände stehen blieben und lediglich das Dach nachgab; jedenfalls kann keine Rede von einem Totaleinsturz sein. Eher vergleichbar mit der Brandsituation von 9/11 ist dann schon der Windsor Tower in Madrid, der nach einem ganztägigen Brand (!) immer noch nicht einstürzte. Das Hochhaus ging am 12. Februar 2005 in Flammen auf. Der Brand entwickelte sich im oberen Drittel – im 21. Stock des insgesamt 32-stöckigen und 106 Meter hohen Turms. Somit fiel die Belastung des betonverstärkten Stahls nicht so hoch wie beim WTC aus, doch war dieses Gebäude einer rund 13- bis 20-mal längeren Branddauer ausgesetzt!

Am ehesten vergleichbar mit dem World Trade Center ist aber vielleicht noch das AON-Center in Los Angeles, Kalifornien. Dieser Wolkenkratzer

Abb. 28: **Das 262 Meter hohe, 62-stöckige AON-Center in Los Angeles brannte im Jahr 1988 fast vier Stunden und war strukturell hoch belastet. Es steht heute immer noch.**

erreicht mit seinen 62 Stockwerken immerhin eine Höhe von 262 Metern, wurde in der gleichen Ära gebaut (1973) und besitzt eine Stahlstruktur mit Zentralkern. Gegenüber dem quadratischen Grundriss von 63,4 Metern der WTC-Türme besaß das damals noch als *First Interstate Bank* bekannte Gebäude einen rechteckigen Grundriss von 37,8 auf 56,1 Meter, also auch beachtliche Ausmaße. Durch einen elektrischen Schaden geriet der Büroturm am 4. Mai 1988 in Flammen. Das Feuer brach in der zwölften Etage aus und reichte bis in den 16. Stock. Diese vier Stockwerke wurden massiv zerstört, ein weiteres wurde teilweise beschädigt. Der Brand wütete insgesamt drei Stunden und 40 Minuten, wiederum also wesentlich länger als im World Trade Center.

Die strukturelle Belastung war bei der *First Interstate Bank* extrem groß, da das Feuer in einer geringen Gebäudehöhe ansetzte. Auf der zwölften Etage lasteten immerhin 50 Stockwerke. Der WTC-Nordturm hingegen wurde zirka zwischen der 93. und 98. Etage getroffen; somit lasteten lediglich 17 Stockwerke auf der Untergrenze der Einschlagstelle. Der Südturm wurde zwischen der 77. und 84. Etage getroffen, hier lagen immerhin noch 33 Stockwerke darüber. Doch ebenfalls noch deutlich weniger als die 50 über dem Brandherd liegenden Stockwerke der *Interstate-Bank*. Die 17 Stockwerke des Nordturms und die 33 Stockwerke des Südturms würden zusammengenommen exakt diese Zahl ergeben! Nicht zu vergessen ist die weitaus längere Branddauer in Los Angeles. Trotz all dieser Umstände stürzte das Banken-Hochhaus nicht ein.

Abb. 30: Überreste von WTC-Stahl nach der Katastrophe

Mit Beobachtungen dieser Art fangen die Zweifel an den offiziellen Erklärungen zum Einsturz des World Trade Centers allerdings erst an.

Der Fall Ryan

Massive Zweifel an den Untersuchungsberichten diverser öffentlicher Behörden und Organisationen meldete auch der Chemiker Kevin Ryan an, der als Topmanager der *Environmental Health Laboratories, Inc.* tätig war, einem Zweigunternehmen der *Underwriters Laboratories, Inc.* (UL). Ryan kritisierte die offizielle Studie von NIST, des *National Institute on Standards and Technology*. Dieses Institut, das seine Untersuchungen erst ein Jahr nach den Anschlägen begann, machte die Brandherde in den Zwillingstürmen für die Schwächung des Stahls und damit für den Kollaps verantwortlich. Ryan schrieb daher am 11. November 2004 eine E-Mail an Dr. Frank Gayle, den stellvertretenden Chef der metallurgischen und materialwissenschaftlichen Laboratorien von NIST, der auch das Projekt *NIST and the World Trade Center* leitet. Gayle war sicherlich bewusst, wo er die *Underwriters Laboratories* einzuordnen hatte, und so beginnt Ryan seine Mail auch mit den Worten: »Gewiss ist Ihnen bekannt, dass die Gesellschaft, für die ich arbeite, die Stahlkomponenten zertifizierte, die bei der Konstruktion der WTC-Gebäude verwendet wurden. Als ich sowohl von unserem Generaldirektor als auch unserem Feuerschutz-Geschäftsmanager Informationen erbat, erfuhr ich, dass sie mit den wesentlichen Aspekten der [offiziellen] Geschichte nicht einverstanden waren, mit einer Ausnahme – dass nämlich die von uns begutachteten Stahlproben allesamt die an sie gestellten Anforderungen erfüllten ... Die Ergebnisse dieser Tests scheinen anzuzeigen, dass die Gebäude jener Wärmebelastung, wie sie von Nestern brennenden Flugzeugtreibstoffs ausging, problemlos widerstanden haben sollten.« Ryan führt aus, dass die Stahlproben nach den Richtlinien ASTM E119 getestet wurden [ASTM = *American Society for Testing and Materials*, eine Materialprüfungs- und Normierungs-Organisation der USA, Anm. d. Verf.] und erinnert an die Bedeutung dieser Testvorgaben. Demnach nämlich sind die Zeit-Temperatur-Kurven, die eine Aussage über die Festigkeit des Stahls bei Erhitzung vermitteln, auf eine mehrstündige Einwirkung bei Temperaturen um rund 1100 Grad Celsius ausgelegt. Die Proben bestanden den Test!

Zudem, so betont Ryan, schmelze selbst eine als nicht feuersicher eingestufte Stahlprobe keineswegs vor Erreichen von Temperaturen, bei denen sie rotglühend wird – diese Werte liegen oberhalb von rund 1600°C. Ryan wundert sich in seiner E-Mail an Frank Gayle über eine Aussage des ehemaligen WTC-Konstruktionsleiters Hyman Brown, der erklärte, eine Temperatur von 1100 Grad Celsius habe ausgereicht, um den Stahl zu schmelzen und die Gebäude somit zu Fall zu bringen. Allein schon seltsam, weil es sich nicht nur laut Aussage von Kevin Ryan um hochwertigen *Spezialstahl* handelte. Doch auch Zitate Hyman Browns lassen ungewöhnliche Widersprüche erkennen: »Die Gebäude hätten standgehalten, wenn sie von einem Flugzeug oder einer von einem Flugzeug verursachten Kraft getroffen worden«, so erklärte er einmal. »Doch Stahl schmilzt, und 91 000 Liter Flugbenzin haben den Stahl geschmolzen. Nichts wurde oder wird je entworfen, um diesem Feuer zu widerstehen.«

Wie sich aber noch zeigen wird, sind derart hohe Temperaturen laut zahlreicher unabhängiger Untersucher, aber selbst laut der offiziellen NIST-Studie viel zu hoch angesetzt. Tatsächlich lagen sie deutlich niedriger und großenteils unterhalb des Bereichs, ab dem Stahl nur die Hälfte seiner Festigkeit einbüßt, wobei das WTC redundante Strukturen besaß, mittels derer so manche Stabilitätsdefizite abgefangen werden konnten.

Zudem wäre es schon bemerkenswert gedankenverloren, wenn die Konstrukteure ursprünglich davon ausgingen, dass nur unbetankte Flugzeuge in das Gebäude hineinfliegen könnten. Jeder Jet braucht nun einmal Sprit, um von A nach B zu gelangen. Von daher wäre es völlig überflüssig gewesen, Flugzeug-Kollisionen ins planerische Kalkül zu ziehen. Nur die Einbeziehung von Kerosinbränden machte praktischen Sinn.

Brown äußerte bei anderer Gelegenheit über die WTC-Twin-Towers: »Sie waren über-designed, um beinahe allem zu widerstehen.« Und wie er weiter ausführte, meinte er damit unter anderem auch extreme Stürme bis hin zu Hurrikans, ebenso Bombardierung und Flugzeugtreffer. Warum setzte Brown die erforderliche Schmelztemperatur herab? Die Temperaturen hatten in der offiziellen Argumentation eine wesentliche Bedeutung erlangt, sie wurden auch manipuliert – einerseits hinsichtlich ihrer Wirkung, andererseits hinsichtlich der tatsächlich abgeleiteten Werte. Hierfür war nicht nur Brown verantwortlich, er passte seine Aussagen schlichtweg der genehmen Version an, und bekanntlich ist das stets diejenige der »Obrigkeit«. Die verstand es aber auch, entweder die richtigen Teams einzuspannen oder aber an sich zu binden, zum Beispiel durch geeignete Verträge. Übrigens finden wir Hyman Brown im *Department of Civil, Environmental and Architectural Engineering* der *University of Colorado at Boulder* wieder. Und dieser Zweig der Uni steht sehr eng mit dem *Bechtel*-Konzern in Verbindung – Sie erinnern sich bestimmt: dem mächtigsten Bauunternehmen der Vereinigten Staaten, das bereits viele Sonderaufgaben übernommen hat und auch für hochgeheime Projekte tätig wird.

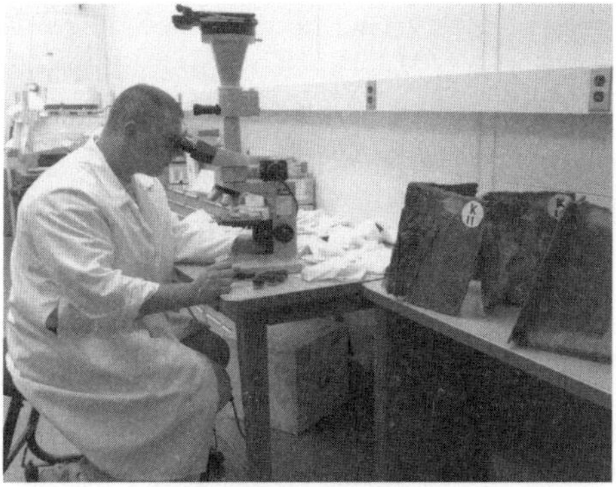

Abb. 31: Offizielle metallurgische Tests am Stahl des zerstörten WTC fanden nur an sehr wenigen Trümmerteilen statt.

Auf die Tatsache, dass NIST selbst weitaus niedrigere Temperaturen für die meisten getroffenen Bereiche im WTC nannte, kommt auch Kevin Ryan in seiner E-Mail zu sprechen. Er fragt, warum Dr. Gayles Ergebnisse, die für Temperaturen von größtenteils nur 250 °C sprechen, nicht in die Zusammenfassung des neuen NIST-Berichts eingeflossen sind. In den Schluss-Sätzen erklärt Ryan dann: »Diese ganze Geschichte geht einfach nicht auf. Wenn der Stahl jener Gebäude weich wurde oder schmolz, dann bin ich mir sicher, dass wir alle darin übereinstimmen können, dass dies mit Gewissheit keinerlei Flugbenzin-Feuern zuzuschreiben war, ganz abgesehen von den kurz brennenden Feuern in den Türmen. Diese Tatsache sollte bei allen Amerikanern große Besorgnis erwecken. Andererseits: Die Behauptung, der Stahl versagte bereits bei Temperaturen um 250 Grad, legt nahe, dass die Mehrzahl der Tode von 9/11 einem sicherheitsbedingten Versäumnis zuzuschreiben war. Dieser Hinweis sollte dann bei meiner Firma größte Besorgnis erwecken. Es gibt keine Frage, dass die Ereignisse von 9/11 die emotionale Triebkraft hinter dem Krieg gegen den Terror sind. Und das Thema des WTC-Kollapses befindet sich im Kern der Geschichte von 9/11. Mein Gefühl ist, dass Ihre metallurgischen Tests sich gleichsam im Kern des Kerns jenes Kerns befinden. Entweder können Sie einen Sinn in das bringen, was wirklich mit diesen Gebäuden geschehen ist, oder aber wir alle stehen derselben Zerrüttung und Verzweiflung gegenüber, wie sie von globalen Entscheidungen herrühren, die auf Desinformation und ›Geschwätz‹ basieren.«

Fünf Tage, nachdem Kevin Ryan seine E-Mail abgeschickt hatte, wurde er von seinem Arbeitgeber, den *Underwriters Laboratories*, gefeuert. Der Konzernsprecher Paul M. Baker erklärte später, Ryan sei entlassen worden, »da er seine eigenen Meinungen so zum Ausdruck brachte, als ob sie institutionalisierte Meinungen und damit Ansichten von UL seien … Die Argumentationsinhalte sind im besten Falle störend, und offen gesagt, sie sind einfach falsch.« Wenn man die behördliche Version a priori und ohne jegliche Diskussion als wahr akzeptiert, dann natürlich schon. Jede Abweichung von dieser Linie musste ebenso selbstverständlich als störend empfunden werden. Ryan habe seinen Brief ohne Wissen oder Autorisation von UL verfasst, so beeilt man sich zu betonen. Es gebe keinerlei Beweise dafür, dass irgendeine Firma die zum Bau der Türme verwendeten Materialien geprüft habe. Ryan war zur persona non grata mutiert. Kein größeres Wunder. O-Ton Baker: »UL zertifiziert keinen Baustahl, also Tragebalken, Säulen oder Dachbalken, wie sie im World Trade Center verwendet wurden.« Nun galt es, vor allem gegenüber den behördlichen Stellen und Institutionen sein sauberes Gesicht zu wahren und Konformität zu bezeugen. So erklärten die Laboratorien kleinlaut, zerknirscht, geradezu unterwürfig: »Wir unterstützen die noch andauernden Anstrengungen von NIST zur Untersuchung der WTC-Tragödie. Wir bedauern jede Konfusion, die Mr. Ryans Brief gegenüber 9/11-Überlebenden, Familien der Opfer und deren Freunden ausgelöst haben könnte. Wir ziehen es vor, unsere Schlussfolgerungen genau wie NIST aus Wissenschaft anstelle von Spekulation aufzubauen.« – Man gab sich also linientreu, um sich die Gunst der Herrschenden zu erhalten. Und man gab sich nicht nur bezeichnend opportunistisch, sondern auch bald triefend sensibel. Kevin Ryans wohl völlig aus der Luft gegriffene Behauptungen mochten am Ende noch Überlebende und Angehörige von Opfern irritiert haben, jene Menschen, die gewiss das größte Interesse an der Wahrheit von 9/11 hegen dürften, und von denen auch so mancher nicht ein Wort glaubt, das er von offizieller Seite vernimmt und damit von der Bush-Regierung, die hinter allen wesentlichen Analysen zum 11. September steht.

Der Hausmeister

Einer dieser Überlebenden ist William Rodriguez, ehedem Hausmeister im Nordturm. Er gilt sogar als die letzte Person, die das Gebäude lebend verließ, wodurch er zu einer regelrechten Mediengestalt wurde und in beinahe jeder US-Fernseh-Show auftrat. Jedoch nicht, um die etablierte Version der Ereignisse zu verteidigen, sondern um Erlebnisse zu schildern, die zeigen: Es war alles anders.

Rodriguez, ein recht temperamentvoller Lateinamerikaner, der schon das Bombenattentat von 1993 miterlebt hatte, fuhr zu Beginn seines Arbeitstages für gewöhnlich zunächst in das 106. Stockwerk ins *Windows of the World*. Dort erhielt er nämlich von Landsleuten ein kostenloses Frühstück. Am 11. September aber kam er eine halbe Stunde zu spät. Es war wohl die entscheidende halbe Stunde – die Verspätung, die sein Leben rettete. Doch bald darauf befand er sich in einem Inferno, von dem er in seinem restlichen Leben wohl nie einen Augenblick vergessen wird. Und manches, so sagt er, hat sich regelrecht in sein Hirn eingebrannt. Rodriguez sah brennende Menschen und am Boden zerplatzte Leichname, von denen wirklich nichts Menschliches mehr übrig geblieben war; er erlebte das volle Ausmaß der Katastrophe.

William Rodriguez besaß den Generalschlüssel des Gebäudes. Ständig war er auf den Beinen, um noch Menschen aus dem Nordturm zu holen. Insgesamt rettete er 15 Eingeschlossene und wurde dafür von Präsident Bush persönlich geehrt. Er wurde als Zeuge vor der 9/11-Untersuchungskommission angehört und war zunächst von der korrekten Vorgehensweise jener Gruppe unter Leitung von Philip Zelilov absolut überzeugt. Die Untersucher schienen jede Aussage genau aufzunehmen, jedes Detail zu berücksichtigen. Dennoch änderte er bald seine Meinung gegenüber der weithin verlautbarten Variante der Regierung, denn ihm wurde die Vorgehensweise der Kommission schlagartig klar. Unüblich und reichlich mysteriös schien allein schon die Tatsache, dass seine Anhörung hinter verschlossenen Türen stattfand. Doch als seine Aussagen, immerhin die des letzten Überlebenden, im abschließenden 9/11-Bericht nicht mit einem Wort erwähnt wurden, und als die US-Regierung den 11. September mit den Vorbereitungen zum Irakkrieg in Verbindung brachte, begann er sich »manipuliert und benutzt« zu fühlen.

Rodriguez bestätigt, was auch andere Zeugen innerhalb und außerhalb der Gebäude unabhängig voneinander wahrnahmen – »Es gab heftige Explosionen«, so sagt er. Der ehemalige WTC-1-Hausmeister meldete sich gerade in seinem kleinen Büro im Untergeschoss 1 – »B1« – des Nordturms an und sprach noch an der Türe mit seinem Vorgesetzten von *American Building Maintenance*. Dann geschah es: »Um 8.46 Uhr hörten wir eine laute, eine sehr laute Explosion. Die hat uns alle regelrecht hochgeschleudert. Und die ereignete sich *unterhalb* [Hervorhebung d. d. Verf.] von uns«, so erinnert er sich. Diese Detonation muss ihren Ursprung in einem der fünf unterirdischen Stockwerke gehabt haben, die noch unter Sublevel 1 liegen. »Die Decke über uns und auch alle Wände waren gerissen. Und alle haben angefangen, vor Angst zu schreien, weil wir nicht wussten, was geschah. Und zuerst dachte ich, ein Stromerzeuger einige Etagen unter uns wäre explodiert. Denn unter uns gab es Generatoren, Wasserpumpen, verschiedene Gerätschaften. Nach sieben Sekunden hatte ich mich wieder einigermaßen gefasst und erklärte, es müsse wohl ein Generator gewesen sein. In dem Augenblick haben wir eine zweite riesige Explosion gehört, die von ganz oben aus dem Gebäude kam. Zwei verschiedene Ereignisse, die etwa sieben Sekunden auseinander lagen. Ich habe in diesem Gebäude 20 Jahre lang gearbeitet, ich kann wirklich unterscheiden, ob etwas unter mir geschieht oder oberhalb … Eine Person kam aus dem Korridor ins Büro gelaufen und schrie: ›Explosion, Explosion, Explosion!‹ Sein Gesicht war absolut von Schrecken erfüllt, seine Augen traten weit hervor. Und irgendetwas hing von seinen Händen herunter. Wir dachten zuerst, es seien Teile seiner Kleidung. Als er dann näher kam, sahen wir, dass es keine Kleidung war, sondern seine Haut, die von seinen Armen bis über die Finger herunterhing. Er fing wieder an zu schreien und wie wir ihn sahen, dachten wir zuerst, er habe ein rotes Hemd an, doch wir erkannten dann, dass es blutgetränkt war. Als er sich zur Seite drehte, konnte ich sehen, wie ein Teil seiner Gesichtshaut herunterhing. Dieser Mann hieß Felipe David, ein Schwarzer aus Honduras, der sich um die Getränkeautomaten kümmerte. Als diese Explosion sich ereignete, befand er sich unterhalb von uns, und er hatte in dem Augenblick seine Hände vors Gesicht gehalten, um sich zu schützen. Deshalb war das mit seinen Armen passiert. Ich sagte ihm, beweg' dich nicht, ich rufe Hilfe, und ich wollte gerade zum Südturm gehen, um den Notarzt zu holen. Die beiden Türme sind über die Untergeschosse miteinander verbunden gewesen. Und als ich das Telefon abnahm, gab es noch eine Explosion oben. Viele Leute stellten sich unter die Türrahmen, um sich zu schützen. Der Boden bewegte sich unter uns. Ich holte schnell ein Handtuch und wickelte Felipe ein, dann schrie ich: ›Wir müssen hier raus!‹ Niemand wollte die Führung übernehmen. Ich schrie wieder: ›Wir müssen hier raus, wir müssen hier raus‹ … So habe ich die Leute aus dem Gebäude geführt. Als ich rauskam, sah ich, wie der Krankenwagen kam, und ich half Felipe dort hinein. Er fiel dann ins Koma, und die Leute dort versuchten, ihn zu reanimieren. In diesen Momenten hörte ich zum ersten Mal Rufe: ›Ein Flugzeug hat das Gebäude getroffen!‹«

Felipe David überlebte die Attacke schwerst verletzt. Später besuchte ihn William Rodriguez im Krankenhaus und machte Osama bin Laden für diesen unsäglichen Schmerz verantwortlich. David nannte den *Al-Qaida*-Führer ein Schwein. Damals waren beide noch überzeugt davon, dass die offizielle Geschichte stimmte. Zu frisch waren die unvorstellbar schrecklichen Ereignisse, selbst die Zeugen widersprüchlicher Phänomene konnten das Erlebte also nicht richtig einordnen. Rodriguez, David und viele andere hatten mehrere extrem laute Explosionen aus verschiedenen Richtungen gehört, sie konnten nicht vom Flugzeug herrühren. Auch die Verletzungen Felipe Davids konnten das nicht. Er befand sich tief unter dem World Trade Center, als die Detonation ihn erfasste. Dennoch glaubten sie die offizielle Version.

Wie mir Rodriguez erzählte, fehlte ihm bald jedes Zeitgefühl, was nicht weiter erstaunlich ist. So konnte er auch nicht mehr sagen, wann genau er sich noch kurz vor dem Zusammenbruch des Nordturms zwischen dem 33. und 34. Stockwerk befunden hatte. Er hatte das Gebäude nach der dramatischen Rettung von Felipe David noch mehrere Male betreten und wieder verlassen, um andere Opfer in Sicherheit zu bringen. Dabei war er über das Treppenhaus auch in weit oben liegende Stockwerke geeilt. Wie er sagt, hatte er als Hausmeister des World Trade Centers natürlich Übung im Treppensteigen. Und als er die 33. Etage erreicht hatte, konnte er aus dem darüber liegenden Stockwerk sehr ungewöhnliche Geräusche wahrnehmen. Immer wieder erzählt er auch bei seinen öffentlichen Auftritten von diesem unverständlichen Lärm, der von sehr schwerem Gerät herzurühren schien. Offenbar wurden im 34. Stockwerk Maschinen bewegt, so glaubt er. Das alles war besonders unheimlich, da diese Etage absolut leer war – »Dort hielt sich niemand auf, es gab da keine Büros«. Rodriguez wollte nicht nachsehen, er hatte auch keine Zeit dazu.

Organisiertes Verbrechen

William Rodriguez hat an jenem Tag wirklich Erstaunliches geleistet. Wenn man ihn heute trifft, kann man sich des Eindrucks nicht erwehren, dass er durchaus das Rampenlicht sucht, war er in früheren Jahren doch schon Assistent des Zauberkünstlers Randi. So ist er öffentliche Auftritte gewohnt und er genießt sie nach wie vor sichtlich. Manchen mag das zunächst irritieren. Vielleicht aber ist es auch seine persönliche Art, mit dem Erlebten umzugehen und damit fertig zu werden. Durch sein persönliches Schicksal, vor allem aber durch sein Handeln, wird er ganz zu Recht als einer der Helden von 9/11 gefeiert.

Seine schlagartig erlangte Berühmtheit scheint ihm zwar tatsächlich ein wenig zu Kopfe gestiegen zu sein, doch soll man ihm das verübeln? Ist er deshalb weniger glaubwürdig? Seine Erlebnisse und Schilderungen wurden mehrfach und aus verschiedener Perspektive bestätigt. Und selbst, wenn er die offizielle Theorie nicht in Zweifel zöge, wäre seine Geschichte wohl immer noch spektakulär genug, um den Weg in die Öffentlichkeit zu finden. Allerdings ebbte das Interesse an Rodriguez in den großen amerikanischen Medien auch bemerkenswert schnell wieder ab, während er sich auf den spanischsprachigen Sendern weiterhin großen Zuspruchs erfreute.

Im Oktober 2004 ging Rodriguez dann in die Offensive und verklagte die US-Regierung in Gestalt von George W. Bush, Richard B. Cheney,

Donald H. Rumsfeld und vieler anderer nach einem speziellen Gesetz gegen Wirtschaftskriminalität – dem »Racketeer Influenced and Corrupt Organisations Act« (RICO). Für gewöhnlich wird dieses Gesetz von der Regierung selbst angewandt, um gegen das organisierte Verbrechen vorzugehen und es als Verschwörung gegen den Staat zu bekämpfen. In diesem Fall aber wurde RICO gegen den Staat selbst gerichtet: mit dem Vorwurf der Verschwörung in den eigenen Reihen. Die US-Regierung reagierte darauf mit dem Antrag, den Fall abzuweisen oder zumindest auf eine andere Grundlage zu stellen. Im Klartext war damit gemeint, die nationale Sicherheit ins Spiel zu bringen. Sie wird bekanntlich gerne und oft angeführt, wenn es um unbequeme Wahrheiten geht, die besser für immer unter Verschluss bleiben sollten.

Wir sehen unschwer, wie im Fall 9/11 an allen Ecken und Enden versucht wird, die Wahrheit zu unterdrücken. William Rodriguez und Felipe David seien hier namentlich als zwei Zeugen von vielen genannt, die mehrere Explosionen wahrgenommen haben. Auch die Menschen in den Straßen wurden Zeugen davon. Einsatzkräfte haben ebenfalls von Explosionen berichtet, selbst Reporter großer TV-Nachrichtenmagazine, darunter der weithin bekannte Peter Jennings von *ABC News*, sprachen zunächst von Explosionen. Peter Jennings galt als einer der renommiertesten und am meisten engagierten Journalisten weltweit und erhielt zahlreiche Preise für seine herausragende Arbeit. 1992 war er bereits im Dokumentarfilm *Manufactoring Consent: Noam Chomsky and the Media* (*Die Konsensfabrik – Noam Chomsky und die Medien*) aufgetreten, in dem die hochinteressante Arbeit des amerikanischen Wissenschaftlers und Publizisten Noam Chomsky vorgestellt wird, der später auch sehr kritisch über die Vorgänge von 9/11 schreiben sollte. Chomsky kritisierte die hegemonialen Ansprüche der USA und die Kontrolle der Medien durch die US-Großkonzerne. Auch dies keineswegs Verschwörungstheorien, sondern blanke, sogar weithin bekannte Fakten.

Während der Live-Berichterstattung zum 11. September drückte Jennings mehrfach seine Verwunderung über den Kollaps der Gebäude WTC 1, WTC 2 und WTC 7 aus. Er hielt es für erstaunlich, dass die beiden Haupttürme rein durch die Luftattacke so zu Boden sackten, als ob sie kontrolliert gesprengt wurden. Zunächst verglich auch sein Kollege Don Dahler den Kollaps des Südturms, den er kaum geschützt aus vier Häuserblöcken Entfernung verfolgte, mit dem Vorgang, »als wenn ein Sprengungsteam den Kollaps ausgelöst hätte. Wenn Sie diese alten Sprengungen dieser alten Gebäude betrachten, es ist in sich selbst zusammengestürzt und ist einfach nicht mehr da.« Peter Jennings, der in diesen Augenblicken natür-

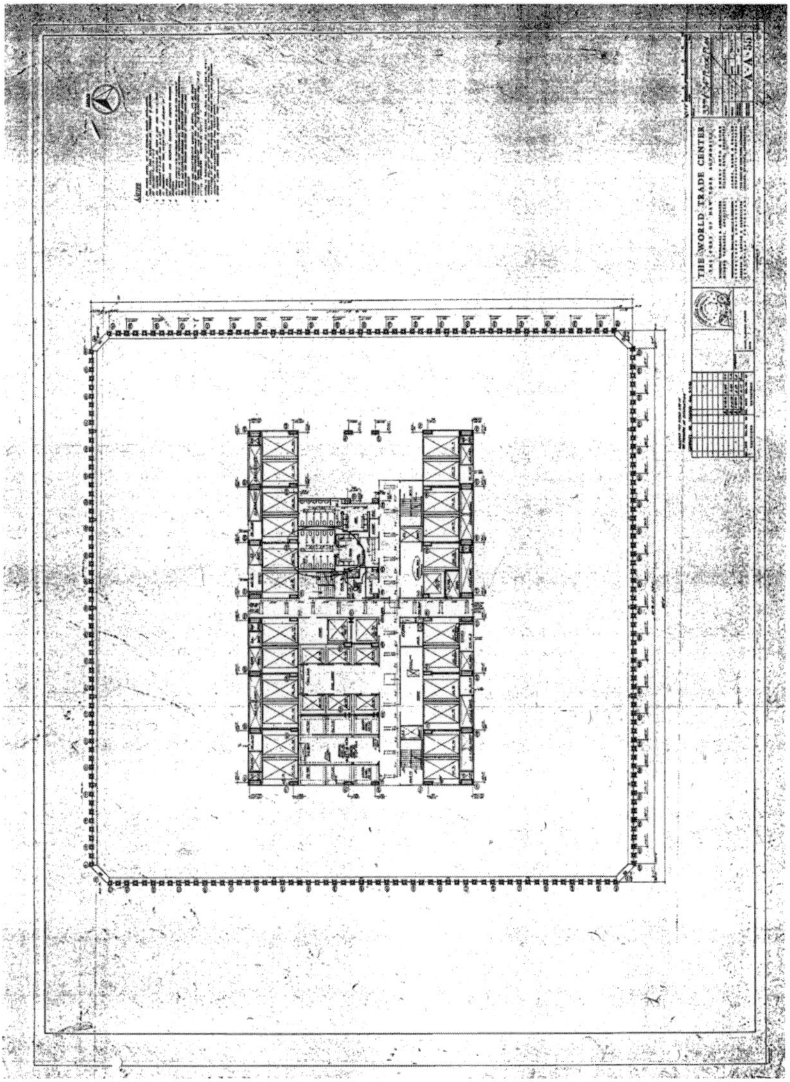

Abb. 32: Originaler Konstruktionsplan für das 33. und 34. Stockwerk. Etage 34 stand leer. Der WTC-Hausmeister William Rodriguez will hier kurz vor dem Einsturz gehört haben, wie offenbar sehr schwere Maschinen bewegt wurden.

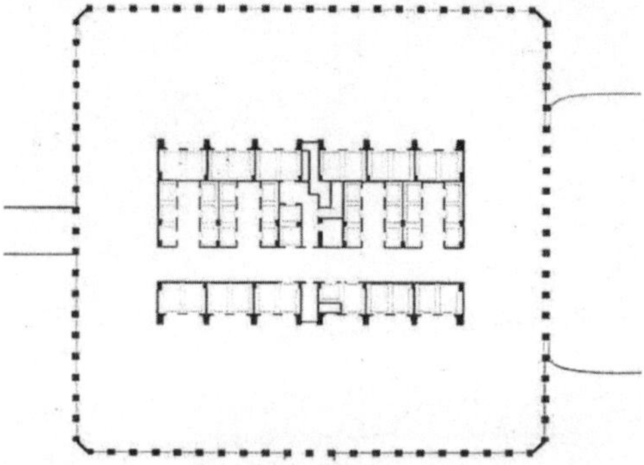

Abb. 33: Grundplan des WTC – auf diesem Schema sind die zentralen Kernsäulen und der Perimeterbereich gut sichtbar eingezeichnet.

lich von den Flugzeugkollisionen wusste, kommentierte kurz darauf ebenfalls: »Wir haben keine Ahnung, was das verursacht hat … Wenn Sie wünschen, etwas zu zer … Jeder, der einmal gesehen hat, wie ein Gebäude absichtlich zerstört wird, weiß …, dass Sie, sofern Sie dies tun wollen, unter die Infrastruktur dieses Gebäudes gehen und es zu Fall bringen müssen.« Dahler schritt ein und präsentierte unmittelbar eine alternative Erklärung. Jennings korrigierte seinen Vergleich nicht, obwohl ihm schneller als anderen klar gewesen sein dürfte, welche Schlussfolgerungen manche aus seinem Kommentar ziehen könnten. Vergessen wir nicht, dass Jennings definitiv einer der erfahrensten Journalisten überhaupt war, der auch in extremen Situationen noch die Ruhe bewahrte. Seinen Dialog mit Don Dahler beschließt er mit den Worten: »Hm, während ich hier einfach auf dies alles blicke, nun, ich weiß nicht warum, aber ich … Als die Vereinigten Staaten das letzte Mal auf diese Weise angegriffen wurden, das war Pearl Harbor im Jahr 1941.« Eine Feststellung, die angesichts der Erklärungen von Dov Zakheim vom *Project For A New American Century* eine ganz besondere Bedeutung erlangte. Ein katalytisches Ereignis ähnlich Pearl Harbor sollte es sein, das den Umbruch beschleunigte. Und George W. Bush zögerte bekanntlich nicht lange, den 11. September als das *Pearl Harbor des 21. Jahrhunderts* zu titulieren.

Der Chef-Sprecher von *ABC News* hatte übrigens bereits 1988 zu rauchen aufgehört. Nach den Anschlägen vom 11. September fing er damit wieder an, im August 2005 verstarb er an Lungenkrebs. Es dürfte gar nicht übertrieben sein, ihn in gewissem Sinne als ein spätes Opfer von 9/11 zu betrachten. Natürlich bleibt alles Weitere hierzu Spekulation, doch mögen ihn seither nicht allein die tragischen Vorgänge jenes Tages belastet haben, sondern möglicherweise ein schrecklicher, unerträglicher Verdacht zu den tatsächlichen Hintergründen. Oder er hielt bereits konkretere Informationen in Händen? Seine erstrangige Position wäre jedenfalls dazu angetan gewesen. Nur den letzten Beweis konnte er dazu nicht liefern.

Explosive Neuigkeiten

Unsere letzte Chance

Das »Land der unbegrenzten Möglichkeiten« scheint wahrhaft viele Formen solcher unbegrenzten Möglichkeiten zu kennen, auch hinsichtlich der Manipulation, Gewaltbereitschaft und Irreführung. Nicht umsonst erklärte Kevin Ryan im Juni 2005: »In den USA schließen diese Lügen billige Propaganda ein, die als Journalismus durchgeht, polizeistaatliche Maßnahmen, die Sicherheit versprechen und Schuldenberge, die ein Bild von Wohlstand malen. Außerdem haben wir viele unausgesprochene Selbsttäuschungen angenommen, so auch die Idee, stets unbegrenzten Anteil an den Ressourcen dieser Welt zu haben, ungeachtet dessen, wo diese sich befinden oder wer mit uns nicht einer Meinung sein könnte ... Die offizielle Theorie von 9/11 ist ein Schlüsselaspekt unserer gegenwärtigen Selbsttäuschung. Und noch bedeutsamer, diese Geschichte könnte unsere letzte Chance sein, einfach zu erkennen, wie kritisch unsere Situation ist, so dass wir alle innehalten und beginnen können zusammenzuarbeiten, um die wahren Probleme zu lösen, denen wir uns gegenübersehen. Für die USA und die Welt als Ganzes summieren sich diese Probleme zu einem anwachsenden Sturm verschiedener Faktoren wie Veränderungen der Umwelt und Schwund der Ressourcen bei gleichzeitigem Wachstum von deren Nutzung. Zweifellos würde der geheime *Energy Taskforce Report* vom Mai 2001 dies verifizieren und uns helfen zu verstehen, dass unsere Regierung auf einige dieser Bedrohungen mit einem sorgfältig ausgearbeiteten Plan antwortet. Dieser Plan geht davon aus, dass die Leute sich nicht über ihr eigenes Naturell, über eine auf dem Ego basierende Selbsttäuschung erheben können, und dass daher nur wenige von uns den kommenden Sturm überleben werden. Im Wesentlichen wetten sie gegen uns.«

Hier nennt Ryan einige Dinge beim Namen. Und er erwähnt die mehr als geheimnisvolle Energie-Arbeitsgruppe, jene *Energy Development Task Force* der Bush-Regierung, einen kleinen Kreis, der seine Forschungen unter höchster Verschwiegenheit ausführt. Eine ganze Reihe von Umweltschutzorganisationen versuchte über das Gesetz zur Informationsfreiheit (»Freedom of Information Act«, FOIA), Einsicht in die Dokumente der *Task Force* zu bekommen, doch ohne Erfolg. Auch die Verbraucher-Organisationen erhielten keine weiteren Informationen. Genauso ging es der Leiterin des unabhängigen, der Regierung gegenüber kritisch eingestellten *National Ressources Defense Council* (NRDC) – auf der ganzen Linie: nichts!

Dass 9/11 in vielfacher Hinsicht einen enormen politischen Stellenwert besitzt, dürfte niemand bestreiten. Die weltweiten Konsequenzen dieses Desasters haben wir bereits alle mehr oder minder zu spüren bekommen. Dass 9/11 auch der Auftakt für einen neuerlichen Kampf um die letzten Ressourcen unseres Zeitalters ist, des Ölzeitalters, wie Michael C. Ruppert und andere es nennen, dürfte sich auch herumgesprochen haben. Gerade im Kontext mit der durch Bush vertieften ökonomischen Krise der Vereinigten Staaten kam dieser Schlag, der über 3000 Menschen das Leben gekostet hat, wie ein »Segen«, der Fall der beiden Türme des Welthandelszentrums mochte auch dazu angetan sein, die Wirtschaft im Lande wieder anzukurbeln und damit den großen Crash noch eine Weile aufzuhalten. Ein kleiner Krieg zum Aufschub des großen oder Beginn eines globalen Schlagabtauschs mit Kernzone Mittlerer Osten als Fokus der recht »öligen« Interessen? Sollte der Kollaps des Handelszentrums am Ende den Kollaps der Weltwirtschaft noch einmal aufhalten? Neue Einfluss-Sphären und zahlreiche Profiteure nicht zuletzt auf dem Rüstungssektor könnten diese Vermutung unterstreichen. Das Ende des Ölzeitalters wird unzweifelhaft mächtige Krisen mit sich bringen. Der Krieg gegen den Terror, der gegenwärtig als wirksamster Ersatz für den Kalten Krieg dient, wird (oder soll) sich lange hinziehen – denn Bushs Liste der »Terrorstaaten« ist lang. Zudem sind weitere Krisenherde bereits in Aussicht. Langsam scheint es wieder kühler zu werden – eine neue Eiszeit zwischen den Vereinigten Staaten und Russland bahnte sich schon an, als die USA ihre Pläne für einen europäischen Raketenabwehrschild vorlegten. Zwischendurch, im Zuge von G8, entspannte sich die Lage nur kurz. Klar ist, dass sich die Welt seit 9/11 drastisch geändert hat.

Unwahrscheinlichkeiten

Was die direkteren Hintergründe dieses enormen Vernichtungsschlages betrifft, resümiert Kevin Ryan: »Jeder, der die Beweislage ehrlich in Augenschein nimmt, hat Schwierigkeiten, auch nur irgendetwas in der offiziellen Geschichte von 9/11 zu finden, das glaubwürdig ist. Es gibt da nicht nur ein oder zwei seltsame Verdrehungen oder Lücken in der Story, die ganze Angelegenheit ist vom Anfang bis zum Ende ein Schwindel. In meinem früheren Job befand ich mich in der Position, einen Aspekt in Frage zu stellen, den feuerbedingten Kollaps dreier Gebäude. Doch das ist nicht wirklich ein Problem der Chemie oder Ingenieurswissenschaften und lässt sich anfänglich wohl am besten mittels der Statistik angehen.« Ryan beruft sich in seinen Gedankengängen auf Angaben der offiziellen Berichte, um daran zu demonstrieren, wie inkonsistent die daraus gezogenen Schlüsse sind. Drei Gebäude mit nicht durchgängig gleichartiger Bauart, jedoch sämtlich Stahlgerüstbauten, kollabieren infolge relativ geringfügiger Brände, die zudem kurzzeitig wüten.

Laut der Berichte wurde nur ein relativ geringer Prozentsatz der tragenden Säulen durch die Flugzeugimpakte durchtrennt. Die entstandenen Kerosinfeuer verloschen nach wenigen Minuten. Was an Bränden andauerte, bildete das typische Muster eines Bürobrandes. Bevor wir Ryan weiter folgen, eine kurze Zusammenfassung der Gebäudeschäden. Wir müssen uns dabei vor Augen halten, dass eine Rekonstruktion des Geschehens nie vollständig gelingen kann. Wir kennen die Effekte weit besser als die Ursachen. Das Endergebnis war die komplette Zerstörung. Welche noch so exakt arbeitende Untersuchungskommission wäre in der Lage, anhand dessen abzuleiten, welcher Zerstörungsgrad innerhalb der Zwillingstürme nach den Einschlägen herrschte? Sinnvolle Abschätzungen sind möglich, das heißt: Man kannte in etwa die physikalischen Parameter des Impakts – Daten wie Impuls des eintreffenden Objekts, Einschlagwinkel, Querschnitte etc. Das äußere Schadensbild war hinlänglich bekannt. Man kannte zudem die innere Konstruktion der Gebäude. Dennoch weiß niemand, welche Wirkungen Kollisionen und Detonationen der Flugzeuge zeitigten. Die Geschwindigkeiten, die den Impuls natürlich mitbestimmen, waren nicht genau bekannt, ebenso wenig die Treibstoffmengen an Bord der Maschinen. Schon kleine Fehleinschätzungen des Aufprallwinkels (3D!) können eklatante Unterschiede bewirken. Kurz gesagt, die vermeintlich wissenschaftlichen Analysen sind bestenfalls Abschätzungen. Beim Einschlag in den Nordturm werden etliche Stahlsäulen an der Nordseite des Turmes durchtrennt: 35 der insgesamt 236 die Außenwände bildenden Perimetersäulen. Dazu kommen zwei weitere beschädigte Säulen. Das Gewicht der darüber liegenden Geschosse lagerte in den WTC-Türmen zur Hälfte auf den Perimetersäulen. Damit ergibt sich eine Reduzierung der Tragfähigkeit für die Gesamtlast (*gravity load*) um 7,5 Prozent in diesen Bereichen, wobei die Konstruktion vorsah, dass bei Wegfall tragender Elemente andere Baugruppen deren Funktion mit übernahmen. Der Schaden an den Kernsäulen ist unbekannt, es gibt keine entsprechende Dokumentation dazu, die solche Schlussfolgerungen ausreichend untermauern könnte. Filmmaterial oder

Fotografien, die Hinweise auf den Grad der Zerstörung geben könnten, stehen ebenfalls nicht zur Verfügung. NIST leitet aus seinen Computermodellen ab, dass drei der zentralen Säulen oder *core columns* durchtrennt und etwa zehn beschädigt wurden, wobei der Grad dieser partiellen Schäden wiederum nur abgeschätzt werden kann – ebenso auch die Beeinträchtigung der Kernstruktur als Ganzes. Einige Annahmen gehen in die Richtung, dass hier noch einmal 7,5 Prozent an Stabilitätsverlust zu verzeichnen sind. Der Turm verlor nach dieser Betrachtung also insgesamt 15 Prozent seiner ursprünglichen Tragfähigkeit. Der Feuerschutz des Stahls soll laut NIST durch die Einschläge großenteils zerstört worden sein. Doch auch hier reicht die Dokumentation nicht aus. In einigen Bereichen war der ursprüngliche Feuerschutz *Blazeshield DC/F* noch durch ein dichteres und widerstandsfähigeres Material, *Blazeshield II*, ausgetauscht worden, das auf dem Stahl auch besser haftete. Doch ist nicht bekannt, wie weitgehend diese Vergütungen sich bei den Kollisionen vom Stahl gelöst hatten. Obwohl das NIST den Verlust des Feuerschutzes als bestimmenden Faktor für den Kollaps wertet, führte es nur 15 Analysen an entsprechenden Proben durch. Oft wurden gerade die wesentlichen Aspekte nicht hinreichend dokumentiert. Die letztendlichen Abschätzungen basieren wieder auf Computermodellen, in denen ein dramatisches Bild erzeugt wird: Auf zumindest einer Etage verloren von 47 Kernsäulen demnach 43 ihren Schutz. Damit wären 91 Prozent von ihnen den Feuern direkt ausgeliefert gewesen.

Die Schäden im Südturm werden ähnlich eingeschätzt. Die fast tangentiale Kollision des Flugzeuges, das eine Ecke des Südturms rammte, durchtrennte 33 der 236 Perimetersäulen, eine weitere wurde beschädigt. Der Verlust an Tragfähigkeit wurde später mit rund sieben Prozent angegeben. Zu den Kernsäulen besteht natürlich wiederum keine Sicherheit. NIST spricht von fünf zerstörten Säulen sowie fünf weiteren, die beschädigt worden seien. Hinsichtlich der gesamten Beeinflussung der Tragkraft steht wiederum eine Verminderung um 15 Prozent zur Diskussion. Auch im Südturm soll ein Großteil des Feuerschutzes beim Aufprall von den Stahlträgern gefallen sein. Kevin Ryan hierzu: »Um der neuesten ›führenden Hypothese‹ zu folgen, wie stehen die Chancen, dass sich der gesamte Brandschutz genau an den richtigen Stellen löste, selbst weit vom Einschlagspunkt entfernt? Ohne umfangreiche Testdaten, nun, sagen wir einmal eins zu tausend. Und wie steht es damit, dass die Büromöbel offenbar zusammenkamen, um an sehr präzisen Punkten der verbleibenden Säulen stark gerichtete Feuer zu erzeugen, die noch (irgendwie) eine verstärkte Sauerstoffzufuhr erhielten? Noch einmal eins zu tausend?« Ryan fragt weiter, wie hoch wohl die Wahrscheinlichkeit angesiedelt war, dass diese Punkte allesamt gleichzeitig in der Hitze weich wurden und dann in perfekter Abstimmung nachgaben, um die Geburtsstunde der höchst fragwürdigen Theorie eines fortschreitenden und globalen Kollapses (»Pfannkuchentheorie«) einzuläuten – »Ich würde nicht einmal wagen, darüber zu spekulieren«, so Ryan. Er erinnert daran, dass die Geschichte über 100 Gebäudefeuer in Hochhäusern kennt und fragt sich dabei, wie hoch wiederum die Wahrscheinlichkeit dafür sein mag, dass der erste, zweite und dritte Fall des Totalkollapses allesamt genau am selben Tag stattfinden. Am Ende seines statistischen Gedankenexperiments kommt der Wissenschaftler jedenfalls zu dem Schluss, dass die Wahrscheinlichkeit für das Eintreten von 9/11 selbst ohne Berücksichtigung aller weiteren »Zufälle« und nur mit Blick auf diese wenigen Aspekte – Verlust des Brandschutzes, Bürobrände, gleichzeitiger Stabilitätsverlust, dreifacher Totalkollaps – bei vielleicht gerade einmal eins zu einer Billion liegen dürfte!

Falsche Temperaturen

Später zeigte Kevin Ryan auf, wer die ursprünglichen Verfechter jener Theorie waren, die das Flugbenzin für das Schmelzen von Baustahl verantwortlich macht. Zunächst handelte es sich um einzelne Wissenschaftler und die Medien, *BBC*, *Scientific American*, *The New Scientist* und ähnliche. *National Geographic Today* und der *History Channel* verbreiteten ebenfalls stark überzogene Temperaturwerte, so Ryan. Hier machten Werte im Bereich bis über 1600 °C die Runde, während Kerosinbrände unter optimalen Bedingungen gerade die Marke von 800 °C passieren. Der Schmelzpunkt von Stahl liegt bei 1500 °C, daher auch die so hoch angesiedelten Temperaturangaben, die sich nicht einmal mit den offiziellen Aussagen decken. Bei etwa 600 °C verliert Stahl ungefähr die Hälfte seiner ursprünglichen Stabilität, doch ganz wenige Bereiche scheinen diesen Punkt überhaupt nur erreicht zu haben. Kevin Ryans Berechnungen deuten darauf hin, dass die Stahltemperaturen in den Einschlagsbereichen wahrscheinlich nicht über 600 °C hinausgingen.

Abb. 34: Offizielle Untersuchungen zur Feuerbeständigkeit von WTC-Stahl.

NIST hatte anfänglich erklärt, dafür zu sorgen, dass lediglich Stahlproben aus den am härtesten von der Hitze betroffenen Bereichen genommen und untersucht würden. Dann kamen die ersten Ergebnisse. Die Werte fielen allesamt außergewöhnlich niedrig aus, oft lagen die ermittelten Temperaturen bei nicht mehr als 250°C. NIST gelang es nicht, Stahlproben zu finden, die einer ausreichend hohen Temperatur ausgesetzt gewesen waren, um ihre Stabilität zu verlieren. Als diese unbefriedigenden Daten auf dem Tisch lagen, variierte NIST die Zielvorgabe im Nachhinein und stellt nunmehr völlig konträr zur ersten Aussage fest, man habe ohnehin nur Material aus schwach betroffenen Bereichen untersucht. So lässt sich mit vermeintlich wissenschaftlichen Ergebnissen und Studien jonglieren. Machen wir uns nichts vor, spätestens sobald höhere Interessen im Spiel sind, wird auch harte Wissenschaft butterweich, anders als Stahl bei Backofentemperatur. Kein Partygrill würde offenbar auch nur die erste Gartenfeier überleben, wenn er aus dem World-Trade-Center-Stahl hergestellt wäre. Oder doch? Diese Frage sollen am besten die NIST-Experten beantworten.

Genau wie der umstrittene Kevin Ryan hat auch der, wiederum umstrittene, Autor Eric Hufschmid gefragt, wer denn eigentlich die Experten von 9/11 waren. Natürlich gab es einige erfahrene Konstrukteure und fähige Köpfe darunter. Doch was wussten sie wirklich? Der Bauingenieur Charles Clifton – Fachgebiet: das Verhalten von Stahlkonstruktionen unter Extrembedingungen – verfasste eine Analyse, doch schrieb er gleich einleitend: »Niemand hat Zugang zu Material/Daten von den Trümmern dieser Gebäude, also ist niemand in der Lage, den Einsturz zu erklären.« Der Materialwissenschaftler Professor Thomas Eagar, der die offizielle Theorie zwar verteidigt, erklärt dennoch in einem Interview: »Ich denke, dass das Feuer im World Trade Center wahrscheinlich nur eine Temperatur von 650°C oder 700°C erreichte.« Im gleichen Interview sprach er kurz darauf von 700°C oder 750°C. Doch abgesehen von diesen bei Eagar offenbar schnell steigenden Temperaturen, war sich der Professor keineswegs sicher. Er vermochte nur Annahmen weiterzugeben – »Ich denke ...«. Viele andere Wissenschaftler dachten auch, ohne wirklich sichere Informationen oder Ergebnisse zu haben. Auch die Gegenseite »denkt« nur, alle denken nur, denn keiner weiß wirklich etwas. Doch geht es nicht an, dass von behördlicher Seite der Eindruck erweckt wird, die offiziellen Studien beruhten eben im Gegensatz zu verschwörerischen Theorien auf bloßer Spekulation, sondern auf exakter Wissenschaft. Somit wäre es wohl durchaus legitim, die öffentlich etablierte Darstellung der Behörden als offiziell sanktionierte Verschwörungstheorie zu titulieren.

Professor Zdenek P. Bazant, Materialwissenschaftler an der Nordwest-

Universität in Illinois, gelangt im Zuge seiner Studien zu Temperaturwerten oberhalb von 800 °C, ist sich aber nicht sicher. Er erwähnt nämlich »... anhaltende Temperaturen, die anscheinend 800 °C überschritten«. *Anscheinend.* Er räumt jedoch in Klammern ein, sie könnten auch gut unter 800 °C gelegen haben. Trotzdem vermutet er, dass sich die Stahlträger in der Hitze verformten und dem auf ihnen lastenden Druck nachgaben. Die Aussagen weichen also zum Teil voneinander massiv ab, sind in sich widersprüchlich oder aber kontrastieren deutlich zu Resultaten anderer Untersuchungen. Wenn mehrere Expertenmeinungen derart voneinander abweichen oder gar diametral entgegengesetzt sind, kann allerdings davon ausgegangen werden, dass diese Experten allesamt spekulative Schlussfolgerungen ziehen oder aber ihnen mangelhafte und abweichende Ausgangsdaten vorliegen, wenn überhaupt.

Eine kleine Gruppe

Interessant ist aber ein weiterer Aspekt, auf den Ryan aufmerksam macht. Er stellt nämlich fest, dass eine kleine Gruppe von Experten wiederholt als Leiter diverser Regierungsuntersuchungen auftritt. Diese Personen finden sich in verschiedenen Gremien wieder und stellen offenbar die letzte Instanz in der Beurteilung terroristischer Anschläge dar. Dabei erübrigt sich festzustellen, dass die Ergebnisse sich stets ganz im Einklang mit der Regierungspolitik befinden. Bemerkenswert ist auch, dass viele dieser offiziellen Gutachter in enger Verbindung zu ganz bestimmten Industriezweigen stehen – nämlich solchen, die meist einen direkten Vorteil aus den untersuchten Ereignissen, vor allem terroristischen Attacken ziehen: besonders Rüstungsindustrie und Ölindustrie. So finden wir hier die Autoren des offiziellen Berichts über den terroristischen Anschlag auf das Murrah Federal Building, Oklahoma City 1995, ebenso finden wir sie aber auch als anfängliches Kernteam einer wesentlichen Studie zu den Attacken von 9/11 – der WTC-Untersuchung durch ASCE, der *American Society of Civil Engineers* (Amerikanische Gesellschaft der Bauingenieure). Es sind Gene Corley, Paul Mlaker, Mete Sozen und Charles Thornton.

Natürlich lässt sich leicht argumentieren, warum niemand anderes diese Funktion ausübte. Denn unfraglich suchte man sich für 9/11 diejenigen unter den 1,5 Millionen US-Ingenieuren heraus, die für diese heikle Tätigkeit den größten Erfahrungsschatz mit sich brachten. Das konnten nur Leute sein, die bereits Erfahrung mit vergleichbaren Terrorereignissen hatten. Mit dieser plausiblen Begründung war man sich jederzeit loyaler Chef-

Untersucher versichert, von Schutzbehauptungen gar keine Rede. Wer sollte das auch nötig haben. Dennoch bleibt die Tatsache bestehen: Ein invariables kleines Team mit großem Einfluss übt unwidersprochene Kontrolle aus. Abweichende Meinungen in offiziellen Untersuchergruppen kommen somit gar nicht erst auf. Interessant auch die vorausbestimmten Ziele. Gene Corley erklärte, den Kollaps der drei WTC-Wolkenkratzer vorhergesehen zu haben, nahm aber nicht nur dies vorweg, sondern auch die genaue Erklärung dafür. Mindestens ebenso suspekt ist jedoch die vielfache Abschottung, die während der Aufklärung der Geschehnisse vom 11. September betrieben wurde. Kevin Ryan erinnert daran, dass keinerlei Daten zu einzelnen Untersuchungen öffentlich zugänglich waren. Wie er sagt, gab es weder Kopien solcher Dokumente noch wurde die Öffentlichkeit aktiv um Mithilfe gebeten. Untergeordneten Teammitgliedern wurde mit Entlassung gedroht, sofern sie mit der Presse sprachen, und bis in die erste Oktoberwoche hinein erhielt niemand Zugang zum Stahl von Ground Zero. Diese Entscheidung scheint nicht im Sinne der Tatortsicherung interpretierbar zu sein, da ohnehin sehr zügig mit den Bergungsarbeiten begonnen wurde. Abrissunternehmen wie *Mazzochi* oder *Controlled Demolition, Inc.* rückten bald an, wobei nur relativ wenige Proben genommen wurden. Was hier demontiert wurde, waren oftmals unwiederbringliche Beweismittel.

Die Mannschaften zerlegten große Stahlträger auch in der gleichen Weise wie die Sprengungsteams. Auf einigen Aufnahmen sind große Kernträger zu sehen, die Schnitte im 45-Grad-Winkel aufweisen. Sie sind normalerweise typisch bei kontrollierten Sprengungen, wenn oftmals mit Hexogen (RCX) als Sprengstoff bestückte Schneidladungen (kurz: LC – *linear cutter*) paarig an vertikalen Trägern angebracht werden. Dabei stehen untere und obere Ladung in einem rechten Winkel zueinander, so dass das Trägermittelstück mit einer dritten, zentral angebrachten Ladung seitlich herausgesprengt werden kann, weg vom imaginären Scheitelpunkt der beiden symmetrisch angewinkelten LC-Ladungen. Natürlich mussten die nach der WTC-Katastrophe übrig gebliebenen, ohnehin überraschend kleinen Überreste der mächtigen Stahlsäulen ebenfalls noch zerteilt werden, um leichter abtransportiert werden zu können. Doch damit ergab sich bald ein Problem: Öfter wurde behauptet, die Fotos jener im 45-Grad-Winkel zerteilten Säulen seien doch der gesuchte Beweis für eine gezielte Sprengung des World Trade Centers. Genau deshalb aber, weil auch die Abrissteams nach der gleichen Methode arbeiteten, lässt sich eben nicht beweisen, ob die Träger bereits vor deren Ankunft so aussahen. Und da, bis auf entsprechend autorisierte Personen, niemand die Befugnis hatte, den Stahl zu begutachten oder Aufnahmen davon zu machen, bleibt dieses Geheimnis wohl bis auf weiteres ungeklärt.

Geschmolzener Stahl, Kerosin und die Stabilität des WTC

Sehr bemerkenswert sind allerdings Beobachtungen, die noch Wochen nach dem Kollaps der Gebäude gemacht werden konnten. Immer noch agierten die »Rescue Teams« – die Rettungskräfte, obwohl längst zur traurigen Gewissheit geworden sein musste, dass hier nicht ein einziger Überlebender mehr zu finden war. Wie sagte Feuerwehrmann Joe Casaliggi: »Sie haben hier zwei 110-stöckige Bürogebäude. Sie finden keinen Schreibtisch, Sie finden keinen Stuhl, Sie finden kein Telefon, keinen Computer. Das größte Stück, das ich von einem Telefon fand, war eine Hälfte der Tastatur, und die war so groß« – Casaliggi deutet mit Daumen und Zeigefinger eine Länge von etwa fünf Zentimetern an und fügt hinzu: »Das Gebäude kollabierte zu Staub.«

Während ihrer Arbeit, die vor allem im Aufspüren von menschlichen Überresten sowie natürlich in den allgemeinen Aufräumarbeiten bestand, stießen die Einsatzkräfte immer wieder auf glühend heißen Stahl. Berichten zufolge waren einige Stahlteile noch rotglühend. Wärmebildaufnahmen von Ground Zero lieferten ein erstaunliches Temperaturprofil, das Rückschlüsse auf die anfänglichen Temperaturen zulässt. Hier mussten stellenweise 3000 Grad geherrscht haben. Diese extremen Werte wiederum waren viel zu hoch, um in irgendeiner Weise mit dem Kerosin in Verbindung gebracht zu werden. Der geschmolzene Stahl musste also von einer anderen Quelle als der Flugzeug-Detonation ausgegangen sein. Und eine derartige Erhitzung des Baumaterials wird wohl kein Hochhaus-Konstrukteur ins Kalkül ziehen. Einen Kerosinbrand aber schon.

Einer der ursprünglichen, leitenden Bauingenieure des World Trade Centers war John Skilling. Im Jahr 1993 erklärte er hinsichtlich einer Flugzeugkollision: »Unsere Analyse indiziert als größtes Problem die Tatsache, dass sämtlicher Treibstoff in das Gebäude kippen würde. Doch die Gebäudestruktur würde erhalten bleiben.« Skilling kann sich heute nicht mehr äußern. Er verstarb im Jahr 1998 und wurde nicht mehr Zeuge des dramatischen Endes jener kurzzeitig weltgrößten Wolkenkratzer, an deren Entstehung er entscheidend mitgewirkt hatte. Sein Juniorpartner war damals Leslie E. Robertson. Er trat in einigen Dokumentationen zu 9/11 auf, wobei er nicht auf die klare Äußerung Skillings einging.

Demnach war das Gebäude zwar für eine Kollision mit einer Boeing 707 konstruiert worden, doch habe Flugbenzin keine Berücksichtigung erfahren. Diese Darstellung finden wir auch auf der Homepage von Robertsons Unternehmen als Kommentar zu 9/11: »Wir haben die Türme entworfen, dass sie dem zufälligen Einschlag einer Boeing 707 widerstehen, die während eines Landeversuchs im Nebel vom Kurs kam. Der Einschlag von Boeing 767, die unter der Kontrolle von Terroristen standen, war ebenfalls noch nicht imstande, die Türme zu Fall zu bringen, auch wenn diese Maschinen größer waren und schneller flogen. Die feuersicheren Systeme aber zogen die nachfolgenden, von Tausenden von Litern Flugbenzin geschürten Feuer nicht in Betracht und konnten das auch nicht. Trotz der enormen Tragödie und der Verluste sind wir dankbar, dass die Türme so lange standen und damit so vielen Menschen die Evakuierung erlaubten.«

Trotzdem, Hochhäuser werden nicht erst seit 9/11 gebaut. Schon die alten Römer errichteten vielstöckige Gebäude. Wenn deren Konstrukteure noch nicht an Flugbenzin dachten, wen würde es wundern – doch Anfang der 1960er Jahre war die Situation wohl anders! Wer würde ein derartiges Projekt gerne Ingenieuren anvertrauen, die hierzu nicht wenigstens einige prinzipielle Überlegungen anstellen wollten. Und ohne Sprit fliegt nun einmal kein Flugzeug, also muss Kerosin in jeder vernünftigen Überlegung eine Rolle spielen. Eine unbetankte Maschine wird wohl nie in ein Hochhaus stürzen. Nun, die Treibstoff-Frage hatte John Skilling bereits erläutert. Wie sah es mit massivem Ausfall von tragenden Strukturen aus?

Kevin Ryan ist aus gutem Grund überzeugt, dass solche Extremsituationen damals sehr wohl in die Planung einbezogen wurden. Im *Engineering News-Record,* einem wöchentlich erscheinenden Fachmagazin, fand er entsprechende Einschätzungen, bezogen auf das World Trade Center.

Abb. 35: Glühender Stahl am Ground Zero. Aluminium ließe sich in diesem Zustand nicht mehr von einem Greifer fassen.

Das Jahr: 1964.

Die Aussagen: erstaunlich.

Tatsächlich wird hier ausdrücklich die »inhärente Kapazität, unvorhergesehenen Zwischenfällen zu widerstehen« erwähnt. Eine fast schon prophetische Formulierung! Außerdem kommen auch konkrete Zahlen zur Sprache. Hinsichtlich der aus extrem belastbarem Stahl produzierten Perimetersäulen heißt es: »Die auf diesen Säulen liegenden Nutzlasten können um mehr als 2000 Prozent erhöht werden, bevor ein Versagen eintritt.« Am bemerkenswertesten ist aber wohl folgender Satz. Man könne »auf einer Seite des Gebäudes sämtliche Säulen des ersten Stockwerks entfernen sowie auch teilweise von den Ecken der angrenzenden Seiten, und das Gebäude könnte immer noch den vorgesehenen Nutzlasten und einem von beliebiger Richtung eintreffenden, 160 Stundenkilometer schnellen Sturm standhalten.« Deutlicher geht es wohl kaum.

LERA

Warum aber stellte sich Leslie Robertson ganz offensichtlich auf die Seite der offiziellen Untersucher? Robertson gründete bereits 1923 die Firma *Leslie E. Robertson Associates* (LERA). Interessanterweise erhielt LERA nach 9/11 von NIST einen Arbeitsauftrag – das offizielle Team nahm das Unternehmen eines ehemaligen WTC-Bauingenieurs unter Vertrag. Laut LERA

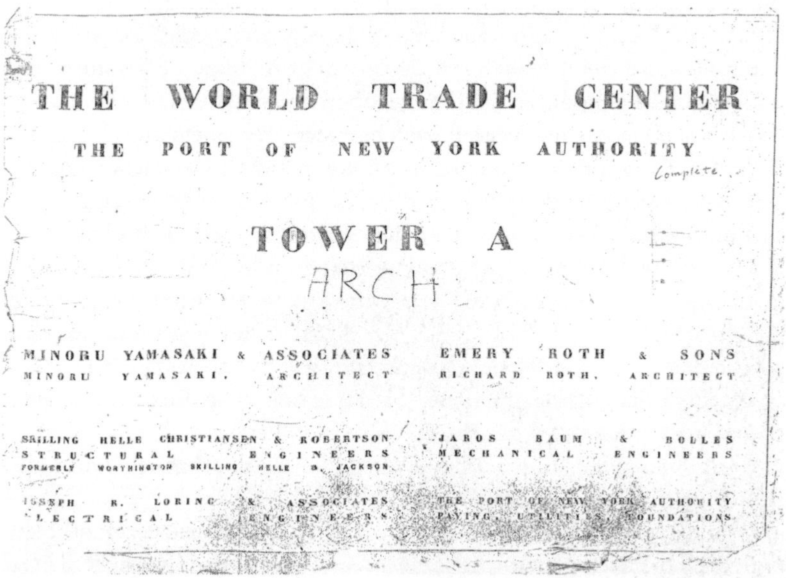

Abb. 36: Die hauptverantwortlichen Personen und Firmen für die Errichtung des World Trade Centers. Neben dem federführenden japanischen Architekten Minoru Yamasaki sind unter anderen auch John Skilling und die Firma von Leslie Robertson aufgeführt.

handelt es sich dabei um unterstützende Mitarbeit an einer Datenbank zu Strukturinformationen über beide WTC-Türme. NIST erwähnt drei Aufgabenbereiche:

1) die Digitalisierung von baulichen Daten aus originalen Computerausdrucken,
2) die Entwicklung analytischer Referenzmodelle, die das eingeplante Verhalten der Strukturen beschreiben, einschließlich von Modifikationen unter anderem im Zusammenhang mit dem Bombenanschlag von 1993, und
3) die Analyse struktureller Reaktionen der Türme auf die vorgesehenen Wind- und Schwerkraftbelastungen.

Unter diesen Vorgaben sollte sich LERA ohnehin in einem weitgehend unkritischen Bereich bewegen, wobei nunmehr NIST einen direkten Einfluss auf das Unternehmen ausüben konnte. Der NIST-LERA-Vertrag (Nummer SB1341-03-W-0332) kam unter einem öffentlich nicht mitgeteilten Festpreis zustande. Gewisse Abhängigkeiten dürften dadurch klar sein; hinter dieser Vereinbarung könnte sich ein geschickter Schachzug »verbergen«. Vielleicht, um das Schweigen von LERA zu erkaufen? Zumindest könnte die doch auffallend vorsichtige Haltung von Leslie Robertson dadurch verständlicher werden. Bleibt zu ergänzen, dass LERA auch eine weitere offizielle Studie zum 11. September unterstützt hat – den FEMA/ASCE-Bericht. Hier kooperierten zwei US-Behörden miteinander: die schon erwähnte *American Society of Civil Engineers* (ASCE) sowie die *Federal Emergency Management Agency* (FEMA), der US-Katastrophenschutz.

Gordon Ross, ein schottischer Ingenieur, der sich sehr intensiv mit dem WTC-Kollaps befasst hat und uns mit seinen beeindruckenden Schlussfolgerungen gleich noch einmal begegnen wird, war sichtlich erstaunt über die offizielle Beteiligung von LERA. So erklärte er mir gegenüber: »Es wäre sehr seltsam, wenn das Konstruktionsteam, wie Sie sagen, in die Untersuchung involviert wäre. Aus dieser Situation muss ein Interessenkonflikt erwachsen.« Genau darum geht es. Normalerweise wäre das zu erwarten, doch im Sinne einer Ruhigstellung von LERA ist die Konstellation nachvollziehbar.

Wir haben bereits wiederholt gesehen, dass es verschiedene Möglichkeiten gibt, potenziell gefährliche Zeugen zu »entschärfen«. Kevin Ryan war hier das aktuellste Beispiel. Er wurde entlassen und direkt von UL, seiner eigenen Firma, als Lügner abgestempelt. Dort habe man nie Prüfungen an WTC-Stahl unternommen, so konterte man später. Dabei hatte ihm UL-Generaldirektor Loring Knoblauch auf eine entsprechende Anfrage im

Dezember 2003 selbst erklärt: »Wir haben den Stahl mit all dem erforderlichen Feuerschutz getestet und er bestand die Tests wunderbar. Da wir bei dieser Art von Produkt keine weiteren Dienstleistungen anboten, können wir lediglich zu der betreffenden Probe eine Meinung abgeben. Diese Probe war angemessen beschichtet ... Der Stahl erfüllte die [amtlichen] Vorgaben und übertraf sie sogar.«

Lichtblitze und Explosionswolken

Auch wenn der Rahmen dieses Buches nicht genügt, um in die sehr zahlreichen Details zu gehen, dürfte doch bereits dieser Überblick eines deutlich machen: dass die beiden Zwillingstürme weder durch die Flugzeuge noch durch das Feuer zu Fall gebracht wurden. Da die Kerosinfeuer laut zahlreicher Fachmeinungen und auch nach Aussage des NIST weit unterhalb der kritischen Temperatur loderten, würde sich das Problem aber allein auf die Flugzeuge verlagern. Nur war die strukturelle Beeinträchtigung ebenfalls bei weitem nicht kritisch. Demnach konnte auch das Zusammenwirken beider Faktoren wohl nicht der Auslöser für die Katastrophe sein.

Zeugen berichteten aber von mehreren Sprengungen; einige Feuerwehrleute wurden direkt am 11. September gefilmt, wie sie über ihre ungeheuerlichen, noch völlig frischen Erlebnisse diskutierten. Ihnen steht nicht nur die Aufregung über das katastrophale Geschehen ins Gesicht geschrieben, sondern die Irritation darüber, eine ganze Detonationskette wahrgenommen zu haben. Immer wieder brechen weitere Zeugen ihr Schweigen. Im Sommer 2007 bestätigte der New Yorker Feuerwehrmann John Schroeder, damals mit seinem Team im Inneren des Nordturms mächtige Explosionen gehört zu haben. Gegenüber Manny Badillo, dem Familienangehörigen eines Opfers, erklärte er Folgendes: »Es hat die Fahrstühle geradewegs rausgeblasen. Wir konnten das

Abb. 37: Eine Gruppe von Feuerwehrleuten diskutiert fassungslos, was jeder von ihnen gerade mit eigenen Augen gesehen und mit eigenen Ohren gehört hat: In jedem Stockwerk fanden enorme Sprengungen statt.

Abb. 38 und 39: Der Südturm fällt. Doch noch bevor die Stoßfront die *Skylobby* erreicht, tritt dort ein Gürtel zusätzlicher, heller Explosionswolken aus. Diese Bereiche des Turms waren besonders stabil gebaut. Somit musste hier entsprechend verstärkt gesprengt werden, um beim Totalkollaps auch völlig sicher sein zu können. Genau das kann hier beobachtet werden. Im zweiten Bild hat sich das horizontale Wolkenband bereits ausgedehnt und ist gut sichtbar.

nicht glauben. Das Flugzeug schlug 80 Stockwerke über uns ein, doch mindestens fünf Minuten später explodierten die Aufzüge? Das war unwirklich.«

Jeder kann sich selbst von höchst ungewöhnlichen Phänomenen überzeugen, die unmittelbar vor dem Kollaps jeweils an den Türmen beobachtbar waren und die Millionen von Menschen seit dem 11. September immer und immer wieder gesehen haben. Und doch nicht gesehen. Weil sich im Schock über diese Katastrophe und ihre immense Gewalt beinahe niemand von solchen Details ablenken ließ, die nur bei wirklich genauem Hinsehen auffallen. Allerdings meist auch nur, wenn man die Filmsequenzen wieder und wieder abspult. Dann aber tauchen sie deutlich auf, jene rätselhaften Detonationswolken und Lichtblitze, jet-ähnliche Rauchwolken, teils weit unterhalb der vom Crash betroffenen Stockwerke. Dann fällt dem Betrachter plötzlich auf, dass aus teils sogar sehr tief liegenden Stockwerken einzelne Explosionswolken austreten und beim Südturm sogar ein ganzer Gürtel zusätzlicher Ladungen genau auf der Höhe der besonders verstärkten *Sky Lobby* zu detonieren scheint. Genau hier treten die Wolken deutlicher hervor, was logisch ist, wenn man weiß, dass sich hier ein besonders stabiler Bereich des Gebäudes befand. Somit ließen sich leichte Auffälligkeiten nicht vermeiden.

Tatsächlich, wer diese Effekte erst einmal mit eigenen Augen wahrgenommen hat, den beginnen sie zu verfolgen und einfach nicht mehr loszulassen. Könnte es wirklich sein …? Nein, unmöglich! Und doch drängt sich der Verdacht auf. Die vielen Zeugen sprachen immer wieder davon, und die offiziellen Studien präsentieren kein schlüssiges, befriedigendes Bild. Hier scheint einfach nichts zu passen.

Gab es sie also wirklich? Gab es Sprengungen? Wurden die Wolkenkratzer gezielt in die Luft gejagt? So unwahrscheinlich dieser Gedanke zunächst auch erscheint, er liegt leider durchaus im Bereich des Möglichen. Einer, der sich sehr gründlich mit dieser Fragestellung beschäftigt und zahlreiche neue Erkenntnisse gewonnen hat, ist der amerikanische Physikprofessor Dr. Steven Jones. Seine kritische Auseinandersetzung mit dem Thema brachte ihm nicht viel Gutes.

Bedeutsamer als jede Karriere

Ähnlich wie Kevin Ryan verlor auch Prof. Jones seinen Posten. Die *Brigham Young University* im US-Bundesstaat Utah schickte ihn vorzeitig in Pension – und zwar nachweislich wegen seiner Theorien zum Ablauf der Geschehnisse von 9/11.

Im Juni 2007 schilderte mir Professor Jones, was sich rund zwei Jahre zuvor abgespielt hatte: »Im Sommer 2005 erzählte ich meinem Fakultätsvorsitzenden, dass ich die Ereignisse des 11. September kritisch untersuchte«, so erinnert sich der Physiker. »Insbesondere zeigte ich ihm den Kollaps von WTC 7 auf meinem Büro-Computer. Er sagte, meine Analyse sei in Ordnung – ich hätte akademische Freiheit. Mein erstes Paper darüber kam Anfang November 2005 online heraus und brachte es sofort auf die Titelseite einer großen Tageszeitung hier – der *Deseret News* [in Utah, Anm. d. Verf.]. Ich wurde auch zum Lokalfernsehen eingeladen, KUTV2 – tatsächlich mit recht wohlwollender Darstellung. Sofort erhielt ich eine ganze Flut von E-Mails, ungefähr 70 Prozent unterstützten meine Ausführungen. Viele gingen auch an meinen Chef hier und er sprach bald mit mir darüber.

Abb. 40: Diese Aufnahme demonstriert die explosive Wucht des Kollapses.

Aber eine Zeitlang hatte ich die Erlaubnis weiterzumachen.«

Doch dauerte es nicht lange und die Situation begann sich zu ändern. Dieser Stimmungswechsel wurde absichtlich herbeigeführt, von einer schattenhaften Person, die aus dem Hintergrund agierte. Professor Jones beschrieb mir, wie ihm nahe gelegt wurde, von weiteren Nachforschungen und einer neuerlichen Publikation Abstand zu nehmen: »Ein paar Tage, nachdem mein Paper erschienen war und auch die Nachrichten-Medien erreicht hatte, erhielt ich jedoch auch E-Mails von einem Maschinenbauingenieur mit ›Regierungskontakten‹.« Diese E-Mails gingen nicht nur an Professor Jones persönlich, sondern auch an die Verwaltung der *Brigham Young University* (BYU). Schon in seinen ersten Mitteilungen bediente sich jener regierungsnahe Ingenieur einer recht deutlichen Sprache: »Die Veröffentlichung dieses Artikels kann auf der Grundlage einer Gefährdung verhindert werden, und ich habe die Kontakte dafür, falls nötig. Doch ich bevorzuge, Ihnen die Gelegenheit zu geben, die Konsequenzen zu erwägen – die Sie nicht angesprochen haben. Sie sollten dies sehr sorgfältig erwägen.«

Professor Jones fragt sich noch heute, wer denn durch seine Arbeit gefährdet worden wäre. Etwa die gegenwärtige US-Regierung? Der bisher lediglich auf dem Internet verfügbare Artikel sollte wohl nie in gedruckter Form erscheinen und möglichst auch von der Web-Plattform der Universität wieder verschwinden. Der ungewöhnliche Ingenieur versucht, deutlich Druck auf Prof. Jones auszuüben: »Diese Angelegenheit ist bedeutsamer als jede individuelle Karriere oder ob Sie nun glauben oder nicht glauben, im Recht zu sein … Das geschmolzene Metall mag der beste Beweis dafür sein, dass die örtlichen Bedingungen im Feuer heißer waren als die nachträgliche Test-Bewertung ausgewählter Punkte … Ihre Theorien werden wahrscheinlich Gegenstand einer intensiven Überprüfung und Kritik. So schmerzlich, wie es nun erscheinen mag, vielleicht ist es doch weniger schmerzhaft, als es nach der Veröffentlichung sein könnte.« Erstmals sprach der Mann die Karriere an, und mit hoher Wahrscheinlichkeit meinte er damit die Karriere von Prof. Jones. Und er empfahl ihm nachdrücklich, die Angelegenheit doch lieber früher mit ein wenig Schmerzen zu beenden, als sich nach der Publikation wirklichen Ärger einzuhandeln. Professor Jones antwortete dem mysteriösen Ingenieur ausführlich und versuchte ihm noch einmal seine Standpunkte zu erläutern. Dabei ging es auch um die so genannten *Squibs* (engl. für Knallfrösche). Gemeint sind damit für gewöhnlich kleinere Sprengladungen, die wie Dynamitstangen aussehen. Die Bezeichnung wird auch auf die Effekte übertragen, die sie auslösen. Diese Detonationen sind bei kontrollierten Sprengungen (*controlled demolition*) häufig als horizontal aus Gebäudewänden schießende, kleine Rauchwolken oder aufblitzende Feuer zu erkennen. Beispielsweise bei der Zerstörung der Southwark Towers in Philadelphia, USA, der kontrollierten Sprengung des Philips Building in Oslo, Norwegen, der Underwood-Schreibmaschinenfabrik in Bridgeport, USA, des Jefferson-Davis-Hospitals in Houston, oder auch sehr deutlich bei den Schuylkill Falls Towers in Philadelphia. Und auch beim WTC sind nachweislich solche *Squibs* teils weit unterhalb der Einschlagstellen gesehen worden – es sind genau jene zusätzlichen explosiven Effekte, von denen weiter oben schon die Rede war. Diese Beobachtungen sind ein wirklich starkes Indiz für bewusst herbeigeführte Sprengungen des WTC-Komplexes.

Der schattenhafte E-Mail-Schreiber gestand gegenüber Prof. Jones sogar ein, dass die *Squibs* des WTC-Nordturmes durchaus bemerkenswert waren, doch sollte er Steven Jones bald noch deutlicher machen, wie ernst es ihm mit allem war. Bald wurden aus Empfehlungen deutliche Warnungen, aus Warnungen deutliche Drohungen.

So erklärte er dem Professor: »Ich habe zuvor von *Sandia* [*National Laboratories*, Anm. Prof. Jones] durchgeführte Untersuchungen des WTC-Kollapses erfolgreich gestoppt. Ich bin sicher, dass ich deren Aufmerksamkeit gewinnen kann, sofern erforderlich, doch möchte ich dies lieber nicht auf diese Weise handhaben … Ich habe den Wert des Schweigens zu schätzen gelernt, selbst im Fall überlegener Daten und Informationen … Es gibt vielleicht mehrere Gründe dafür, warum die Verwaltung [von BYU, Anm. Prof. Jones] mir in dieser Angelegenheit eine höhere Aufmerksamkeit widmen würde als Ihnen.« Hoch interessante Aussagen. Zwar lässt der Schreiber seine Wertschätzung der Arbeit von Prof. Jones durchblicken, erwähnt auch sicher nicht umsonst den »Fall überlegener Daten und Informationen« und scheint aus eigener Erfahrung zu sprechen. Doch legt er dem Physiker letztlich nahe, den Mund zu halten. Der wiederum hatte dies keineswegs vor. Und postwendend fand er eine neue E-Mail in seinem elektronischen Briefkasten: »Ich bedauere, dass Sie immer noch versuchen, Ihren Artikel zu veröffentlichen. Die Tatsache, dass ein Paper der wissenschaftlichen Begutachtung standhielt und für die Publikation angenommen wurde, sollte nicht als Bestätigung der Ideen ausgelegt werden, sofern die Gutachter nicht wirklich qualifiziert sind, ihre Bewertung vorzunehmen.« Wieder lässt sich ein seltsamer Wandel in diesen Zeilen erkennen. Nun unterstellt der Ingenieur, jenen Prüfern mangele es an Kompetenz, eine Bewertung des Jones-Textes sage nichts über dessen Qualität aus. Und die Sache wird noch bizarrer, denn nun versucht er, Jones für andere Themen zu interessieren, die seiner wissenschaftlichen Reputation nicht schaden und ihn beruflich sogar weiterbringen könnten. Er scheint es noch einmal im Guten mit dem unbelehrbaren Professor zu versuchen: »Im Gegensatz dazu, Dinge zu untersuchen, die Schaden anrichten können, könnte der gesamte Fokus doch auf etwas verlagert werden, was ganz gewiss Schäden vermeiden hilft … Eine Rakete niedriger Geschwindigkeit, abgefeuert von einem Helikopter, könnte feuerhemmende Mittel auf einem Stockwerk verteilen, das auf anderem Wege nicht zu erreichen wäre. Selbst wenn Explosivstoffe angebracht wurden, wird es durch diese Maßnahme nunmehr weit schwieriger, den Zusammensturz des Gebäudes zu erzielen. Sofern Sie dieses Thema interessiert, wäre es mir ein Vergnügen, Tom Hunter und den Chef der *Homeland Security* zu kontaktieren, um zu sehen, ob eine Finanzierung für BYU für diese Zwecke möglich ist. Entschuldigen Sie bitte nochmals die Schwierigkeiten dieser Interaktion.« Tom Hunter (Dr. Thomas O. Hunter) ist seit April 2005 Direktor der *Sandia-Corporation,* einem Unternehmen des *Lockheed*-Konzerns, sowie auch Chef der *Sandia National Laboratories*. Zuvor war er dort stellvertretender Leiter für Verteidigungsprogramme und zuständig für zahlreiche Forschungsprojekte – darunter Mikroelektronik, Materialwissenschaften und gepulste Energie. Hunter ist unter anderem Mitglied der strategischen Beratergruppe im *US Strategic Command* sowie im *Council on Foreign Relations*.

Das *US Department for Homeland Security* (DHS, Heimatschutz-Ministerium) wiederum wurde Ende November 2002 in Reaktion auf die Anschläge vom 11. September gegründet. George Bush hatte bereits am 20. September 2001 angekündigt, ein neues Ministerium zum Zweck des Heimatschutzes zu gründen. Das DHS untersteht Michael Chertoff, dem Co-Autor des »USA Patriot Act«, der die behördlichen Rechte im Kampf gegen den Terrorismus deutlich ausweitete – auch hinsichtlich Abhörmaßnahmen, Einsichtnahme in Dokumente sowie Inhaftierung terrorverdächtiger Einwanderer. Der Harvard-Absolvent Chertoff leitete auch die strafrechtliche Verfolgung im Fall des Zacarias Moussaoui und er beriet die CIA hinsichtlich der juristischen Grenzen bei Zwangsverhören. Nicht zuletzt rechnet Chertoff zu den führenden Köpfen hinter George W. Bushs »War on Terror«.

Offenbar versuchte die warnende Stimme, die sich bei Dr. Steven Jones meldete, den unbequemen Professor auf die sichere, die gute Seite zu ziehen. Als Professor Jones wenig Bereitschaft signalisierte, sich jenem ihm unterbreiteten Lösungsvorschlag anzuschließen, meldete sich der beharrliche Menschenfreund schließlich Ende Dezember 2005 wieder zu Wort: »Steven, ich habe kürzlich einige Gedanken darauf verwendet, wie ich Ihnen behilflich sein könnte, Ihren guten Namen an der BYU zu wahren. Meine Absicht ist zu zeigen, dass ich um Ihr Wohlergehen ebenso sehr besorgt bin wie um den Erhalt der Sicherheit und Geborgenheit anderer … Es ist besser aufzuzeigen, dass ein baulicher Kollaps verhindert werden kann als zu demonstrieren, wie oder warum Strukturen zusammengestürzt sein könnten. Zu diesem Zwecke hatte ich unlängst einige Ideen …« – in dieser E-Mail, die wiederum nicht nur an Professor Jones adressiert war, sondern genauso auch an die Universitätsleitung, präsentiert der Ingenieur einige Konzeptvorschläge und versucht damit zu locken, dass diese Projekte patentierbar, gut umsetzbar und wirtschaftlich viel versprechend seien. Und wieder: »Vielleicht legen Sie andere oder bessere Ideen vor, doch wird dadurch eine Vorgehensweise nahe gelegt, die andere schützt anstatt sie einem Risiko auszusetzen. Dies könnte der BYU ganz wesentliche Ressourcen zuführen … Natürlich werden Sie höchstwahrscheinlich den größten Erfolg dabei verzeichnen, vorausgesetzt, Sie ändern Ihren Kurs anstatt Ihre gegenwärtigen Anstrengungen weiterzuverfolgen.«

Schweigen wäre Gold …

Professor Jones ließ jedoch von seinen ursprünglichen Forschungen nicht ab und veröffentlichte den heiß umkämpften Artikel über die eigentlichen Ursachen des WTC-Kollapses dennoch (*Why indeed did the WTC collapse?* in der Beitragssammlung *9/11 and American Empire – Intellectuals Speak Out*), obwohl auch von anderer Seite der Druck auf ihn zunahm. Später stellte er auch die wesentlichen Aussagen des Ingenieurs ins Internet.

Steven Jones betonte mir gegenüber: »Sie können also deutlich sehen, dass dieser ›Outsider‹ deutlichen Druck auf die Leute von BYU ausübte.« Und dem Unbekannten schien ein Aspekt der Jones-Recherche ein besonderer Dorn im Auge zu sein – eine chemische Reaktion, die nach Auffassung des Professors bei der Zerstörung des World Trade Centers eine wichtige Rolle gespielt hat. So fuhr Jones fort: »Im Zeitrahmen zwischen Mai und Juni 2006 setzte er seine E-Mails an mich fort und fügte hinzu, ich dürfe nicht über Thermit-Reaktionen sprechen – dies könnte (so behauptete er) Terroristen etwas nahe bringen, was sie nicht wüssten. Ich wies ihn darauf hin, dass die Thermit-Reaktion seit mehr als hundert Jahren bekannt ist und an der Universität routinemäßig vorgeführt wird. Außerdem kann Thermit sogar bei *Ebay* erstanden werden! ... Ungefähr zwei Wochen, nachdem mein Artikel formell veröffentlicht war ..., wurde ich beurlaubt, und bald bot man mir ohne große Erklärung an, in Pension zu gehen ... Beachten Sie, was er gesagt hatte: ›So schmerzlich, wie es nun erscheinen mag, vielleicht ist es doch weniger schmerzhaft als es nach der Veröffentlichung sein könnte.‹«

Professor Jones stellte sich der Herausforderung. Sicher benötigte er auch keine guten Ratschläge hinsichtlich anderer Forschungsbereiche. 1978 promovierte er an der Vanderbilt-Universität in Physik, arbeitete dann an der Cornell-Universität, an der *Los Alamos Meson Physics Facility* und am *Idaho National Laboratory*. Zwischen 1982 und 1991 war er außerdem für die US-Atombehörde tätig, im Rahmen der Abteilung für fortschrittliche Energieprojekte. Seine Aufgabe hier war es, sich mit Myonen-katalysierter Fusion zu beschäftigen. Jones befasste sich auch mit Helium-Isotopenanomalien in vulkanischen Gasen, die ihm als möglicher Indikator für eine unter extrem hohem Druck im Erdinneren ablaufende Fusion auffielen. Während Experimenten mit einem selbstkonstruierten Neutronenzähler registrierte Professor Jones etliche Ereignisse, die offenbar zumindest das physikalische Prinzip, das er *Piezofusion* nannte, zu bestätigen schienen.

Als Steven Jones sah, wie die Türme des World Trade Centers fielen, als er in der folgenden TV-Berichterstattung wieder und wieder die Szenen des Schreckens verfolgte und den Zerstörungsgrad der Gebäude deutlich vor Augen hatte, wurde ihm bald klar, dass hier etwas nicht stimmen konnte. Schnell stand die amtliche Erklärung der Ereignisse fest, doch für Prof. Jones konnte sie die rätselhaften Vorgänge in keiner Weise klären. Ein Widerspruch gesellte sich zum nächsten. Die Türme waren größtenteils pulverisiert worden, rund 1000 Opfer erlitten das gleiche Schicksal, Büroeinrichtungen ebenso, nichts blieb übrig. Und wohin war die Verglasung verschwunden? Das Glas aus 43 600 Fenstern sowie 325 000 Kubikmeter Beton waren pulverisiert worden. Durch die Straßenfluchten Manhattans raste eine pyroklastische Wolke, welche die Flüchtenden wie ein chinesischer Drache zu verschlingen suchte. Die City glich einer Mondlandschaft, überzogen von dicken Schichten sehr feinen, weißen Staubes. Die einzelnen

Partikel waren nicht größer als Millimeterbruchteile – Pulver, Staub des Todes. Reichte aber der Kollaps für diese immense Zerstörung aus oder wirkten hier noch andere Kräfte? Professor Jones, der hier lediglich stellvertretend für zahlreiche weitere unabhängige Untersucher der Katastrophe genannt sein soll, geht definitiv von einer kontrollierten Sprengung aus. Weder die kinetische Energie des Impakts der Flugzeuge noch die thermische Energie der Kerosinbrände, noch die gravitative Energie des Kollapses waren demnach in der Lage, diesen vollständigen Vernichtungsakt zu bewerkstelligen.

Jones geht davon aus, dass vor allem mit Thermit nachgeholfen wurde. Hierbei wird Eisenoxid mit Aluminium in Kontakt gebracht und entzündet. Innerhalb von nur zwei Sekunden erreicht die jetzt ablaufende chemische Reaktion eine Temperatur von rund 2500 °C – eine Temperatur, die gut verträglich mit den gemessenen, erstaunlichen Stahltemperaturen am Ground Zero ist. Bei der Reaktion entsteht Aluminiumoxid in Form eines weißen Rauches. Dies würde einige bemerkenswerte Bilder der Katastrophe erklären – Videoaufnahmen, die zeigen, wie kurz vor dem Einsturz der Türme ein bis dato unidentifizierter weißer Rauch vom Bodenniveau aus aufsteigt: Plötzlich hellen sich die Bereiche um die Basis des WTC auf, ohne dass ein nachvollziehbarer Grund dafür ersichtlich ist. Könnte es Aluminiumoxid aus einer Thermitreaktion gewesen sein?

In einem Interview mit MSNBC konnte Professor Jones seine Überlegungen bezüglich Thermit kaum zur Sprache bringen. Er wurde vom Moderator sofort unterbrochen, das Gespräch recht hektisch beendet. Die wertvolle Sendezeit war vorbei. Für jedes noch so sinnlose Geschwätz, für die stupidesten Soaps stehen vor allem im US-Fernsehen schier grenzenlose Zeitrahmen zur Verfügung. Doch für einen Wissenschaftler, der zwar ungewöhnliche, jedoch gerade deshalb erhellende Informationen zur größten Terrortragödie der USA beizutragen hat, sind weitere 30 Sekunden für die Beendigung eines schlichten Satzes dann doch zuviel.

Dieses spezielle 9/11-Thema schien dem Moderator wohl rein intuitiv zu heikel. Die Beobachtungen sprechen insgesamt für sich, doch stellt Thermit nur den Anfang dar. Wird der Reaktion auch Schwefel beigemengt, führt der Vorgang schneller zum Ziel (*Thermat*-Reaktion). Schwefel setzt den Schmelzpunkt von Stahl leicht herab. Interessant: Im Bericht der US-Notstandsbehörde FEMA ist – wenn auch nur im Anhang – tatsächlich die Rede davon, dass im Stahl des WTC Schwefelreste gefunden wurden. Und die *New York Times* nannte dies »das größte aller Mysterien«.

Superthermit

Immer wieder weisen Kritiker darauf hin, dass Thermit nicht explosiv, sondern lediglich als Verbrennung abläuft. Doch nicht in jedem Falle. Wenn das Aluminium in Form mikroskopischer Kügelchen in den Prozess eingebracht wird, entfaltet es infolge radikaler Vergrößerung der aktiven Oberfläche eine massive Beschleunigung der Reaktion, die dann durchaus explosiv abläuft. Der Wissenschaftler Joseph Romano von *QuantumSphere* in Costa Mesa, Kalifornien, bezeichnete diese katalytischen Mini-Perlen wegen ihrer erstaunlichen Wirkung einmal als »Einfluss-Sphären«. Sie sind Ergebnis der rasch voranschreitenden Entwicklung auf dem Sektor der Nanotechnologie.

Im Kontext mit der so perfekten geometrischen Kugelform scheint die angestrebte, möglichst große Reaktionsoberfläche leicht paradox, da eine Kugel die kleinste realisierbare Fläche um ein gegebenes Volumen darstellt. Jedoch bewirkt diese Tatsache, dass eine tausendfache Verringerung des Volumens eine nur hundertfache Verringerung der Oberfläche mit sich bringt. Daher lassen sich somit große Oberflächen auf kleinstem Raum unterbringen.

Nanometalle besitzen Eigenschaften, über die größere Brocken des gleichen Materials nicht verfügen. Die Nanotechnologie findet längst bei Raketentreibstoff und Explosivstoffen weit reichende Verwendung. Und wie titelte das Fachmagazin *Technology Review* im Januar 2005: »*Das Militär lädt mit Nanotechnologie nach – kleiner, billiger, gemeiner*. Dies sind die Leitsätze hinter den neuesten Bomben des Militärs. Das geheime Ingredienz: Nanotechnologie, die für einen größeren Knall sorgt.« Das US-Verteidigungsministerium nutzte die neue Technologie, um äußerst effektive, kompakte Bomben herzustellen. Mit finanzieller Förderung durch die US-Regierung forschen einige große Laboratorien intensiv weiter auf diesem Gebiet. Mit dabei interessanterweise auch die *Sandia National Laboratories*. Zusammen mit den *Los Alamos Laboratories* und den *Lawrence Livermore Laboratories* dringen die Wissenschaftler weiter in die Geheimnisse jener Mikrowelten ein, um die Energieflüsse zwischen den einzelnen Molekülen nicht nur zu ergründen, sondern um sie vor allem zu beeinflussen und die Detonationskraft von Bomben deutlich zu steigern. Steven Son, Projektleiter der *Explosives Science and Technology Group* innerhalb der Forschungsstadt Los Alamos, erklärt, dass Wissenschaftler die Explosionskraft deutlich steigern können, sobald sie *Superthermite* zum Einsatz bringen – allgemein also die Kombination von Nanometallen mit Metalloxiden, im Speziellen die Kombination von Nanoaluminium mit Eisenoxid. »Superthermite können die Reaktionszeit um den Faktor 1000 beschleunigen«, so kommentiert Son. Das Ergebnis ist eine außerordentlich schnelle Reaktionswelle. Über die Teilchengröße lässt sich die Energiefreisetzung steuern und dem jeweiligen Zweck optimal anpassen – seien es Unterwassersprengungen, Zündmechanismen oder Antriebsstoffe. Bis heute werden allerdings die tatsächlichen praktischen Anwendungen geheim gehalten. Keiner der an den Projekten beteiligten Wissenschaftler darf sich hierzu in irgendeiner Form äußern.

Eine dieser »praktischen Anwendungen« könnte die Sprengung des World Trade Centers gewesen sein. Das vermuten zumindest Forscher wie Professor Jones. Und dass sie damit nicht ganz falsch liegen könnten, scheint sich immer deutlicher herauszukristallisieren. Nicht zuletzt muss es wohl auch einen Grund geben, warum US-Forscher, die sich kritisch zur offiziellen 9/11-Darstellung stellen, schnell zu personae non gratae werden und um ihren Job fürchten müssen.

Ohne wirklich spezifisch zu werden, stellte der Waffenexperte Andy Oppenheimer fest, dass die Nanotechnologie »das Gesicht der Waffentechnologie vollständig verändern könnte«. Die Vereinigten Staaten, Russland, aber auch Deutschland und andere Nationen seien gegenwärtig damit befasst, so Oppenheimer, »Mini-Nukes« zu entwickeln, welche die Nanotechnologie zur Herstellung sehr kleiner, nuklearer Sprengsätze nutzt – wohl besser: missbraucht. Diese exotischen Sprengsätze würden in einen Aktenkoffer passen, aber in der Lage sein, ein Gebäude in die Luft zu jagen. Dennoch würden diese Waffen auf Grund ihrer Größe noch als »konventionell« eingestuft.

Das Red-Mercury-Rätsel

Das alles sind erschreckende Feststellungen. Sie erinnern an einige seltsame und bis heute unbewiesene Geschichten, wie sie nach dem ersten großen Bombenanschlag auf das World Trade Center im Jahr 1993 zirkulierten. Damals hörte man gelegentlich Gerüchte, dass zur Sprengung kein herkömmlicher Explosivstoff verwendet wurde – jene 700 Kilogramm TNT im Nordturm –, sondern eine mysteriöse Substanz, die infolge ihrer noch extremeren Explosivität in der Lage sei, nukleare Sprengsätze im Aktenkoffer-Format zu zünden: *Red Mercury* (»Rotes Quecksilber«). Schon in den 1980er-Jahren tauchten einzelne Berichte über diesen Sprengstoff auf, als er auf dem internationalen Schwarzmarkt präsent geworden war. Angeblich stammt das Material aus Russland, daher habe man den Begriff »rotes«

Quecksilber geprägt. Andere schrieben die Bezeichnung der Farbe der chemischen Verbindung zu.

Der »Vater der Neutronenbombe«, Samuel Cohen, beschrieb Red Mercury als hochexplosive, so genannte ballotechnische Substanz, die eine ausreichende Komprimierung von Material zur Kernfusion bewirken könne. Normalerweise wird hierzu eine nukleare Primärreaktion in Form einer Kernspaltung benötigt. Und das spaltbare Material stellt einige technische Anforderungen an die Reinheit. Dieses Problem wäre mit Red Mercury also umgangen. Bereits die sowjetischen Wissenschaftler hätten mittels des dubiosen Stoffes laut Samuel Cohen eine Reihe von baseballgroßen Mini-Fusionsbomben gebaut. »Ballotechnics« werden übrigens vor allem in den *Sandia National Laboratories* erforscht.

Bestimmte Elemente in der US-Regierung hielten diese Informationen absichtlich verborgen, so dass kaum etwas davon an die Öffentlichkeit gedrungen sei. Diese Aussagen schienen einiges Gewicht zu haben, stammten sie doch von einem anerkannten Experten, einem bedeutenden Physiker. Cohen sprach auch davon, dass Saddam Hussein 50 solcher Bomben besäße und rund 100 Stück in den Besitz von Terroristen gelangt seien. Wenn das stimmte, wurde das World Trade Center letzten Endes nach einem misslungenen Versuch dann 2001 durch Red Mercury zu Fall gebracht? Eine hochspekulative Annahme. Bis heute ist die Existenz von Red Mercury noch nicht bewiesen. Sam Cohen mag bewusst desinformiert haben, vielleicht sogar in höherem Auftrag. Vielleicht, um Ängste zu schüren, auch im Kongress, um die Finanzierung von unkonventionellen Waffenprojekten im eigenen Land anzukurbeln. Wer weiß, hier gibt es einige Möglichkeiten. Tatsächlich aber versuchten laut dem Fachblatt *Jane's Intelligence Review* einige *Al-Qaida*-Führer alles verfügbare Material zur Herstellung von Kernwaffen aufzukaufen und kamen dabei auch mit vermeintlichen Händlern von Red Mercury in Kontakt, die sie allerdings, wie es heißt, hereinlegten. Die Preise für Red Mercury bewegten sich im Bereich horrender Summen zwischen 100 000 bis 300 000 Dollar pro Kilogramm. Manchmal stießen polizeiliche Ermittler auf Container mit angeblichem Red Mercury, doch die Inhalte waren dann eher recht profaner Natur. Trotz angebrachter Symbole für Radioaktivität entpuppte sich das Material offenbar als schlichtes Quecksilberoxid bzw. als andere Stoffe, die keinerlei exotische Eigenschaften aufwiesen. Eine recht ernüchternde Erkenntnis. Rotes Quecksilber – nichts als ein imaginärer Stoff, aus dem die Albträume sind, ein nicht einmal existentes Material, mit dem dennoch Schwarzhandel betrieben wurde? Oder nur ein Codename? Manche behaupten, diese Substanz sei in Wirklichkeit nichts anderes als hochwertiges

Uran oder Plutonium, das für eine explosivere Wirkung noch mit dem Element Quecksilber angereichert worden sei.

Mir wäre Red Mercury wohl kaum länger in Erinnerung geblieben, hätte sich nicht vor einigen Jahren rein zufällig ein so spannendes wie merkwürdiges Gespräch ergeben. Bereits einige Zeit zuvor war ich hier und da schon über Gerüchte zu Red Mercury gestolpert. Sehr einprägsam war ein damit in Verbindung gebrachter grauenvoller Mord am südafrikanischen Verkaufs-Chef der nicht minder mysteriösen britischen Firma *Thor Chemical Industries*: 1991 wurde der 48-jährige Alan Kidger in der Nähe von Johannesburg zu Tode geprügelt und anschließend in Stücke geteilt. Die Gliedmaßen waren vom Rumpf getrennt und lagen diversen Berichten zufolge auf einer Quecksilber-Deponie von *Thor*, der Rumpf lag im Kofferraum von Kidgers BMW und war offenbar ebenfalls mit Quecksilber bedeckt. Einige Berichte sprechen wohl irrtümlich davon, dass der Leichnam mit einer Schicht von Red Mercury überzogen war, andere erwähnen hingegen, der Torso sei mit einer schwarzen, öligen Substanz beschmiert gewesen.

Kidger soll zwei Monate vor seinem grausamen Tod zwei metrische Tonnen gelbes Quecksilberoxid als Grundbaustein für Red Mercury an einen Direktor der südafrikanischen Firma *Delta G Scientific Company* geliefert haben. Zwei Jahre später ereignete sich ein ähnlicher Mord an dem südafrikanischen Chemieingenieur Wynand van Wyk. Bei *Thor* kam es zudem immer wieder zu Todesfällen durch Quecksilbervergiftung. Alles keine Beweise für rotes Quecksilber, doch ein gewisses Interesse hatte das Thema bei mir geweckt. Während eines Auslandsaufenthaltes traf ich schließlich mit einem Kriminaltechniker zusammen, wobei wir während einer längeren Unterhaltung beim Abendessen auch auf Red Mercury zu sprechen kamen; ich weiß nicht mehr wie und warum. Jedenfalls winkte mein Gegenüber ab und meinte nur: »Das ist alles Unsinn. Wir sind sämtlichen Spuren intensiv nachgegangen, haben viel in Nachforschungen investiert und zahlreiche Proben untersucht, die sich allesamt als wenig spektakulär erwiesen haben. Einmal fanden wir an einer Plakatwand ganz unten in der Ecke eine Telefonnummer hingekritzelt, daneben stand eine kurze Notiz. Da suchte jemand größere Mengen Quecksilber und bot horrende Summen. Eine seltsame Geschichte. Selbst dem gingen wir nach. Nichts. Das ist alles nur leeres Geschwätz, nicht eine Spur hat sich als authentisch erwiesen!« – Nun, tatsächlich hatte ich noch nie glaubwürdige Informationen zu Red Mercury erhalten. Also überraschte mich die Aussage nicht. Weit überraschter war ich davon, was der Kriminaltechniker abschließend sagte: »Vergessen Sie alles über Red Mercury. Aber wenn Sie irgendetwas darüber hören sollten, ganz gleich wie unsinnig Ihnen das Ganze erscheinen mag, geben Sie mir bitte Bescheid!« Was sollte das? Offenbar sammelte er weiterhin jeden noch so kleinen und unbedeutenden Fetzen an Information, den er zu diesem spekulativen Thema in die Hände bekommen konnte und den ich wohl gegebenenfalls über eine dritte Person anonym an ihn hätte weitergeben sollen.

Als wir an jenem Abend noch einige gemeinsame Schritte zu unseren Autos gingen, fügte er hinzu: »Übrigens: Unser Gespräch hier – das hat nie stattgefunden. Ich werde nie zugeben, mit Ihnen darüber gesprochen zu haben. Wir sind uns nie begegnet.« Seit jenem Abend werde ich das Gefühl nicht mehr ganz los, dass sich hinter Red Mercury ein echtes Geheimnis verbirgt – welches auch immer.

Auch wenn dieses Material im Kontext mit *Al-Qaida* und dem WTC-Bombenanschlag von 1993 gelegentlich erwähnt wurde, wissen wir bis heute nicht, ob es damals auch wirklich eingesetzt worden ist. Wir wissen nicht einmal, ob Red Mercury wirklich existiert.

Aluminium oder Stahl?

Allerdings wissen wir, dass Superthermit existiert und seine militärische Verwendung eine Tatsache ist. Warum sollten nicht also auch Geheimdienste diesen sehr effektiven Sprengstoff für verdeckte Operationen einsetzen? Laut Professor Steven Jones, der auch praktische Experimente hierzu durchgeführt hat, könnte Superthermit anstelle von Thermit/Thermat die Hitzephänomene am WTC-Stahl sehr gut erklären, während Flugbenzin nicht annähernd so hohe Temperaturen schaffen konnte. Wahrhaft heiße Diskussionen entstanden um die glühenden Metalltrümmer auf Ground Zero, wobei immer wieder die Temperaturen zur Sprache kamen, wie sie der Farbe entsprachen. Geht man rein physikalisch von einem völlig schwarzen Körper aus, das heißt, einem idealisierten Objekt mit hundertprozentiger Absorption bei jeder Wellenlänge, lässt sich nach dem »Wienschen Verschiebungsgesetz« mittels einer Konstanten die Temperatur eines glühenden Körpers direkt aus der gemessenen Wellenlänge des Strahlungsmaximums ableiten. Aus der Farbe eines glühenden Metallteils kann also seine Temperatur abgeschätzt werden. Bei 700 bis 1000°C glüht der Stahl orangerot. Professor Thomas W. Eagar vom *Massachusetts Institute of Technology* (MIT) bestreitet jedoch, dass die glühenden Trümmer Stahl sein könnten; er zitiert Jones und erklärt: Falls tatsächlich eine (Super-)Thermit-Explosion stattfand, dann hätten die dabei entstandenen Temperaturen weit höher liegen und weiß glühenden Stahl hervorbringen müssen. Somit geht er davon aus, dass die auf etlichen Fotos sichtbaren Metalltrümmer aus Aluminium bestanden.

Überhaupt seltsam, dass die betreffenden Gegenstände nicht sofort näher in Augenschein genommen, sondern abtransportiert wurden. Doch abgesehen davon scheint Thomas Eagars Argumentation nicht wirklich Aufklärung zu bringen. Im Gegenteil. Denn zunächst einmal berücksichtigt der MIT-Professor nicht den Zeitpunkt der Bergung: Die Trümmer lagen wochenlang herum und glühten immer noch, dann sicherlich nicht mehr weiß. Zudem stellen sich auch strukturelle Fragen. Der Schmelzpunkt von Stahl liegt bei 1500 °C, der von Aluminium bei 660 °C – bei einer Temperatur also, wo Stahl gerade einmal über den Punkt hinaus ist, an dem er die Hälfte seiner Stabilität eingebüßt hat. Thomas Eagar selbst gibt für rot glühenden Stahl eine Temperaturspanne zwischen 800 und 900 Grad Fahrenheit an, das entspricht etwa 420 bis 480 °C. Diese Temperatur liegt unterhalb der Schmelzpunkte von Stahl und Aluminium. Orangerot glüht Stahl laut Prof. Eagar zwischen 1100 und 1200 Grad Fahrenheit, also 590 und 650 °C. Der Stahl hat nun wie gesagt die Hälfte seiner Stabilität eingebüßt, Aluminium schmilzt jetzt. Auf den Fotos der Aufräumarbeiten am Ground Zero sehen wir allerdings, wie die glühenden Teile mit Baggern und mechanischen Greifern festgehalten und angehoben werden. Daraus resultiert unmittelbar die Frage, wie das mit *flüssigem* Aluminium möglich sein soll!

Aus dem 81. Stockwerk des Südturmes floss eine hell glühende Substanz in die Tiefe. Prof. Jones vermutet, dass es sich um geschmolzenen Stahl gehandelt haben könne. Kritiker halten ihm entgegen, auch geschmolzenes Aluminium wäre eine denkbare und vor allem weitaus wahrscheinlichere Erklärung. Als die vorwiegend aus Aluminium bestehenden Flugzeuge in den Gebäuden explodierten, wurde das Metall verflüssigt und bewegte sich wohl auch nach außen. Niemand kann jedoch nachvollziehen, wohin das Aluminium wirklich floss und niemand kann sagen, wie viel sich an Ort und Stelle, innerhalb des Gebäudes verlor. Ein exaktes Bild der Vorgänge, eine genaue Rekonstruktion der Temperaturverteilung und der Schäden, der physikalischen und chemischen Abläufe lässt sich nicht ermitteln, so dass jeder hier letztlich auf spekulative Überlegungen angewiesen ist und wohl das ihm genehmste Szenario entwickeln wird. Doch gerade deshalb bleibt fraglich, ob geschmolzenes Aluminium die *wahrscheinlichere* Erklärung darstellt. Denn mangels Informationen lassen sich Wahrscheinlichkeiten wohl kaum sinnvoll abschätzen.

Die nicht identifizierte Substanz aus Etage 81 ist auf Fotos gut erkenn-

Abb. 41: Was sich hier aus dem 81. Stockwerk des Südturms ergießt, ist flüssiges Metall. Die einen sagen, es sei Aluminium des explodierten und geschmolzenen Flugzeugs. Die anderen sagen, es sei Stahl, geschmolzen in einer Thermit-Explosion. Was stimmt? Kurz: Geschmolzenes Aluminium ist eine grausilbern glänzende Flüssigkeit – was aber hier nach unten strömt, glüht (im farbigen Original) hellorange!

bar. Welche physikalischen Eigenschaften besitzt geschmolzenes Aluminium überhaupt? In einem Chemie-Lexikon heißt es dazu: »Al[uminium] ist sehr weich und dehnbar, lässt sich zu dünnsten Folien auswälzen …, leitet den elektrischen Strom sehr gut …; bei Rotglut schmilzt es.« Dabei ist aber wichtig zu berücksichtigen, dass die Aluminiumschmelze eine sehr hohe Reflektivität bewahrt und daher silbergrau glänzt. Die sicherlich mit diversen weiteren Trümmerteilen herabstürzende glühende Masse weist diese Eigenschaften jedoch nicht auf …

John Gross von NIST bestreitet jedoch energisch, dass im WTC geschmolzener Stahl existierte. Hierzu hätten die Temperaturen der Kerosinbrände nicht ausgereicht. Doch im Falle einer kontrollierten Sprengung mit Superthermit wäre es lokal zu extrem hohen Temperaturwerten gekommen. Nun steht die offizielle Version offenbar vor einem doppelten Problem: Die spärlichen Analysen von WTC-Stahlproben ergaben viel zu niedrige Temperaturen, um die strukturelle Integrität ernstlich zu beeinflussen. Und dann gab es den noch nach Wochen glühenden Stahl von Ground Zero – viel zu hohe Temperaturen, um per Kerosinbrand erklärbar zu sein. Nur die hierfür angemessenen Temperaturen schienen sich nirgends wirklich eingestellt zu haben. Wäre dies der Fall gewesen, wären uns sicherlich die harten Fakten, sprich: die Stahlteile, auf den Tisch gelegt worden.

Überlebende im Zentrum des Infernos?

Bestürzende und gleichzeitig wiederum rätselhafte Videosequenzen zeigen Menschen direkt im Einschlagloch des Nordturms. Deutlich ist eine Person mit weißer Hose und dunkler Bluse zu sehen. Es ist eine Frau, die dort, ungefähr im 97. Stockwerk, direkt am Abgrund steht. Sie hält sich verzweifelt an einer der zerfetzten Perimetersäulen fest, streckt einen Arm aus und winkt, um auf sich und ihre höllische Lage aufmerksam zu machen. Sie hofft noch auf Rettung. Wenn wir nun die menschliche Seite der WTC-Tragödie wieder absichtlich völlig außer Acht lassen und diese Szene nüchtern betrachten, erscheint sie verblüffend und paradox. Denn eigentlich sollten die Temperaturen hier, wo eben ein Flugzeug explodiert ist, am höchsten sein. Aus diesem Bereich bahnte sich ein immenser Feuerball seinen Weg ins Freie. Selbst wenn die Brände nur lokal Spitzenwerte erreichten, müssen die meisten Punkte immer noch unerträglich heiß gewesen sein. Nicht zu vergessen, vorhin war die Rede von Stahl, jetzt sprechen wir von Menschen!

Und wenn die Feuer so lange, so intensiv und so weitflächig (!) wüteten, dass sie den Stahl aufweichten und den Gebäude-Kollaps bewirkten, dann kann gleichzeitig kein Mensch auch nur einige Sekunden lang dort überlebt haben.

Die Massenmedien und aufgeklärten Magazine haben sich des Rätsels angenommen. Sie haben die verqueren Thesen der »Skeptiker« in meist süffisantem, amüsiertem Ton kommentiert. Ähnlich in Deutschland unter anderem auch der *Spiegel*. Dem Verschwörungszirkus gebietet man hoch einfühlsam, völlig abgeklärt und sehr schnell Einhalt – mittels einiger so seriöser wie pointierter Zeilen. Das Ganze sei natürlich Unfug, denn Telefonanrufe aus dem World Trade Center seien Beleg genug dafür, dass selbst in den betroffenen Stockwerken nicht alle Büros zerstört wurden. Nur, wer spricht davon? Im Gegenteil, der relativ geringe ursprüngliche Zerstörungsgrad zählt doch gerade zur Argumentation der »Chaoten« um Jones & Co. Sie sind es gerade, die auf der später erfolgten, gezielten Sprengung beharren und sich damit vor Gott und der Welt lächerlich zu machen scheinen. Es ist schon interessant, wie sehr das allgemeine Inferno in dieser Diskussion abkühlt. Ständig ist von den immensen Feuern die Rede, von Bränden, wie sie stählernen Pfeilern die Tragkraft nahmen; aber Menschen halten sich am Einschlagloch auf, das heißt, genau im Kanal des Feuerballs! Wir sehen hier keine Flammen, aber innerhalb des Gebäudes mussten sie weiterlodern. Wenn nicht hier, dann nirgends. Andernfalls hätte es nach NIST & Co. keinen Einsturz gegeben. Es sei nicht überall gleichermaßen heiß gewesen, so ein Argument. Die Eingeschlossenen flüchteten sich in die kühlsten Ecken. Und die fanden sie nun einmal dort, wo »das Feuer frische Luft ansog«. Bekanntlich soll man bei einem Brand die Fenster nicht öffnen, denn das Feuer würde frische Luft ansaugen und noch heftiger wüten. Dort, wo Frischluftzufuhr stattfindet, wird ein Brand genährt. Genau das war aber an der Einschlagstelle der Fall. Und daher bleibt die Situation mehrfach paradox.

Jene Frau wurde öfters als eine gewisse Edna Cintron beschrieben, und auch dies wird kritisiert. Triumphierend rundet sich dadurch das schiefe Bild offenbar ab: »Sehr wahrscheinlich stimmt an der Geschichte noch nicht einmal der Name der Frau auf dem Foto«, so liest es sich bei *Spiegel-Online*. Das mag auch stimmen. Die Identifizierung steht nicht fest. Doch was ändert das an der »Geschichte«? Der Name hat wohl kaum etwas mit dem Rest zu tun, und der ist nun einmal Fakt. Edna Cintron oder wer auch immer sich in jener albtraumhaften Situation befand, steht definitiv an der Einschlagstelle und damit am Rande des Abgrunds und der Flammenhölle. *Das* ist die Geschichte, und die stimmt. Und das einzige Argument, das hier vorgebracht wurde, betrifft die dadurch nachweislich für einen Menschen *erträglichen* Temperaturen. Hätte das unbekannte WTC-Opfer sich nicht dort befunden und wäre nicht einige Meter von »Edna Cintron« entfernt noch *zumindest eine* weitere Person zu sehen, wir wüssten nicht, ob Menschen die Temperaturen in diesem Bereich ertragen oder auch nur überleben könnten. Insgesamt scheinen die Bilder aber zu zeigen, dass die Feuer sich zu diesem Zeitpunkt selbst in der Extremzone bereits deutlich abgeschwächt hatten.

Zusätzlich zu diesen Bildern existieren weitere bemerkenswerte und direkte Hinweise. Während der Rettungsaktionen im *Süd*turm waren zwei Feuerwehrleute bis auf die Höhe der 78. Etage vorgedrungen, das heißt also bis knapp unter die Einschlagebene. Sie beobachteten lediglich zwei Brandherde. Einer der Feuerwehrmänner, Chief Orio Palmer, funkte seine Kollegen an und bat um Verstärkung. Als Fachmann dürfte er genügend Urteilsvermögen besessen haben, um Sinn und Sicherheit einer fortgesetzten Aktion einschätzen zu können. Offenbar ging er davon aus, in diesen Etagen noch längere Zeit gefahrlos weiterarbeiten zu können. Ein bis August 2002 verschwundenes Band mit Aufzeichnungen der Gespräche jener Feuerwehrleute belegt auch nach Angaben der *New York Times* den faktischen Hintergrund der Berichte. Auch im Südturm hatten die Feuer also bereits ein sogar für Menschen erträgliches Temperaturmaß erreicht, so dass kurzzeitig beanspruchte Stahlstrukturen wohl bereits ausreichend abgekühlt waren, um ihre ursprüngliche Stabilität wiederzuerlangen. Laut

FEMA variierten die Temperaturen im Bereich der 80. Etage lokal zwischen 400 und 1100 °C. Die Maximaltemperaturen seien im Bereich der Nordflanke des Gebäudes aufgetreten. Die Angaben beruhen allerdings auf Vermutungen.

Die offiziellen Abschätzungen bezogen sich also auf den 80. Stock und besaßen bereits hier relativ geringe Aussagekraft; Verteidiger der offiziellen These leiten daraus eine noch geringere Aussagekraft für die 78. Etage ab und verwenden ganz allgemein offizielle Angaben niedrigerer Temperaturen interessanterweise als stichhaltiges Argument gegen »Verschwörungstheorien«, die im Grunde dasselbe behaupten – so verworren ist die Situation bereits geworden. Es geht ja gerade um großenteils niedrige Temperaturen. Die extrem hohen Temperaturen, wie sie von Forschern wie Steven Jones genannt werden, entstanden erst später – direkt vor dem Kollaps und

Abb. 42: Gefangen in einem mörderischen Albtraum. Diese oft als »Edna Cintron« bezeichnete, jedoch nicht wirklich identifizierte Frau hält sich an einer zerfetzten Perimetersäule fest und versucht, durch Winken auf sich aufmerksam zu machen. Vor ihr geht es Hunderte von Metern in die Tiefe.

Abb. 43: Mindestens zwei Menschen sind in der Einschlagzone zu erkennen. Rechts die nicht sicher identifizierte Frau, links ein Mann, der ebenfalls direkt am Rand zum Nichts steht.

vermittels der postulierten Sprengungen. NIST spricht übrigens in seinem ausführlichen NCSTAR-Bericht 1-5 von »lediglich kleinen, isolierten Feuern, die an der Südseite des 78. Stockwerks erkennbar und direkt rechts der Flugzeug-Einschlagstelle lokalisiert waren, sowie [Feuer] auf der 79. Etage innerhalb der Aushöhlung«. An anderer Stelle wird auf die geringe Zahl zerstörter Fenster in der 78. Etage hingewiesen, was ebenfalls niedrige Temperaturen nahe legt. Laut den diversen NIST-Simulationen werden hier keine Bereiche mit bemerkenswerten Temperaturen vorhergesagt. Hohe Kerosintemperaturen in den Etagen darüber hätten sich aber wohl sicherlich soweit in der 78. Etage bemerkbar gemacht, dass ein Aufenthalt für Menschen hier kaum mehr möglich gewesen wäre.

Der Kollaps

Wie schon erwähnt, geht auch das NIST-Modell insgesamt *nicht* von Temperaturen aus, die fähig waren, den Stahl zu schmelzen. Die wesentliche Situation ist aber doch Folgende: Die grundsätzlichen und ursprünglichen Aussagen der WTC-Konstrukteure schließen einen rein *kollisionsbedingten* Kollaps aus; selbst massive Struktureinbußen an der Basis wären durch redundante Baugruppen und Umverteilung von Lasten aufgefangen worden. Also verlagerten sich die offiziellen Erklärungen auf den Verlust des Feuerschutzes, auf einen *brandbedingten* Kollaps, obwohl die Temperaturen keine ausreichend hohen Werte zeigten. Somit wurde des Öfteren statuiert, das Feuer sei nicht der Auslöser gewesen. So springen die Darstellungen stets zwischen Aussagen hin und her, die Kollisionen hätten den Kollaps bedingt bzw. aber die Feuer seien der Auslöser gewesen. Zudem sind Effekte überliefert, die nach konservativer Betrachtung *unerklärlich* hohe Temperaturwerte nahe legen. Noch einmal: Mit Beweisen wird sich jede Partei extrem schwer tun. Die offiziellen Studien fußen trotz aller Berechnungen und Simulationen bei näherem Hinsehen letztlich auch auf Abschätzungen. Die alternativen Szenarien erscheinen durch die geschilderten Beobachtungen weitaus plausibler, doch steht hier grundsätzlich eine Medienmacht gegen sie – denn offiziell wird natürlich nicht eingestanden, dass es so war. Die Geheimhaltung wesentlicher Beweise macht die Angelegenheit nicht einfacher, jedoch fragwürdiger. Letzten Endes wird hier noch lange eine Patt-Situation bestehen, und genau dieses metastabile Gleichgewicht reicht aus, um uns die wahre Situation im Unklaren zu lassen. Diejenigen, welche die Wahrheit über 9/11 wissen, dürften damit zufrieden sein.

Denken wir auch noch einmal an die ungewöhnlichen Detonationswolken, jene *Squibs*, die teils deutlich sichtbar auch in unteren WTC-Segmenten erkennbar waren. Sie zeigen sich kurz vor dem Zusammenbruch und lassen sich gewiss nicht dadurch erklären, dass einstürzende Etagen die Luft der darunterliegenden Stockwerke komprimierte und zusammen mit Staubwolken aus dem Gebäude drückte. Wir finden *Squibs* wie erwähnt in teils enormem Abstand zu den betroffenen Bereichen. Überhaupt erwies sich die ursprüngliche offizielle Erklärung zur Art des Kollapses als so fragwürdig, dass sie später auch von den Behörden aufgegeben wurde. Gemeint ist die berühmte so genannte »Pfannkuchen-Theorie« (*pancake theory*). Sie geht davon aus, dass der Stahl der Bodenträger sich in der Hitze ausdehnte, die Perimetereinfassungen nach außen gedrückt wurden und die Verbindungsträger zu den Vertikalsäulen rissen. Die von der Hitze durchgebogenen Bodengruppen lösten sich und fielen auf das untere Stockwerk, das sich ebenfalls löste. Erst einmal in Gang gesetzt, führte diese Kettenreaktion zum vollständigen, restlosen Kollaps des Gebäudes. Die komprimierten Etagen lagerten sich wie Pfannkuchen aufeinander. So die Theorie in kurzen Worten.

Grafiken der FEMA zeigen exemplarische Querschnittszeichnungen der Türme mit einer überhöhten Wiedergabe der Vorgänge. Der Prozess scheint einleuchtend zu sein – zunächst. Doch suggerieren die zweidimensionalen Grafiken, jeder Boden sei lediglich an zwei Punkten befestigt gewesen. In Wirklichkeit hätten aber Hunderte von Nahtstellen gleichzeitig geschwächt werden müssen. Wie ist das in Anbetracht stark ungleichmäßig verteilter Brände und damit massiv variierender Temperaturen möglich? Und warum hielten dann ähnlich konstruierte Gebäude stundenlangen Feuern stand, obwohl deutlich mehr Stockwerke über dem Brandherd lagerten? Außerdem waren die Belastungen an den WTC-Kernsäulen bei diesem Prozess geringfügig. Während die Etagen abrissen, hätten sie großenteils standhalten müssen, nach dem Kollaps wäre jenes zentrale Gerippe noch bis zu großer Höhe stehen geblieben und weithin sichtbar gewesen. Doch auch diese Struktur verschwand sowohl beim Nord- als auch Südturm völlig.

Es besteht zumindest Einigkeit darüber, dass der stählerne Gebäudekern die stabilste Struktur des Bauwerks darstellte. Hier müssen zusätzliche Kräfte gewirkt haben, um den Kollaps zu bewirken. Diese Feststellung wird vor allem durch eine Beobachtung am Nordturm interessant, die durch Filmmaterial belegt ist. Auf CNN-Sequenzen sehen wir, wie die südwestliche Wand aus Perimetersäulen beim Zusammenbruch stehen bleibt. Sie ragt teilweise noch bis nahezu Originalhöhe empor und belegt damit die verblüffend stabile Konstruktion. Im oberen Bereich schwingen die Säulen über Meterdistanzen, was gleichzeitig auch die Flexibilität der Struktur

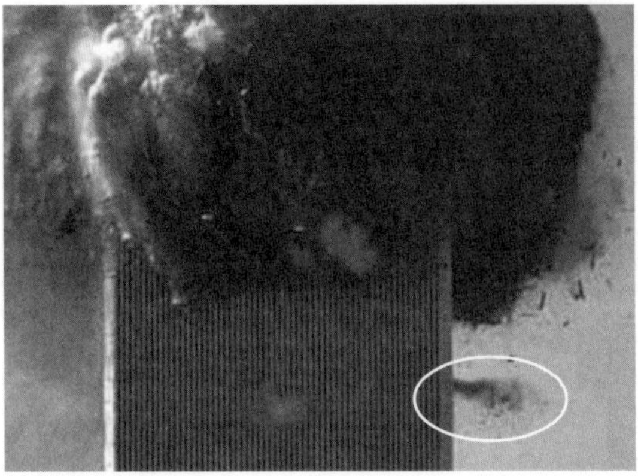

Abb. 44: Die offizielle Version der Ereignisse erklärt nicht, was hier zu sehen ist: *Squibs* – örtlich eingegrenzte, explosive Vorgänge, bei denen Material mit extrem hohem Druck seitlich aus den Gebäuden austritt, teils viele Meter unter den betroffenen Stockwerken. Dieses Phänomen tritt direkt vor dem jeweiligen Kollaps auf und liefert starke Indizien dafür, dass die Wolkenkratzer gezielt gesprengt wurden – ein »Inside Job«!

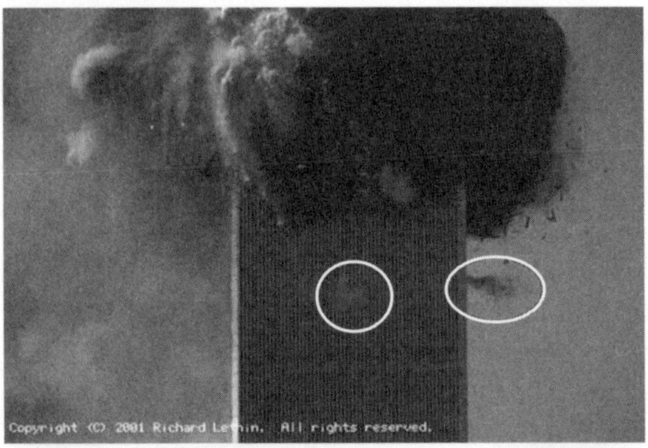

Abb. 45 und 46: Auch auf diesen Aufnahmen sind die *Squibs* ganz deutlich zu erkennen.

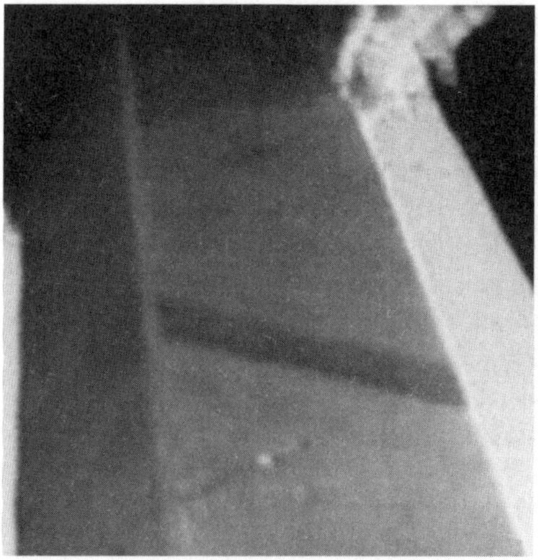

Abb. 47: Auf diesem Einzelbild zeigt sich ein unverkennbarer *Squib*. Dieser Ausbruch wirft einen langen Schatten auf der Außenwand von WTC 2. Die Explosion findet statt, als der obere Teil des Wolkenkratzers bereits einzustürzen beginnt. Der Abstand zur Stoßfront ist jedoch außergewöhnlich hoch, so dass diese einzelne Explosion keineswegs das Ergebnis der von oben eintreffenden Druckwelle sein kann. Dieses Bild belegt eine völlig andere Ursache der *Squibs* – gezielte Sprengungen.

beweist. Die Belastung auf den Verankerungen muss enorm gewesen sein. Angesichts der Bewegung jenes hohen Perimeter-Restes wäre zu erwarten gewesen, dass das gesamte Gebilde in Richtung Weststreet/Northbridge kippt. Doch bleibt die Struktur aufrecht stehen. Dann stürzt sie schlagartig und vertikal in die Tiefe. Ob diese Beobachtung als zusätzliche Sprengung zu werten ist, bleibt jedoch fraglich. Das Perimetergerippe verliert die Stabilität von unten her, und zwar kurz nachdem die Hauptmasse des Gebäudes zu Boden gegangen ist. Der Turm stürzte in sein eigenes Fundament, die gewaltige Erschütterung und das in der Basis entstandene horizontale Kräfteungleichgewicht können den Sturz jener letzten Perimeterwand ebenso bewirkt haben. Trotzdem scheint ihr absolut vertikaler Fall erstaunlich. Vor allem aber ist die paradoxe Situation, dass einige Perimetersäulen noch hoch aufragten, während die Kernstruktur bereits weitgehend gefallen sein musste, schwer zu erklären.

Wir wissen auch, dass die Antenne des Nordturms einen Augenblick »zu früh« in die Tiefe fiel, eine weitere Beobachtung, die unterstreicht, dass der Kollaps am Nordturm entgegen aller Logik im Kern begann. Die Antenne bewegt sich als erstes Bauelement von allen nach unten, dann folgt der Rest.

Gehen wir von der Sprengungsthese aus, bleibt offen, ob der untere Teil des Kernes noch stand und durch folgende Detonationen beseitigt wurde oder aber der Kollaps sofort vollständig erfolgte. Staubwolken verhüllen den Blick auf die Ereignisse.

Noch einmal ein vergleichender Blick zum Südturm, der bekanntlich als Erster einstürzte. Bilder, die aus westlicher Richtung über den Hudson-River hinweg aufgenommen wurden, zeigen nach dem Kollaps von WTC 2 zumindest kurzzeitig den unteren Abschnitt des später ebenfalls komplett verschwundenen Gebäudekerns. Wenn er erst nach der Druckentlastung zu Boden fiel, stellt sich die Frage, warum er überhaupt komplett einstürzte. Ob diese Probleme je geklärt werden können, bleibt sehr fraglich. Der Spielraum für Spekulationen ist hier zwangsläufig relativ groß.

Doch noch einmal kurz zurück zur *Pancake Theory*. Sowohl Nord- als auch Südturm gingen ungewöhnlich schnell zu Boden. Zwar erfolgte der Einsturz von oben her, doch scheint den Gebäuden der Boden unter dem Fundament weggezogen worden zu sein, die Fallzeiten lagen nahe denjenigen eines freien Falls, der bei 400 Meter rund neun Sekunden erfordert. Die manchmal geäußerte Behauptung, die beiden Wolkenkratzer seien sogar noch schneller kollabiert, stimmt nicht. Doch genügt auch das beobachtete Tempo, um durchweg unerklärlich zu sein.

Wegen der Staubwolken sind wirklich exakte Zeitangaben aus Beobachtungen schwer möglich, sie liegen zwischen etwa zehn und 15 Sekunden.

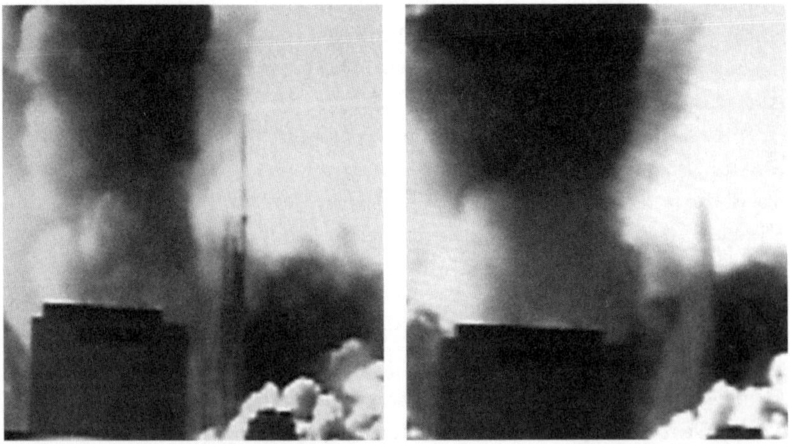

Abb. 48 und 49: Diese beiden Standbilder aus einer CNN-Filmsequenz zeigen den Einsturz des Nordturms. Beinahe unglaublich: Rechterhand der mächtigen Wolke ist eine extrem hohe Wand verbliebener Perimetersäulen zu sehen. Sie ragt Hunderte von Metern in die Höhe, schwankt an der Spitze über zehn, vielleicht gar 20 Meter hin und her, kippt aber nicht um. Schließlich stürzt dieser massive Rest fast senkrecht in die Tiefe, anstatt seitlich in die Stadt zu fallen. Völlig paradox: Die weitaus stabilere Kernstruktur scheint bereits verschwunden zu sein.

Seismische Messungen lassen auf mindestens zehn Sekunden schließen. Die *Pancake Theory* kann dies nicht erklären, denn der Sturz auf die jeweils tieferen Etagen geschah ja nicht ohne entsprechenden Widerstand. Selbst die in den Stockwerken enthaltene Luft sorgte für ein nicht zu unterschätzendes Polster, abgesehen von der übrigen Stahlkonstruktion, die offenbar ihre Stabilität zu 100 Prozent einbüßte.

Nachdem unabhängige Kritiker diese Pfannkuchen-Theorie von vornherein für unglaubwürdig erachteten, verlor sie auch in offiziellen Darstellungen an Bedeutung. Mitte 2005 vollzog dann NIST einen Paradigmen-

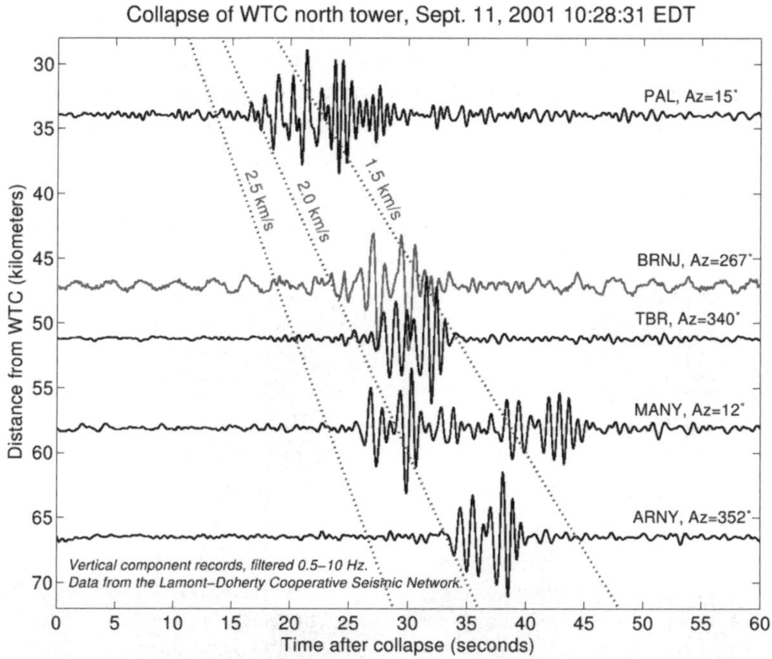

Abb. 50: Verschiedene US-Erdbebenwarten zeichneten während der Kollaps-Ereignisse seismische Wellen auf, hier beim Zusammenbruch des Nordturms. Die Abbildung zeigt die Kurven mit von unten nach oben zunehmendem Abstand von New York City, daher auch der zeitliche Versatz – rechts im Bild die entsprechenden Azimutalwinkel zwischen Station und Ereignis. Vor allem die Ausschläge bei »MANY« erstrecken sich über einen auffallend langen Zeitraum von etwa dem Doppelten des eigentlichen Kollapses. Einige Untersucher schließen daraus auf Detonationen im Vorfeld der Katastrophe und damit auf kontrollierte Sprengungen.

wechsel hin zu einer neuen Theorie, für die es offenbar direkte Belege zu geben scheint: der Theorie der von absackenden Böden nach innen gezogenen Perimetersäulen. Am Südturm war Augenblicke vor dem Kollaps ein deutliches Phänomen zu sehen: Ein mächtiger Sog schien die Perimetersäulen auf dem Einschlagslevel zu erfassen, woraufhin die 30 darüberliegenden Stockwerke in die Tiefe zu stürzen begannen. Erklärt wird dies dadurch, dass die Böden durch die ungeschützte Erhitzung des tragenden Stahls ihre Stabilitätsgrundlage verloren, wobei sie nicht von den Säulen abrissen, sondern sie vielmehr während des Sturzes automatisch nach innen zogen. Nahaufnahmen zeigen den Vorgang sehr deutlich. Direkte Anzeichen für eine kontrollierte Sprengung sind hierbei nicht zu erkennen. Dies scheint ein eindeutiger Pluspunkt für die Vertreter des offiziell abgesegneten Szenarios zu sein. Dennoch, die Hintergründe bleiben von Eindeutigkeit weit entfernt, auch die neue These wirft Fragen auf. Wie bei der Pfannkuchen-These scheint nicht klar, warum der Kern völlig einstürzte oder warum das Phänomen nicht auch bei anderen Konstruktionen nach langer Branddauer und einer relativ größeren Gravitationslast beobachtet wurde.

In Anbetracht starker lokaler Temperaturunterschiede fragt sich auch, wie es sein kann, dass der Innensog gleichzeitig an allen Säulen über die Länge einer kompletten Gebäudeseite mit augenscheinlich gleicher Intensität auftrat, anstatt entweder vom Punkt maximaler Belastung auszugehen und dann sequentiell voranzuschreiten oder aber an mehreren Punkten extremer Belastung entsprechend extrem in Erscheinung zu treten.

Doch lassen wir diese Argumente einmal völlig außer Acht, bleibt immer noch die wahre Ursache für die Beobachtung offen. Die offizielle Erklärung haben wir gehört. Nach innen gezogene Perimetersäulen sind auch bei WTC 1 zu sehen. Wieder ein Anzeichen für einsackende Böden? Das ist durchaus möglich, nur worin liegt die Ursache? Rufen wir uns jetzt noch einmal die Filmsequenzen in Erinnerung, die den obersten Abschnitt des Nordturmes kurz vor dem Kollaps zeigen. Die Bilder belegen, wie die mächtige, zentral aufgepflanzte Antenne als Erstes in die Tiefe zu stürzen beginnt. Das heißt also, dass zunächst die Zentralstruktur nachgibt – die Kernsäulen. Was bedeutet das aber für die Böden und die Perimetersäulen? Lassen wir den Ingenieur Tony Szamboti zu Wort kommen. Im Mai 2007 schrieb er: »Wenn der zentrale Kern zuerst versagte, würde dies nicht zum Durchhängen der Bodenträger führen, sondern sie dazu veranlassen, den zentralen Stützen nach unten zu folgen. In dieser Situation würde das andere Ende der Bodenträger ein starkes verformendes Moment auf die Perimetersäulen ausüben, sie dazu bringen, sich nach innen zu verbiegen und schließlich hinabzustürzen.«

Abb. 51: Ein dramatischer Augenblick: Die Perimetersäulen des Südturms verbiegen sich Augenblicke vor dem Kollaps nach innen. Die gesamte Struktur gibt nach. Warum aber? Die offizielle Erklärung sieht hier absackende Böden als Ursache, doch scheint in Wirklichkeit eine abschnittsweise Sprengung der Kernstruktur die Böden nach unten gerissen zu haben. Der untere Teil des WTC-2-Kerns folgte bald darauf in die Tiefe.

Abb. 52: Diese Aufnahme belegt, dass der untere Kern des Südturms nach dem Einsturz noch kurzzeitig stand.

Nun wird die verwirrende Situation durchweg klarer. Die als Erstes in die Tiefe stürzende Kernstruktur reißt die Böden mit sich und zerrt damit die Perimetersäulen nach innen. Ein völlig plausibler Vorgang, der durch Bild- und Filmsequenzen ebenso belegt ist wie die *Squibs*. Interessant, wie geschickt die offiziellen Theoretiker die Vorgänge auch in der Chronologie auf den Kopf stellen, um die Wahrheit so massiv zu beugen wie die Perimetersäulen.

Die offizielle Theorie des Perimetersoges erweist sich also als ebenso unwahrscheinlich wie die *Pancake Theory*.

Gezielte Sprengungen: Von langer Hand vorbereitet

Als ich Professor Jones hinsichtlich der NIST-Experten und des neuen Erklärungsmodells befragte, meinte er: »Beachten Sie aber, wie selbst sie ausweichen – sie führen ihre Analyse zum Kollaps der Türme nur bis zu dem Punkt aus, an dem deren Einsturz ›unmittelbar bevorsteht‹ … Diese Annäherung erlaubt ihnen, die signifikanten Daten zu ignorieren, die sich direkt WÄHREND [Betonung von Prof. Jones, Anm. d. Verf.] des Kollapses ergeben. Berücksichtigen Sie dabei eine kontrollierte Zerstörung, bei der Explosivstoffe eingesetzt werden – und beachten Sie, dass die Belege für deren Gebrauch bei einer Beobachtung von außen nur während des tatsächlichen Kollapses erfolgen und nicht sichtbar sind, wenn das Gebäude ›sich kurz davor befindet einzustürzen‹.«

Der zunächst erfolgte Kernkollaps wäre nach der offiziellen Theorie nicht nachvollziehbar und legt nahe, dass hier also tatsächlich mittels Sprengladungen nachgeholfen wurde! Nun wird auch weitaus verständlicher, warum die Perimetersäulen gleichzeitig nach innen gerissen wurden. Simultan gezündete Sprengladungen am Kern sorgen für eine starke, gleichmäßig nach innen zerrende Kraft.

Wie könnte die Sprengung abgelaufen sein? Aus den bisherigen Informationen schließen einige unabhängige Forscher auf mehrere unterschiedliche Phasen:

1) Eine Folge von Explosionen auf den unterirdischen Etagen vor dem eigentlichen Gebäude-Kollaps,
2) Sprengungen an den Kernsäulen unmittelbar vor dem eigentlichen Kollaps,
3) Sprengungen in Bodennähe, unmittelbar vor dem Hauptereignis,
4) Einleitung des Kollapses der Obergeschosse,

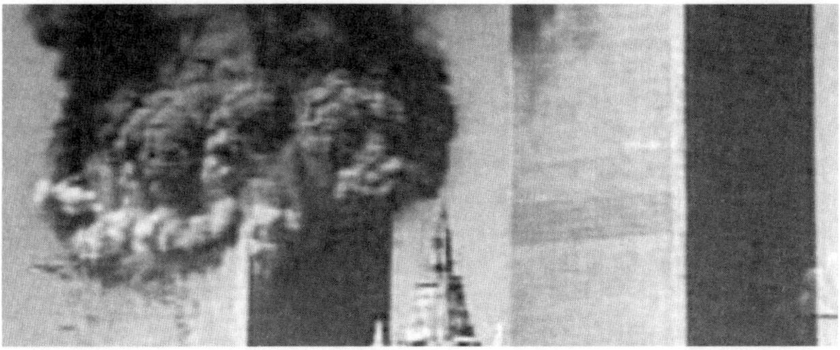

Abb. 53: Der kollabierende Südturm – deutlich sind auch hier die hellen Wolken zu sehen, die als horizontales Band aus der *Skylobby* austreten.

5) *Squibs* kurz vor und während des Kollapses in verschiedenen Ebenen, starke zusätzliche *Squibs* in den verstärkten *Skylobbies,*
6) zeitverzögerter Endkollaps des Innenskeletts (verbliebene Kernsäulen, siehe Südturm), komplette Zerstörung.

Dies wäre ein denkbarer Verlauf der Sprengung, doch ist er in keiner Weise exakt nachgewiesen.

Der schon erwähnte schottische Ingenieur Gordon Ross hat sich eingehend mit der Möglichkeit einer kontrollierten Sprengung des WTC-Komplexes befasst. Da seine Ansichten sich vielfach mit den Ergebnissen von Steven Jones decken, haben Gegner der »Verschwörungstheorien« tatsächlich schon vermutet, dass sich hinter Ross niemand anderer als Jones selbst verbirgt! Da sage einer noch, jenen Leuten fehle das Zeug zu konspirativen Spekulationen! Nun, Jones und Ross sind durchaus weder eine einzige Person, noch Klone, noch siamesische Zwillinge im Geiste – der eine lebt in den Staaten und ist Physiker, der andere lebt in Schottland und ist Ingenieur.

Gordon Ross befasst sich auch mit der nicht unbedeutenden Frage, wie und wo die Sprengladungen im Vorfeld von 9/11 in den Gebäuden angebracht worden sein könnten. Selbstverständlich waren hierzu spezielle Teams und eine lange Vorlaufzeit erforderlich. Vielleicht ist sogar denkbar, dass die Vorbereitungen jenes Feindes in den eigenen Reihen ebenso viel Zeit beanspruchten wie die Vorbereitungen der vermeintlichen Gegenseite *Al-Qaida*, die bereits fünf Jahre zuvor begannen. Über diese Spanne hinweg mochten mehrere relativ unauffällige Vorbereitungen durchgeführt worden sein, um die tödlichen Ladungen dann später sehr zügig platzieren zu können. Aber zurück zu Gordon Ross. Er schilderte mir seine Gedanken hierzu: »Bezüglich der Anbringung von Sprengladungen, nun, da wird häufig Kritik auf denen abgeladen, die glauben, dass die Türme hierdurch zerstört wurden – denn in einer Büroumgebung würde sich dies heimlich wohl nur schwer umsetzen lassen. Aber dies setzt voraus, dass die Ladungen in Büroräumen angebracht worden sind. Meiner Meinung nach wurden die Sprengladungen an den äußeren Kernsäulen befestigt, an den Punkten, wo die Säulenabschnitte aneinander geschweißt waren. Hinzu kamen Zündladungen an den Ecken der Perimeterstruktur, jeweils vier auf einer der betreffenden Etagen, zwischen denen aber immer 15 bis 20 Stockwerke lagen. Die Positionen der Kernsäulen-Ladungen lagen in Nachbarschaft der Aufzugsschächte und waren über sie erreichbar, die Perimeterladungen könnten in Stockwerken angebracht worden sein, die nicht besetzt waren. Wir wissen beispielsweise, dass Etage 81 keinen Büroraum enthielt, sondern genutzt wurde, um Ausrüstung für Computerserver zu beherbergen. Diese Vorgehensweise würde die Probleme umgehen, welche laut Kritikern die unverdächtige Platzierung von Sprengladungen angeblich unmöglich machen würden.«

Spürhunde

So manche Merkwürdigkeit und ein scheinbar zufälliges Aufeinandertreffen von Ereignissen umgibt viele Abläufe in der Chronologie und dem Umfeld von 9/11. Das haben wir bereits wiederholt feststellen können. Ungefähr zwei Wochen vor der Attacke gab es zahlreiche telefonische Drohungen, die bewirkten, dass die Sicherheitsstufe für den Komplex hochgefahren wurde. Wachleute schoben zwölfstündige Schichten, und zusätzlich zu »Sirius«, dem Sprengstoff-Spürhund des WTC, wurden zeitweilig weitere Spürhunde eingesetzt. Wie Daria Coard, einer der Wachleute, verwundert feststellte, wurden die Hunde dann am Donnerstag vor den Anschlägen wieder »abrupt abgezogen«. In der Woche vor der Katastrophe gab es unter anderem laut Aussagen des Finanzanalysten Ben Fountain Evakuierungsübungen im WTC wie auch größere Stromausfälle. Ein Mitarbeiter des im Südturm ansässigen *Fiduciary Trust* (Etagen 90 und 94–97), Scott Forbes, erinnert sich an Wartungspersonal und Ingenieure, die an jenen Tagen an Verkabelungen arbeiteten. Die *Port Authority* hatte damit verbundene Stromausfälle drei Wochen im Voraus angekündigt. Forbes kommentiert: »So viele Fremde zu sehen, die nicht im WTC angestellt waren, war ungewöhnlich.« Man könnte sich fragen, wie er bei Tausenden von Mitarbeitern und zahlreichen Konferenzen mit auswärtigen Gästen der ungezählten ansässigen Firmen denn wissen wolle, wer hier »neu« oder »fremd« war. Doch bezieht sich seine Feststellung natürlich nicht zuletzt auf das ihm vertraute Umfeld, die entsprechenden Vorgänge, das bekannte Personal und die üblichen Wartungsabläufe. Nun aber waren Personen zugange, die er nie zuvor gesehen hatte und die kurz vor den Attacken umfangreiche Arbeiten im Gebäude ausführten.

Forbes selbst hielt sich am 11. September zu Hause auf, unweit der Türme. Er war am Strand von Jersey City und sah entsetzt mit an, wie die Katastrophe ihren Verlauf nahm. In diesen Augenblicken, so sagt Forbes, war er sofort davon überzeugt, dass die Arbeiten damit in Verbindung gestanden haben müssen.

Was aber war mit dem Labrador-Retriever »Sirius« und seinem Herrn, Officer David Lim vom K-9-Büro, im weitläufigen »Keller« des WTC-Nordturms? Der Spürhund war an jedem Tag im Einsatz, um mit seiner feinen Nase nach Sprengstoff zu suchen, dort unten, in den Untergeschossen und an der Einfahrt zum Parkhaus. Konnte ihm eine Bombe entgangen sein? Das zumindest glaubte anfangs David Lim, der seit vielen Jahren im World Trade Center tätig ist. Als er eine mächtige Detonation hörte, kam ihm dieser Gedanke sofort, und zweifellos musste er an das Attentat von 1993 denken. Wie er später erfuhr, hatte er den Einschlag des Flugzeugs gehört, so sagt er. Und wenn es doch etwas anderes war? Nur:

Wie konnte der Sprengstoff an einem Spürhund vorbeigeschmuggelt werden? Kritiker erklären, mit diesem Problem sei die gesamte Theorie einer kontrollierten Sprengung im WTC hinfällig. Lim steht bereits seit 1980 in Polizeidiensten, seit 1996 für die K-9-Abteilung mit ihren Spürhunden. Mit »Sirius«, der am 11. September 2001 unter den Trümmern des World Trade Centers starb, arbeitete er seit März 2000, also anderthalb Jahre. Die Situation im WTC erscheint zu komplex, um eine hundertprozentige Kontrolle zu schaffen oder auch genau zu wissen, welche Veränderungen im zeitlichen oder räumlichen Umfeld, vor allem langfristig betrachtet, stattgefunden haben. Auch sind längst nicht mehr alle Vorfälle bekannt oder sämtliche Daten zu Kontrollen verfügbar. Eine grundlegende Recherche wird sich schwer durchführen lassen und Beweise liegen hier nicht vor. Die Checklisten und Logbücher können absichtlich fehlerhafte Eintragungen enthalten, genau wie nachweislich auch Krankenakten, Regierungsdokumente, geheimdienstliche und militärische Papiere zu Vorfällen manipuliert wurden. Wir wissen daher nicht tatsächlich über die Kontinuität Bescheid. Gab es stets Ersatz, wenn der Spürhund zum Tierarzt musste? Wurden die Kontrollen ausnahmslos bei sämtlichen Fahrzeugen durchgeführt oder gab es Ausnahmen, beispielsweise bei offiziellen Regierungsfahrzeugen? Vor allem aber ein Aspekt dürfte entscheidend sein: War »Sirius« auch für exotische Sprengstoffe wie Superthermit ausgebildet? Die Tiere reagieren mit ihren feinen Nasen durchaus spezifisch, darin liegt ein wesentlicher Teil ihrer Aufgabenstellung. Nicht umsonst werden den Hunden während ihres Trainings beispielsweise nicht allein Komponenten des herkömmlichen Sprengstoffs TNT vorgelegt, sondern das Material in seiner vollständigen Zusammensetzung. Die Spürhunde werden also mit authentischem Explosivstoff konfrontiert. Denn Abweichungen vom Original können zu Fehlergebnissen führen. In solchen Aspekten könnte, wohlgemerkt: könnte, der Grund liegen, warum »Sirius« nicht auf die Substanz ansprach. Wenn er überhaupt zum Test eingesetzt wurde. Denn auch hier dürften Ausnahmen die Regel bestätigen.

David Lim berichtet nichts über weitere Explosionen. Allerdings gibt es eine ganze Reihe anderer Zeugen – nach und nach äußerte sich eine zunehmende Zahl von Überlebenden diesbezüglich positiv. Der prominenteste ist sicherlich William Rodriguez. Er schwört felsenfest, eine Explosion aus dem Untergrund unter dem B1-Level vernommen zu haben, in dem er sein Büro besaß. Einige zweifeln seine Geschichte an und bezeichnen ihn als Lügner, der nur daran interessiert sei, 9/11 sehr gewinnbringend zu vermarkten. Sein Show-Gehabe in der Öffentlichkeit mag einige dieser Anfeindungen mit ausgelöst haben. Nicht zuletzt bezweifeln einige Skeptiker auch, dass das Drama um Felipe David sich tatsächlich so wie geschildert zugetragen hat. Sicher erinnern Sie sich, jener Mann, der mit schwersten Verletzungen aus den Stockwerken unter dem Hausmeister-Büro von Rodriguez kam und verzweifelt von einer Explosion sprach. Hier endet also plötzlich das Feingefühl gegenüber den Opfern. Doch wurde David wegen seiner Verbrennungen im New York Hospital behandelt, außerdem gibt es auch für diesen Vorfall weitere Zeugen. So sah auch der Bürobote Kenneth Johannemann jenen Mann, dessen Gesichtshaut herabhing.

Leider ergab sich nicht die Gelegenheit, einige weitere klärende Fragen an David Lim zu richten und eventuell das Rätsel zu lösen, wie es zu den offenbar widersprüchlichen Wahrnehmungen der beiden befreundeten WTC-Mitarbeiter Rodriguez und Lim kam. In Anbetracht des Drucks, der auf manche Zeugen ausgeübt wurde, wäre Ähnliches auch hier denkbar. Vor allem, wer in einem gut bezahlten Job tätig ist und eine Familie zu ernähren hat, wird sicher nicht zuviel aufs Spiel setzen wollen. Hier soll es nicht darum gehen, David Lim in ein ungünstiges Licht zu rücken, doch ganz nüchtern betrachtet, besteht die Möglichkeit, dass er verschiedene

Gründe haben könnte, sich nicht der Öffentlichkeit und bestimmten Gefahren auszusetzen. Lim sagt klar und deutlich, dass er stolz auf seinen Beruf sei. Wer würde ihm verdenken, sich keinem diesbezüglichen Risiko aussetzen zu wollen? David Lim wurde an der *341. Training Squadron* (TRS) auf der *Lackland Air Force Base* in Texas zum K-9-Officer ausgebildet – das militärische Spürhund-Programm des US-Verteidigungsministeriums liegt in der Hand der US-Luftwaffe. Später wurde Lim dann Polizeibeamter bei der New Yorker Hafenbehörde, der *Port Authority*, die auch für den WTC-Komplex zuständig war. Nur nebenbei bemerkt: Den einen oder anderen mag interessieren, dass die Hälfte aller Bevollmächtigten der *Port Authority* von Nelson Rockefeller ernannt wurde. Laut einer PA-Pressemitteilung vom 7. Oktober 2002 erhält ein Police Officer der *Port Authority* ein Einstiegsgehalt von rund 32 000 US-Dollar, das sich nach fünf Jahren auf gut 70 000 US-Dollar verdoppelt. Ein ohnehin loyaler Mitarbeiter würde diese Sicherheit nicht ohne weiteres aufs Spiel setzen.

Grausige Fundstücke

Wir haben festgestellt, dass sehr viele Details und Fakten für eine Sprengung des World Trade Centers sprechen. Ob nun in diesem Buch oder aber ganz allgemein mit Blick auf das Thema, es ist unmöglich, alle Aspekte anzusprechen. Es ist nicht möglich, ins Detail der offiziellen Aussagen zu gehen oder aber ins Detail zahlreicher unabhängiger Untersuchungen. Auch zur Frage der kontrollierten Sprengung gibt es noch sehr viele wesentliche Erkenntnisse, zusätzliche Hinweise und Indizien. Seien es Berechnungen von Physikern, die zeigen, dass die vorausgesetzten Energien – kinetisch durch den Aufprall der Flugzeuge, thermisch durch die Brände, gravitativ durch den Kollaps – nicht annähernd ausreichten, um die beobachteten Effekte zu bewirken. Auch die Energien, mit denen die Trümmerteile weggesprengt wurden, müssen laut Ansicht verschiedener, wenn auch nicht aller Fachleute, eine explosive Ursache gehabt haben. Vor allem stellt die Entdeckung zahlreicher Knochenfragmente die offizielle These erneut vor Probleme. Mehr als tausend 9/11-Opfer haben sich ganz offenbar in Luft aufgelöst, ihre Überreste sind bis heute nicht gefunden worden. Doch rund ein Jahr nach der Katastrophe wurden, wie bereits erwähnt, im Gebäude der zu Ground Zero benachbarten Deutschen Bank mumifizierte Fragmente menschlicher Körperteile entdeckt, die wohl durch explosionsartige Prozesse dort hingeschleudert wurden. Im September 2005 kamen auf dem Dach des Gebäudes weitere solcher grausigen Fundstücke zum Vorschein. Später

Abb. 54: Das Bankers Trust Building (Deutsche Bank) wurde beim Einsturz des Südturms von Perimetersäulen getroffen. Im Inneren des Gebäudes sowie auf dem Dach fanden Untersucher noch Jahre nach 9/11 unzählige winzige Knochensplitter von Opfern – Funde, die auf eine heftige Detonation im Südturm hindeuten. Im August 2007 brannte dieses seit damals leer stehende, hochtoxische Gebäude. Offizielle Stellen betonten wohl mit Bedacht, einen Einsturz zu befürchten, doch nichts dergleichen geschah. Das Gebäude wird übrigens Stockwerk um Stockwerk abgetragen, nicht zuletzt, weil selbst eine kontrollierte Sprengung in einem derart dicht bebauten Gelände folgenreiche Begleitschäden mit sich bringen dürfte.

stießen Arbeiter noch wiederholt auf winzig kleine Knochensplitter – bisher rund 700 Stück. Dieser Grad der Zertrümmerung wird auf explosive Vorgänge zurückgeführt. Wären die Gebäude rein infolge internen Stabilitätsverlustes durch Kollision und Feuer in die Tiefe gesackt, hätten sie die eingeschlossenen Opfer mit den Trümmern nach unten gerissen, jedoch nicht geradezu zerhäckselt und über weite Strecken auf andere Hausdächer geschleudert. Auch die extreme Pulverisierung von Beton und Glas lässt sich nicht durch einen »gewöhnlichen Kollaps« erklären. Die gigantischen Wolken, die von beiden Türmen während ihres Zusammenbruchs ausgingen, sorgten nicht nur wegen ihrer Größe und Gewalt bei einigen fachkundigen Beobachtern für Skepsis, auch die Struktur und die gesamte Dynamik dieser dämonischen Gebilde lässt Rückschlüsse auf ihre Entstehung zu. Staubwolken dieser Art entstehen in der Natur nur bei Vulkanausbrüchen und ähneln auch Trübeströmen (*Turbidideströmen*), die laut Auskunft einer gut befreundeten Geologin allerdings nur unterirdisch vorkommen, so dass ein Vergleich nicht sinnvoll ist. Doch bewegten sich die dichten Wolken sehr schnell und wie eine Flüssigkeit durch die City von Manhattan, sie rollten sogar aufs offene Meer hinaus. Neben den natürlichen Entstehungsursachen bilden sich Wolkenströme dieser Art nur bei Explosionen.

Gebäude Sieben

Totalkollaps in 6,6 Sekunden

Am 11. September 2001 stürzten nicht nur die beiden größten Wolkenkratzer New Yorks vollständig und nach neuesten unabhängigen Erkenntnissen durch kontrollierte Sprengungen ein, es kollabierte noch ein drittes Gebäude des WTC-Komplexes in Sekundenschnelle und mit atemberaubender Präzision: das Gebäude Nummer 7.

Filmsequenzen des Einsturzes sagen mehr als tausend Worte, und jeder, der diese Bilder auch nur einmal gesehen hat, wird eine kontrollierte Sprengung vermuten. Wer sie sich dann oft und möglichst genau ansieht, wer darüber hinaus einige Begleitumstände betrachtet und auch fachliche Bewertungen mit einbezieht, wird in seiner ursprünglichen Ansicht noch weiter bestätigt.

WTC 7, das Salomon Brothers Building (Salomon Smith Barney), war nicht von einem Flugzeug getroffen worden. So besitzt es wie die beiden WTC-Haupttürme eine Stahlkonstruktion. Dennoch stürzte es vollständig und innerhalb von nur 6,6 Sekunden ein, absolut symmetrisch und mit nur geringen Begleitschäden im dicht bebauten Gelände. Auch die riesigen Zwillingstürme hatten durch den Kollaps vergleichsweise geringe Schäden in ihrem Umfeld bewirkt. Kritiker der alternativen »Verschwörungstheorie« führen oft als Beleg gegen eine kontrollierte Sprengung an, dass es sehr wohl großflächige Zerstörungen gab, wodurch zahlreiche andere Gebäude schwer beschädigt wurden. Diese Argumentation ist in mehrfacher Hinsicht interessant. Zum einen als eigenständig zu prüfende Aussage, zum anderen aber auch im Kontext mit anderen Argumenten jener »controlled-demolition«-Gegner. Denn sobald es um die Fragwürdigkeit eines rein durch die Flugzeugkollision ausgelösten Kollapses geht, weisen sie unter anderem wiederholt auf die Einzigartigkeit der Gebäude und des gesamten Vorgangs hin. Natürlich haben sie damit grundsätzlich Recht, denn nie zuvor kollabierten Wolkenkratzer dieser Extremkategorie. Hier stürzten Gebäude mit einer Höhe von über 400 Meter ein. Aber gerade diese Besonderheit musste selbst bei einer kontrollierten Sprengung in jenem dicht bebauten Gelände zu unvermeidlichen Begleitschäden führen. Wir sprechen von den höchsten

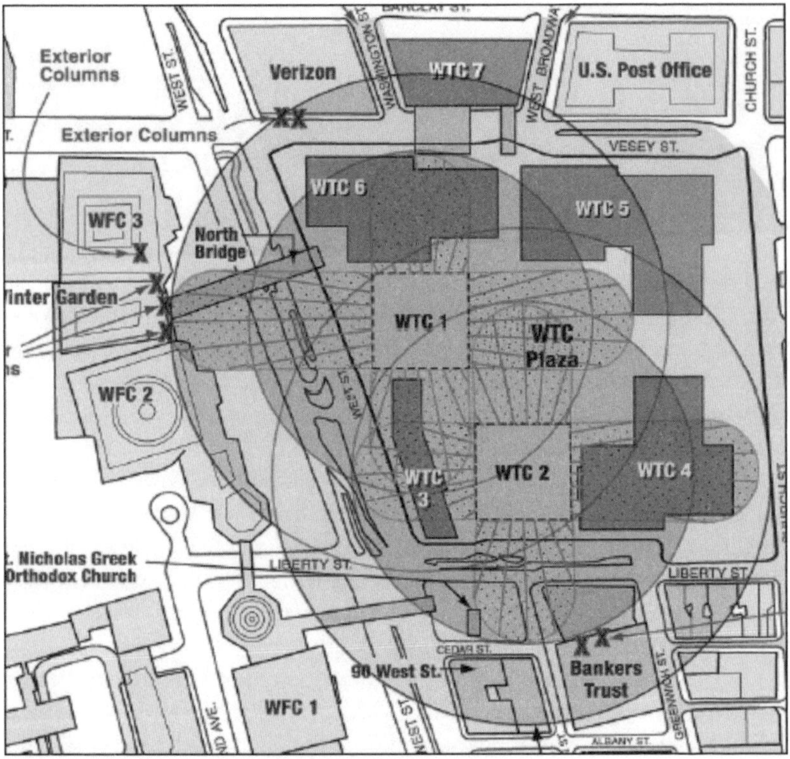

Abb. 55: Die Grafik zeigt das Areal um Ground Zero sowie die dort entstandenen Schäden, wie sie vor allem durch herabstürzende Perimetersäulen verursacht wurden. Die Kreuze markieren Gebäudetreffer.

Wolkenkratzern mitten in Manhattan, nicht von einer alten Fabrik auf freiem Gelände oder einem Strandhotel! Wir wissen, dass einige Städte kontrollierte Sprengungen sogar ablehnen, da sie mit Begleitschäden an kritischen Objekten, beispielsweise historisch wertvollen Nachbargebäuden rechnen. Sie sehen also, dass auch kontrollierte Sprengungen bei bester Vorausplanung keine Garantie für eine Schadensbegrenzung auf das Zielobjekt darstellen. In Anbetracht der Hintergründe – sprich: eines Ereignisses, das der Weltöffentlichkeit als terroristische Luftattacke präsentiert werden sollte – wäre im Übrigen die Idealform einer kontrollierten Sprengung nicht einmal wünschenswert gewesen. Zu einer ähnlichen Schlussfolgerung gelangt auch der heiß umstrittene amerikanische Autor Eric Hufschmid: »Bei einer konventionellen Sprengung werden die Sprengstoffladungen so gezündet, dass der unterste Teil des Gebäudes zuerst zusammenbricht«, so schreibt Hufschmid in seinem interessanten Buch *Painful Questions* (*Schmerzhafte Fragen*) und fährt fort: »Der Sinn ist es, das Gebäude erst senkrecht einstürzen zu lassen, anstatt es zum seitlichen Fall zu bringen. Außerdem wollen Leute, die den Gebäudeabriss bezahlen, so wenig Sprengstoff wie möglich verwenden, um Zeit und Geld zu sparen. Eine kleine Menge an Sprengladungen führt zu großen übrig bleibenden Gebäudeteilen. Die Gebäude verwandeln sich nicht in Pulver. Pulver ist eine Nebenwirkung und nicht der Zweck einer Sprengung. Abrissunternehmen versuchen, die Entstehung von Pulver zu reduzieren, weil es die Gegend verschmutzt ... Die Sprengung der Türme ähnelte keinem konventionellen Abriss, weil es kein konventioneller Abriss war. Die Sprengstoffexplosionen in den Türmen versuchten einen Einsturz zu simulieren, den man auf Grund des Feuers und der Flugzeugeinschläge vermuten konnte.«

Wie hoch der eigentliche Bedarf war, die Zerstörungen im Umfeld so gering wie möglich zu halten, bleibt spekulativ. Dieser Aspekt dürfte in Anbetracht eines Komplotts von solch extremer Dimension wohl eher sekundär sein. Jedenfalls dürfte feststehen, dass die definitiv asymmetrischen Schäden an WTC 1 und WTC 2 auch einen asymmetrischen Kollaps zur Folge gehabt hätten, wären keine kontrollierten Sprengungen erfolgt. Sie führten dazu, dass die jeweils unterhalb der stürzenden Massen befindlichen Stockwerke durch kurz zuvor vorausgehende Sprengungen bereits instabil wurden, bevor die kollabierende Stoßfront sie erreichte. Die dem Gesetz der Fallbeschleunigung folgende Detonationsfolge mit stets kürzeren Impulsen führte zum gewünschten Ergebnis des totalen Kollapses. Noch einmal: Die Symmetrie des Zusammenbruches zweier Gebäude mit über 60 Meter Kantenlänge war auch für Fachleute mehr als erstaunlich, vor allem beim deutlich asymmetrischen Sturz des als Ganzes verkippenden oberen Segments von WTC 2. Dass einige hoch aufragende Perimeterabschnitte der Gebäude auch seitlich wegkippten und Schneisen in die umliegenden Hochhäuser rissen, darunter auch in das Deutsche-Bank-Gebäude (Bankers Trust Building) oder das Verizon-Building direkt neben WTC 7, war unvermeidlich. Es ist jene Gesellschaft, deren *Airphone-Service* auch einige Anrufer aus den entführten Verkehrsmaschinen nutzten.

Ein großes Problem

Das 47-stöckige und 186 Meter aufragende WTC 7 befand sich nordöstlich des Nordturms. Zwischen beiden Wolkenkratzern lag noch das Gebäude

WTC 6, das weit massiver vom Zusammenbruch des nördlichen Towers betroffen war. WTC 7 wurde sogar laut offizieller Darstellung nicht von Perimeterstrukturen getroffen. Aufnahmen zeigen geringe Brände auf der nordöstlichen, dem Nordturm abgewandten Seite. Die wenigen Ansichten der zugewandten Seite lassen keine wirklich sichere Interpretation der Situation zu, da dieser Teil von starken Rauchwolken eingehüllt ist. Deren Herkunft wird zwar aus nahe liegenden Gründen den Bränden im WTC 7 zugeschrieben, doch ist diese Feststellung nicht gesichert. Auf einigen Bildern wird ein Loch im Mittelteil von WTC 7 erkennbar, allerdings erreicht auch dieser Schaden offenbar nicht den beobachteten Zerstörungsgrad anderer Gebäude, die nicht kollabierten und ebenfalls massive Schneisen in der Struktur erkennen lassen. WTC 3, 4, 5 und 6 umgaben die beiden Zwillingstürme unmittelbar. Die herabstürzenden Trümmer zerpflügten die vier Bauten regelrecht, dennoch blieben ihre Wände und deutliche Reste des Stahlgerippes stehen. Diese Beispiele zeigen deutlich, wie viel selbst von extrem schwer betroffenen Gebäuden übrig bleibt, sofern sie nicht gesprengt werden. Angeblich seien die vier Gebäude jedoch nicht mit WTC 7 zu vergleichen, da dessen enorme Bauhöhe zu einer weit höheren strukturellen Belastung führte und somit weitaus gefährdeter war, so entgegnen inoffizielle Verteidiger der offiziellen Version. Allerdings versäumen sie zu erwähnen, dass die gesamte Konstruktion hinsichtlich ihrer Stabilität selbstverständlich der Bauhöhe angepasst sein muss, weshalb das Argument nicht zu greifen scheint. Und die Verfasser des offiziellen *9/11-Commission Report* (= *Kean Report*) verlieren sogar überhaupt kein Wort zum Kollaps von WTC 7 – das Thema findet keinerlei Erwähnung in dieser offiziellen Studie, die von unabhängigen Untersuchern wegen zahlreicher Verfälschungen und Auslassungen nicht zu Unrecht auch als *9/11-Omission Report* betitelt wurde – der *9/11-Auslassungsbericht.* Hier werden nur zwei von insgesamt drei kompletten Gebäudeeinstürzen erwähnt. Der Schweizer Historiker Georg Kreis von der Universität Basel bringt es auf den Punkt, wenn er deutliche Schwierigkeiten darin sieht, einen solchen Report als solide historische Quelle für ein derartiges Monumentalereignis einzustufen.

Ein abschließender offizieller Bericht zum Totalkollaps von WTC 7 liegt insgesamt noch von keiner Behörde vor, seine Publikation hat sich massiv verzögert. Bisher weiß niemand, warum dieses Gebäude kollabierte. Ein entsprechender Abschlussbericht von NIST lässt ebenfalls immer noch auf sich warten. Ursprünglich sollte er längst erschienen sein. Zum Stand vom Frühherbst 2007 bleibt nur zu sagen, dass der Report weiterhin unveröffentlicht ist.

Ein von der Notstandsbehörde FEMA publizierter Bericht scheint eine ausführliche Analyse zu bieten, enthält allerdings wiederum Verfälschungen und irreführendes Bildmaterial. Eine Fotografie zeigt Manhattans Skyline und hier vor allem eine dichte graue Wolke, die genau von der Position des WTC 7 aufsteigt. Demnach würde man davon ausgehen, dass hier, an dessen Südseite, heftige Brände wüteten. Anhand der relativen Gebäudepositionen und mittels Luftaufnahmen lässt sich der Aufnahmestandort ermitteln. Das Bild muss von einem Boot aus gemacht worden sein, mitten im Hudson River. Genau von diesem Blickwinkel aus befand sich WTC 7

Abb. 56: WTC 7 wurde nicht von einem Flugzeug getroffen, dennoch fiel es am 11. September 2001 in sein eigenes Fundament. Der Kollaps ging beinahe mit Fallgeschwindigkeit einher, nach nur 6,6 Sekunden blieb nichts mehr von diesem Gebäude übrig. Eine kontrollierte Sprengung? Die Aufnahme zeigt WTC 7 im Meer aus Staubwolken, unmittelbar nach dem Zusammenbruch des Nordturms.

exakt hinter den bereits zerstörten Zwillingstürmen. Der sichtbare Rauch stammt nicht von WTC 7, sondern von WTC 1 und 2, soll jedoch suggerieren, dass Gebäude 7 lichterloh brannte. Mit WTC 7 gibt es eben mindestens *ein* großes Problem. Wenn hier nachweislich etwas an der offiziellen Geschichte nicht stimmt, dann darf davon ausgegangen werden, dass auch etwas an der übrigen offiziellen Geschichte von 9/11 nicht stimmt. Nicht umsonst dauert und dauert es mit endgültigen Aussagen; die öffentlichen Stellen tun sich sichtlich schwer mit akzeptablen Erklärungen. Im März 2006 musste selbst Dr. S. Shyam Sunder, der Leiter von NISTs WTC-Untersuchung, über den Stand der Nachforschungen eingestehen: »Wir studieren die Horizontalbewegung Ost nach West ... auf den Stockwerken fünf bis sieben ... Doch ehrlich gesagt, ich weiß es nicht. Wir haben Probleme, WTC 7 in den Griff zu bekommen.« Diese Aussage ist umso interessanter, als die Verteidiger der offiziellen Theorie bereits weiter zu sein scheinen, indem jener Kollaps für sie zweifellos das Ergebnis der herabfallenden Trümmer von WTC 1 sowie der angeblich intensiven Feuer war.

Tatsächlich ist nicht erkennbar, *warum* das Gebäude einstürzte, deutlich erkennbar ist nur, *dass* es einstürzte, und zwar extrem symmetrisch. Die Brände begannen offenbar kurz nachdem der Nordturm fiel. Hierbei soll es auch zu den enormen Schäden gekommen sein. Doch die Brände sind nicht definitiv nachgewiesen und WTC 7 stürzte erst um 17.20 Uhr ein, ziemlich genau sieben Stunden nachdem der Nordturm kollabiert war. Vielen fällt entsprechend schwer zu glauben, dass die beiden zeitlich weit auseinander liegenden Ereignisse verknüpft waren. Vom drohenden Einsturz des WTC 7 waren die Behörden offenbar sehr bald überzeugt. Zumindest wurde Captain Michael Currid von der *Uniformed Fire Officers Association* bereits bald nach Einsturz des Nordturms von einem nicht namentlich genannten Mitarbeiter des städtischen Notstandsbüros gewarnt, WTC 7 befinde sich in ernsthafter Gefahr zu kollabieren. Das Gebäude sei ein verlorener Fall, und »wir sollten niemand weiteren bei dem Versuch verlieren, es zu retten«.

WTC 7 – kein gewöhnliches Gebäude

Auch New Yorks Bürgermeister Rudolph Giuliani hielt sich am 11. September zu keinem Zeitpunkt in der permanent installierten Notstandszentrale von WTC 7 auf, sondern vielmehr in einer zunächst geheim gehaltenen, provisorischen Zentrale, einem leerstehenden Feuerwehrhaus an der Ecke Houston Street/Sixth Avenue. Die ursprüngliche Zentrale befand sich auf dem 23. Stock des WTC 7, einer mit einer Spezialverglasung ausgestatteten

Etage, die ihre eigene Sauerstoff- und Wasserversorgung besaß, ebenso ihren eigenen Generator.

Das Gebäude zeichnete sich noch durch andere Besonderheiten aus, sowohl hinsichtlich der Mieter als auch hinsichtlich der Konstruktion. Gerade der zweite Aspekt dürfte wohl eine bedeutsame Rolle in der offiziellen Abschlussdiskussion spielen. Schon jetzt schreiben vorläufige Berichte von FEMA & Co. den vollständigen Kollaps genau jenen strukturellen Besonderheiten zu. Das von der *Port Authority* gebaute und seit 1987 im Besitz von Larry Silverstein befindliche Gebäude war seinerzeit über einem mehrere Stockwerke tiefen *Con-Edison*-Umspannwerk errichtet worden. Dessen Transformatoren waren für die Absenkung der Hochspannung aus den Überlandleitungen zuständig. Für den Fall eines Zusammenbruchs des Stromnetzes standen Generatoren zur Verfügung, die von einem gebäudeinternen Reservoir mit insgesamt 159 000 Litern Dieselkraftstoff gespeist werden konnten. Ob das Öl von den Feuern in den höheren Etagen entzündet wurde, steht nicht fest. Das wegen des darunter liegenden Umspannwerkes ungewöhnliche Design von WTC 7 muss laut NIST auch entscheidend für den Kollaps gewesen sein. Demnach trugen die Hauptpfeiler konstruktionsbedingt extreme Lasten: »Unsere vorläufigen Analysen zeigen: Wenn man eine einzige Säule aus einem der unteren Stockwerke entnimmt, könnte das einen vertikal voranschreitenden Kollaps verursachen, so dass die gesamte Sektion herunterkommt«, statuiert Shyam Sunder von NIST. Doch nichts Gewisses weiß man eben nicht. Und zudem bestehen noch einige prinzipielle Unklarheiten beim buchstäblich »besonderen Fall« von WTC 7.

Gebäudepläne zeigen ein besonders stabiles Netz von Querträgern im unteren Bereich, zudem massive Säulen, deren Reihen sich auch durch die bereits erwähnte *Con-Ed*-Station aus dem Jahr 1967 zogen. Diese Substruktur war dafür ausgelegt, später ein Gebäude zu tragen. Im Gegensatz zu einer FEMA-Aussage war die ursprünglich eingeplante Fläche nicht kleiner als der Grundriss des WTC 7. Angeblich hatte Silverstein sich später entschieden, ein flächenmäßig wie auch bezüglich der Bauhöhe größeres Gebäude zu errichten. Tatsächlich aber fällt die Grundfläche von WTC 7 kleiner aus. Die Tragfähigkeit des Gebäudes ist auch aus seiner baulichen Flexibilität ersichtlich. 1989 entschloss sich der Hauptmieter – *Salomon Brothers* –, das Gebäude den speziellen Firmenbedürfnissen anzupassen. Damals wurden drei Etagen entfernt, um Stockwerke von doppelter Höhe zu schaffen. Ein Silverstein-Manager veranschaulichte die Sachlage mit den Worten: »Im Wesentlichen errichtete Salomon ein Gebäude innerhalb eines Gebäudes – und es handelte sich um ein genutztes Gebäude, was die Situation verkomplizierte.« Laut Larry Silverstein selbst war dies überhaupt nur möglich, weil das Design erlaubte, »komplette Etagenteile ohne eine Beeinflussung der strukturellen Integrität des Gebäudes zu entfernen«.

Diese Äußerung spricht für die Tragfähigkeit von WTC 7.

Gegenüber dem konservativen Magazin *Popular Mechanics* erklärte NIST, dass WTC 7 beim Kollaps des Nordturms »mit der Gewalt einer vulkanischen Eruption getroffen wurde«. Der Vergleich mag hinsichtlich des Vorgangs im Wortsinne treffend sein. Erinnern wir uns nur an die einzigartigen Explosionswolken, die sich wie Trübeströme bewegten und deutlich an einen Vulkanausbruch erinnerten. Gerade sie gelten als Indiz für die zusätzliche Verwendung von Sprengstoffen. Wer aber von ungleichmäßig verteilten Gebäudeschäden und Feuern ausgeht, wird auf noch größere Schwierigkeiten stoßen, den absolut symmetrischen Kollaps von WTC 7 zu erklären. Der NIST-Forscher Frank Gayle wurde einmal darauf angesprochen und antwortete: »Vergessen Sie nicht, die Gravitation ist symmetrisch.« Eine geradezu unfassbare Antwort! Somit bedürfte es bei keiner Gebäudesprengung exakter Vorbereitungen, man könnte die Ladungen völlig ungleichmäßig verteilen, müsste keine Eigenheiten der Gebäude berücksichtigen, der Kollaps erfolgte stets gleichförmig.

Die ungeliebte Wahrheit

Abgesehen von allen bisher angesprochenen Merkwürdigkeiten rund um den Kollaps von WTC 7: Auch seismische Messungen deuten auf mindestens zwei Detonationen hin, eine Tatsache, die sich nicht ohne weiteres erklären lässt. Auf den diversen Filmsequenzen, die zeigen, wie das Gebäude in sich zusammensackt, sind gleichfalls mehrere Phasen zu sehen. Zwar stürzt das Gebäude anders als die Zwillingstürme von unten her ein, doch geben zunächst die Penthouse-Bereiche nach. Sie sacken nach innen, verschwinden unter der Dachlinie, die dem Sturz dann folgt. Außerdem bildet sich kurz vor dem Totalkollaps ziemlich genau in der Gebäudemitte ein Knick beziehungsweise eine Einbuchtung, ähnlich wie bei einer kontrollierten Sprengung. Sie entsteht durch einleitende Detonationen, die das Gebäude zentral destabilisieren sollen, um es anschließend in sich selbst zusammenbrechen zu lassen, anstatt weitflächig Schäden anzurichten. Um 17.20 Uhr, nachdem sich bereits seit Stunden niemand mehr in WTC 7 befand, kollabierte das Gebäude wie schon erwähnt innerhalb von nur 6,6 Sekunden, was wiederum einem freien Fall entspricht. Hier gab es wenigstens keine Opfer zu beklagen.

Als Professor Steven Jones beim TV-Sender MSNBC zu Gast war, sollte eigentlich auch eine Filmsequenz eingespielt werden, die den Kollaps von WTC 7 zeigte und von Prof. Jones kommentiert worden wäre. Diese Aufnahmen waren öfters durch die Medien gegangen und hatten auch bei Kommentatoren für einige Verwirrung gesorgt. Denn dass eine Stahlkonstruktion durch offenbar relativ geringfügige Brände einstürzt, wäre an sich schon eine bis dahin nicht gekannte Beobachtung gewesen. Doch die Gleichförmigkeit und Geschwindigkeit des Kollapses ließ vielen den Atem stocken. Prof. Jones hätte den unglaublichen Vorgang natürlich eingehend kommentiert und damit durchaus erneut für unerwünschtes Aufsehen gesorgt.

Immerhin wäre eine kontrollierte Sprengung des WTC 7 ein entscheidendes Moment bei der gesamten Diskussion um 9/11. Wenn hier manipuliert wurde, dann wohl auch beim Nordturm, beim Südturm, beim Pentagon … überall. Die Wahrheit des 11. September, sie würde dem Terror eine andere Dimension verleihen – jene des »Inside Job«, jener Bedrohung von innen. Und wenn der Feind in den eigenen Reihen saß, wenn er das Inferno von 9/11 entfesselte, so wäre spätestens diese Entdeckung mit dem Sündenfall der US-Regierung und der US-Geheimdienste gleichzusetzen. Und das Gesicht des Terrors wäre spätestens seit jenem Zeitpunkt janusköpfig. Denn wenn es offiziell das Konterfei bin Ladens trüge, so würde das andere Gesicht des Terrors wohl doch auffallend George W. Bush ähneln.

Durch das Jones-Interview bei MSNBC wäre die Diskussion sicherlich wieder angeheizt worden. Doch der Professor kam nicht dazu, den Totalkollaps von WTC 7 zu kommentieren. Ebenso, wie man ihn schon rüde unterbrach, als er über Thermit zu sprechen begann, stieß er auch hier auf Schwierigkeiten – diesmal technischer Natur. Der Film wollte einfach nicht starten. Zufall oder Notwendigkeit? Das einzige, was der Zuschauer nun zu sehen bekam, war ein Standbild von WTC 7. Wiederholt bat Steven Jones seinen Moderator Tucker Carlson, nun den Film zu starten:

Jones: Lassen Sie uns jetzt mit dem Kollaps von Gebäude 7 beginnen. Können Sie das Video abspielen, das ich Ihnen zugeschickt habe?

Carlson: OK. Ich bin nicht sicher, ob wir das können, aber das ist das World Trade Center. Es ist kleiner als die anderen beiden und wurde nicht von einem Flugzeug getroffen.

Jones: Lassen Sie es uns versuchen.

Carlson: Natürlich, es stürzte zusammen.

Jones: Richtig. Es besaß 47 Stockwerke.

Carlson: Das stimmt.

Jones: 24 Stahlsäulen im Zentrum.

Carlson: Richtig.

Jones: Asymmetrisch gestützte Trägerbalken. Nun, ich kann nicht sehen, was Sie sehen. Zeigen wir jetzt den Film?

Carlson: … die wie ich denke konventionelle Erklärung ist, dass es dort auf den niedrigeren Etagen einen großen Treibstofftank, gefüllt mit Dieselöl gab, der Feuer fing. Durch das resultierende Feuer kollabierte das Gebäude.

Während Carlson diese abschließenden Worte sprach, war weiterhin nicht mehr als das Standbild von WTC 7 zu sehen.

Am nächsten Tag sprach Carlson noch kurz einige Reaktionen auf das Interview an und meinte nur: »Wenn Sie dies wirklich vermuteten – oder es sogar als Möglichkeit in Erwägung zögen –, wie könnten Sie dann weiter hier leben? Sie könnten es nicht. Sie würden die Vereinigten Staaten mit dem nächsten verfügbaren Flug verlassen und nicht mehr zurückkehren.«

Warum WTC 7 zerstört werden musste

Wenn 9/11 tatsächlich ein hinterhältiger, kaltblütiger Plan war, hinter dem zu großen Teilen auch Kräfte innerhalb der US-Regierung standen, dann stellt sich nicht zuletzt auch die Frage, warum die Verschwörer es nicht bei den Zwillingstürmen beließen, sondern auch WTC 7 dem Erdboden gleichmachten. Die Gesamtwirkung wäre ohne dessen Zerstörung nicht anders ausgefallen. Das belegt auch eine Umfrage vom Mai 2006, der zufolge 43 Prozent aller Amerikaner erklärten, noch nie etwas von Gebäude 7 gehört zu haben. Im Fernsehen waren ohnehin vor allem die beiden Flugzeugkollisionen sowie der Kollaps der Haupttürme präsentiert worden, einmal abgesehen vom Einschlag im Pentagon. Immerhin 42 Prozent der Amerikaner glaubten an eine Vertuschung durch offizielle Stellen. Wenn aber auffallend viele Menschen nie etwas über WTC 7 gehört hatten und auch die Medien kaum darum bemüht waren, den dritten Gebäudekollaps jenes Tages an die Öffentlichkeit zu bringen, so demonstriert dies nur einmal mehr die weitreichende Steuerung durch die Massenmedien. WTC 7 wurde gewiss nicht zur Propaganda im beginnenden Kampf gegen den Terror eingesetzt. Der Einsturz von WTC 7 sollte ganz im Gegenteil offenbar gar nicht weiter in die Diskussion rücken. Er blieb schlicht und ergreifend ein Nebenschauplatz von 9/11, wurde von den anderen Hauptkatastrophen übertüncht. Ohnehin gehörte alles zusammen und kaum jemand fragte im allgemeinen Aufruhr danach, welche Gebäude außer WTC 1 und 2 zerstört oder beschädigt wurden. Nachdem die beiden Giganten gestürzt waren, schien nichts mehr unmöglich. Schon gar nicht, dass eines der benachbarten Gebäude mit in die Tiefe gerissen werden konnte. Die Frage nach dem

Warum dieser hausgemachten Nebenkatastrophe führt uns zu den Mietern in WTC 7. Wie schon öfters angesprochen, war *Salomon Brothers* der Hauptmieter. Neben einigen Banken und Versicherungen sowie der Notstandszentrale des Bürgermeisters (Etage 23) finden wir gleich eine ganze Reihe außergewöhnlicher »Bewohner« dieses Gebäudes, darunter die CIA (Etage 25), das US-Verteidigungsministerium (ebenfalls Etage 25) und den *Secret Service* (Etagen 9–10). In Räumen des WTC 7 wurden Tausende von Akten über illegale Aktivitäten und Wirtschaftskriminalität, darunter *Worldcom* und ENRON gelagert. In den Bilanzfälschungsskandal von ENRON, die sich gerne als die »weltbeste Firma« bezeichnete, war auch die Bush-Administration verstrickt. Es gibt viele hochgestellte Persönlichkeiten, die über den Kollaps von WTC 7 äußerst glücklich waren. Sie waren am 11. September 2001 wahrhaft schlagartig all ihrer Sorgen enthoben. In diesem Zusammenhang soll nicht unerwähnt bleiben, dass die Chefs derjenigen Firmen, die für die elektronische Sicherheit des WTC-Komplexes zuständig waren, nicht nur mit der US-Regierung verbunden, sondern sogar eng mit dem Präsidenten verwandt sind. Direktor der SECURACOM/STRATESEC war zwischen 1993 und 2000 Marvin P. Bush, der jüngere Bruder des US-Präsidenten. Die Firma wurde 1996 unter Vertrag genommen. Sie sollte für 8,3 Millionen Dollar bis zum Jahr 2000 ein neues Sicherheitssystem im WTC installieren. Damit nicht genug, war auch noch Wirt D. Walker III. zwischen 1999 und 2002 Generaldirektor der SECURACOM/STRATESEC. Denken wir dabei an den Doppelnamen des Präsidenten: George Walker Bush. Walker ist kein amerikanischer Vorname, sondern erinnert an Bushs Urgroßvater George Herbert Walker. Wirt D. Walker ist ein Cousin von Marvin und George Bush. Ist es bei dieser Vetternwirtschaft wirklich noch verwunderlich, wenn die Sicherheitsfirmen einzig für höhere Familieninteressen tätig wurden? Wurde während jener Jahre nicht nur ein neues Sicherheitssystem installiert, sondern auch das glatte Gegenteil – die Verkabelung für gezielte Sprengungen? Und gab es am Ende sogar noch einen weiteren Grund für die Zerstörung von WTC 7? Einige unabhängige Ermittler vermuten, dass sich in diesem Gebäude eine Steuerzentrale für die Abläufe jenes inszenierten Terrors befand, der die USA am 11. September heimsuchte.

Beseitigung von Beweisen?

Ob wir dies jemals erfahren werden, ist mehr als fraglich. Denn nicht nur, dass alle wesentlichen Operationen ganz offenbar innerhalb eines relativ kleinen Kreises umgesetzt wurden, nicht nur, dass die Sprengungen die meisten Beweise ohnehin pulverisierten. Auch die Überreste der Katastrophe wurden schleunigst beseitigt. Wenn wir den Hörigen des *9/11-Omission-Reports* glauben wollen, übertreiben dessen unabhängige Kritiker hier allerdings wieder einmal gewaltig. Demnach wurde genügend Material lange genug aufbewahrt, ausreichend geprüft und lediglich im Rahmen der Bergungsmaßnahmen wegtransportiert. Die vermeintlich große Stahlmenge, die eingeschmolzen wurde, stelle lediglich einen kleinen Prozentsatz des gesamten übrigen Materials dar. Auch von den Flugzeugteilen gab es keine genaue Dokumentation, obwohl laut Aussage des *Air-Force*-Colonels George Nelson jedes Flugzeugteil individuell markiert und nummeriert ist, so dass es nach einer Katastrophe nicht nur eindeutig dem Flugzeugtyp, sondern auch der spezifischen Maschine zugeordnet werden kann. Das *National Transportation Safety Board* (NTSB) untersucht beispielsweise jeden Flugzeugabsturz mit peinlicher Genauigkeit. Flugzeugtrümmer werden einzeln geborgen, selbst vom Meeresboden, aufbewahrt und in eigenen Hangars wieder genau zusammengefügt, bis die Unglücksmaschine letzten Endes soweit nur eben möglich wieder teilrekonstruiert ist. Ohne Ursachenforschung blieben technische Fehler unentdeckt, verbessernde Modifikationen an Material und Mechanik würden nicht erfolgen, Wartungen ausbleiben, womit der nächste Unfall bereits vorprogrammiert wäre. Stählerne Gebäudekonstruktionen sind im Allgemeinen weniger gefährdet als Flugzeuge. Einstürze sind eine Seltenheit. Umso bedeutsamer werden damit aber genaue Analysen, wo die strukturellen Schwachstellen lagen und wodurch die Katastrophe schließlich unvermeidlich ihren Lauf nehmen musste. Blicken wir noch einmal auf Ground Zero: Wie schon kurz erwähnt, war immer wieder von *Rescue Operations* die Rede, also von *Rettungs*-Maßnahmen. Doch warum nicht von *Bergungs-* und *Aufräum*arbeiten? Niemand konnte auch nur im Entferntesten davon ausgehen, einen einzigen Überlebenden aus den Trümmern zu retten. Doch nach Tagen, selbst nach Wochen wurde immer noch *gerettet*. Alles Macht der Gewohnheit oder vielmehr die Psychologie der Wortwahl? Durch sie schien Eile geboten. Sie war die Rechtfertigung für schnellen Abtransport, um noch an Verschüttete zu gelangen. Immer noch ging es um Leben und Tod – scheinbar. Deshalb auch wurden die Trümmer im Rekordtempo davongeschafft, zunächst auf abgesperrtes Gelände – Fresh Kills in Staten Island im Bundesstaat New York. Den Hauptentwurf für die Aufräumarbeiten auf Ground Zero legte die Firma *Controlled Demolition, Inc.* vor, Experte für kontrollierte Gebäude-Implosionen. Firmenchef Mark Loizeaux übrigens hatte kurz nach dem Kollaps des Nordturms erklärt, das Gebäude sei wie ein Seemanns-Teleskop in sich selbst zusammengeschoben worden. Dafür fehle ihm jede Erklärung. Später nahm er seine Äußerung zurück.

Von den 1,2 Millionen Tonnen Schutt auf Ground Zero bestand ein hoher Prozentsatz aus Stahl. Um ihn möglichst schnell zu entsorgen, richtete die Firma *Weeks Marine, Inc.* sehr bald zwei eigene Zwischenlager ein. Der Stahl wurde schließlich großenteils nach Asien verkauft und dort eingeschmolzen. Doch gab es für diese Eile keinerlei rationalen Grund. Zur Aufklärung dieser unvergleichlichen Katastrophe wäre normalerweise ein völlig anderes Prozedere anzuwenden gewesen. Die Position der Trümmer hätte exakt bestimmt, eine umfangreiche Fotodokumentation erstellt und jedes wesentlichere Teil beziffert werden müssen, um die Abläufe genauer rekonstruieren zu können. Eine Sisyphus-Arbeit, doch in Anbetracht des Ausmaßes und der Hintergründe von 9/11 wohl unvermeidlich.

Der demokratische Abgeordnete Anthony D. Weiner übte auf einer öffentlichen NIST-Anhörung am 24. Juni 2002 einige Kritik an der Methodik jener Vernichtung von Beweismitteln: »Als die FEMA vor zwei Mona-

Abb. 57, 58 und 59: Aufnahmen der wenigen Stahlproben des zerstörten WTC.

ten die Ergebnisse ihrer Untersuchung des World-Trade-Center-Kollapses vorlegte, hörten die Familien der Opfer sehr aufmerksam zu, in Erwartung von Antworten. Während sie heute vor Ihnen sitzen, warten sie immer noch. Als Repräsentant allzu vieler Familien, die ihre geliebten Angehörigen während jenes Kollapses verloren haben, sowie als Mitglied im Wissenschaftskommitee des Abgeordnetenhauses, nahm ich den FEMA-Bericht ebenfalls mit großem Interesse auf. Doch war ich über den Mangel an konkreten Antworten bestürzt ... Tausende von Tonnen Stahl wurden weggekarrt und wiederaufbereitet, bevor Fachleute sie prüfen und möglicherweise klärende Schlussfolgerungen ziehen konnten. Stützpfeiler, Fragmente des Feuerschutzes und sogar durchgebrannte elektrische Schalter, die Wissenschaftlern und Ingenieuren Einsichten hätten vermitteln können, gingen auf immer verloren – sogar bevor noch eine Untersuchung im Gange war. Als Ergebnis verfügen wir immer noch nicht über jene Informationen, die wir benötigen, um die Gebäude, in denen so viele New Yorker leben und arbeiten, sicherer und stabiler zu machen.« Bereits drei Monate zuvor hatte sich Weiner sogar noch deutlicher ausgedrückt: »Über 80 Prozent des Stahls des WTC sind schon verkauft worden, das meiste, wenn nicht sogar alles, bevor die Wissenschaftler und Kriminologen es untersuchen konnten.« Nicht viel anders Professor Frederick Mowrer von der Ingenieursabteilung für Feuerschutz an der Universität Maryland. Auch er fand die »Geschwindigkeit, mit der wichtige Beweise weggeschafft und recycelt wurden, erschreckend«.

Nun darüber zu diskutieren, ob hier schlichtweg tragische Versäumnisse oder aber eine absichtliche Beseitigung von Beweisen für das Geschehen verantwortlich waren, dürfte müßig sein. Doch der recht zügige Abtransport der unvorstellbar umfangreichen Stahlmengen spricht eher für eine gute Logistik als für schlechtes Krisenmanagement. Letzteres erweist sich für 9/11 als willkommenes Pauschalargument, von der verpassten Beweissicherung bis hin zum angeblichen Versagen der Geheimdienste. Wir sollten wiederum daran denken: Wenn auch nur eine einprozentige Wahrscheinlichkeit dafür bestünde, dass 9/11 nicht allein die Folge einer *Al-Qaida*-Terrorattacke war, sondern ebenfalls auf geheime Entscheidungen der US-Regierung zurückgeht, dann wäre es wohl geradezu verwerflich, die Möglichkeit zu negieren. Wer Goliath gegen David unterstützt, sollte vielleicht beginnen, sich Gedanken über sein Gerechtigkeitsempfinden zu machen. Die offizielle Darstellung benötigt keine weitere Verteidigung. Sie gilt als die akzeptierte Wahrheit, ob sie es ist oder nicht. Eine erstaunliche Zahl an Indizien spricht gegen sie, trotz ebenso zahlreicher Versuche, diese Indizien zu entkräften. Daher besitzen sie genügend Gewicht, um Kritik an der etablierten Version zu rechtfertigen. Nicht nur an der Version zum Kollaps der drei WTC-Wolkenkratzer, sondern wie wir nun sehen werden, auch an der Kollision von *American-Airlines*-Flug 77 mit dem Pentagon.

Das Pentagon-Puzzle und andere Geheimnisse

Präzisionsangriff auf *Wedge 1*

Nicht ganz eine Stunde ist vergangen, seit Flug AA 11 mit hoher Geschwindigkeit in den Nordturm raste und die Katastrophe des 11. September 2001 einleitete. Der Treffer in den Südturm liegt mehr als eine halbe Stunde zurück. Spätestens seit diesem Augenblick war der gesamten Welt bewusst: Das Unglück, das an jenem Morgen über New York hereinbrach, war kein fataler Pilotenfehler, sondern blanke Absicht – eine Attacke auf die beiden mächtigsten Symbole der Stadt.

Nun, um 9.37 Uhr, erreichten die verheerenden Ereignisse des Tages einen weiteren Höhepunkt. Auf den Straßen Washingtons herrscht um diese Zeit reger Betrieb. Fast jeder weiß, was in New York geschehen ist. In den Autoradios läuft in diesen Stunden keine Musik, ständig gehen stattdessen neue Berichte über die Attacken auf das World Trade Center ein. Auf dem Highway 27 ist der Verkehr in diesen Minuten fast zum Erliegen gekommen. Die breite Umgehungsstraße führt direkt am Pentagon vorbei, dem Hauptsitz des US-Verteidigungsministeriums (*Department of Defense*, DoD). Dieses gigantische, fünfeckige Monument gilt als eines der größten Bürogebäude der Welt. Nicht zuletzt deshalb ist sein Name zum Synonym für das amerikanische Verteidigungsministerium selbst geworden. Jede der fünf Flanken erstreckt sich über 285 Meter und ist nahezu 22 Meter hoch; rein von der Bürofläche her betrachtet, entspricht das Pentagon dreimal dem Empire State Building. Das riesige Fünfeck besteht aus fünf konzentrisch ineinander geschachtelten Gebäuden, hinter deren rund 8000 Fenstern täglich 23 000 Menschen arbeiten. Wahrhaft ein Bau amerikanischer Superlative. Auch dieses Monument ein schier unerschütterliches Symbol kaum zu überbietender Macht.

Während der morgendliche Verkehr wie ein zäher Lavastrom über den Highway kriecht, nähert sich das Unheil mit rasendem Tempo aus der Luft. Zum dritten Mal an diesem Tag. Seit anderthalb Stunden schon ist Flug AA 77 unterwegs, rund die Hälfte der Zeit scheinen rätselhafte Entführer die Maschine bereits in ihrer Gewalt zu haben. Nachdem die Boeing 757 zunächst auf das Weiße Haus zugesteuert war, dann aber im letzten Moment abdrehte, fliegt sie nun in einer Abwärtsspirale beinahe einen kompletten Kreis, wobei sie in zweieinhalb Minuten um 2100 Meter absinkt. Ein extremes Manöver.

Feuerwehrmann Allan Wallace hält sich in diesen Momenten bei einer Sicherheitsmannschaft am Helikopter-Landeplatz des Pentagons auf, der sich auf der westlichen Seite des gewaltigen Baus befindet. Als Wallace sich in die Richtung der Fassade des Pentagons begibt, sieht er, wie eine große Maschine direkt auf ihn zufliegt. Ihr Bodenabstand ist bereits extrem gering, liegt bei vielleicht unter zehn Metern, so schätzt er. Das Fahrwerk ist eingefahren. Eine erstaunlich genaue Beobachtung angesichts des schockierenden Anblicks jenes heranrauschenden Jetliners, der noch einige hundert Meter entfernt ist, sich aber mit immensem Tempo nähert. Wallace läuft davon, so schnell er kann, um nach etlichen Metern Schutz unter einem geparkten Lieferwagen zu suchen.

Die aufheulende Maschine beschleunigt auf hohe Geschwindigkeit, reißt die Spitzen von Straßenlaternen ab und donnert mit 850 Kilometern pro Stunde in die Flanke des Pentagons, um dort in einem gleißenden Feuerball aufzugehen. Allan Wallace holt sich aus dem unverschlossenen Van ein Funkgerät, um Verstärkung zu rufen: »Ein Verkehrsflugzeug ist gerade in die Westseite des Pentagons gestürzt, beim Hubschrauber-Landeplatz, die Seite am Washington Boulevard. Die [Sicherheits-]Mannschaft ist in Ordnung, das Flugzeug war eine Boeing 757 oder ein Airbus 320.«

Durch eine glückliche Fügung, so scheint es, waren vor der Katastrophe des 11. September am Pentagon einige wesentliche Veränderungen vorgenommen worden. Auch hier, bei den Feuerwehrleuten um Allan Wallace, gab es nützliche Neuerungen. So war die Feuerwehrstation zum Anfang des Jahres komplett erneuert worden, auch stand ein neues Löschfahrzeug, ein *Emergency One Titan 3000* mit knapp 6000 Litern Wasser und etwa 800 Litern Löschschaum in der Nähe. Für die Mittagszeit wurde die Ankunft von Präsident Bush mit einem *Marine One* am Pentagon erwartet, also für gewöhnlich einem jener 19 Helikopter der HMX-1-»*Nighthawks*«-Schwadron. Daher mussten die Sicherheitsteams mit zahlreichen zusätzlichen Fahrzeugen vor dem Pentagon rechnen, mit Einsatzkräften von *Secret Service*, Park-Polizei, Polizisten des District of Columbia und eigenen Pentagon-Sonderkommandos. Durch diesen Andrang konnte es passieren, dass sogar die Ausfahrt der Feuerwehr blockiert wurde, weshalb sich Wallace dazu entschieden hatte, das Löschfahrzeug außerhalb des Gebäudes in eine geeignete Position zu bringen. Von daher war für einen etwaigen Notfall bereits vorgesorgt.

Und der sollte wahrhaft nicht lange auf sich warten lassen.

Die Maschine war auf einem sehr ungewöhnlichen Kurs auf das Pentagon zugeflogen. Während der letzten Meter vollführte sie ein unvergleichliches Kunststück, nämlich eine Landung, die keine war. Der Jet rauschte in Höhe der Grasnarbe über den Boden, mit vollem Schub. Nur eine winzige Abweichung, und das Flugzeug hätte sich in den Untergrund gebohrt. Es wäre noch vor Erreichen des Gebäudes havariert. Doch verlief die Bahn haargenau so, dass es mit mehr als dem Dreifachen der normalen Landegeschwindigkeit exakt vor dem Pentagon auf Bodenlevel eintraf und ungebremst in die 22 Meter hohe Flanke des Gebäudes schürte.

Bis heute können Verteidiger der Terror-Theorie keinen vernünftigen Grund dafür nennen, warum die Entführer von *American-Airlines*-Flug 77 dieses hoch riskante, ihre Mission möglicherweise gefährdende Manöver durchführten, wenn sie mit einer einfacheren Methode doch weit mehr erreichen hätten können. Diese Männer waren laut etbalierter Theorie zu allem entschlossene Selbstmörder, doch ihr Tod durfte gewiss nicht sinnlos sein. Sie starben für einen höheren Zweck, der ihnen ein paradiesisches Weiterleben im Jenseits versprach, doch nur, wenn sie ihren göttlichen Auftrag erfüllten. Also durften sie die Mission durch nichts gefährden. Wenn zudem auch noch mehr Schaden bei geringerem Risiko angerichtet werden konnte, dann wäre dies bestimmt auch der gewählte Weg gewesen. In der Praxis hätte das bedeutet, die Maschine im Sturzflug oder zumindest einem gut realisierbaren Anstellwinkel auf das Pentagon und mitten in dessen zentralen Ring zu lenken. Hier wäre mit einer weit größeren Zerstörung, mit unvergleichlich mehr Todesopfern zu rechnen gewesen. Stattdessen vollführen die Hijacker eine exakt kalkulierte 330-Grad-Wende mit gleichzeitigem steilem Sinkflug und anschließender starker Beschleunigung auf horizontalem Endkurs kurz vor dem Einschlag. Das Ergebnis war ein sehr punktueller Treffer mit minimiertem Schaden. Doch mehr noch: Die Maschine steuerte geradewegs in einen besonders stabilisierten Bereich des Gebäudes.

Nach der Bombardierung von Oklahoma City wurde damit begonnen, genau diesen Abschnitt des Pentagons massiv zu verstärken. Die Renovierungsarbeiten standen kurz vor dem Abschluss, laut Angaben des Verteidigungsministeriums wären sie wenige Tage nach 9/11 beendet gewesen. Dieser westliche Gebäudeabschnitt – *Wedge 1* (Abschnitt oder Flügel 1) – war daher im Vergleich zur üblichen Besetzung beinahe menschenleer und verfügte über einige zusätzliche Sicherheitsvorkehrungen. Die Fenster bestanden aus bombensicherem Glas mit fünf Zentimetern Stärke. Jede Scheibe brachte über eine Tonne auf die Waage. Nur hier gab es ein völlig neues,

Abb. 59: Trefferschneise im Pentagon. Bei der Suche nach Trümmern kann die Größe des Gebäudes schnell unterschätzt werden. Eine Flanke ist 285 Meter breit, das Gebäude ist viermal so hoch wie der Rumpf einer Boeing 757.

sehr wirksames Sprinklersystem, außerdem verstärkten Stahlsäulen die sonst lediglich aus Betonpfeilern bestehende Stützstruktur. Sie sollte Bombenangriffen standhalten können. Alles in allem festungsgleiche Verhältnisse – aber nur hier. Ansonsten ist das Pentagon zwar gigantisch, aber dennoch keine wirkliche Bastion.

Nun hielten sich wie erwähnt in Wedge 1 nur recht wenige Menschen auf. Während üblicherweise mit 4000 bis 5000 Personen zu rechnen gewesen wäre, waren es gerade einmal 800 in diesem Abschnitt. Innerhalb des Gebäudes starben 125 Menschen durch den Crash. Eine neue Dimension des Terrors – jene Terroristen führten ihre höllischen Angriffe mit allen nur erdenklichen Tricks und einem ausgezeichneten Wissen aus, um letztlich die Zerstörungen in Grenzen zu halten. Enorm, einmal ganz abgesehen von den hierzu erforderlichen, geradezu übermenschlichen Flugleistungen. Der hoffnungslos unbegabte Terror-Pilot Hani Hanjour erwies sich in der Stunde der Bewährung buchstäblich als bis dahin verkanntes Fliegergenie, so scheint es.

Was sahen die Zeugen?

Allein diese Tatsachen sollten Anlass genug sein, die offizielle Darstellung deutlich in Frage zu stellen. Ähnlich wie der Fall von WTC 7 für sich genommen bereits die Fragwürdigkeit der behördlich verbreiteten 9/11-Version belegt, genauso sollte doch das Ende von Flug 77 bei jedem einigermaßen aufgeschlossenen Zeitgenossen sämtliche Alarmglocken unisono läuten lassen. Genügt hätte bereits eines von beidem: jener mit der Präzision einer Atomuhr verfolgte »Idealkurs« der Boeing 757 ebenso wie die Zielführung – nämlich ausgerechnet mitten hinein in *Wedge 1* mit einem Effekt, den man als maximale Minimierung von Zerstörung bezeichnen könnte. Oder als maximale Wirkung bei minimaler Auswirkung. Im Grunde also ähnlich den Ereignissen in New York City, die an einem Tag und zu einer Tageszeit stattfanden, als sich noch relativ wenige Menschen in den Twin Towers befanden.

Schon ein strafferer Überblick lässt erstaunliche Einsichten zu. Wie zuvor in New York, so drängen sich auch hier zahlreiche Fragen ganz automatisch auf. Was geschah während des Einschlags? Was berichten Überlebende und Zeugen? Was geschah mit der Maschine? Wie konnte den Terroristen dieser Plan glücken? Was brachten die Bergungsmaßnahmen zutage? Andere, weitaus ungewöhnlichere Fragen tauchten bei näherem Hinsehen scheinbar unmittelbar aus dem dichten Rauch auf, der über der Absturzstelle emporstieg.

Einige Menschen, die in unmittelbarer Nähe der Aufschlagstelle im Pentagon arbeiteten, haben auf wundersame Weise überlebt. Sie berichteten von der Explosion, vom plötzlich überall um sie herum lodernden Feuer, von der unmittelbaren Verwüstung. Sie wussten allesamt nicht, wie ihnen geschah, was ihnen geschah. Doch was war mit den Zeugen außerhalb des Gebäudes?

Viele sahen, wie eine große Linienmaschine auf das Pentagon zuraste und in dessen Westflanke schmetterte. Sofort breitete sich ein Feuerball vom Punkt des Einschlags aus, über dem sich eine bedrohliche, düstere Rauchwolke auftürmte. Steven Riskus beispielsweise befand sich gerade auf dem überfüllten Highway 27 und fuhr in südliche Richtung, als die Maschine aus seiner Perspektive von rechts auftauchte und auf das US-Verteidigungsministerium zusteuerte. Der Jet zog in geringem Abstand an ihm vorbei – wohl nur 100 Meter. So will Riskus sogar auch die Fluggesellschaft erkannt haben. Die Maschine mit ihrem blauweißen Rumpf gehörte der *American-Airlines*-Flotte an. Unmittelbar nachdem das Flugzeug abgestürzt war, schoss Steven Riskus eine Bilderserie. Sie zeigt die brennende Aufschlagstelle und die Rauchsäulen. Mike Walter und Joel Suchermann, zwei Journalisten von *USA Today*, wurden ebenfalls Augenzeugen jener dritten Flugzeugkatastrophe des 11. September. Beide erklärten später, eine große Linienmaschine von *American Airlines* gesehen zu haben, deren präzises Flugverhalten sie einhellig mit dem eines Marsch-Flugkörpers (*Cruise Missile*) verglichen. Als das Flugzeug die Gebäudefront traf, habe es sich »aufgelöst«, so beobachtete Mike Walter, die Flügel hätten sich gekrümmt, als AA 77 tief ins Pentagon eindrang. Walter habe eine große Zahl von Trümmern herumliegen gesehen. Asework Hagos sah von der Columbia Pike ebenfalls eine Maschine mit *American-Airlines*-Logo. Er beobachtete zudem ein leichtes Hin- und Herneigen der Flügel kurz vor dem Aufprall. Andere Zeugen berichteten Ähnliches. Doch gab es auch Ausnahmen. Der französische Autor Thierry Meyssan zitiert in seinem heftig umstrittenen Buch *Pentagate* einen Zeugen, der von seiner Wohnung im 14. Stock eines nahen Hochhauses aus gesehen habe, wie ein schnelles Flugzeug geradewegs aufs Pentagon zusteuerte. Dieser Zeuge, ein gewisser Steve Patterson, der laut Meyssan keine Interviews mehr gibt, erklärte, es habe sich bei dem Angreifer eindeutig um eine kleinere Maschine gehandelt, die augenscheinlich für acht bis zwölf Personen ausgelegt war. Also nichts im Vergleich zu einer Boeing mit einer Kapazität von bis zu 234 Passagieren. Was hatte Patterson gesehen?

Meyssan stellte fest, dass etliche der befragten Augenzeugen entweder widersprüchliche Aussagen trafen oder sich mit ungewöhnlichen Details gegenseitig bestätigten, und zwar unabhängig voneinander. So sprachen sie auch von einem »schrillen« Anfluggeräusch. Wiederholt fiel auch der Begriff »Missile«. Der französische Journalist begann zunehmend Verdacht zu schöpfen und die offizielle Version deutlich zu bezweifeln. Seiner Ansicht nach stürzte nie eine Boeing 757 ins Pentagon, sondern eher ein weitaus kleineres Fluggerät, eben eine Missile, sprich: eine »Rakete«.

Beschlagnahmte Videos

Tatsächlich macht ein genauerer Blick auf die Einschlagstelle stutzig. Auch nach der Kollision scheinen die Wände der oberen Etagen noch völlig intakt, die Beschädigungen halten sich in verblüffend engen Grenzen und durch das Einschlagsloch passt keine ausgewachsene Boeing. Und wo waren die Trümmer? Man konnte Fotos von *Wedge 1* und der Freifläche davor noch so gründlich untersuchen, bis auf einige eher fragwürdig erscheinende Blechteile ließen sich anscheinend keinerlei Überreste von AA 77 ausmachen. Hatten sie sich in Luft aufgelöst?

Dann gab es da noch das kleine Austrittsloch am AE Drive, einer Versorgungsstraße zwischen den Gebäuderingen B und C innerhalb des Pentagons. Konnte die Nase der Boeing wirklich noch bis hierher vorgedrungen sein? Sie musste dazu sechs Wände durchschlagen, obwohl sie nicht sonderlich stabil war und kaum eine Chance gegen die Außenwand in Ring E von *Wedge 1* besaß. Das Austrittsloch ist fast kreisförmig und mit 2,3 Metern Durchmesser recht klein. Zusammen mit charakteristischen Brandmustern liefert diese tief im Pentagon liegende Maueröffnung für Meyssan einen wesentlichen Beweis dafür, dass unmöglich eine Boeing 757 der Verursacher gewesen sein kann. Und dies nicht nur, weil keine Flugzeugtrümmer zu finden waren, sondern ebenso, weil auch keine Aufnahmen vom Anflug der Maschine existierten. Zunächst verlautbarten offizielle Stellen, es gebe kein Bildmaterial hierzu. Was erstaunlich genug wäre. Sollten tatsächlich keine Überwachungskameras auf dem Pentagon-Gelände installiert sein? Im Jahr 2002, unmittelbar, nachdem Meyssan sein Buch über den inszenierten Terror von 9/11 publiziert hatte, tauchten dann doch einige Bilder auf. Sie stammten aus der Filmsequenz eines DoD-Überwachungsvideos.

Abb. 60: Das kontroverse Loch in der Mauer zum AE Drive.

Nun lagen also neue Aufnahmen vor. Allerdings waren es zunächst nur fünf Einzelbilder jener kompletten Filmsequenz. Und ausgerechnet das wichtigste Bild fehlte. Denn auch hier war die Maschine nicht auszumachen. Die zeitliche Abfolge der Einzelbilder ließ genau den Moment aus, an dem der Jet mit auf die Aufnahme gekommen wäre. In der Tat ein Verdachtsmoment. Doch offenbar vereitelte das hohe Tempo der Maschine, dass die träge Überwachungskamera sie erfasste. Die publizierten Standbilder besitzen zudem leider eine sehr niedrige Auflösung. Einzig eine kleine helle Spur ist knapp über dem Boden auf einem Bild zu sehen. Die Boeing, kurz bevor sie das Pentagon erreicht? Oder eine weißliche Rauchspur?

Diese Aufnahmesequenz hinterlässt beim Betrachter viele Fragezeichen, denn nicht einmal das Datum stimmt – eingeblendet ist der 12. September 2001, aus welchen Gründen auch immer. Nicht zu unrecht fragten sich daher Thierry Meyssan und andere, warum keine weiteren Aufnahmen präsentiert wurden. Sollte darauf die Boeing zu sehen sein, wäre das doch der beste Beweis für die offizielle Theorie und gegen alle Verschwörungskonzepte. Die Behörden müssten also selbst daran interessiert sein, diese Bilddokumentation vorzulegen. Doch das Gegenteil schien der Fall zu sein.

Die Situation rund um die Videosequenzen vom 11. September gestaltet sich verwirrend. Rekapitulieren wir daher kurz den Stand der Dinge. Im Jahr 2002 waren es also gerade einmal fünf Einzelbilder, die zum Absturz veröffentlicht worden waren. Sie stammen von einer Sicherheitskamera des Pentagons und zeigen außerordentlich wenig Details. Die Behörden verweigerten jede weitere Veröffentlichung von Bildmaterial. Unmittelbar nach der Attacke in Washington suchten Regierungsbeamte die Umgebung nach möglichen Videoaufzeichnungen ab. Das FBI wurde bei mehreren privaten Unternehmen fündig und konfiszierte die Filme. Wir haben schon mehrfach gesehen, dass die amerikanische Bundespolizei schnell zu Gange war, wenn es darum ging, wichtiges Beweismaterial zu sichern und somit vor den Augen der Öffentlichkeit zu verschließen.

In einem nahegelegenen Hotel saßen gerade einige Angestellte über den neuesten Aufnahmen einer Überwachungskamera, als plötzlich einige FBI-Beamte das Gebäude betraten und das Material beschlagnahmten. So träge die militärische Kommandokette zur Luftabwehr am 11. September reagierte, so zügig erschien nunmehr das FBI. Nur wenige Minuten nach dem Pentagon-Einschlag tauchte die US-Bundespolizei an der *Citgo*-Tankstelle auf, die südwestlich des Pentagons liegt und deren Überwachungskamera auch die Einschlagregion im Bildfeld hatte. Diese Aufnahmen wurden ebenfalls sofort konfisziert. Sollte solchen Aktionen denn etwas Unverständliches oder Konspiratives anhaften – weit weniger verständlich schiene es doch, wenn niemand sich um diese wichtigen Aufnahmen gekümmert hätte. Seltsamer war schon, dass dieses Material nicht sofort veröffentlicht wurde, doch wird man immer noch ermittlungstechnische Gründe gelten lassen. Welche Hinweise aber erwartete man sich von den Aufnahmen? Man wusste doch genau, was geschehen war. Eine Boeing 757 hatte mit maximaler Geschwindigkeit das Pentagon gerammt. Genau das sollten die Bilder dann wohl auch zeigen. Welche fundamentalen, um nicht zu sagen: fundamentalistischen Ergebnisse erwartete man sich also von dem Material? Oder bestand die Gefahr, dass die Bilder eine andere Information enthielten, die die Öffentlichkeit keinesfalls zu Gesicht bekommen durfte?

Ein damaliger Mitarbeiter der *Citgo*-Tankstelle war überzeugt davon, dass die Videokamera auch die Attacke eingefangen hatte. Abgesehen von diesem Material mussten noch weitere Aufnahmen gemacht worden sein.

Es wäre seltsam, wenn in dieser dicht besiedelten und hoch frequentierten Region nur ein einziges Video aufgezeichnet wurde. Welche Bänder also mochten sich noch im Besitz des FBI befinden? Mindestens zwei Kläger versuchten, mehr darüber in Erfahrung zu bringen. Im Auftrag seines Klienten Scott Bingham richtete der Rechtsanwalt Scott A. Hodes am 14. Oktober 2004 eine FOIA-Anfrage an den FBI-Agenten David M. Hardy, um die Freigabe sämtlicher Videos zu erwirken, die das Ende von Flug 77 zeigten, und erwähnte dabei auch das *Citgo*-Band sowie Aufnahmen, die vom *Sheraton*-Hotel gemacht worden seien. Angeblich, so die Antwort, gebe es kein derartiges Material. Am 17. November legte Hodes dem Justizministerium (DoJ) starke Indizien für die tatsächliche Existenz des Materials vor. Zwischenzeitlich schaltete sich auch die Gruppe *Judicial Watch, Inc.* ein und forderte das DoJ sowie das FBI wie auch das *Department of Homeland Security* (DHS) per FOIA auf, sämtliche in Frage kommenden Bänder vorzulegen. Die beiden Verfahren zogen sich erwartungsgemäß länger hin. Im Juni 2005 verweigerten die Behörden die Freigabe. Sie wurde mit der Begründung abgeschmettert, das Material könne wegen des laufenden Prozesses gegen den Terroristen Zacarias Moussaoui nicht veröffentlicht werden.

Wie sich Anfang September 2005 herausstellte, hatte das FBI insgesamt 85 Videobänder beschlagnahmt. Jacqueline Maguire, Special Agent der Terrorabwehr-Abteilung im *Washington Field Office* des FBI, sagte am 7. September 2005 aus, dass sie eines dieser Bänder fand, welches von einer Überwachungskamera an der *Citgo*-Tankstelle in Arlington, Virginia, aufgenommen wurde. Dieses Band zeigt im Hintergrund das Pentagon mit Blick auf die Einschlagstelle. »Da es von allgemein schlechter Qualität ist«, so erklärte Maguire, »wurde dieses Band von einem anderen Mitglied des PENTTBOM-Untersuchungsteams an die forensische Audio-Video-Bildanalyse-Einheit des FBI [*Forensic Audio-Video Image Analysis Unit*] (›FAVIAU‹) geleitet.« PENTTBOM ist der vom FBI verwendete Code für die Terrorakte vom 11. September – das Kürzel steht für *Pentagon Twin Towers Bombing.*

Maguire fährt fort: »FAVIAU wurde gebeten zu ermitteln, ob das Videoband den Einschlag von Flug 77 in das Pentagon am 11. September 2001 zeigt, sowie fotografische Standbilder daraus zu entwickeln, sofern auf dem Videomaterial solche Beweise existierten. Personal von FAVIAU unterstützte das Personal des PENTTBOM-Untersuchungsteams, um festzustellen, dass das Videoband den Einschlag von Flug 77 ins Pentagon am 11. September 2001 nicht zeigt. Ich führte auch eine Suche des *Electronic Case File System*, des *Investigative Case Management System* und anderer

Beweis-Datenbanken nach jeglichen Videobändern durch, die sich im Besitz des FBI befinden und vom *Sheraton National Hotel* in Arlington, Virginia, aufgenommen worden sein könnten. Ich fand kein solches Band. Ich lokalisierte ein einziges Videoband, das aus einer Video-Überwachungsanlage des *Doubletree Hotel* in Arlington, Virginia, stammte. Ich stellte jedoch fest, dass das Videoband den Einschlag von Flug 77 in das Pentagon am 11. September 2001 nicht zeigte.« Im September 2005 fokussierte Hodes seine Bemühungen dann auf jene 85 Bänder, wie sie von Special Agent Maguire erwähnt worden waren, doch das DoJ wehrte mit der Begründung ab, das Material sei von einer Freigabe ausgeschlossen. Erst im Mai 2006, nach Abschluss des Moussaoui-Prozesses, änderte sich die Situation leicht. Zwar wurden die betreffenden Videos noch immer nicht zur Verfügung gestellt, doch wenigstens entschied der zuständige Richter die Freigabe der beiden Pentagon-Überwachungsvideos des DoD.

Bildbeweise für die Boeing?

Ziemlich genau fünf Jahre nach der Attacke erhielt *Judicial Watch* auch das Video der *Citgo*-Tankstelle und des *Doubletree*-Hotels. Ersteres zeigte vorwiegend das Innere der Tankstelle und nichts vom Einschlag, Letzteres lediglich den auch von den anderen Aufnahmen bekannten Feuerball, jedoch keine Spur der einschlagenden Boeing. Was blieb, waren die beiden DoD-Videos. Aus einem davon stammten auch die ursprünglich bereits bekannten Einzelbilder mit der falschen Datierung. Nunmehr lag das komplette Band vor, doch ohne wirklich mehr Aussagekraft zu besitzen. Jetzt ist zu sehen, dass Sekunden vor der Kollision ein Polizeifahrzeug die videoüberwachte Abschrankung in Richtung Pentagon überquert. Es ist möglicherweise das gleiche Fahrzeug, das unmittelbar nach der Attacke in Richtung Einschlagsort unterwegs ist – es erscheint dann links im Video und fährt auf die Rauchwolke zu. Immerhin lässt das andere DoD-Videoband, das von der zweiten Kamera aufgenommen wurde, etwas mehr erkennen. Hier erscheint das anfliegende »helle Etwas« ein wenig deutlicher und als materielles Objekt. Seine Oberkante entspricht ungefähr der Rumpfhöhe einer gelandeten Boeing – das sind 5,5 Meter Durchmesser plus Bodenabstand. Lediglich die Front des Objektes ist auf dieser Teilaufnahme zu sehen. Eine genaue Beurteilung ist auf Grund der schlechten Bildqualität nicht möglich, doch ähneln Größe und Form einer Boeing. Es könnte eine 757 sein. Die Maschine musste jedoch wirklich auf der Höhe der Grasnarbe fliegen, anders lässt sich das Bild nicht erklären.

Abb. 61: Das entscheidende Bild aus der berühmten Sequenz einer Pentagon-Überwachungskamera. Auf dieser Aufnahme ist der Schatten eines Beweises zu erkennen. Ganz rechts im Bild taucht die Maschine auf, die ins Pentagon raste. Rechts ist genau dieser Ausschnitt noch einmal vergrößert dargestellt. Ziemlich genau in der Mitte zeichnet sich die dunkle Heckflosse ab. Sie entspricht in Größe und Form genau derjenigen einer Boeing 757. Aus unerfindlichen Gründen scheint sich die Boeing als Doppelbild abzuzeichnen. Denn das helle Dreieck ganz rechts entspricht wiederum exakt der Heckpartie einer Boeing 757. Natürlich könnte diese offizielle Aufnahme gefälscht sein. Doch die US-Geheimdienste würden das wohl deutlich perfekter beherrschen. Eine Rakete anstelle einer Boeing in das Gebäude zu fliegen, hätte zudem so viele logistische Nachteile mit sich gebracht, dass kaum ernsthaft von diesem Szenario auszugehen ist. Die verdeckte Gruppe, die für 9/11 verantwortlich war, hat daher die einfachere, wenn auch weitaus brutalere Lösung gewählt – eine Linienmaschine mit Passagieren ohne Rücksicht auf Verluste an Menschenleben ins Pentagon zu manövrieren.

Zum Vergleich jetzt das andere Video: Da die Einzelbilder der beiden Bänder nicht in Phase entstanden, sondern mit leichtem zeitlichem Versatz, wird nun die Heckflosse erkennbar. Ihre Form und Größe gleicht der einer Boeing 757. Auch die Höhe des nur schemenhaft erkennbaren Rumpfes scheint wiederum der einer Boeing 757 zu entsprechen. Natürlich wirkt sie hier klein, denn die meisten Betrachter unterschätzen die Höhe des Pentagons. Wie schon erwähnt, sind die Flanken dieses wirklich riesigen Gebäudes jeweils 285 Meter lang. Im Verhältnis dazu nimmt es sich trotz einer Bauhöhe von fast 22 Meter entsprechend flach aus. Tatsächlich aber erreicht es ziemlich genau die vierfache Rumpfhöhe einer Boeing 757. Dass die Heckflosse sich nicht deutlich abbilden konnte, ist kein Wunder. Die Maschine bewegte sich in einer einzigen Sekunde um 235 Meter weiter!

Die schon erwähnte helle Spur, die das Flugzeug nach sich zieht und deren Entstehung bis heute nicht wirklich geklärt ist, wird deutlich sichtbar. Wer sehr genau in die rechte Ecke dieses Einzelbildes sieht, wird in der Vergrößerung eine interessante zusätzliche Beobachtung machen. Das hintere Ende der Spur wirkt materiell und ähnelt deutlich dem ansteigenden Heck einer Linienmaschine. Es hat den Anschein, als ob es aus der Rauchwolke heraussteht. Der Winkel, in dem die Heckpartie verläuft, deckt sich im Rahmen der Messgenauigkeit genau mit der betreffenden Partie einer 757. Er beträgt knapp 15 Grad – ohnehin recht typisch für ein großes Verkehrsflugzeug. Auch die Ausmaße passen zu einer Maschine dieser Klasse. Doch die eigentliche Maschine ist bereits ungefähr eine komplette Eigenlänge näher am Pentagon. Die Heckflosse befindet sich ja in Bewegungsrichtung gesehen am Anfang der Rauchspur. Das Ganze wirkt wie ein durch Linsenreflexionen entstandenes Doppelbild. Aber kein anderes Objekt in der kurzen Filmsequenz zeigt diese Verdoppelung. Worum handelt es sich aber dann?

Ungewöhnlich scheint, dass die »nachfolgende Boeing« offenbar teilweise durch helleren Rauch im Vordergrund verdeckt wird, möglicherweise auch Schmutz auf der Linse. Oder war sie selbst nur das Ergebnis einer zufälligen Staubansammlung? Das Sonnenlicht traf zu dieser Stunde aus niedriger Höhe von Osten her auf die Aufnahmeoptik. Vor allem auf der linken Seite ist die starke Verschmutzung der Frontlinse zu erkennen, doch zeigen sich störende Partikel als Flecken und unscharfe Bereiche über das gesamte Bild hinweg. Bei kurzbrennweitigen Objektiven dieser Art sowie streifendem Lichteinfall von vorne können sich solche Teilchen trotz ihrer Nähe zur Bildebene durchaus noch sichtbar abzeichnen. Solche charakteristischen Stellen hängen nicht mit der Bildkompression zusammen, sie sind also keine Artefakte, sondern reale Erscheinungen direkt auf der Linse.

Doch ist die helle Unregelmäßigkeit nur auf diesem einen Bild zu sehen, sie muss also real vorhanden gewesen sein. Reflexionen oder Staub erklären das Phänomen nicht. Folgte der Maschine ein zweiter Jet? Er müsste ihr jedoch fast auf Berührung nahe gewesen sein und wäre sicherlich auch von Zeugen wahrgenommen worden.

Im nächsten Bild ist bereits der Feuerball zu sehen, die Maschine hat das Gebäude getroffen. Bei einer für Überwachungskameras normal niedrigen Rate von nur zwei bis vier Bildern pro Sekunde deckt sich dies mit der berichteten Geschwindigkeit der Boeing 757. Leider reicht die Zahl der Einzelaufnahmen nicht aus, um zu klären, wie das vermeintliche Doppelbild entstand. Doch die wenigen erkennbaren Details deuten auf eine große Linienmaschine: Rumpfhöhe, Gesamtlänge, Form und Größe der Flosse, Geschwindigkeit decken sich mit dieser Erklärung. Ob und wie die Heckpartie durch Doppelabbildung in das Bild gelangt ist, wissen wir nicht. Sie besitzt ebenfalls die Form einer Boeing 757. Im Falle einer Fälschung dürfte man wohl eher noch einen übersehenen Rest des ursprünglichen Flugkörpers vermuten, über den die Boeing getüncht wurde. Dass sich die 757 scheinbar an zwei Stellen abbildet, scheint eine andere Erklärung zu haben. Denn hätte man wirklich gefälscht, dann doch sicher dergestalt, dass die Boeing ein wenig deutlicher zu sehen wäre. Es braucht bei weitem keine geheimdienstliche Technologie dazu, um eine Boeing glaubhaft in eine kurze Filmsequenz einzubinden.

Tatsächlich spricht doch alles dafür, dass am 11. September 2001 eine Boeing 757 und nichts anderes in das Pentagon raste. Es sieht ganz danach aus, als ob wir diesbezüglich den offiziellen Berichten absolut Glauben schenken könnten. Ausnahmsweise. Für manche wird dies sicher eine unerwartete Feststellung sein, doch suchen wir nach der Wahrheit von 9/11, nicht nach einem Phantom oder der »spannendsten Geschichte«.

Doch was ist mit den Schäden am Pentagon? Wo ist die Maschine, wo sind die Opfer? Alles in Luft aufgelöst? Können wir der staatlich abgesegneten Version hier wirklich trauen? Ja, denn im Gegensatz zum World Trade Center gab es am Pentagon längst nicht so viel zu vertuschen. Und genau deshalb sehen wir uns in Wirklichkeit einer noch dramatischeren, brutaleren Verschwörung gegenüber als die Verfechter der »No-Boeing«-Hypothese annehmen. Sie erweist sich als abgeschwächte Version der Wahrheit. Denn keineswegs alles, was paradox erscheint, ist es auch.

Wir müssen jedenfalls bereits jetzt feststellen, dass die grundsätzliche These von Thierry Meyssan sich wohl nicht aufrecht erhalten lässt. Zahlreiche Zeugen haben eine große Linienmaschine gesehen, kein kleines Flugzeug. Meyssan selbst *muss* diese Zeugen nennen, sonst gäbe es keine direkten Schilderungen des Ereignisses. Einige dieser Augenzeugen verglichen das niedrig fliegende Flugzeug zwar mit einem unbemannten militärischen Flugkörper, einer Drohne also, jedoch setzten sie es nicht gleich damit. Nur das Flugverhalten ähnelte einem solchen Objekt. Vielleicht hätte sich Meyssan doch mehr auf die vorrangige Aussage verlassen sollen, wie sie immer wieder getroffen wurde – der Flugkörper war eine Verkehrsmaschine! Diese Feststellung entspricht auch völlig der Logik einer derart skrupellosen Verschwörung, die natürlich darauf ausgelegt ist, möglichst wenig Ansatzpunkte für Zweifel zu hinterlassen. Eine Rakete ins Pentagon zu jagen, wäre nicht nur unsinnig, sondern auch völlig überflüssig gewesen.

Der Crash

Bevor wir uns weiter um die Boeing kümmern, sollten wir noch einmal einen Blick auf das Pentagon selbst werfen. Die Maschine raste mit der rund dreifachen Landegeschwindigkeit in die massive Struktur und erzeugte dabei einen vergleichsweise geringen Schaden. Wir sehen nur wenige und zudem auch noch schlecht identifizierbare Trümmer auf dem Rasen vor dem Pentagon. Der offiziellen Darstellung zufolge bohrte sich die Maschine beim Aufprall mit dem Rumpf durch das Gebäude und zersplitterte dabei in Myriaden Einzelteile, die mit dem mitgebrachten Impuls durch das Pentagon schossen. Das Flugzeug, dessen massivste Teile der Rumpf und vor allem die Triebwerke sind, löste sich der Studie zufolge soweit auf, dass es sich eher wie eine Flüssigkeit verhielt. Die filigraneren Teile, also Flügel und Heckflosse, konnten dem Gebäude weitaus weniger anhaben. Die äußeren Flügelpartien rissen ab, die linke davon hatte sich rund einen Meter tief in den Boden vor dem Pentagon gebohrt, während die rechte direkt am Gebäude zu liegen kam und von Trümmern bedeckt wurde. Die beiden inneren Flügelabschnitte schossen aber wegen ihrer höheren Stabilität und durch den enormen Impuls (Masse mal Geschwindigkeit), den sie mit sich trugen, mit dem Rumpf sowie der gesamten Trümmerfront in das Pentagon hinein. Dort disintegrierten sie sequentiell. Mit anderen Worten: Sie zerfielen an verschiedenen Punkten innerhalb des Gebäudes. Natürlich waren sie weiterhin noch vorhanden, nur nicht offensichtlich, sondern vermengt mit den Gebäudetrümmern. Denken wir noch einmal an das World Trade Center. Zwar war es anders konstruiert als das Pentagon, doch auch hier brechen die Flügel beim Aufprall *nicht* etwa ab, sie prallen demnach auch nicht an den Perimetersäulen ab und stürzen in die Tiefe. Vielmehr verschwinden sie komplett in den Wolkenkratzern. Hier fragt niemand, warum sie nicht herabfielen und Hunderte von Menschen in den Straßen töteten. Denn wir haben die Bilder des Aufpralls mit aller Deutlichkeit vor Augen.

Die im Wortsinne empfindliche Nase der Pentagon-Boeing drang verblüffend weit in das Gebäude vor, so scheint es zunächst. Sie schlug noch eine annähernd kreisrunde Öffnung von über zwei Metern in die innere Wand des C-Ringes. Das Loch ist demnach vom AE Drive aus sichtbar. Laut Meyssan musste sie dazu sechs Wände durchschlagen, jeweils zwei pro Ring. Tatsächlich aber sind die betreffenden unteren Etagen des Pentagons über die komplette Breite vom E- bis hin zum C-Ring miteinander verbunden. Hier gibt es keine massiven Außenwände. Trotzdem bleiben Zweifel, ob die fragile Flugzeugspitze bis zum AE Drive vordringen konnte. Sie müsste vielmehr bereits mitten im Gebäude völlig zersplittert sein. Das Flugzeug traf hier 50 Betonpfeiler und fragmentierte komplett, so lautet zumindest die offizielle Erklärung hierzu. Zudem ist die Rede von zahlreichen Treibstoffexplosionen, durch die wiederum ebenso zahlreiche Schockwellen durch das Untergeschoss liefen und, von den Wänden reflektiert, ein kompliziertes Druckmuster bildeten. Eine kräftige Wellenfront soll das Loch in die Wand zum AE Drive gesprengt und den Impuls hier massiv gestreut haben. So löste sich der Impulsvektor also auf, während er ohne jene durch die Straße bedingte Unterbrechung der Gebäudestruktur viel weiter vorgedrungen wäre. Inwieweit diese Darstellung die Tatsachen beschreibt, muss wohl Gegenstand zusätzlicher und möglichst *unabhängiger* Untersuchungen sein.

Laut der offiziellen Darstellung verlor die Maschine bereits beim Anflug auf das Pentagon ein Triebwerk, und zwar, als sie ein Generatorenhaus streifte. Insgesamt sind nur sehr wenige Fotografien von Flugzeugteilen bekannt – was zweierlei bedeuten kann: Entweder gab es nicht mehr Teile, was ungewöhnlich wäre, oder die übrigen Fotografien wurden bisher nicht freigegeben, was ebenfalls merkwürdig wäre. Dass die Hochgeschwindigkeits-Kollision die Maschine extrem zerstören würde, dürfte allerdings niemanden sonderlich wundern. Ich habe mich wiederholt an Flugzeugabsturzorten befunden und dabei nur gestaunt, wie hochgradig zertrümmert die Maschinen waren – als ob sie durch den Häcksler gegangen wären.

Auch von der Turbine beziehungsweise ihren Überresten sind kaum Aufnahmen an die Öffentlichkeit gedrungen. Ein fotografiertes Teil ähnelt einem Frontrotor, besitzt aber hierfür eine viel zu geringe Größe. Die Turbine einer 757 bringt es auf einen Maximaldurchmesser von immerhin 1,8 Meter. Die Maschinen vom Typ Boeing 757-200 waren nicht allesamt mit den gleichen Triebwerken ausgerüstet. Einige verfügten über Aggregate

Abb. 62: Luftbild des getroffenen Pentagon-Gebäude-Bereichs. Deutlich ist links auch die durchschlagene Mauer zum AE Drive zu erkennen.

Abb. 63: Flugzeugtrümmer vor dem Pentagon. Alles Irreführung? Wurden diese Teile über das Gelände verteilt, um vorzutäuschen, dass eine Boeing 757 ins Pentagon flog? Wie aber konnte dies nach der Katastrophe unbeobachtet geschehen?

der PW2000-Serie von *Pratt & Whitney*, andere hingegen über die britischen *Rolls-Royce*-Turbinen RB211. *American Airlines* nutzte stets Letztere, in der Variante RB211-535E4B. Das aufgefundene Teil könnte nach Meinung von Fachleuten die Zentralnabe eines Kompressors oder einer Turbinenstufe sein. Sowohl die Größe als auch einige Details, darunter charakteristische Schwalbenschwanz-Schlitze am Rand des radförmigen Gegenstandes, weisen darauf hin. Relativ gut identifizierbar ist ein zylindrisches Teil mit einer umlaufenden Reihe runder Löcher an der Außenhülle. Im direkten Vergleich gibt es sich mit hoher Wahrscheinlichkeit als Brennraum zu erkennen. Die Löcher sind demnach Öffnungen für Treibstoff-Einspritzdüsen. Vor allem eine Stelle der Außenwandung demonstriert die Deckungsgleichheit. Hier ist in beiden Fällen eine größere kreisförmige Öffnung in völlig gleichartiger Anordnung zu den kleineren zu sehen. Es existieren andere Beispiele für identifizierbare Teile eines RB211-Triebwerks der Boeing 757-200, die unter der Nummer N644AA bei *American Airlines* registriert war und am 11. September 2001 ins Pentagon stürzte. Die gefundenen Teile lassen sich leichter einer solchen Maschine zuordnen als allen anderen Maschinen und Flugkörpern, die in diesem Zusammenhang schon diskutiert wurden. Die *A-3 Skywarrior*, ein mittlerweile veraltetes Flugzeug, kam immer wieder ins Gespräch, doch die Teile ihres *Pratt-&-Whitney*-J57-Triebwerks passen ebenso wenig zu den Fundobjekten wie die Bauelemente des AE3007H-Triebwerks einer noch recht modernen *Global-Hawk*-Drohne des *Northrop-Grumman*-Konzerns. Thierry Meyssan vermutete als Verursacher einen Marschflugkörper, eine Luft-Boden-Rakete (*Air-to-Ground-Missile*, AGM) nach Art der AGM-86C/D. Wenn auch effektiv, so sind diese von Flugzeugen gestarteten Waffen sehr kleine Objekte. Der Rumpf bringt es auf einen bescheidenen Durchmesser von gerade mal 60 Zentime-

Abb. 64, 65 und 66 (gegenüberliegende Seite): Trümmerteile vor dem Pentagon – stammen sie von einer Boeing?

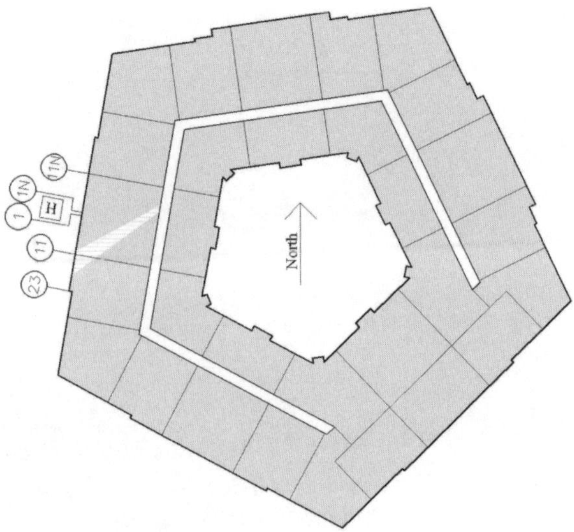

Abb. 67: Der Weg der Maschine durch den äußeren Gebäudering im besonders verstärkten Bereich von *Wedge 1*. Der Endpunkt liegt am AE Drive. Er soll die eintreffende Energie gestreut haben. Wäre das Gebäude nicht durch diese Straße unterbrochen gewesen, hätte sich das Flugzeug noch tiefer in das Pentagon gebohrt.

Abb. 68: Die eingestürzte Front des Pentagons. Welche Verschwörung verbirgt sich unter diesen Trümmern?

Abb. 69 und 70: Flugzeugtrümmer aus dem Pentagon. Einige Bilder zeigen charakteristische Teile eines Boeing-757-Triebwerks.

Abb. 71: Die *Global-Hawk*-Drohne

tern, die Spannweite erreicht ca. vier Meter. Kaum anzunehmen, dass Zeugen ein derartiges Fluggerät mit einer Linienmaschine verwechseln konnten. Auch ähnelt das Heck keineswegs demjenigen auf dem Video.

Freilich hätten die wenigen Teile einer Boeing 757 auch gezielt im Gelände und im Pentagon verteilt werden können, um Beweise zu produzieren. Tatsächlich ließe sich wohl kein Gegenbeweis erbringen, dass dem nicht so war. Doch sprechen hier die Beobachtungen und auch das Pentagon-Video dagegen – und nicht zuletzt auch reiner, brutaler Pragmatismus!

Die offizielle Studie, *The Pentagon Building Performance Report*, beschreibt unter anderem eine Computersimulation der Ereignisse im Gebäude. In der Forschergruppe finden wir alte Bekannte wieder – Mete Sozen und Paul Mlakar. Sie sind fast überall anzutreffen, wenn es um die 9/11-Analyse geht. Kein Wunder, gelten sie doch als ausgewiesene Experten. Jedoch: Wenn nur wenige Personen bei derartigen Studien federführend in Erscheinung treten, kann die durch sie ausgeübte Kontrolle und Manipulation ein unzulässiges Maß erreichen. Darunter kann letztlich unter Umständen auch die Wissenschaftlichkeit leiden, sie erhält Monopolcharakter. Wissenschaftler sind auch nur Menschen. Wir haben uns ja schon mit der Bush-Science befasst.

Auch wenn ganz offenbar wirklich eine Boeing 757 in das Pentagon raste, dürfte die offizielle Studie vieles nicht wirklich wahrheitsgemäß erklären. Allein die auch vom Team selbst eingestandenen, deutlichen Vereinfachungen in der Simulation, welche die Rechenzeit auf ein erträgliches Maß reduzieren sollten, lassen die Detailergebnisse fragwürdig erscheinen. So ließen die Wissenschaftler sogar beide Triebwerke der Boeing komplett weg und vereinfachten die reale Situation insgesamt merklich. Dass sie kommerzielle 3D-Software und Game-Software zur Simulation nutzten, dürfte allerdings nur auf den ersten Blick problematisch erscheinen. Hätten sie speziell entwickelte Programme gebraucht, wären sie vielleicht genau dadurch verdächtiger erschienen und hätten dennoch keine besseren Simulationen produzieren können. Leider werden uns auch von den stets auf Kritikfähigkeit bedachten öffentlichen Medien, darunter großen Sendeanstalten, derartige Simulationen in einer Weise verkauft, die dem arglosen Konsumenten suggeriert, hier nun die absolute und unumstößliche Wahrheit präsentiert zu bekommen. Denn Computer arbeiten bekanntlich genau. Und wenn der Computer sagt: »Es war so«, nun, dann war es eben auch exakt so und nicht anders! Doch wie schon erwähnt, letztlich kommt es doch vor allem darauf an, mit welchen Daten man einen Computer füttert. Sie bestimmen, was er daraus macht. Dass so wenige Bildbeweise vorgelegt und außer den beiden DoD-Videos auch keine anderen Filmdokumente veröffentlicht wurden, könnte jedoch wirklich darauf hindeuten, dass mit der Boeing selbst irgendetwas nicht gestimmt haben könnte, etwas, das man demnach auch vernebeln musste. Dann würde verständlich, warum niemand allzu viele Bilder zu Gesichte bekommen durfte, selbst wenn es wirklich eine Boeing war.

Beobachter haben darauf hingewiesen, dass die Rumpfsektion sich anscheinend explosiv in das Gebäude »hineingesprengt« hat, was zu einem Missverhältnis in den Kollisionsauswirkungen von Flügeln und Rumpf geführt habe. Bestätigt sind diese Überlegungen nicht. Sie könnten jedoch ein Hinweis auf eine extra an Bord installierte Sprengladung sein und damit eine Vertuschung erforderlich gemacht haben. War diese Zusatzannahme überhaupt nötig? Die Planer durften doch eigentlich davon ausgehen, dass eine mit 850 Kilometern pro Stunde heranrauschende Boeing genügend Aufmerksamkeit erwecken würde. Immerhin erreichte die Stoßwelle noch die Außenmauer des C-Ringes und durchschlug sie. Dass diese Stoßwelle durch absichtliche, zusätzliche Sprengungen ausgelöst wurde, wird sich schwer nachweisen lassen. Sofern dies überhaupt geschah. Doch unter Umständen mag sich irgendetwas an Bord befunden haben, das eine noch weiterreichende Zerstörung erforderlich machte, als sie ohnehin schon durch den Aufprall gewährleistet war.

Am Schauplatz des Verbrechens

Das Büro des Verteidigungsministers Donald Rumsfeld liegt ziemlich genau auf der anderen Seite des Pentagon. Er befand sich damit also an einem der sichersten Orte im Gebäude. Direkt nach der heftigen Kollision erschien Rumsfeld bereits bei Wedge 1, um sich ein Bild der Lage zu machen. Dafür war er eine ganze Weile nicht auf seinem Posten, wo er in dieser nunmehr seit Stunden bekannten Krisensituation weit mehr gebraucht wurde. Einige Mitarbeiter suchten verzweifelt nach ihm. Der Verteidigungsminister hatte nicht einmal eine Nachricht hinterlassen, wohin er ging. Trieb ihn die Neugierde? Officer Aubrey Davis begleitete Rumsfeld und sah jetzt mit ihm die Flammen und die überall verteilten Metallteile. »Der Minister nahm eines der Stücke in die Hand«, so erinnert sich der Officer. »Ich sagte ihm, er solle am Schauplatz eines Verbrechens nichts verändern, während er auf eine Inschrift blickte und sagte: ›*American Airlines*‹«. Der Officer nahm es genauer mit den Beweismitteln als der Verteidigungsminister. Nun, wir haben bereits gesehen, was diesbezüglich auf Ground Zero geschah.

Rumsfeld hielt sich wohl nicht ganz 20 Minuten vor dem Pentagon auf. Eine bemerkenswert lange Zeitspanne in einer derartigen Krisensituation. Zumindest offiziell kannte niemand den weiteren Verlauf dieses tragischen, außergewöhnlichen Tages, (fast) niemand wusste, ob weitere Anschläge folgen würden. Und einige, darunter wohl auch Donald Rumsfeld, wussten mittlerweile, dass eine vierte Maschine entführt worden war und sich immer noch in der Luft befand – *United-Airlines*-Flug 93.

Kurz nachdem Rumsfeld wieder in sein Büro zurückgekehrt war, stürzte der stark in Mitleidenschaft gezogene Teil des Pentagons urplötzlich ein, nachdem die Dachlinie zuvor bereits nachgegeben hatte. Nunmehr klaffte eine weite Schneise im Außenring von *Wedge 1* des Pentagons, die erst wirklich sichtbar wurde, nachdem sich Feuer und Rauch gelegt hatten. Ein unglaubliches Szenario – das Pentagon sah aus wie ein großer Kuchen, aus dem ein Stück herausgeschnitten worden war. Die Fassade war links und rechts des Einschlags glatt und geradlinig durchtrennt. Man konnte die Büros und die Möbel darin deutlich erkennen. Sie waren unversehrt. Keine Brandspuren trotz des gewaltigen Feuers. Ein Computermonitor stand direkt an der Abrisskante auf einem Tisch. Der Kunststoff war hell und sauber. Geradezu bizarr der Anblick eines aufgeschlagenen Buches, unverbrannt. Was war hier geschehen? In etlichen Veröffentlichungen machten diese Bilder die Runde, oft verbunden mit jener einen Frage: Konnte das mit rechten Dingen zugegangen sein, vor allem so, wie uns von den US-Behörden und Medien immer wieder vorgekaut wird? Doch, im Falle des Pentagons war es wirklich so. Wenn die Bilder nicht allesamt gefälscht waren, haben wir alle den Feuerball in diesem Trakt auflodern gesehen. Des Rätsels Lösung liegt in der Bauweise. Vor allem so außergewöhnlich große Gebäude »arbeiten«. Daher sind sie auch rein baulich in zahlreiche Einzelabschnitte unterteilt, die ihnen die nötige Flexibilität verleihen. Sie sind über Dehnungsfugen miteinander verbunden. Der von AA 77 getroffene Gebäudeteil riss genau an den Dehnungsfugen ab, daher die glatte Trennung. Die nun freien Büroräume waren dem Feuer der Boeing nicht unmittelbar ausgesetzt gewesen, daher blieb die Einrichtung davon unverändert.

Beim Aufprall um 9.37 Uhr kamen insgesamt beinahe 200 Menschen ums Leben – die relativ wenigen Passagiere an Bord von AA 77 sowie vor allem Personal im Pentagon. Was geschah mit all den Opfern – und letztlich auch mit den Entführern? Einige Autoren stellten fest, dass sämtliche Opfer innerhalb der beim Aufprall geschlagenen Schneise zu finden sein müssten, offenbar aber keinerlei Leichenteile entdeckt wurden. Auf Fotos ist natürlich nichts davon zu sehen, allein die Pietät würde das verbieten, doch anscheinend gab es auch andere Belege für das Fehlen von menschlichen Überresten von Flug 77. So zirkulieren Bilder eines Leichenspürhundes, der angeblich teilnahmslos und mit ausdrucksloser Miene zwischen den Trümmern umherstreift, kaum wissend, was er da eigentlich suchen soll. Das auf die makabren Funde spezialisierte Tier scheint keine Witterung aufgenommen zu haben – wo nichts ist, hat bekanntlich der Kaiser das Recht verloren. Demnach aber hätte nicht nur die Boeing 757 absolut menschenleer sein müssen, sondern auch der betreffende Teil des Pentagons. Im Prinzip machbar, aber unwahrscheinlich. Denn eine vorherige Evakuierung wäre wohl aufgefallen. Auch wenn es sich vorwiegend um Militärpersonal handelte, sie wären zu Zeugen eines nicht mehr erklärbaren Vorauswissens geworden, wollte man nicht den vollständigen Komplex leer räumen. Im Grunde wäre das sogar unauffälliger gewesen, da immerhin bereits zwei Flugzeuge in New York eingeschlagen waren. Jedoch entschloss man sich nicht zu einer Evakuierung. Eine Teilevakuierung in *Wedge 1*, selbst wenn dort bekanntlich nur wenige Menschen tätig waren, wäre von einigen Verdachtsmomenten begleitet gewesen, eine solche Aktion hätte demnach für viele Mitwisser gesorgt. Trotzdem lässt sich die Möglichkeit nicht völlig abstreiten. Und was war mit den Fluggästen an Bord von AA 77? Was mit der Crew, was mit den Attentätern? Nach der Theorie von Thierry Meyssan stellen sich diese Fragen überhaupt nicht, da das Pentagon demnach überhaupt nicht von einem Flugzeug getroffen wurde, sondern von einer ferngelenkten Rakete.

Es scheint allerdings doch einigermaßen fraglich, ob jene Fotografien, die den Spürhund in den Trümmern von *Wedge 1* zeigen, wirklich aussagekräftig genug sind. Letzten Endes fragt sich auch, was für ein Gesicht man denn von dem Tier erwarten würde und ob der zuweilen eher leere Blick nun auf einen leeren Schauplatz oder aber eher auf die Müdigkeit eines »Profis« im Dauereinsatz hindeutet. Wir müssen auch berücksichtigen, dass die tatsächlich in Autopsielisten aufgeführten, rund 200 Opfer irgendwohin verschwunden sein müssen, in jedem Falle. Eine Verschwörung, vor allem des Ausmaßes von 9/11, verlangt eine wirklich gründliche Planung. Die Namen konnten nicht frei erfunden sein, es gibt Angehörige, Freunde,

Verwandte, Arbeitgeber etc. – diese Personen hätten allesamt mit zur Verschwörung zählen müssen, erfundene Legenden und Lebensläufe der Opfer kennen müssen usw. Der Aufwand wäre gigantisch. Diese vermeintlichen Opfer des Anschlags bereits zuvor fortzuschaffen und gemeinsam umzubringen, wie manchmal schon vermutet wurde, wäre auffällig und ebenfalls höchst aufwändig gewesen. Außerdem würde eine solche Aktion überhaupt keinen Sinn machen. Vor allem, da es eine einfachere, wenn auch nicht minder radikale Lösung gab.

Der Sprengstoff-Experte und Bauingenieur Allyn E. Kilsheimer gilt als der erste Fachmann, der am Ort der Katastrophe eintraf und unter anderem mit der Koordination der Einsatzkräfte befasst war. Kilsheimer, Chef der in Washington ansässigen und seit mehr als 30 Jahren bestehenden Firma *KCE Structural Engineers, P. E.*, berichtete von Trümmerteilen und menschlichen Überresten: »Es war unzweifelhaft ein Flugzeug, und ich werde Ihnen sagen, warum. Ich sah die Spuren, wie sie die Flügel in der Fassade hinterlassen hatten. Ich las Flugzeugteile auf, welche die Beschriftung der Airlines trugen, ich hielt die Hecksektion des Flugzeugs in meinen Händen und fand die Black Box. Und ich hielt Teile von Uniformen der Besatzung in meinen Händen, zusammen mit Körperteilen. Okay?« – Auch wenn Kilsheimers Firma unter anderem für Regierungsbehörden tätig war, stellt sie zumindest noch eine private und zu einem gewissen Grad unabhängige Quelle dar. Kilsheimer kann wie andere Zeugen natürlich unter Druck gesetzt oder durch seinen Vertrag mit dem Pentagon zum Schweigen über bestimmte Erkenntnisse verpflichtet worden sein. Eine hundertprozentige Sicherheit gibt es also nicht, dass seine Aussagen wirklich zutreffen. Doch entsprechen sie wohl dem, was man am Ort der Katastrophe erwarten dürfte. Andere Aussagen stammen aus einem engeren militärisch-behördlichen Umfeld. Schließlich sind nur offizielle Stellen dazu befugt, den Schauplatz eines Unfalls oder Verbrechens zu sichern. Vor allem am Pentagon werden wir uns mit zivilen Zeugenaussagen über den Ort des Geschehens eher schwer tun. Der Militärmediziner Colonel H. Theodore Harcke beschreibt ein radiologisches Team des *Armed Forces Institute of Pathology* (AFIP), das mit Unterstützung einer Abteilung zur Bilddiagnose an der Klinik der Dover-Luftwaffenbasis tätig war: »Dieser Stab arbeitete bis zu zwölf Stunden täglich, sieben Tage die Woche, so wie es der Umfang der geborgenen Überreste erforderte … Menschliche Überreste, die von einem Unglücksort geborgen werden, sind in Form und Zustand hoch variabel. Geborgene Körper können extremen physischen und thermischen Traumata ausgesetzt gewesen sein. Opfer können aus einem Einschlagsereignis hervorgehen, aus Gebäudezusammenbrüchen oder den damit verbundenen

Feuern und Rauchentwicklungen. Die intensive Hitze brennenden Treibstoffs bei Flugzeugunfällen verzehrt Gewebe, Kleidung und Möblierung mit großer Wirkung ... Folglich wurden an der Pentagon-Unglücksstelle Proben gefunden, die von relativ intakten Körpern bis hin zu kleinen Körperfragmenten reichen.«

Infolge der Tatsache einer bis heute andauernden, weitreichenden Geheimhaltung von Informationen, darunter zahlreicher Videobänder, bleiben die vorliegenden Daten zum Pentagon-Vorfall spärlich – wie ganz allgemein zu 9/11. Damit hat jede alternative Theorie zu kämpfen. Allerdings lassen die vorhandenen Informationen nunmehr am ehesten den Schluss zu, dass tatsächlich eine Boeing 757 in das Pentagon flog. Dieses Szenario folgt aus:

1) direkten Zeugenaussagen,
2) dem bisher einzigen veröffentlichten Videomaterial,
3) den Flugzeugteilen, wie sie am Ort des Aufpralls gefunden wurden und
4) den Überresten der Opfer.

Die These, dass eine Boeing 757 in das Pentagon flog, steht in völligem Einklang mit sämtlichen Daten und erfordert keine weiteren Zusatzannahmen, vor allem weder über den Verbleib der Opfer wie auch der Maschine. Die erforderliche Logistik, einen derartigen Unfall vorzutäuschen, wäre immens und außerdem völlig überflüssig, da es direktere und weitaus einfachere Lösungen gab. Schon allein deshalb können wir davon ausgehen, dass die offizielle Version zum Pentagon großenteils stimmt, was die Verschwörung noch schlimmer macht. Denn anstatt einen unbemannten Flugkörper ins Pentagon zu jagen, wurde eine Linienmaschine in dessen Flanke gerammt, womit das »Secret Team« hinter dem Anschlag fast 200 Menschen absichtlich und ohne jeden Skrupel opferte. Dadurch reduzierte sich die Fehleranfälligkeit der gesamten Operation schlagartig, Widersprüche konnten überhaupt gar nicht erst auftreten. Bei einer Gesamtzahl von über 3000 Getöteten spielten die zusätzlichen Morde weder moralisch noch rein rechnerisch gesehen eine entscheidende Rolle. Wie sich zeigt, stehen auch die Zerstörungen am Ort des Einschlags nicht im Widerspruch zur Boeing-Theorie, auch wenn das oft behauptet wurde.

Die Verschwörung würde durch eine Rakete zwar offenkundig, aber gerade das galt es ja zu vermeiden. Der Hauptverdacht für eine massive Konspiration erwächst ohnehin aus anderen Fakten.

Fernsteuerung

Viele Piloten, die sich aus gutem Grund wiederholt anonym zu den Vorgängen von 9/11 und besonders den letzten Manövern von Flug 77 geäußert haben, sind absolut überzeugt davon, dass keiner der Terroristen auch nur entfernt in der Lage war, den riesigen Jet mit einer derartigen Präzision in sein Ziel zu steuern. Ganz sicher auch nicht Hani Hanjour, der offenbar nicht einmal eine *Cessna 172* sicher landen konnte.

Gruppen von Verkehrspiloten mit jahrelanger Berufserfahrung haben hierzu zahlreiche fachliche Aussagen getroffen. Einer von ihnen bemerkte gegenüber Kollegen nur: »Wow, eindrucksvoll! Es braucht eine wirklich sichere Hand, um das zustande zu bringen. Ich weiß, so etwas würde mich einige Versuche kosten, bis ich das so präzise hinbrächte, besonders wegen der Effekte, wie sie in Bodennähe bei solch hohen Geschwindigkeiten auftreten. Jede kleinste Bewegung könnte Ihnen sehr schnell einen Versatz von gut 15 Metern bescheren. Ich bin mir sicher, darin stimmen wir alle überein.«

Wer also konnte dieses Extremmanöver ausgeführt haben? Die Terroristen selbst scheiden aus. Die ursprünglichen Piloten der Maschine ebenfalls. Im Angesicht des sicheren Todes hätten sie niemals eine noch größere Katastrophe, einen gewaltigen Terroranschlag unterstützt, sondern versucht, die Maschine um jeden Preis dort niedergehen zu lassen, wo keine zusätzlichen Opfer zu erwarten waren – auf freiem Gelände. Wir können gewiss auch nicht von selbstmörderischen Kamikaze-Agenten ausgehen, die an Bord waren, um nach jahrelanger Praxis nunmehr ihre Geheimdienst-Karriere und ihr Leben mit einem unvergleichlichen Kunstflug für höhere Interessen zu opfern. Was bleibt also noch?

Das Ausschlussverfahren lässt nur eine einzige Lösung zu. So unwahrscheinlich sie auch wirken mag, sie verbleibt als wirklich alleinige plausible Erklärung: computergestützte Fernsteuerung der Maschine, wohlgemerkt einer Boeing 757. Nur so ist die enorme Präzision zu erklären. Selbstmörderischen Terroristen hätte wohl völlig genügt, das Pentagon nach einem Sturzflug mittig zu treffen – dieses Manöver wäre weitaus einfacher gewesen und auch effektiver. Im Vergleich hätten sie sich jedenfalls leichter getan und eine weit größere Zerstörung bewirkt, sofern sie in den Mittelpunkt des Gebäudes geflogen wären. Das bestätigte auch James Schwartz, stellvertretender Chef des *Arlington County Fire Department*. Bezüglich der Opferzahl erklärt er, sie »könnte weitaus größer gewesen sein, hätte das Flugzeug einen anderen Teil des Gebäudes getroffen, der nicht renoviert wurde«. Am schlimmsten wäre ein Treffer im zentralen Hof des Pentagons gewesen. Der spezielle Kurs auf *Wedge 1* engte das Ausmaß der Katastrophe unzweifelhaft bedeutend ein.

Wenn von ferngesteuerten Flugzeugen die Rede ist, fallen einem meist jene erstaunlichen Konstruktionen ein, wie sie das Militär schon lange entwickelt und testet. Es sind teils utopisch anmutende Flugkörper verschiedenster Größen und Leistungsdaten. Die Anfänge der »pilotlosen« Flieger liegen teils schon Jahrzehnte zurück. So entwickelte *Teledyne Ryan* bereits ab 1948 nach einer Ausschreibung des *Pilotless Aircraft Branch* der US-Luftwaffe die XQ-2 als experimentelles Flugobjekt. Definitiv ferngesteuerte Jets (*Remotely Piloted Vehicles*, RPVs bzw. *Unmanned Aerial Vehicles*, UAVs), kurz Drohnen genannt, sind mindestens seit den 1960er-Jahren eine Tatsache. Heute befinden sich weit fortgeschrittenere Systeme im simulierten wie auch im realen Einsatz.

Der schon legendäre *Predator*, der u. a. auf den Channel Islands vor der kalifornischen Küste stationiert ist, zählt zu den kampferprobten Drohnen, die nicht allein aufklärungs-, sondern auch angriffsfähig sind. Dieses Projekt mit CIA-Hintergrund war in Afghanistan und Jemen im Einsatz. Ein Flugkörper dieser Art ist zu weitaus extremeren Manövern in der Lage als ein bemanntes Objekt. Er kann schnell und präzise aus der Ferne gelenkt werden.

Ich habe vor vielen Jahren den Testflug einer *Predator*-Drohne auf dem *Indian-Springs*-Gelände, *Range 63* der *Nevada Test Site* erlebt, nahe der Atomstadt Mercury. Flugleistungen und Präzision waren wirklich erstaunlich. Ein MQ-1-*Predator* trägt ein multispektral arbeitendes Zielsystem mit einer AGM-114-*Hellfire*-Rakete. Das Bodenkontrollsystem hierfür kann nach direkter Information der *Air Force* in einer C-130-Frachtmaschine transportiert werden. »MQ-1« bezieht sich auf eine interne Codierung des DoD, wobei »M« für Multifunktionalität steht, »Q« den Status eines unbemannten Flugkörpers kennzeichnet und die Bezifferung mit »1« lediglich darauf hinweist, dass dieses Beispielsobjekt das erste einer kompletten Serie zweckgebundener ferngelenkter Flugzeugsysteme repräsentiert. Im Jahr 2002 wurde das System auf RQ-1, also unbemannte, bewaffnete Aufklärung (*Reconnaissance*) umgestuft. Der *Predator* ist mit einer Länge von leicht über acht und einer Spannweite von knapp 15 Metern eher mittelgroß. Von der Spannweite her etwas größer ist das Drohnenprojekt *DarkStar Tier III minus* – als Produkt der schon lange unter anderem auch für geheime CIA-Flugzeugprojekte zuständigen »*Skunk Works*« von *Lockheed*, heute *LM Aero*. Diese *DarkStar*-Variante bringt es hierbei auf gut 21 Meter, doch die ungewöhnliche Form äußert sich in einer sehr kurzen Rumpflänge von nur viereinhalb Metern. Das Flugzeug gleicht einem U-förmigen Teller, an dessen geradem Ende die weiten Flügel angebracht sind. Das Projekt wurde zumindest laut offizieller Darstellung im Jahr 1999 stillgelegt. Doch ist es weiterhin von einer düsteren Aura der Geheimhaltung umgeben. Vor allem gehen für gewöhnlich gut informierte Kreise von einer geheimen »schwarzen« und größeren Version dieses Flugkörpers aus – gegenwärtig in Entwicklung auf der in diesem Buch bereits kurz angesprochenen, extrem geheimen Anlage in Nevada, der *Groom-Lake*-Basis, besser bekannt als *Area 51*. In den 1990er-Jahren konnte ich durch einen Dokumentenvergleich das letzte Steinchen in ein Puzzle einfügen, um nachzuweisen, dass diese Anlage mit DET3/AFFTC identisch ist, einer Abteilung der *Edwards Air Force Base* in Kalifornien. Dort findet sich auch eine riesige Drohne wieder, der *Global Hawk* (*Tier II plus*). Wie schon der Name nahe legt, verfügt dieser wohlgemerkt *ferngelenkte*, *unbemannte* Flugkörper über eine *globale* Reichweite. Der »Falke« ist in der Lage, 21 720 Kilometer am Stück zurückzulegen und damit den halben Erdball zu umkreisen. Ein *Global Hawk* vom Typ RQ-4B bringt es auf eine Länge von 14,5 und eine Spannweite von 39,9 Metern. Zum Vergleich: Eine Boeing 757-200 ist 47,32 Meter lang und von Flügelspitze zu Flügelspitze 37,95 Meter breit. Formal existieren allerdings deutliche Unterschiede zu einer 757. Somit dürfte trotz einer vergleichbaren, sogar noch größeren Spannweite keine Verwechslungsgefahr bestanden haben – nicht zu vergessen die geringe Baulänge des »Falken«.

Der investigative Journalist Joe Vialls berichtete kurz nach 9/11 über einige mittlerweile bestätigte technologische Neuerungen im Bereich der Fernsteuerungstechnologie. Manche sind in Wirklichkeit ohnehin nicht sonderlich neu, sondern wurden schlicht nach Ablauf der üblichen Geheimhaltungszeiten bekannt, nach Spannen also, die Jahrzehnte betragen können. Unter anderem schrieb Vialls: »Bis in die Mittsiebziger waren die Flugsysteme sogar noch fortschrittlicher, wobei Computer die Autopiloten an Bord steuerten, die wiederum in der Lage waren, sämtliche onboard-Hydraulik zu steuern. Im Verbund waren diese vielfach differenzierten Funktionen nun als ›Flight Control System‹ oder FCS bekannt, das wiederum ausgefeilte Avionik barg, fähig zu vollautomatischen Landungen unter Null-Sicht-Bedingungen. Zusammengefasst befanden sich also bis zur Mitte der Siebzigerjahre die meisten großen Jets in der Lage, effektiv Hunderte von Meilen zu navigieren und dann auf einem ausgewählten Flughafen vollautomatisch unter Null-Sicht-Bedingungen zu landen. All dies konnte ohne Eingreifen ausgeführt werden, zumindest theoretisch unter den wachsamen Augen der Bodenmannschaft … Unter dem Mantel extremer Geheimhaltung setzten multinationale Unternehmen und die

DARPA die Arbeit auf dieser Grundlage fort und entwickelten ›Hintertüren‹ in die neuen Computer-Designs. Es gab zwei sehr offensichtliche, harte Anforderungen in dieser Entwicklungsstufe: als Erstes einen primären Kontrollkanal für die Übernahme des Flugkontrollsystems und den Rückflug zu einem ausgewählten Flugplatz und als Zweites einen verdeckten Audiokanal zum Abhören des Flugdecks. Sobald ein Primärkanal aktiviert war, gelangten sämtliche Flugzeug-Funktionen unter die direkte Boden-Kontrolle und entfernten damit Flugzeugentführer wie auch Piloten aus der Kontrollschleife.« Eine Idee des *Home Run* genannten Programms war also, entführte Maschinen unter Außenkontrolle zu bringen und per Fernsteuerung sicher auf einem geeigneten Flughafen zu landen. Wie Joe Vialls erwähnt, stand hinter diesem Projekt die DARPA, die *Defense Advanced Research Projects Agency*, was sich in etwa mit »Behörde für weiterentwickelte Verteidigungsforschung« übersetzt. Auf die DARPA geht unter anderem auch das Internet zurück, das ursprünglich nur zum Einsatz für militärisch-geheimdienstliche Zwecke geplant war. Die DARPA untersteht dem Pentagon und führt nicht zuletzt auch Weltraumforschungsprojekte durch. Auch das *Global Positioning System* nimmt seinen Ursprung bei der DARPA. Joe Vialls erläutert zum Sinn von *Home Run* außerdem noch: »Unter der sehr plausiblen Annahme, dass Entführer lediglich eine begrenzte Zahl an Munition bei sich tragen und viele Verkehrsflugzeuge heute mehr als 300 Passagiere mitführen, könnte *Home Run* genutzt werden, um alle Überlebenden für eine sichere automatische Landung auf einen geeigneten Flughafen zu bringen.«

Dass jede nutzbringende Erfindung auch alles andere als ein Segen sein kann, belegen unzählige Beispiele. Auch im Falle eines Systems nach Art von *Home Run* durchaus vorstellbar. Könnte es sein, dass Flug AA 77 ebenfalls per Fernsteuerung von außen übernommen und mit höchster Präzision ins Pentagon gelenkt wurde? Die Technik hierfür existiert längst. Und wie sich gezeigt hat, gibt es überhaupt keine andere Alternative als eben jenes Fernsteuerungs-Szenario. Am 16. Juni 2005 erklärte Elizabeth Verdiev, eine Boeing-Sprecherin, kein kommerzielles Boeing-Flugzeug könne von außerhalb der Maschine kontrolliert werden. »Piloten können das Flugzeug programmieren, so dass es startet, zu einem Bestimmungsort fliegt und dann automatisch landet, doch das Boeing-Design überlässt die Kontrolle und die Entscheidungsfindung zu jeder Zeit den Piloten.« Im November 2006 allerdings patentierte Boeing ein automatisches Landesystem für entführte Flugzeuge. Dieses System ähnelt sehr deutlich dem DARPA-Projekt, indem es erlaubt, den Piloten unmittelbar nach Aktivierung sämtliche Kontrolle über die Maschine zu entziehen und eine automatisierte

Landung auf einem vorbestimmten Ziel durchzuführen. Wie es heißt, könne dieser »nicht unterbrechbare« Autopilot auf verschiedenen Wegen aktiviert werden. Entweder durch die Piloten selbst, durch Sensoren an Bord oder aber sogar über Funk- bzw. Satellitenverbindungen aus der Ferne – durch Regierungsbehörden wie der CIA. Erforderlich sei dies beispielsweise natürlich bei Entführungsszenarien nach Art von 9/11, also wenn Terroristen versuchten, die Kontrolle im Cockpit zu übernehmen. Boeing selbst wird natürlich nur höchste Zuverlässigkeit seiner Produkte und möglichst hohe Flugsicherheit mit diesem neuen System im Sinne haben und kommentiert entsprechend: »Wir studieren fortwährend Möglichkeiten, mittels derer wir die Sicherheit und Effizienz der Flugzeugflotte dieser Welt steigern können.«

Das frisch patentierte System befand sich demnach im Jahr 2001 noch keinesfalls an Bord der Boeings. Doch wenn wir die Wurzeln dieser neuen Technik verfolgen, so waren sie damals längst vorhanden. Nicht allein bei Boeing.

Northwoods

Bereits 1962 entwarf die CIA einen geheimen Plan, der immerhin sogar bereits den Vereinten Stabschefs als militärische Möglichkeit vorgeschlagen wurde. Es ging darum, Kuba unter anderem verbrecherische Sabotageakte, heimtückische Angriffe und den Abschuss einer zivilen Maschine unterzuschieben und damit einen triftigen Kriegsgrund zu schaffen. All jene vermeintlichen Provokationen von kubanischer Seite beruhten de facto aber auf einer geheimen Aktion, die als *Operation Northwoods* bezeichnet wurde. Hier soll nur einmal Punkt 8 aus dem Plan vorgestellt werden, um zu demonstrieren, wie weit man schon damals zu gehen bereit war und dass Flugzeuge sich bereits fernsteuern ließen:

»Es ist möglich, einen Zwischenfall zu kreieren, der überzeugend demonstrieren wird, dass ein kubanisches Flugzeug eine gecharterte zivile Maschine angegriffen und auf ihrem Weg von den Vereinigten Staaten nach Jamaica, Guatemala, Panama oder Venezuela abgeschossen hat. Der Zielort würde lediglich so gewählt, dass der Flugkurs Kuba direkt kreuzte. Die Passagiere könnten College-Schüler auf Ferienreise sein oder jegliche Personengruppen mit einem gemeinsamen Interesse, das Chartern eines außerplanmäßigen Fluges zu unterstützen.

a. Ein Flugzeug auf der Eglin-Luftwaffenbasis würde wie ein exaktes Duplikat eines zivil registrierten Flugzeuges angestrichen und nummeriert werden, das zu einer in CIA-Eigentum befindlichen Organisation in der Miami-Region gehört. Zu einer festgelegten Zeit würde das Duplikat gegen das tatsächliche zivile Flugzeug ausgetauscht werden und mit den ausgewählten Passagieren besetzt werden, die alle unter sorgfältig ausgewählten Alias-Namen an Bord gingen. Das tatsächlich registrierte Flugzeug würde in eine Drohne verwandelt werden.

b. Die Startzeiten der Drohne und des eigentlichen Flugzeuges wären derart abgestimmt, dass sie südlich von Florida ein Rendezvous erlaubten. Vom Punkt des Rendezvous wird die mit Passagieren besetzte Maschine in einen Sinkflug auf Minimalhöhe gehen und direkt auf einer Behelfsrollbahn der Eglin-Basis landen, wo Vorbereitungen getroffen sind, die Passagiere zu evakuieren und das Flugzeug wieder in seinen ursprünglichen Status zurückzuführen. Die Drohne wird sich währenddessen weiterhin auf dem geplanten Kurs befinden. Über Kuba wird sie dann über die internationale Notruf-Frequenz eine ›MAY DAY‹-Nachricht aussenden, mit der Aussage, unter Angriff durch kubanische MiG-Maschinen zu stehen. Die Übertragung wird mit der Zerstörung des Flugzeugs unterbrochen, die ihrerseits durch ein Funksignal ausgelöst wird. Dies wird ICAO-Stationen [ICAO: *International Civil Aviation Organization*, Internationale Zivile Luftfahrt-Organisation, Anm. Verf.] in der westlichen Hemisphäre erlauben, den USA mitzuteilen, was dem Flugzeug zugestoßen ist, anstatt dass die USA versuchen müssten, den Zwischenfall zu ›verkaufen‹.

Der Plan wurde damals nicht umgesetzt. Doch zeigt er, an welch verschwörerischen Ideen wirklich gefeilt wurde. Das war 1962, rund 40 Jahre vor 9/11!

Entführte Entführer

Dass Militär, Verteidigung und Geheimdienste in einigen Fällen ziviler technologischer Forschung viele Jahre voraus sind, ist eine definitiv nachgewiesene Tatsache, die einen weiten Themenbereich umfasst, sei es Optik, Avionik, Mikrobiologie oder Computertechnik. Ich hatte mich schon vor Jahren auf dem *Starfire Optical Range* in New Mexico teilweise selbst von innovativster Militärtechnologie überzeugen können, nicht nur durch Augenschein, sondern auch durch entsprechende Gespräche mit Fachleuten.

CIA und NSA verfügen zudem über umfangreiche Befugnisse, im Dienste der nationalen Sicherheit und mit anderen Begründungen tätig zu werden und damit beispielsweise auch jederzeit Zugriff auf Flughäfen und deren Anlagen zu erhalten. Ebenso sind Operationen und Manipulationen durch hochstehende Spezialeinheiten dieser Art denkbar, in deren Folge einzelne Maschinen manipuliert worden sein können. Die Grundtechnologie automatisierter Landungen musste durch die Fernsteuerungskomponente erweitert werden. Eigene Geheimprojekte konnten hier bereits über Jahre hinweg die technischen Möglichkeiten erforschen.

Vergessen wir in diesem Kontext nicht, dass parallel hierzu eine langjährige Beobachtung und Kontrolle terroristischer Pläne erfolgt sein dürfte. Dieses geheime Ausforschen ebenfalls seit langem bestehender *Al-Qaida*-Projekte vermittelte die entscheidenden Informationen, die Manipulationen am richtigen Ort zur richtigen Zeit vorzunehmen. Denn auch die Entführer der vier Maschinen mussten sich sehr rechtzeitig mit den Gegebenheiten vertraut machen und konnten nicht im letzten Augenblick entscheiden, welche Flüge sie nehmen. Sonst wäre die Koordination nicht gelungen. Alles konnte nur von langer Hand vorbereitet gewesen sein, allerdings auch nur durch geheimdienstliche Unterstützung, die beispielsweise auch dafür sorgte, dass an jenem speziellen Tag die vorbereiteten Flugzeuge auch wirklich zum Einsatz kamen. Was im Einzelnen geschah, wird sich wohl nie feststellen lassen, extreme Geheimhaltung und die hohe Komplexität der Vorgänge von 9/11 machen das schier unmöglich.

Die enorme Trägheit, wie sie die amerikanische Luftfahrtbehörde FAA an den Tag legte, lässt jedenfalls vermuten, dass deren Spitzen wohl von einer besonderen Aktion an jenem Tag gewusst haben müssen. Wir stellen für den 11. September ohnehin weitflächig Vernebelung und Verwirrung fest. Unter anderem auch durch zahlreiche Vorgänge im Luftraum, welche die Verwirrung vielfach steigerten. So gab es ausgerechnet am 11. September 2001 eine ganze Reihe von Übungen, in deren Mittelpunkt natürlich rein hypothetische Szenarien wie Biowaffen-Angriffe, Flugzeugentführungen, die Bedrohung des nordamerikanischen Luftraums oder sogar die Attacke von Flugzeugen auf Großbauten in den USA standen. In dieses thematische Umfeld reihten sich mindestens sieben solcher Übungen: *Amalgam Virgo*, *Vigilant Guardian*, *Vigilant Warrior*, *Northern Vigilance*, *Northern Guardian* sowie ein NRO-Drill und die Übung *Tripod II* (Biowaffen-Angriff). Durch *Northern Vigilance* entstand auch ein Vakuum von Patrouillen-Jets an der Ostküste, da die Maschinen nach Alaska und Kanada abgezogen worden waren. Als die tatsächlichen Attacken stattfanden, ging daher (fast) jeder davon aus, dass sie Bestandteile der Übung waren, während (fast) niemand sie also für reale Angriffe hielt. Die faktischen Hintergründe widerlegen die Behauptung, man habe trotzdem innerhalb von nur 30 Sekunden die reale Situation erkannt. Das ist Schönfärberei und nichts als eine militärische Mär.

Woher aber wussten die Entführer, dass diese Übungen genau an jenem Tag stattfanden und ihnen einiges erleichtern würden? Sie mussten »einen Tipp« erhalten haben. Umgekehrt wäre nur denkbar, wenn auch weniger wahrscheinlich, dass die Operationen sämtlich auf jenen Tag gelegt wurden, weil man genau wusste, dass die Attacken der *Al-Qaida* für den 11. September geplant waren. Wer hier wen wieweit unterwanderte oder informierte, bleibt ein Geheimnis. Gab es trotz der fanatischen Philosophie Osama bin Ladens letztlich eine Zusammenarbeit zwischen ihm und seinem Erzfeind, der ihn einst mit seinem Geheimdienst gegen die Sowjetunion unterstützt hatte? Erinnern wir uns, der hochrangige Ex-CIA-Mann Oswald LeWinter berichtete mir während eines persönlichen Gesprächs, bin Laden in Kommunikationstechnologie ausgebildet zu haben. Er habe ihn im Jahr 2003 nochmals getroffen und gefragt, ob er hinter den Anschlägen des 11. September stehe, worauf bin Laden abgewehrt habe. Wir können nicht voraussetzen, dass bin Laden die Wahrheit gesagt hat. Wir können auch nicht als gegeben voraussetzen, dass die CIA die Wahrheit sagt. Für authentisch erachtete Videoaufnahmen enthalten jedenfalls offenbar widersprüchliche Aussagen bin Ladens. Auch hier herrscht also absolute Verwirrung. Taktik?

Wenn wir die *Al-Qaida*-Aktionen und die lange gehegten Pläne, beispielsweise das Bojinka-Szenario, berücksichtigen, sehen wir eine konsequente Entwicklung, die eine echte *Al-Qaida*-Beteiligung nahe legt, aber nicht beweist. Die Attentäter bereiteten sich auf einen Auftrag vor, ohne zu wissen, was wirklich geplant war und dass sie allesamt in den entführten Maschinen sterben sollten. Letztlich wussten vielleicht nicht einmal die »Terror-Piloten« davon. Ihr eigentlicher Auftrag mag ein ganz anderer gewesen sein. Doch wieweit waren sie in der Lage, die Gesamtsituation einzuschätzen, wenn sie möglicherweise tatsächlich glaubten, sich in den Flugschulen genügend Kenntnisse zum Manövrieren großer Linienjets angeeignet zu haben?

Fest steht: Bereits ihre zahlreichen Vorbereitungen konnten die Terroristen völlig unbehelligt durchführen. Niemand hinderte sie an der Einreise, selbst nach abgelaufenem Visum. Die Behörden, darunter das FBI, wussten nachweislich längst, dass auffallende Aktivitäten stattfanden und islamische Flugschüler in den USA Unterricht nahmen, doch niemand schaltete sich ein. Insgesamt verlief alles wie am Schnürchen. Auch am 11. September gab es keine Hindernisse. Die Attentäter gelangten wiederum völlig unbehelligt

Abb. 72: Ein bemerkenswertes Titelblatt aus dem Jahr 1997. Ein von der US-Notstandsbehörde FEMA veröffentlichter Bericht zu Maßnahmen bei Terrorangriffen.

an Bord, sie übernahmen die Kontrolle und steuerten zumindest dann angeblich drei der vier Maschinen mit unerbittlicher Präzision und eiskalt in die vorgesehenen Ziele.

Doch wie sagte jene dem Terroristen Mohammed Atta zugeschriebene Stimme an Bord von Flug 11, der um 8.46 Uhr in den Nordturm raste? In gebrochenem Englisch erklärte der Entführer: »Wir haben einige Flugzeuge. Bleiben Sie einfach ruhig und es wird Ihnen nichts geschehen. Wir fliegen zurück zum Flughafen … Keine Bewegung. Alles wird in Ordnung sein. Wenn Sie versuchen, sich zu bewegen, gefährden Sie sich und das Flugzeug. Bleiben Sie einfach ruhig.« Spricht dies nicht dafür, dass die Entführer in Wirklichkeit einen ganz anderen Plan verfolgten und überhaupt nicht beabsichtigten, auch nur ein einziges Gebäude zu zerstören und sich selbst dabei mit in den Tod zu reißen? Vielleicht. Wieder ein Paradox von vielen. Und ganz ehrlich betrachtet, wird jeder, der sich mit den Ereignissen von 9/11 befasst, auch feststellen müssen, dass bis heute nicht eine einzige komplett schlüssige Theorie existiert, die sämtliche Vorgänge und Details harmonisch und mit absoluter Sicherheit einordnen und erklären kann. Doch genauso steht fest, dass die sogar mit Abstand unwahrscheinlichste aller Theorien die offizielle Erklärung ist!

Angenommen, die Entführer hatten wirklich vorgehabt, in die Gebäude hineinzufliegen. Selbst wenn sie es fest glaubten, sie waren dazu nicht in der Lage. Stellen Sie sich doch nur Hani Hanjour vor und die gesamte Situation, in der er sich dann befunden haben muss.

AA-77-Pilot Captain Charles Burlingame wird von den Entführern überwältigt, die Maschine steht nicht mehr unter seiner Kontrolle. Stattdessen hat sich der *Cessna*-Pilot an seinen Platz gesetzt, hält das Steuer krampfhaft in Händen und versucht, sich im blinkenden Gewirr der Instrumente und Anzeigen des riesigen Flugzeuges zurechtzufinden. Was verblüffend leicht funktioniert. Sehr schnell wird ihm klar, dass hier etwas nicht stimmen kann. Die Maschine manövriert selbstständig, irgendwer oder irgendetwas hat von außen die Kontrolle übernommen. Der Jet bewegt sich auf einer halsbrecherischen Abwärtsspirale, während Hanjour das Ruder loslässt und wie benommen zusieht, wie die Boeing, offenbar von Geisterhand geführt, immer tiefer sinkt, schließlich in die Waagerechte übergeht und haarscharf über dem Erdboden entlangrast. Durch das Cockpit-Fenster sieht Hanjour das Pentagon blitzschnell auf sich zurasen, jenes Ziel, das er aus einem anderen Winkel, auf einem anderen Kurs selbst auch ansteuern wollte. Bevor er die Perfektion des aberwitzigen Geschehens begreift, ist Hanjour tot. Die Maschine detoniert im Pentagon. Was er nicht wissen konnte: Über einen geheimen Audio-Kanal gingen sämtliche notwendigen Informationen an die eigentlichen Operateure der Maschine, jene Verantwortlichen von 9/11, die im eigenen Land zu finden waren. So erfuhren sie den exakten Zeitpunkt, wann sie die automatische Steuerung von außen aufschalten mussten. Voraussichtlich kurz bevor Burlingame überwältigt wurde. Ähnlich muss es den anderen Terrorpiloten ergangen sein, die zumindest laut zahlreichen Zeugenaussagen ebenfalls nicht in der Lage waren, eine große Linienmaschine zu fliegen. Ganz gleich, was sie eigentlich planten – irgendwann übernahm »jemand« von außen das Ruder und verursachte damit all das, was wir heute mit 9/11 verbinden.

Flug UA 93

Details, wie die Kontrolle der Maschinen in der Praxis umgesetzt wurde, sind nicht bekannt. Vielleicht aber spielen in diesem Zusammenhang einige ungewöhnliche Beobachtungen eine Rolle. Als die Boeing 757 um 9.37 Uhr in das Pentagon flog, sahen zahlreiche Zeugen eine zweite Maschine in unmittelbarer Nähe. Sie schien die Boeing zu verfolgen. Diese mysteriöse Maschine wurde von den meisten Zeugen als eine *C-130 Hercules* beschrieben. Offenbar wurde dieses Flugzeug jedoch nicht nur im direkten Gefolge von AA 77 gesehen, sondern schon eine Weile vorher. Ein leider anonym gebliebener Angestellter des nahen Friedhofs von Arlington will dieses zweite Flugzeug gesehen haben, wie es bereits in der Region kreiste. Genau die gleiche *C-130 Hercules* tauchte später nachweislich auch in unmittelbarer Nähe von Flug UA 93 auf, jener vierten am 11. September entführten Maschine, die bei Shanksville in Pennsylania aus ungeklärten Gründen abstürzte. Auch UA 93 ist von zahlreichen Rätseln umgeben. Die für diesen Flug vorgesehene Boeing 757 war an jenem Tag mit einer über 40-minütigen Verspätung vom *Newark International Airport* in New Jersey mit Ziel San Francisco gestartet. An Bord befanden sich 44 Passagiere. Als der Kapitän um 9.24 Uhr von einem Fluglotsen vor potenziellen Entführern gewarnt wurde, waren seit der ersten Attacke bereits 38 Minuten vergangen, der zweite WTC-Einschlag lag ebenfalls immerhin bereits 21 Minuten zurück. Als diese Warnung einging, war die Maschine selbst bereits 42 Minuten lang in der Luft. Die Entführer hätten also zu jedem beliebigen Zeitpunkt innerhalb dieser Spanne versuchen können, die Kontrolle zu übernehmen. Doch nichts. Dann, lediglich vier Minuten nach der Warnung, hört die Bodenkontrolle in Cleveland per Funk einige Schreie aus dem Cockpit. Wiederum ein zumindest bemerkenswertes Zusammentreffen der Ereignisse. Unmittelbar darauf geht das Flugzeug in einen Sinkflug über; bald meldet sich eine Stimme aus dem Cockpit. Der Mann spricht gebrochen Englisch und wendet sich als »Captain« an die Passagiere. Wie er sagt, befinde sich eine Bombe an Bord und alle sollten daher auf ihren Sitzen bleiben. Kurz darauf meldet er sich noch einmal, wobei er wieder von einer Bombe spricht und ganz ähnlich wie Mohammed Atta auf Flug AA 11 erklärt, nun wieder zum Flughafen zurückzufliegen – um »unsere Forderungen zu stellen«. Der Mann im Cockpit bittet alle, ruhig zu bleiben. Kurz darauf bricht der Funkkontakt ab, vier Minuten später stürzt UA 93 auf dem Gelände einer alten Kohlenmine ab. Wieder werden kaum Teile gefunden, die Maschine ist komplett zerstört. Seltsamerweise wird ein tonnenschweres Triebwerk rund zwei Kilometer und damit überraschend weit von der eigentlichen Absturzstelle entfernt aufgefunden. Einige Untersucher sehen darin ein Indiz, dass die Maschine mitten in der Luft gesprengt wurde. Befand sich wirklich eine Bombe an Bord? Wer hatte sie installiert? Darüber sind gegenwärtig nur Spekulationen möglich. Die Passagiere hatten mittlerweile laut der offiziellen Version über Handys und die *Verizon*-Sitztelefone – die es in den älteren Maschinen noch gab, die dann aber mangels Rentabilität abgeschafft wurden – mit Angehörigen gesprochen und erfahren, dass die beiden Haupttürme des World Trade Centers von Flugzeugen getroffen worden waren. Nachdem immer klarer wurde, dass auch ihre eigene Maschine in die Hände der Entführer gefallen war, entschloss sich eine kleinere Gruppe von Passagieren, ins Cockpit einzudringen und die Terroristen zu überwältigen. Aus dem letzten Funkverkehr soll hervorgehen, dass sie ihr Vorhaben allerdings nicht mehr umsetzen konnten. Die Aufnahmen des Cockpit-Stimmrecorders (*Cockpit Voice Recorder*, CVR) wurden nie in Originalform veröffentlicht, lediglich als Transkript mit englischer Übersetzung von arabischen Satzbruchstücken. Diese Veröffentlichung erfolgte erst im April 2006. Die übrigen drei Stimmrecorder, die in den typischen Black Boxes untergebracht und damit normalerweise gegen eine Zerstörung selbst bei extremen Unglückssituationen geschützt waren, wurden angeblich nicht gefunden (WTC 1 und WTC 2) oder waren so massiv zerstört, dass sie nur noch Datenfragmente enthielten (Pentagon). In späteren Studien des *National Transportation Safety Board* beziehen sich die Analytiker allerdings auf die Daten der Flugschreiber von Flug AA 77 und UA 93. Letztlich ist bis heute nur das Transkript des CVR von UA 93 bekannt geworden. Demnach ließen die vermeintlichen Entführer die Maschine in voller Absicht abstürzen, was aber überhaupt keinen Sinn macht. 9/11 war doch angeblich bisher absolut nach Plan gelaufen. Weshalb sollten sie nunmehr resignieren und ohne ein weiteres Ziel getroffen zu haben in den Tod gehen? Sie waren rund 200 Kilometer von Washington entfernt. Ihrer Radikalphilosophie folgend lag doch ein zusätzlicher Terrorflug auf das Weiße Haus oder das Kapitol weit eher auf ihrer Linie. Aber nichts. Aus unerfindlichen Gründen stürzen sich Jarrah und seine zu allem bereiten Kollegen wie terroristische Lemminge ins Verderben. Das englische Transkript zitiert für die letzten Augenblicke wiederholt Äußerungen wie: »Hoch, runter, hoch runter … runter, runter, runter … drück es, drück, drück … gib es mir!« In den letzten Momenten seien starke Windgeräusche zu hören gewesen, die möglicherweise von einem größeren Loch in der Bordwand herrührten. Im Transkript war nicht die Rede davon, doch im Prozess gegen Moussaoui wurde den Richtern das betreffende Audioband vorgespielt, so dass die Geräusche zu hören waren. Und was wird uns vorgespielt?

Wieder passt so vieles nicht zusammen, und bis heute haben die offiziellen Stellen keine neuen, plausibleren Informationen vorgelegt.

Eine mysteriöse Frachtmaschine

Zeugen wollen zwei Abfangjäger in der Nähe von Flug UA 93 gesehen haben. Tatsächlich bestätigte die US-Luftwaffe später deren Präsenz, bestritt aber gleichzeitig, dass sie auf die Boeing geschossen hätten. Und was war mit jener mysteriösen *C-130 Hercules*? Auch sie befand sich in der Nähe von Flug 93. Colonel Steve O'Brien, der später identifizierte Pilot, bestätigte dies selbst. Er sei an jenem Morgen von der *Andrews Air Force Base* bei Washington gegen 9.30 Uhr gestartet, um Kurs auf seine Heimatbasis in Minnesota zu nehmen. Zuvor habe er militärische Versorgungsgüter in die Karibik transportiert. Und nun kollidierte er beinahe mit Flug 77, während die Maschine zu ihrem radikalen Sinkflug aufs Pentagon ansetzte.

»Als wir starteten, nahmen wir Kurs auf Nord und West«, erinnert sich O'Brien. »Ich bemerkte dieses Flugzeug oberhalb und links von uns, auf zehn Uhr. Es stieg auf unsere Höhe herab, so etwa vier Meilen entfernt ..., das ist schrecklich nah, daher war ich auch überrascht, dass er uns nicht anfunkte.« Steve O'Brien beschreibt die gefährlich nahe Maschine als eine Boeing 757 oder 767. Sie schien ihm mit ihrem silbernen Rumpf am ehesten ein Flieger der *American Airlines* zu sein. Dann habe er die Order erhalten, abzudrehen und jene Maschine zu verfolgen, etwas, was er in seiner gesamten, langjährigen Karriere noch nicht erlebt habe. Kurz darauf sah er vor sich den Feuerball im Pentagon und flog über die Unglücksstelle weg. Und als er weiterflog, kam er zufälligerweise auch an der Absturzstelle von UA 93 vorbei. Das Pentagon kollabierte gegen zehn Uhr vormittags. Bereits wenige Minuten später, um 10.06 Uhr, stürzte die Boeing über Shanksville ab. Zwischen dem Pentagon-Treffer und dem UA93-Absturz lagen ziemlich genau 29 Minuten. Mit einer Reisegeschwindigkeit von 645 Kilometern pro Stunde konnte die C-130 die zwischen beiden Schauplätzen liegende Strecke gut innerhalb von 20 Minuten zurücklegen. O'Brien erklärt, er sei über das Gelände geflogen, als die Maschine bereits abgestürzt war. Als er ein dunkles, qualmendes Gelände unter sich wahrnahm, habe er gehofft, dort würden lediglich Reifen verbrannt, dann aber per Funk die Auskunft erhalten, dass soeben ein Flugzeug komplett vom Schirm verschwunden sei. Augenzeugen berichteten, die C-130 allerdings auch über Shanksville bereits vor dem Absturz der Boeing kreisen gesehen zu haben. Demnach wäre O'Brien in beiden Fällen vor den betreffenden Katastrophen an Ort und Stelle gewesen. Sollten die Zeugen sich irren oder ihre Aussagen frei erfunden haben? Dann bleibt immer noch einiges an O'Briens eigener Darstellung seltsam. Er scheint kaum weiter informiert gewesen zu sein. Als er den Sturzflug von AA 77 sah, glaubte er zunächst an ein technisches Problem und dass die Crew eine Notlandung auf den nahen *Reagan Airport* anstrebte. Dabei muss er wohl kurz vor seinem Abflug über die Ereignisse in New York informiert worden sein. Selbst als er den Brand in Shanksville wahrnimmt, denkt er aber zunächst an Feuer von brennenden Reifen.

Die Doppelpräsenz der *C-130 Hercules* in Arlington und Shanksville jeweils zeitgleich mit, ja sogar kurz vor den Abstürzen ist eine wirklich erstaunliche Tatsache. Wir haben bereits gesehen, dass eine derartige Frachtmaschine laut Angaben der US-Luftwaffe in der Lage ist, die komplette Fernsteuereinheit für den *Predator* zu transportieren. Kann es sein, dass die Geheimoperation am Pentagon von dieser C-130 aus kontrolliert und darüber hinaus auch Flug UA 93 ausgeschaltet wurde? Wenn die Situation an Bord eskalierte, weil die Passagiere mittlerweile von den zerstörten Zwillingstürmen in New York wussten, hätte diese Entwicklung den Absturz fördern können. Die mutigen Fluggäste ergriffen Eigeninitiative, stürmten das Cockpit, und im Handgemenge geriet das zeitweilig führerlose Flugzeug außer Kontrolle und stürzte ab. Im Normalfall hätte es so sein können. Nicht aber bei einer Steuerung von außen. Wenn die Maschine ferngesteuert wurde, kann sie nur aus anderen Gründen willentlich zum Absturz gebracht worden sein. Unter Umständen verbindet sich mit diesem Absturz sogar ein Beleg dafür, dass die Entführung von vier Maschinen tatsächlich von *Al-Qaida* geplant wurde. Das US-Geheimteam, das die eigentlichen Attacken unterstützte und präzise steuerte, wusste genau, dass vier Maschinen entführt werden sollten – UA 93 für einen Angriff auf das Weiße Haus oder Kapitol. Für den eigenen Geheimplan, den Terroranschlag auf mächtige US-Symbole zu unterstützen und damit ein politisches Ziel zu erreichen, genügten den Planern auf US-Seite allerdings die drei ersten Flüge voll und ganz. Sie mussten also Flug 4 blind enden lassen, denn weitere Zerstörungen eigener Infrastruktur wären völlig überflüssig gewesen. Also wurde UA 93 in unbesiedeltem Gelände zum Absturz gebracht. Diese Erklärung steht natürlich im Widerspruch zum offiziellen Transkript der CVR. Hieraus geht offenbar eindeutig hervor, dass die Terroristen die Boeing auf Grund ihrer eigenen Entscheidung abstürzen ließen. Somit musste der Text komplett gefälscht sein. Aber auch diese Erklärung greift nicht. Denn wenn er so massiv manipuliert wurde, warum wählten die Fälscher nicht gleich die Story, die alles am einfachsten und plausibelsten erklärte? Als den Passagieren klar wurde, was mit ihnen geschehen sollte, stürmten einige das Cockpit und überwältigten die Entführer. Die Situation geriet außer Kontrolle, das Flugzeug stürzte ab. Doch den Aufzeichnungen zufolge gelang den Passagieren der Vorstoß ins Cockpit nicht. Was also geschah dann? Das CVR-Transkript enthält bei genauerem Hinsehen in den englischsprachigen Passagen keinerlei wirkliche Hinweise auf das finale Vorhaben der Entführer. Zuvor scheinen sie nicht nur Passagieren, sondern auch Crew-Mitgliedern, darunter wohl vor allem dem Captain, sehr oft befohlen zu haben, sich zu setzen oder sitzen zu bleiben – »down« heißt es immer wieder, »runter«. Diese Anweisungen gaben sie wiederholt. Dadurch entstehen Unklarheiten, worauf sich die weiteren Äußerungen beziehen, die sehr knapp ausfallen. Auf Crew-Mitglieder, die sitzen bleiben oder sich hinlegen sollen oder auf den Kurs der Maschine. Nur die ebenfalls nicht gerade aufschlussreichen arabischen Passagen könnten auf die gezielte Einleitung eines Absturzes schließen lassen. Die Korrektheit der Übersetzung bleibt jedoch fraglich, abgesehen davon, dass die Audio-Aufnahme nicht vorliegt. Die englischen Passagen sind knapp und verwirrend. Vielleicht spiegeln sie auch tatsächliche Verwirrung wieder. Die vorletzte Anweisung (um 10.02 Uhr, 17 Sekunden) lautet: »Zieh sie rauf!« – Nur acht Sekunden darauf heißt es wieder: »Runter!« (10.02 Uhr, 25 Sekunden) Deutet dieser Widerspruch auf den verzweifelten Versuch hin, die nun abstürzende Maschine zu stabilisieren und wieder in den Griff zu bekommen? Natürlich konnte dieser Versuch nicht gelingen, da die Steuerung von außen erfolgte.

Dieses Szenario ist rein spekulativ und soll nur eine denkbare Möglichkeit aufzeigen. Gerade die bekannten Details sind sehr schwer in Einklang zu bringen. Wir wissen nicht, was wirklich geschah, doch entpuppt sich das zunächst so unwahrscheinlich klingende Szenario einer Außensteuerung letztlich sogar als die plausibelste Lösungsvariante. Während die Steuerung der Flüge AA 77 und UA 93 unter Umständen von jener mysteriösen *C-130 Hercules* ausging, befand sich das Kontrollzentrum für die Flüge AA 11 und UA 175 nach Ansicht einiger Autoren im Gebäude Nummer 7 und damit wiederum in unmittelbarer Nähe der Zwillingstürme. Ein Beweis hierfür existiert aus verständlichen Gründen bislang nicht, doch wäre dieser Umstand ein weiterer Grund für die komplette Zerstörung von WTC 7 gewesen. Interessant mag sein, dass Flug 77 und Flug 175 genau von einander entgegengesetzten Richtungen auf die beiden Türme zuflogen und ihr Kurs in beiden Fällen auf einer Linie lag, die sich mit der Lage von WTC 7 schneidet.

Vorbereitende Tests

Zu den vielen ungewöhnlichen Tatsachen zählt auch, dass sich insgesamt fünf hochrangige Mitarbeiter des *Raytheon*-Konzerns an Bord aller Maschinen mit Ausnahme von Flug 93 befanden. Unter ihnen war auch Stanley Hall, Management-Direktor des Programms für elektronische Kriegsführung bei *Raytheon*. Der *Raytheon*-Konzern spielt eine wesentliche Rolle bei der Entwicklung von Fernsteuersystemen. Zeitgleich mit dem automatischen Boeing-Kontrollsystem erhielt *Raytheon* einen millionenschweren FAA-Vertrag für ein fortgeschrittenes Bewertungssystem für Flugrouten (*Advanced Route Evaluation System*, ARES), um mittels Risikoanalysen die besten Flugrouten in Notfallsituationen zu ermitteln. Und bereits im August 2001, also nur einen Monat vor den Attacken, führte *Raytheon* verschiedenen Berichten zufolge auf einer US-Luftwaffenbasis in New Mexico sechs ferngesteuerte Landungen einer Boeing 727 durch – ohne jeden Piloten an Bord. Wenige Monate zuvor war ein *Global Hawk* per Fernsteuerung von den USA nach Australien geflogen und dort sicher gelandet.

Somit scheinen in den Monaten vor 9/11 einige sehr intensive Tests durchgeführt worden zu sein. Möglich, dass sie noch auf anderen geheimen Militärbasen durchgeführt wurden. Vielleicht war keine hierfür so geeignet, wie die schon mehrfach kurz erwähnte Anlage am Groom-Trockensee, DET3/AFFTC. Seit langem schon gilt sie als Paradies für Drohnen. Gerade in den vergangenen Jahren fanden zahlreiche Umbauten von Teilen der riesigen Anlage statt. Vieles deutet darauf hin, dass diese Umbauten im Zusammenhang mit neuen Projekten unbemannter, ferngesteuerter Flugobjekte stehen. Seit dem Jahr 1999 wird die unter dem Namen »Area 51« populäre Basis massiv erweitert, was auch mit einer noch verstärkten Absicherung der ohnehin scharf bewachten Anlagen einherging. Im Mai 2001 entstand ein neues Rollfeld am Groom Lake, das für Drohnen ausgelegt zu sein scheint. Interessanterweise wurde ein wesentlicher Kontraktor von DET 3/AFFTC – nämlich *EG&G Technical Services* – mit Wirkung vom Oktober 1999 von keinem anderen Konzern als der *Carlyle Group* übernommen, wobei die restlichen Gruppen von EG&G unter dem Namen *PerkinElmer, Inc.* zusammengefasst wurden. Am 16. Dezember 1999 wurde die Basis am Groom Lake, wohlgemerkt Abteilung 3 des *Air Force Flight Centers*, dann auch offiziell von der Air Force übernommen; zuvor unterstand sie der Atomenergie-Behörde, obwohl die US-Luftwaffe auf *Area 51* seit Jahrzehnten hoch aktiv ist. *Carlyle* übte genau drei Jahre über *EG&G Technical Services* eine wesentliche Kontrolle über die Basis aus. Dann endete der Vertrag wieder – zumindest offiziell. Somit fällt eine wesentliche Beteiligung von *Carlyle* an den Aktivitäten von *Area 51* genau in die Jahre um 9/11. Zufall? Diese abgelegene Geheimbasis, auf der neben *Carlyle* auch *Raytheon* und *Bechtel* eine zentrale Bedeutung haben, könnte der beste Ort sein, eine Operation wie 9/11 vorzubereiten und zu planen, sowie geheime Tests durchzuführen.

Doch was geschah mit den fünf *Raytheon*-Leuten? Sie gelten vielen als Argument dafür, dass Fernsteuersysteme bei 9/11 definitiv zum Einsatz kamen. Und sie dienen gleichfalls als Argument dafür, dass das Pentagon nicht von AA 77, sondern von einem unbemannten, völlig leeren Flugkörper getroffen wurde. Warum sollten auch Mitarbeiter des geheimen Unternehmens selbst dabei getötet werden? Ganz bestimmt wurden nicht zum ersten Mal einige Personen geopfert, die als Mitwisser zu einem späteren Zeitpunkt Probleme hätten machen können. Darunter Menschen, die in ihrem speziellen Aufgabenbereich viele Geheimnisse kannten und über vorbereitende Aktivitäten Bescheid wussten, ohne das tatsächliche Komplott zu kennen – sie waren im Sinne des »need-to-know« nur über das informiert, was für ihre Arbeit unmittelbar erforderlich war. Denken wir auch nur an die mysteriöse Todesserie, wie sie Mikrobiologen heimsuchte, die als Forscher, aber auch als Waffeninspektoren sehr unbequeme Auskünfte hätten geben können – das exponierteste Beispiel dieser Opfer ist der britische Wissenschaftler Dr. David Kelly. Oder denken wir an den israelischen Spezialagenten Daniel Lewin, der in AA 11 ermordet wurde, noch bevor die Maschine den Nordturm traf. Seine Anwesenheit scheint kein Zufall gewesen zu sein, doch war Lewin ganz offenbar ebenfalls »entbehrlich«.

Hinsichtlich 9/11 hätten einige der betreffenden Experten erst nach Verwirklichung des geheimen Plans feststellen können, unwissentlich an tausendfachem Massenmord mitgewirkt zu haben. So anscheinend auch die *Raytheon*-Leute. Sie wären gefährliche Mitwisser geworden, deren Reaktion in keiner Weise vorhersehbar gewesen wäre. Also mussten sie sterben. Wie und warum sie ausgerechnet auf den Flügen AA 11, UA 175 und AA 77 dabei waren, bleibt im Dunkel. Tatsache ist jedenfalls, dass diese Personen nie wieder zu ihren Familien zurückgekehrt sind. Vor allem auf Flug 77 waren auffallend viele Techniker und Personen aus dem militärischen Umfeld an Bord.

Was wirklich bei 9/11 im Einzelnen geschah, drang bis heute nicht ans Licht. Wir haben in diesem Kapitel über viele Rätsel um den 11. September gesprochen, viele Ungereimtheiten angesprochen und eine unfassbare These beleuchtet. Wir haben gesehen, dass die Terrorflüge ferngesteuert gewesen sein müssen, da keine andere Lösung in Frage kommt. Natürlich haben wir hier auch viel spekuliert, und nichts von alledem ist bewiesen oder darf als die reine Wahrheit von 9/11 bezeichnet werden. Doch in den vergangenen Jahren haben sich neue Wahrscheinlichkeiten ergeben, neue Informationen und Indizien, die nunmehr den Weg zur Wahrheit deutlicher aufzeigen. Und dennoch scheint es wichtig festzustellen, dass die eigentliche Verschwörung nicht einmal von den zusätzlichen Beobachtungen abhängig ist. Die Sachlage hat sich über die Jahre immer mehr verschoben, hin zu keineswegs unfundierten, sondern mittlerweile vielmehr sehr gut untermauerten Theorien über zusätzliche Sprengladungen im WTC-Komplex und ferngesteuerte Flugzeuge. Doch selbst, wenn wir diese zusätzlichen Belege aus der Geschichte entfernten, die Verschwörung bliebe weiterhin bestehen. Denn selbst ohne ein tatkräftiges Eingreifen in die Terrorakte ließen die US-Behörden alles geschehen, ohne die Vorzeichen ernst zu nehmen, ohne einzugreifen, ohne die Luftabwehr zu aktivieren. Und dass man bereits lange zuvor Bescheid wusste, steht außer Frage…

Und alle wussten längst Bescheid

»Jetzt kommt die zweite Maschine«

Vor einiger Zeit hörte ich einen verblüffenden Bericht. Zugetragen wurde er mir von einem Mann aus geheimdienstlichen Kreisen, dessen Identität anonym bleiben muss. Die Ereignisse des 11. September waren längst zum düsteren Bestandteil der US-Geschichte geworden, als ihm einige harmlose Bilddateien zur Prüfung vorgelegt wurden. Das Material bestand aus einer größeren Zahl des wegen der starken Komprimierfähigkeit gerne fürs Internet benutzten jpg-Formates. Bei einer genaueren Untersuchung stellte der anonyme Gutachter fest, dass in den Hintergrund dieser Dateien andere Datenpakete eingebettet waren, die sich als Videosequenzen entpuppten. Eine davon erwies sich geradezu als schockierend. Dieses Bildmaterial stammte vom 11. September 2001 und zeigte völlig unerwartete Szenen zwischen den beiden Kollisionen in Manhattan. Die Filmkamera sucht den Horizont über der Metropole eingehend ab, bis plötzlich ein kleiner dunkler Punkt erscheint, der langsam deutlicher, langsam größer wird. In diesem Moment ist eine Stimme zu hören, die durchaus erfreut ausruft: »Ah, jetzt kommt die zweite Maschine!« – der Kameramann verfolgt diesen Linienjet, Flug UA 175, auf seinem weiteren Weg bis an die Südspitze Manhattans, wo er in den Südturm einschlägt.

Einige Menschen wussten demnach längst zuvor über die finsteren Pläne Bescheid, sie warteten und beobachteten am 11. September, wie sich die Ereignisse entfalten würden. Sie standen an geeigneten Aussichtspunkten und fahndeten bereits im Voraus nach den Unglücksmaschinen. Bereits für sich alleine betrachtet, stimmt der kurz geschilderte Vorfall aus geheimdienstlichen Kreisen sehr nachdenklich. Natürlich, er könnte auf purer Erfindung basieren, doch glaube ich, jene Person, die ihn mir schilderte, nicht ganz falsch einzuschätzen. Immerhin stehe ich mit ihr seit einigen Jahren in Kontakt. Wo das Material nach der Analyse hinkam, vermag mir der Untersucher nicht zu sagen; wie er erklärt, wurde er selbst darüber auch nicht informiert. Er kann nur mutmaßen und hält nicht für ausgeschlossen, dass es wegen seiner Brisanz möglicherweise sogar vernichtet wurde. Doch will er sich hier nicht festlegen. Wie gesagt, ein geradezu schockierender Vorgang, festgehalten auf Videomaterial. Wenn diese Geschichte den Tatsachen entspricht, wäre sie der definitive Beweis für weitreichendes Vorauswissen zu 9/11. Zumindest sollte die Schilderung eigentlich genügend Interesse wecken, diese spezielle Angelegenheit weiterzuverfolgen und nach bestätigendem Material zu suchen. Jeder, der ein ehrliches Interesse an der Wahrheit von 9/11 hegt, würde wohl zunächst fragen, ob weitere Informationen hierzu vorliegen, ob eine Möglichkeit besteht, die Person zu sprechen, wie auch immer. Nun, bei einer Gelegenheit berichtete ich der jungen britischen Ex-MI5-Agentin Annie Machon in einem persönlichen Gespräch von jenen Aussagen, die immerhin ebenfalls aus dem operativen Feld des Geheimdienstes stammten. Annie Machon fackelte nicht lange, sondern wehrte unmittelbar ab – sie befasse sich

Abb. 73 und 74: Der getroffene Nordturm. Im Hintergrund ist ein bemerkenswertes Detail zu erkennen, eine unidentifizierte Maschine, die sich offensichtlich in der Nähe befindet. Es geht das Gerücht, dass es sich um die *Air Force 2* handelte, die Maschine des Vize-Präsidenten Dick Cheney, der den plangemäßen Ablauf der Katastrophe, jenes hausgemachten Terrors, live mitverfolgte.

nicht mit derlei spekulativen Fragestellungen, sondern nur mit Fakten. An sich ein ehrbarer Vorsatz. Nur, was sind Fakten, was sind Spekulationen, wo werden uns Spekulationen als Fakten und Fakten als Spekulationen verkauft? Diese Kategorisierungen sind doch sehr subjektiv. Jeder, der die offizielle Version als einzig authentisches Bild von 9/11 akzeptiert hat, wird automatisch jede Gegendarstellung ins Reich der Spekulation verweisen und sicher betonen, dies sei aus gutem Grunde der Fall. Und jeder, der in der offiziellen Version zahlreiche Unzulänglichkeiten, Verfälschungen und Unwahrheiten entdeckt, wird natürlich genau die offizielle Variante als blanke Spekulation identifizieren. So ist das nun einmal. Mrs. Machon hat sich der Bewegung für die 9/11-Wahrheit angeschlossen und kritisiert die offizielle These scharf. Was sie feststellt, erweist sich oft als den etablierten Auffassungen diametral entgegengesetzt und ist demnach für die Verteidiger von NIST, FEMA, Kean-Report und des gesamten behördlichen Ensembles nichts als reinste Verschwörungstheorie – also Spekulation. Mich hat ihre spontane Reaktion stutzig gemacht, ohne sie aber weiter darauf anzusprechen. Es schien mir nur erstaunlich und nicht ganz nachvollziehbar, dass eine Person, die wirklich fest von einem 9/11-»Inside Job« überzeugt ist, nicht zunächst nachhakt, ob nähere Informationen vorliegen oder Möglichkeiten bestehen, solches Material zu erhalten, bevor sie eine Aussage ohne weitere Umschweife als Spekulation klassifiziert. Fast hatte ich auch den Eindruck, dass meine Frage, ob sie Näheres zu derartigen Dateien wisse, recht überraschend für sie kam. Denn zuvor hatten wir eher über Belanglosigkeiten gesprochen. Auch einige Fragen, die ich ihr zuvor gestellt hatte, betrafen eher belanglose Aspekte. Und nach unserem Gespräch begann ich ganz für mich ein wenig zu spekulieren. Ich fragte mich, warum sich eine Ex-Agentin des MI5 und damit des britischen Inlandsgeheimdienstes, eigentlich mit einer Angelegenheit beschäftigte, die den Auslandsgeheimdienst MI6 betraf. Über das Ergebnis meiner kleinen privaten Spekulation will ich mich hier nicht auslassen, aber jeder mag sich dazu seine eigenen Gedanken machen. Manchmal liegen die Dinge eben anders, als sie sich darstellen. Und wie ist hier und da zu hören? Einmal Geheimdienst, immer Geheimdienst.

Warum es geschah

Die Frage nach dem Vorauswissen verbindet sich zwangsläufig mit der Frage, wem der gigantische Terroranschlag von 9/11 wirklich etwas genutzt haben kann und warum ein enger Kreis innerhalb der US-Spitze die

Attacken zugelassen, ermöglicht und sogar mit ausgeführt haben soll. Weshalb sollten die USA sich letztlich eine ebenso gigantische Blöße geben? Wie würden sie vor der Welt dastehen, wenn ihr Militär, ihre Geheimdienste, ihr gesamtes nationales »Immunsystem« derart kläglich versagte? Wer würde absichtlich seinen Ruf als militärisch perfektionistische Weltmacht aufs Spiel setzen und seine eigene Abwehr in ein derart schlechtes Licht rücken wollen? Und für welchen Zweck? Der Nutzen muss in jedem Fall all diese aus 9/11 erwachsenden Nachteile mehr als kompensieren.

Tatsächlich erweist sich 9/11 als Joker in einem gewaltigen und gewalttätigen Spiel, das schleichend in einen globalen Kampf ums Überleben umschlägt. Eine der vielleicht unschönsten Vorstellungen betrifft eine mögliche Rolle jenes Jokers: Er könnte dazu gedient haben, das Spiel zu verlängern, das eigentliche Ende, den viel größeren Schlag hinauszuzögern, um zwischenzeitlich eine Galgenfrist zu erhalten und fieberhaft nach neuen Lösungen zu suchen. Die amerikanische Wirtschaft glänzt nach außen, doch ist sie marode. Die Ansprüche der westlichen Gesellschaft und vor allem der USA sind radikal angestiegen, und diese Ansprüche äußern sich im Energiebedarf. Mark Hertsgaard, Amerikaner und renommierter unabhängiger Journalist, schrieb in seinem sehr lesenswerten Buch *The Eagle's Shadow* (in Deutschland erschienen unter dem Titel *Im Schatten des Sternenbanners*): »Die weltweiten Auswirkungen des amerikanischen Konsumverhaltens sind nicht zum Lachen. Mit fünf Prozent der Weltbevölkerung sind die Vereinigten Staaten für rund 25 Prozent der von Menschen verursachten Umweltfolgen verantwortlich; dazu zählt der Verbrauch von Holz, Bodenschätzen und anderen Ressourcen, die Zerstörung von Regenwäldern, Feuchtgebieten und gefährdeten Arten sowie die Erzeugung von Umweltverschmutzern wie Dioxinen, die den Wasservorrat vergiften, und dem Kohlendioxid …« Nun, nicht zu vergessen natürlich das Öl mit seinen vielseitigen Anwendungen. Verschiedenen Aussagen zufolge stiegen die Ölpreise Mitte 2007 auf Grund des hohen Ölbedarfs der USA. Wie sieht es mit den verbliebenen Reserven aus, mit den Lagerstätten? Wir vernehmen dazu sehr unterschiedliche Aussagen. Die einen sprechen vom baldigen Ende des »Ölzeitalters«, die anderen besänftigen uns zumindest mit Zahlen, die mittelfristig noch keine Sorgen aufkommen lassen. Nach Angaben der Bundesanstalt für Geowissenschaften und Rohstoffe (BGR) enden die ökonomisch sinnvoll zu erschließenden Ölvorräte zwischen den Jahren 2035 und 2045. In den nächsten fünf bis zehn Jahren dürfte allerdings bereits der *depletion mid-point* erreicht sein, jener Punkt, an dem die Hälfte aller angenommenen vorhandenen Erdölvorräte dieses Planeten verbraucht ist. Ab diesem Zeitpunkt ist mit einer Preisexplosion zu rechnen. Die

Nutzung der Vorkommen gestaltet sich in der Regel immer schwerer, da zunächst die leicht zugänglichen Quellen abgeschöpft werden. Somit werden die Prospektions-Verfahren immer aufwändiger, ebenso die Förderung. Heute sind immerhin Lagerstätten zugänglich, die bis vor kurzem noch unerreichbar schienen. Auch sind in den pessimistischeren Studien andere Arten von Ölvorkommen nicht berücksichtigt, wie vor allem die kanadischen Ölsande. Und manche fragen sich, ob all diese Schwarzseherei ums schwarze Gold nichts als reine Panikmache sein könne, um die Preisspirale weiter nach oben zu treiben. Denn auch die Ölkrise von 1973 malte bereits in extrem düsteren Farben, die letzten Endes künstlich angemischt worden waren – beschlossen auf einer Geheimkonferenz im schwedischen Saltsjöbaden, als sich das mächtige Forum der Bilderberger traf. Dieses Thema habe ich in meinem Buch *Bilderberger – Das geheime Zentrum der Macht* ausführlich behandelt. Ungeachtet dessen geht der Kampf ums Öl unverdrossen weiter, und einige Ereignisse, die noch nicht lange zurückliegen, lassen eine dramatische Entwicklung erahnen. Im Sommer 2007 führte Russland eine beispiellose Aktion durch. Zwei bemannte *Mir*-U-Boote tauchten tief in arktische Gewässer hinab, um eine Landbrücke zwischen dem Nordpol und Russland nachzuweisen. In mehr als vier Kilometern Tiefe stellten die Wissenschaftler eine Landesflagge aus Titan auf. Sie symbolisiert den Anspruch auf diese Regionen, in denen heute ein Viertel aller noch verbliebenen Öl- und Gasvorräte unseres Planeten vermutet werden. Manche sahen in dieser Aktion nicht mehr als einen gelungenen PR-Gag, andere vielmehr eine Provokation. Ebenso in Wladimir Putins Ankündigung vom 17. August 2007, von diesem Tag an wieder kontinuierlich mit Langstreckenbombern zu patrouillieren. Doch wenn die USA stets ihre Macht auf weltweiter Ebene demonstrieren, warum sollte Russland nicht darauf reagieren? Wer könnte erwarten, dass der »Bär« müden Blickes zusieht? Was sich hier abzeichnet, ist ein bereits recht kühler Wind, der einen neuen Kalten Krieg im Gefolge haben könnte, einen wahrhaft Kalten Krieg um die Schätze der Arktis. Auch Dänemark und Kanada erheben mittlerweile ihre Ansprüche auf jene Landbrücke, den Lomonossow-Rükken. Pioniere wie Peary, Nobile und Amundsen hätten sich wohl nicht träumen lassen, zu welchem Konfliktherd sich ihr abenteuerliches Forschungsgebiet ausweiten könnte.

Laut Aussage von Tom Casey, stellvertretender Sprecher des US-Außenministeriums, versuche Russland seine Ansprüche auf das polare Territorium bereits seit 2001 geltend zu machen, doch gebe es keine juristische Grundlage hierfür, auch nicht durch die nun aufgestellte Titan-Flagge. Doch spielte er die oft vermutete Bedeutung des Ereignisses herunter.

Russland sei Mitglied einer Seerechts-Konvention und in diesem internationalen Gewässer durchaus befugt, seine Forschungen durchzuführen. Die Flagge selbst habe hinsichtlich eines weiteren Anspruchs juristisch überhaupt keine Bedeutung. Noch. Wir werden sehen, wie es weitergeht.

Nun, und einige Ansprüche der USA haben juristisch ebenfalls kein Fundament, was allerdings kein Hindernis ist, sie zu realisieren – vor allem seit 9/11. Die Zustände in der berüchtigten, jedoch keineswegs berechtigten Grauzone von Guantanamo Bay legen ein weitgehend stummes Zeugnis davon ab. Nicht umsonst – wenn auch in einem anderen direkten Kontext – fragt der oben erwähnte Mark Hertsgaard: »Wie konnte die stolzeste Demokratie der Welt auf eine Stufe des Chaos und der Korruption sinken, die ihren Makel auf der Präsidentschaftswahl des Jahres 2000 zurückgelassen haben? Waren diese beschämenden Vorkommnisse Vorboten des amerikanischen Niedergangs, der sich nun durch die unsägliche Tragödie des 11. September verstärkt? ... Doch Amerika ist, fürchte ich, von seinen Gründungsidealen abgeirrt. Der 11. September hat unser Volk in eine ängstliche Stimmung versetzt, und die Reaktion ist: Scharen wir uns hinter unsere Fahne. Wenn wir wieder soweit sind, uns den Tatsachen zu stellen, werden wir vielleicht erkennen, dass unser Land sich bereits in der Krise befand, ehe bin Ladens Helfershelfer zu ihrer hasserfüllten Mission aufbrachen. Was die Politik betrifft, so leben wir in einer Demokratie, die diesen Namen kaum verdient ... Es ist einfach töricht, beharrlich über unsere Fehler hinwegzusehen und jeden, der sich nicht den Mund verbieten lässt, als Verräter abzustempeln. Unbequeme Wahrheiten verschwinden nicht einfach, nur weil mächtige Stimmen sie niederbrüllen möchten.« Die tiefe Verbitterung von Hertsgaard dürfte kaum zu übersehen sein, und seinen Zeilen ist zu entnehmen, dass er dabei nicht einmal das wahre Ausmaß und den wahren Hintergrund von 9/11 erkannt hat. Er zählt zu jenen amerikanischen Patrioten, welche die alten großen Ideale hochhalten, die sie in ehrlichem, unverfälschtem Stolz ursprünglich mit ihrer Heimat verbanden. Die zitierten Passagen sprechen dennoch einige Aspekte an, die in den Kern der Psychologie und der Absichten von 9/11 hineinreichen. Denn letztlich hatte bin Laden selbst weniger gute Gründe, die Attacken auszuführen, als die Bush-Regierung. Der extreme Ölbedarf der USA führte zu massivem Handlungsbedarf, ebenso wie die zunehmend brachliegende Wirtschaft. Weitsichtige Planer waren sich der bevorstehenden Entwicklung schon lange bewusst. Und für einige Entwicklungen, darunter auch die Verknappung der Ölvorräte, bedurfte es sicher keiner besonderen Weitsicht. Es galt, die Situation zu retten. Um im bisherigen Stil weiter überleben zu können, musste Amerika sich über kurz oder lang neuen Freiraum und neue Einfluss-Sphären schaffen. Besser über kurz! Die USA brauchten hierzu eine Legitimation – also einen neuen Feind. Denn den alten gab es nicht mehr. Doch der Terror stand als willkommene Ablösung bereits vor der Haustüre. Sein heutiges Synonym Osama bin Laden wurde zum Partner einer ungewöhnlichen Symbiose des Schreckens. Wenn wir bestimmten Informationen glauben, dann beschränkt sich die Situation jedoch keineswegs auf eine unfreiwillige Beteiligung. Wenn wir darauf hören, was uns der CIA-Mann Oswald LeWinter sagt, hatte bin Laden definitiv nichts mit 9/11 zu tun, ließ sich aber als alter CIA-Zögling auf ein gutes Geschäft mit dem vermeintlichen Feind ein. Nachdem aus unbekannten Quellen viel Geld eintraf, ließ es sich der oberste Terrorist gefallen und begründete eine internationale Bank des Terrors, um selbst der *meist nicht zu findende Terrorist* zu werden. Übrigens interessant, wie Mitte 2002 die bis dahin von allen großen Medien in bester Einhelligkeit betriebene massive Berichterstattung zu bin Laden schlagartig verstummte. Allein daran, wie auch an der bis ins letzte Detail völlig konformen Berichterstattung direkt nach dem 11. September lassen sich die gemeinsamen Quellen erschließen. Hier wird erkennbar, wie stark die Medien unter der Kontrolle der eigentlichen US-Macht stehen. Die Information, von bin Laden abzulassen, resultierte damals ebenfalls aus einer Bilderberger-Konferenz, deren Hauptthema in der Frage bestand, wie man den zögerlichen Westen von der Notwendigkeit eines erneuten Angriffs auf den Irak überzeugen könne. Auch hier ging es freilich nicht darum, jenes Land von einem Diktator zu befreien und den Segen der Demokratie einschweben zu lassen, sondern vielmehr um die Rohstoffe und neue Einfluss-Sphären bzw. Operationsgebiete. Es war der Moment, bin Laden endlich wieder in Ruhe zu lassen. Und plötzlich fragte wirklich niemand mehr nach ihm. Das war auch gut so. Er konnte wieder abtauchen, ohne dass man auch nur wusste, ob er überhaupt noch lebt. Bei Bedarf könnte man je nach Situation handeln und ihn ins Spiel bringen. Nun ging es mit der Mär von den Massenvernichtungswaffen im Irak weiter sowie natürlich mit einer angeblichen Verbindung zwischen Saddam Hussein und Osama bin Laden.

Die Schuldigen

Doch selbst wenn wir die Verschwörung nicht zu weit treiben wollen, sie will einfach nicht geringer werden.

Denn die Hauptverbrecher von 9/11 finden wir weder in den Höhlen Afghanistans noch in den Flugschulen Floridas. Die Hauptverbrecher finden wir in den Reihen der US-Elite, in Teilen der Regierung und Geheimdienste. Belassen wir Osama bin Laden ruhig in seiner offiziellen Rolle als erbitterter Feind der Ungläubigen, die mit allen erdenklichen Mitteln bekämpft werden müssen. Belassen wir ihn ruhig in seiner Rolle als erbitterter Feind der USA. All dies ändert nichts an der Tatsache einer mächtigen Verschwörung, die über genau jene Mittel verfügte, von denen bin Laden träumte. Doch die Falle schnappte auf der anderen Seite zu. 9/11 wurde zur Rechtfertigung jeder militärischen Aktion und jeder gesetzlichen Änderung, jeder illegalen Verfolgung und jeder auch noch so harten politischen Gangart der Bush-Regierung, um gegen den *globalen* Terrorismus vorzugehen. Für aggressive Globalisierer eine sehr angenehme »Pflicht«. Aus der landesweiten US-Notrufnummer war mit gleich lautendem Datum ein Programm von immenser Tragweite geworden, das uns alle betrifft. Mit 9/11 kehrte auch die Angst wieder zurück. Wenn es im Lande kriselt, kann ein Trauma heilsam wirken. Dass nichts so sehr eint, wie ein äußerer Feind, ist eine alte Binsenweisheit.

Erinnern wir uns nur an die bezeichnenden Worte: »Der Prozess der Transformation wird, selbst wenn er revolutionäre Veränderungen mit sich bringt, wahrscheinlich lange andauern, sofern nicht ein katastrophales und beschleunigendes Ereignis stattfindet – ähnlich einem neuen Pearl Harbor.« So formulierte es im Jahr 2000 Dov Zakheim vom »Projekt für ein Neues Amerikanisches Jahrhundert« (*Project for A New American Century*, PNAC), davon war bereits die Rede. Man sollte sich sowohl Zakheims Worte genau wie jenen Projektnamen einmal auf der Zunge zergehen lassen, um zu spüren, dass er nach bitterer Mandel schmeckt. Unheimlich, hier ist die Rede von einem Projekt für ein neues amerikanisches Jahrhundert. Besser kann die aggressive Politik der Globalisierung überhaupt nicht gefasst werden. Nun, kurz nach dem 11. September sprach George W. Bush die Katastrophe als Pearl Harbor des 21. Jahrhunderts an, gleichsam wie eine Antwort auf Dov Zakheims geradezu prophetische Worte – er scheint gewusst zu haben, was bevorsteht. Auch zu Pearl Harbor gab es ein weitreichendes Vorwissen, war es doch genauso ein mörderischer Betrug, ein *Inside Job*, resultierend in 2500 toten Amerikanern. Auch damals waren die Amerikaner traumatisiert, und das ebenfalls nicht zum ersten Mal. Im Ergebnis konnten die USA legitim in den Zweiten Weltkrieg eintreten. Hoffen wir, dass der Betrug diesmal weithin und *global* erkannt wird und nicht wieder die *globale* Desinformation siegt. Denn nur dann haben wir eine Chance, dem *globalen* Desaster zu entgehen. Es ist wirklich kurz vor Zwölf und nur, wenn die Welt erkennt, was wirklich geschieht, ist sie noch zu retten. Die Philosophie, wie sie von der gegenwärtigen Bush-Regierung implementiert wurde, steht über der parteilichen Ebene. Sie wird dadurch noch gefährlicher, weil langlebiger.

Nichts gegen eine sanfte und ehrliche Globalisierung in dem Sinne, unsere Welt als einen Planeten zu verstehen, auf dem die Menschen als eine gemeinsame Spezies leben. Aus dieser Sicht der Dinge wäre Globalisierung als ein positiver Effekt zu werten, nämlich aufeinander zuzugehen, voneinander zu lernen und miteinander zu leben. Mit verschiedensten Rassen, Glaubensrichtungen und Auffassungen zu leben, kulturelle Unterschiede zu akzeptieren und auch hier von jedem zu lernen. Die Welt als Wunder zu begreifen und ebenso die menschlichen Kulturen. Das Individuelle zu pflegen, die Neugierde nach dem Anderen zu stillen und sich in fremdes Gedankengut hineinzudenken. Globalisierung wäre dann der Weg zum gegenseitigen Verständnis auf einer Welt, die kleiner geworden ist, auf der Menschen innerhalb von Stunden jeden beliebigen Ort erreichen können, jede beliebige Nation, jede noch so verschiedene Kultur.

Doch die de facto von den USA betriebene Globalisierung wird die Menschen weit wahrscheinlicher voneinander entfremden. Sie bewirkt dies ja schon jetzt. Ganze Gesellschaften werden durch sie in hellen Aufruhr versetzt. Wie soll es beispielsweise auch möglich sein, eine globale Einheitsreligion umzusetzen? Die moderne Philosophie US-amerikanischer Politik besteht darin, nur solange tolerant zu sein, solange jeder absolut konform mit ihr geht.

Darin liegt das Problem, in heuchlerischen Bekenntnissen der Freiheit, die keine ist. Der schon erwähnte Publizist Noam Chomsky schrieb in seinem Buch *The Attack* (in deutscher Sprache unter dem gleichen Titel erschienen, Anm. d. Verf.): »Zunächst ist anzumerken, dass die USA in vielen Teilen der Welt aus guten Gründen für einen der führenden terroristischen Staaten gehalten werden« – und einige Seiten weiter bezeichnet er die USA selbst als einen führenden Schurkenstaat. Und darunter leiden zunehmend auch die Amerikaner selbst. Man kann gar nicht oft genug betonen, dass es einen großen Unterschied gibt zwischen der Bevölkerung und ihrer Führung. Wir sollten das aus unserer eigenen Geschichte gelernt haben.

Amerika den Amerikanern, nicht aber die gesamte Welt der US-Regierung! Mark Hertsgaard analysiert die Situation sehr präzise und erklärt freiweg: »Die Welt wird von Tag zu Tag amerikanischer, was jedem auffällt, der viel im Ausland unterwegs ist. In Wirklichkeit ist das, was die Medien Globalisierung nennen, weitgehend eine Amerikanisierung …« Und wenn es so weiter geht, dürfte auch Astronomen bald eine weitere Neuerung ins Sonnensystem stehen. Nachdem Pluto der Rang als echter Planet abgesprochen wurde und somit nur noch acht ausgewachsene Welten um die Sonne kreisen, dürfte bei der Erde zumindest bald eine Namensänderung erforderlich werden. Und wenn wir die Planeten aufzählten, müsste es dann wohl richtig lauten: »Merkur, Venus, Usa, Mars, Jupiter ...«

Doch ganz im Ernst, die aggressive Globalisierung, wie sie von den USA vorangetrieben wird, kann nur zu einem Weltenbrand führen. Den vorausgehenden »Reichstagsbrand« haben wir mit dem 11. September 2001 bereits erlebt.

Vielleicht versuchen die eigentlichen Verursacher von 9/11 diesen mörderischen Plan damit zu rechtfertigen, dass sie durch den Kollaps des Welthandelszentrums den Kollaps der gesamten Weltwirtschaft aufhielten. Sie kurbelten mittels des inszenierten Terrors die US-Wirtschaft wieder an, sie förderten die Rüstungsindustrie und mussten auch die Globalisierung beschleunigen – ganz im Sinne von Dov Zakheims bemerkenswerter Aussage. Denn nur so wurden wesentliche Einfluss-Sphären rechtzeitig zugänglich, um mittelfristig für die nötige Energie-Sicherheit zu sorgen. Das WTC selbst war ohnehin ein Klotz am Bein Manhattans. Die Bürotürme waren asbestverseucht und hätten abgerissen werden müssen. Doch ihre Entsorgung wäre unendlich kostspielig gewesen. Zyniker bezeichneten daher die Attacke auch als »subventionierten Abriss«. Und der Besitzer, Larry Silverstein, erhielt sogar noch eine Milliardensumme an Versicherungsgeldern. Nicht ganz von ungefähr scheinen die Behauptungen zu kommen, dass auch Silverstein genauestens wusste, was am 11. September geschehen würde. Abgesehen davon, dass er durch das Ereignis ein Vermögen verdiente, hielten sich sowohl er als auch seine beiden Kinder an jenem Vormittag unüblicherweise nicht in den Gebäuden auf.

Vorauswissen

Werfen wir abschließend wenigstens noch einen kurzen Blick auf einige besondere Beispiele. Es sind nur einige Beispiele aus einer langen Liste von Vorkommnissen, die teils sehr prägnant darauf hindeuten, dass einige Personen genau wie wohl auch Silverstein über das Komplott vom 11. September informiert waren. Diese Beispiele lassen auch den eingangs geschilderten Bericht über die schon freudig erwartete zweite Maschine noch glaubwürdiger erscheinen. Stichwort Vorauswissen:

- Larry Silverstein hatte den WTC-Komplex im April 2001 auf 99 Jahre gepachtet. Dabei behielt er sich für den Fall eines Terroranschlags das Recht auf einen Wiederaufbau vor. Seit 2006 steht bereits das ihm gehörende neue WTC 7. Dieses Gebäude ist mit 228 Metern deutlich höher als sein bei 9/11 zerstörter Vorgänger. 2010 soll unter Entwicklung der *Silverstein Properties* der neue Komplex mit dem 417 Meter hohen *Freedom Tower* vollendet sein. Silverstein erhielt eine Versicherungssumme von fünf Milliarden US-Dollar. Zum Zeitpunkt der Attacken hielt sich keines seiner Familienmitglieder im WTC auf.

- Am Vormittag von 9/11 befanden sich seltsamerweise zahlreiche Führungskräfte nicht im WTC, sondern auf einer Wohltätigkeitsveranstaltung auf der *Offut Air Force Base* in Nebraska. Eigentlich hätten sie als Köpfe des dekadenten westlichen Systems nach *Al-Qaida*-Philosophie eines der Hauptziele der Attacken sein müssen. Doch scheint der Anschlag zeitlich genau darauf abgestimmt gewesen zu sein, möglichst wenige Personen dieses Kreises zu töten. Die *Offut*-Basis ist ähnlich der NORAD-Zentrale in Cheyenne Mountain mit modernster Luftraumüberwachungstechnik ausgestattet. Später traf auch George W. Bush dort ein.
- Acht Stunden vor der Doppelkollision mit dem World Trade Center erhält Willie Brown, Bürgermeister von San Francisco, von Sicherheitsleuten eine Warnung, mit Reisen vorsichtig zu sein. Man bringt diese Warnung später mit einer Meldung des Außenministeriums in Verbindung, die schon vom 7. September stammte und sich ursprünglich auf eine Bedrohung von Militärpersonal in Asien bezog.
- An der Börse kam es im Vorfeld der Katastrophe bekanntlich zu zahlreichen gezielten Spekulationen auf fallende Aktienkurse, wodurch einige der mit Sicherheit gut vorinformierten Kreise, unter anderem aus den Reihen der CIA, kräftige Gewinne verbuchen konnten.
- Im Jahr 2006 erklärte der amerikanische Filmemacher Aaron Russo, rund elf Monate vor den Attacken mit einem befreundeten Mitglied der Rockefeller-Familie zusammengetroffen zu sein, Nicholas Rockefeller. Russo, der längst davon überzeugt ist, dass 9/11 ein Insider-Projekt war, lauschte den Ausführungen seines mächtigen Freundes so aufmerksam wie verblüfft. Rockefeller habe ihm gesagt: »Aaron, es wird ein Ereignis geben«, wobei er nicht darauf einging, was genau passieren würde. Er erklärte Russo allerdings, welche Folgen dieses Ereignis zeitigen würde: »Wir werden dann in Afghanistan einmarschieren, um Pipelines durch das kaspische Meer zu legen. Wir werden dann auch in den Irak einmarschieren können, um das Öl für uns zu beanspruchen und Militärbasen im Mittleren Osten

zu errichten, den wir zu einem Teil der neuen Weltordnung machen werden. Wir werden uns auch um Venezuela kümmern. All dies wird auf dieses Ereignis folgen.«

- Bereits zu Beginn des Jahres 2000 identifizierte das geheime *Able-Danger*-Programm unter dem *US Special Operations Command* vier Personen als *Al-Qaida*-Terroristen, darunter Mohammed Atta und Marwan al-Shehhi. Nach Aussage eines Ex-Pentagon-Kontraktors erhielt *Able Danger* die erforderlichen Informationen allerdings nicht über die eigenen Datenkanäle und »Matrix«-Techniken zur Lokalisierung von Terroristen, sondern über einen privaten Forscher in Kalifornien, der dafür bezahlt wurde, diese Informationen aus dem Mittleren Osten zu besorgen. Der vermeintliche Kopf in der Ausführung des Anschlags, Mohammed Atta, war also demnach längst identifiziert.
- Der israelische Geheimdienst *Mossad* unterhielt ein ausgedehntes Spionagenetz in den Vereinigten Staaten. Kurz vor 9/11 wurden rund 60 angebliche Kunststudenten, de facto *Mossad*-Leute, festgenommen. Nach den Attacken wurde noch einmal eine ähnliche Zahl verhaftet. Vor allem eine spezielle Gruppe von fünf *Mossad*-Agenten wurde unter anderem vom FBI intensiv befragt und Lügendetektortests unterzogen. Man hielt diese Personen zwei Monate lang fest. Berichten zufolge traten sie am 11. September als Umzugsleute in Erscheinung und sollen sich direkt nach den Attacken beglückwünscht haben. Diese Berichte stammen aus viel zitierten, als seriös eingestuften Quellen. Am 14. September 2001 berichtete interessanterweise sogar der absolut regierungshörige US-Sender *Fox-News* in einer kleinen Randnotiz: »Die *New York Times* berichtete am Donnerstag, dass eine Gruppe von fünf Männern noch vor den Attacken am Dienstag einige Videokameras aufgestellt habe, die auf die Zwillingstürme gerichtet waren. Man beobachtete sie später dabei, wie sie sich gegenseitig gratulierten.« Diese Schilderung erinnert doch stark an die Aussage jenes anonymen Untersuchers, der entsprechende Video-Sequenzen in jpg-Dateien eingebettet vorfand und sogar die freudige Stimme darauf vernahm …
- Ein angeblich im April 2002 verfasstes Geheimdokument des deutschen Bundesnachrichtendienstes BND soll bald auf ungewöhnlichen Kanälen an die Öffentlichkeit gelangt sein. Das als STRENG GEHEIM klassifizierte Dokument trägt den Titel: »Geheimbericht zum 11.9.2001«. Dieses 13-seitige Schriftstück enthält zwar etliche nachweislich korrekte Informationen, scheint aber insgesamt eine

Fälschung zu sein. Die Quelle ist äußerst dubios. In diesem Dokument ist die Rede davon, dass die USA von mehreren Geheimdiensten, darunter auch dem BND, vorgewarnt worden seien. Tatsächlich legen die Fakten um 9/11 diese Aussage als authentisch nahe.

- Vom 24. bis zum 26. Oktober 2000 fand die »Pentagon Mass Casuality Exercise« statt, kurz MASCAL. Ihr Name skizziert das Szenario knapp, aber deutlich – es ging um eine Pentagon-Übung zu einer Großkatastrophe mit sehr zahlreichen Opfern. Die Krisenübung wurde im Konferenzraum des Verteidigungsministers abgehalten. Mit zur Übung zählte auch ein Flugzeugabsturz ins Pentagon – hier allerdings mitten in den Zentralhof eines Großmodells des fünfeckigen Gebäudes.

Abb. 75: Szenario der »Pentagon Mass Casuality Exercise« vom 24. bis 26. Oktober 2000. Damals spielten die Militärs eine Flugzeugkollision mit dem Pentagon bis ins Detail durch, um Vorsorgemaßnahmen für einen Zwischenfall mit Massenopfern zu treffen. Doch nicht einmal ein Jahr später versagten sämtliche Sicherheitsmaßnahmen kläglich.

- Im Mai 2001 fand eine weitere Übung statt, bei der Mediziner der *DiLorenzo Health Care Clinic* und der *Air Force Flight Medicine Clinic* im Pentagon ihre Noteinsätze noch einmal für den Katastrophenfall genau abstimmten.
- Diverse Simulationen und Übungen zu Terrorereignissen, darunter Flugzeugangriffen auf Großgebäude in den USA, wurden von den Verantwortlichen genau auf den 11. September 2001 gelegt. Die dadurch entstandene Verwirrung war eklatant.
- Eine Woche vor der Katastrophe gab es seltsame Stromausfälle und Evakuierungsübungen im WTC.
- Vergessen wir auch nicht die C-130-Maschine, die sich jeweils kurz vor den Abstürzen in der Nähe von AA 77 und UA 93 befand.
- Filmaufnahmen vom Kollaps des Gebäudes Nummer 7 zeigen eine ungewöhnliche Kameraführung. Obwohl das Gebäude erst nach

Stunden kollabierte, zentrieren die nicht bekannten Kameraleute das Gebäude in einigen Fällen nur wenige Sekunden vor dem Ereignis und zoomen es heran. Genau dann bricht es zusammen.

– Ein ausschließlich für den Präsidenten bestimmtes tägliches Statuspapier (*Presidential Daily Briefing*, PDB) vom 6. August 2001 trägt den bemerkenswerten Titel *Bin Ladin Determined To Strike in US*. Der Text wurde oft als Beleg dafür zitiert, dass George W. Bush spätestens seit jenem Zeitpunkt von der Gefahr und den geplanten Attacken wusste. Doch wusste er natürlich längst, dass *Al-Qaida* und Osama bin Laden wiederholt Terroranschläge ausführen ließen, auch in den USA. Die Bedeutung des Dokuments scheint tiefer zu gehen als zunächst vermutet. Sein Inhalt allerdings nicht. Denn hier werden keinerlei Details zu bevorstehenden Anschlägen vermittelt, nicht Ort, nicht Zeit, keine Informationen, die verwertbar gewesen wären, um Gegenmaßnahmen einzuleiten. Das Briefing schien lediglich eine Art Auffrischung zu sein und sollte den Präsidenten wohl an die Sachlage erinnern. Doch eine erhöhte Warnstufe lässt sich nicht daraus ableiten. Dennoch wurde das Dokument jahrelang nicht zur Veröffentlichung freigegeben. George Bush befürchtete angeblich, man werde hier Versäumnisse unterstellen. Diese Verzögerung sei ein Fehler gewesen, denn sie habe die Verdachtsmomente weiter geschürt. Da dieses Dokument aber keinerlei genaue Angaben zu geplanten Attacken enthält, drehen einige Verfechter des offiziell verbreiteten Szenarios die Geschichte nun um. Sie erklären dieses Dokument zum besten Beweis, dass die Bush-Administration wirklich nichts gewusst habe und unschuldig sei. Kann man angesichts der Entwicklung wirklich so naiv sein? Konnte die Bush-Regierung so naiv sein, die Wirkung des Papiers nicht richtig einschätzen zu können? Die ganze Sache scheint genau für den Fall der Fälle vorbereitet zu sein. Man hielt dieses Papier zurück, um es später reuig und gleichzeitig triumphierend als Unschuldsbeweis vorlegen zu können. Wenn wir von einer derart weitreichenden Verschwörung ausgehen, dann dürfen wir auch sehr sicher damit rechnen, dass die Planer für jede Eventualität die entsprechende Vorsorge trafen. Niemand ist perfekt, doch jeder strebt Perfektion an. Ist es nicht so? Wir müssen nur an das *Manhattan Project* denken – und es wäre nicht verwunderlich, wenn 9/11 einen ähnlichen Namen trug. Hinter dem *Manhattan Project* verbarg sich die Entwicklung der ersten amerikanischen Atombombe. Hier arbeiteten Zehntausende von Wissenschaftlern unter striktester Geheim-

Declassified and Approved
for Release, 10 April 2004

Bin Ladin Determined To Strike in US

Clandestine, foreign government, and media reports indicate Bin Ladin since 1997 has wanted to conduct terrorist attacks in the US. Bin Ladin implied in US television interviews in 1997 and 1998 that his followers would follow the example of World Trade Center bomber Ramzi Yousef and "bring the fighting to America."

After US missile strikes on his base in Afghanistan in 1998, Bin Ladin told followers he wanted to retaliate in Washington, according to a [redacted] service.

An Egyptian Islamic Jihad (EIJ) operative told an [redacted] service at the same time that Bin Ladin was planning to exploit the operative's access to the US to mount a terrorist strike.

The millennium plotting in Canada in 1999 may have been part of Bin Ladin's first serious attempt to implement a terrorist strike in the US. Convicted plotter Ahmed Ressam has told the FBI that he conceived the idea to attack Los Angeles International Airport himself, but that Bin Ladin lieutenant Abu Zubaydah encouraged him and helped facilitate the operation. Ressam also said that in 1998 Abu Zubaydah was planning his own US attack.

Ressam says Bin Ladin was aware of the Los Angeles operation.

Although Bin Ladin has not succeeded, his attacks against the US Embassies in Kenya and Tanzania in 1998 demonstrate that he prepares operations years in advance and is not deterred by setbacks. Bin Ladin associates surveilled our Embassies in Nairobi and Dar es Salaam as early as 1993, and some members of the Nairobi cell planning the bombings were arrested and deported in 1997.

Al-Qa'ida members—including some who are US citizens—have resided in or traveled to the US for years, and the group apparently maintains a support structure that could aid attacks. Two al-Qa'ida members found guilty in the conspiracy to bomb our Embassies in East Africa were US citizens, and a senior EIJ member lived in California in the mid-1990s.

A clandestine source said in 1998 that a Bin Ladin cell in New York was recruiting Muslim-American youth for attacks.

We have not been able to corroborate some of the more sensational threat reporting, such as that from a [redacted] service in 1998 saying that Bin Ladin wanted to hijack a US aircraft to gain the release of "Blind Shaykh" 'Umar 'Abd al-Rahman and other US-held extremists.

continued

For the President Only
6 August 2001 [redacted]

Declassified and Approved
for Release, 10 April 2004

Declassified and Approved
for Release, 10 April 2004

— Nevertheless, FBI information since that time indicates patterns of suspicious activity in this country consistent with preparations for hijackings or other types of attacks, including recent surveillance of federal buildings in New York.

The FBI is conducting approximately 70 full field investigations throughout the US that it considers Bin Ladin-related. CIA and the FBI are investigating a call to our Embassy in the UAE in May saying that a group of Bin Ladin supporters was in the US planning attacks with explosives.

For the President Only
6 August 2001 [redacted]

Declassified and Approved
for Release, 10 April 2004

Abb. 76: Präsidenten-Briefing vom 6. August 2001 – bin Laden wird in den USA zuschlagen.

haltung unter Leitung des genialen Physikers Robert Oppenheimer. Niemand ließ das Geringste verlauten, sämtliche Informationen blieben unter Verschluss. Die Verschwörung – und nichts anders ist ein derartiges Projekt – funktionierte einwandfrei. Und auch hier hatte man für jede Eventualität eigene Erklärungen vorbereitet. So auch für den Fall, dass Oppenheimer bei einem Projektunfall sterben würde. Nie durften die tatsächlichen Hintergründe enthüllt werden, immer gab es eine passende Deckgeschichte. Das war in den 1940er-Jahren schon so. Warum sollte es heute anders sein? Man muss schon ein naives Naturell haben, um an eine Regierung zu glauben, die durchweg aus guten und ehrbaren Politikern besteht, Menschen, die sich für ihre Nation und ihre Bürger aufopfern und von hoher Moral durchdrungen sind. Wir sollten wissen, dass ein weißer Kragen noch lange keine weiße Weste darstellt. Und wenn ein Vampir seinem Opfer versichert, er wolle nur sein Bestes, so ist ebenfalls Vorsicht geboten.

– Im August 2007 wurde ein 19-seitiges CIA-Dokument vom Juni 2005 freigegeben, Titel: *OIG Report on CIA Accountability With Respect to the 9/11 Attacks – OIG [Office of Inspector General]-Bericht über die CIA-Verantwortung hinsichtlich der Attacken vom 11. September.* Diesem Dokument zufolge verfügten mehr CIA-Agenten als bis dahin vermutet oder eingestanden über Vorkenntnisse zu den Terroristen. 50 bis 60 Mitarbeiter der Agency wussten demnach bereits im Jahr 2000 von nachrichtendienstlichen Berichten über die Anwesenheit von 9/11-Terroristen in den USA. Mitverantwortlich für das vorgebliche Versagen, *Al-Qaida* vor dem 11. September 2001 zu demontieren, sei unter anderem auch der Ex-CIA-Chef George Tenet. Dieser nun bekannt gewordene Bericht ist in Anbetracht der Tatsachen eine Farce. Dieses vermeintliche Eingeständnis soll von der eigentlichen, großen Verschwörung ablenken. Das Schweigen wird als Versagen präsentiert, während eine absichtliche Geheimhaltung weit nahe liegender ist. Doch kann letztere nicht zugegeben werden. Da das Problem mit 9/11 schon seit langem immer offensichtlicher wird, blieb kein anderer Weg. Man musste die Aktion als Versagen deklarieren.

Soviel nur in Kürze zu einigen Aspekten über das Vorwissen zu 9/11. George W. Bush selbst hatte ebenfalls wohl eher unfreiwillig sein Vorauswissen zu den Ereignissen kundgetan. Davon war bereits die Rede. Bush befand sich in jenen dramatischen Momenten auf offiziellem Besuch in der

OIG Report on CIA Accountability
With Respect to the 9/11 Attacks

~~TOP SECRET~~
~~HCS/SI//ORCON, NOFORN//MR~~

(U) EXECUTIVE SUMMARY

(U) The Senate Select Committee on Intelligence and the House Permanent Select Committee on Intelligence requested that the CIA's Office of Inspector General (OIG) review the findings of their Joint Inquiry (JI) Report and undertake whatever additional investigations were necessary to determine whether any Agency employees were deserving of awards for outstanding service provided before the attacks of September 11, 2001 (9/11), or should be held accountable for failure to perform their responsibilities in a satisfactory manner.

(U) The Accountability Review Team assembled by the Inspector General (IG) focused exclusively on the issues identified by the JI. The IG was not asked by the Congress to conduct a comprehensive review of the capabilities and functioning of the Agency's many components involved with counterterrorism programs, and the Team did not do so. As a result, this account does not document the many successes of the Agency and its officers at all levels (including many whose actions are discussed in this report) in the war on terrorism, both before and after 9/11.

(U) Similarly, because this report was designed to address accountability issues, it does not include recommendations relating to the systemic problems that were identified. Such systemic recommendations as were appropriate to draw from this review of the events of the pre-9/11 period have been forwarded separately to senior Agency managers. In its regular program of audits, investigations, and inspections, the OIG continues to review the counterterrorism programs and operations of the Agency, identifying processes that work well and those that might be improved.

(U) After conducting its review, the Inspector General Team reports that, while its findings differ from those of the JI on a number of matters, it reaches the same overall conclusions on most of the important issues.

APPROVED FOR RELEASE
DATE: AUG 2007

June 2005 v ~~TOP SECRET~~
~~HCS/SI//ORCON, NOFORN//MR~~

Abb. 77: Deckblatt des 19-seitigen CIA-Dokuments aus dem Jahr 2005, freigegeben im August 2007.

Emma-Booker-Grundschule in Sarasota, Florida. Wie er später erklärte, habe er noch vor Betreten des Klassenzimmers auf einem TV-Schirm gesehen, wie die erste Maschine (AA 11) in den Nordturm raste. Offenbar habe sich im Vorraum ein eingeschalteter Fernseher befunden, so Bush. Doch selbst wenn es dort einen gab, so konnte Bush dennoch nie jene Bilder zu Gesicht bekommen. Denn am 11. September wurden noch keine Aufnahmen der ersten Kollision ausgestrahlt. Sie standen erst am nächsten Tag zur Verfügung. Bush muss diese Bilder also auf anderem Wege übermittelt bekommen haben. Mit höchster Wahrscheinlichkeit in seiner technisch bestgerüsteten Limousine. Nur konnten diese Filmsequenzen dennoch nicht aus den öffentlichen Medien stammen. Was auch immer ihre Quelle war, sie musste bereits parat gewesen sein, den ersten Anschlag zu filmen, bevor noch jemand damit rechnete. Man nennt das definitiv *Vorauswissen*. Wenn aber eine solche Quelle existierte, sollte eigentlich auch der Präsident dieses Vorauswissen besessen haben. Vor allem, wenn wir an all die Ereignisse und Konstellationen in seinem Umfeld denken, wie sie auch in diesem Buch bereits angesprochen worden sind.

George Bush wurde am 4. Dezember 2001 auf einem öffentlichen Forum in Florida von einem kleinen Jungen gefragt, was er damals dachte, als er von den Anschlägen erfuhr. Hier berichtete er, wie er den Einschlag in den Nordturm gesehen hatte und beschrieb seine Empfindungen. Am 5. Januar 2002 trat Bush dann auf dem *Town Hall Forum on Economy* in Kalifornien auf. Wieder stellte ein kleiner Junge eine sehr ähnliche Frage – wir sehen daran, dass auch wirklich alles auf derartigen Veranstaltungen bis ins Detail geplant ist; niemand darf hier Fragen stellen, ohne dass das Protokoll dies vorsieht. Was zufällig wirkt, ist alles andere als das. Nicht umsonst sagte Franklin D. Roosevelt einmal: »Nichts in der Politik geschieht zufällig. Wenn etwas geschieht, kann man sicher sein, dass es auch auf diese Weise geplant war.« Nun, auch jenem Jungen erklärt Präsident Bush in weitgehend gleicher Manier, was er damals gesehen und gedacht hatte. Nur fügt er noch einen bemerkenswerten Satz über den 11. September hinzu. Wir wollen ihn hier an den Schluss stellen, denn der Präsident der Vereinigten Staaten soll das letzte Wort haben:

»Jedenfalls war es ein interessanter Tag.«

Literatur

Dieses Verzeichnis erhebt keinen Anspruch auf Vollständigkeit und stellt weder ein Quellenverzeichnis noch eine Empfehlung dar. Viele der aufgeführten Werke sind in der Regel relativ leicht zugänglich, liegen in deutscher Sprache vor und lassen eine weitere eigenständige und kritische Beschäftigung mit der Materie zu. Bis auf einige Ausnahmen (Sonderhefte) enthält das Verzeichnis keine Zeitschriftenbeiträge.

Aufgenommen wurden auch umstrittene Publikationen. Die Auflistung stellt nicht zwangsläufig eine Identifikation mit den jeweils vertretenen Theorien oder politischen Ansichten der Autoren dar, sondern dient lediglich als Referenz. Hier können selbst völlig konträre Meinungen zur Sprache gebracht sein.

Ahmed, Nafeez M.: Geheimsache 09/11 – Hintergründe über den 11. September und die Logik amerikanischer Machtpolitik, Riemann, München 2002

Alexander, John B.: Future War – Non-Lethal Weapons in Twenty-First-Century Warfare, Thomas Dunne, New York 1999

Anonym: Die Terroristenjägerin – Wie ich das Netzwerk des islamistischen Terrors aufdeckte, Bertelsmann, München 2003

Aust, Stefan; Schnibben, Cordt (Hrsg.): 11. September – Geschichte eines Terrorangriffs, dtv, München 2003

Baer, Robert: Der Niedergang der CIA – Der Enthüllungsbericht eines CIA-Agenten, Bertelsmann, München 2002

Barber, Benjamin R.: Imperium der Angst – Die USA und die Neuordnung der Welt, Beck, München 2003

Bernreuther, Marie-Luise: Made in USA – Realitätsrekonstruktionen nach dem 11. September, Lang, Frankfurt 2004

Bin Ladin, Carmen: Der zerrissene Schleier, Droemer, München 2003

Brisard, Jean-Charles; Dasquié, Guillaume: Die verbotene Wahrheit – Die Verstrickungen der USA mit Osama bin Laden, Pendo, Zürich/München 2002

Bülow, Andreas von: Die CIA und der 11. September – Internationaler Terror und die Rolle der Geheimdienste, Piper, München 2003

Chomsky, Noam: Power and Terror – US-Waffen, Menschenrechte und internationaler Terrorismus, Europa, Hamburg 2004
Chomsky, Noam: The Attack – Hintergründe und Folgen, Europa, Hamburg 2002
Flink, Hans; de Boissezon, Pierre: Towergate – Handbuch einer Inszenierung, editio de facto, Kassel 2005
Grey, Stephen: Das Schattenreich der CIA – Amerikas schmutziger Krieg gegen den Terror, dva, München 2006
Guthart, Christian: 11. September – Ein Untersuchungsbericht, SKD, München 2002
Hatfield, James H.: Das Bush-Imperium – Wie George W. Bush zum Präsidenten gemacht wurde, Atlantik, Bremen/Montréal 2002
Hersh, Seymour M.: Die Befehlskette – Vom 11. September bis Abu Ghraib, Rowohlt, Hamburg 2004
Hertsgaard, Mark: Im Schatten des Sternenbanners – Amerika und der Rest der Welt, dtv, München 2005
Hoffmann, Hilmar; Schoeller, Wilfried F.: Wendepunkt 11. September 2001 – Terror, Islam und Demokratie, DuMont, Köln 2001
Hopsicker, Daniel: Barry & The Boys – The CIA, The Mob and America's Secret History, MadCow, Noti/Oregon (USA) 2001
Hufschmid, Eric: Painful Questions, endpoint, Goleta, CA (USA) 2003
Johnson, Chalmers: Der Selbstmord der amerikanischen Demokratie, Blessing, München 2003
Kean, Thomas H.; Zelikow, Philip et al.: The 9/11 Commission Report – Final Report of the National Commission on Terrorist Attacks upon the United States; mit deutschsprachiger Einführung bei: Ringier, Berlin 2004
Longman, Jere: Todes-Flug UA 93 – Was an Bord der vierten entführten Verkehrsmaschine am 11. September wirklich geschah, Goldmann, München 2003
Martin, Bernd: Deutschland und Japan im Zweiten Weltkrieg – Vom Angriff auf Pearl Harbor bis zur deutschen Kapitulation, Nikol, Hamburg 2001
Meyssan, Thierry: Der inszenierte Terrorismus – Auftakt zum Weltenbrand?, editio de facto, Kassel 2002
Meyssan, Thierry: Pentagate – Foto- und Fragenkatalog zu einer inszenierten Verschwörung, editio de facto, Kassel 2003
Müller-Fahrenholz, Geiko: In göttlicher Mission – Politik im Namen des Herrn – Warum George W. Bush die Welt erlösen will, Knaur, München 2003

Pautner, Norbert (Redaktion): Die erste Seite – Internationale Schlagzeilen nach dem 11. September 2001, Karl Müller, Köln 2002.
Pearl, Mariane: Ein mutiges Herz – Leben und Tod des Journalisten Daniel Pearl, Scherz, Frankfurt 2004
Pohly, Michael; Durán, Khalid: Osama bin Laden und der internationale Terrorismus, Ullstein, München 2001
Rétyi, Andreas von: Bilderberger – Das geheime Zentrum der Macht, Kopp, Rottenburg 2006
Rétyi, Andreas von: Die unsichtbare Macht – Hinter den Kulissen der Geheimgesellschaften, Kopp, Rottenburg 2002
Rétyi, Andreas von: Geheimbasis Area 51 – Die Rätsel von Dreamland, Kopp, Rottenburg 1998
Rétyi, Andreas von: Macht und Geheimnis der Illuminaten, Kopp, Rottenburg 2004
Rétyi, Andreas von: Skull & Bones – Amerikas geheime Macht-Elite, Kopp, Rottenburg 2003
Rétyi, Andreas von: Streng geheim – Area 51 und die Schwarze Welt, Kopp, Rottenburg 2001
Rimscha, Robert von: George W. Bush – Präsident in Krisenzeiten, Heyne, München 2001
Ruppert, Michael C.: Crossing the Rubicon – The Decline of the American Empire at the End of the Age of Oil, New Society Pubs, Gabriola Island / Kanada 2004
Schröm, Oliver; Laabs, Dirk: Tödliche Fehler – Das Versagen von Politik und Geheimdiensten im Umfeld des 11. September, Aufbau, Berlin 2003
Scowen, Peter: USA – Ein Schwarzbuch, dtv, München 2004
Spiegel Special 6/2006: 11. September 2001 – Fünf Jahre danach, Spiegel, Hamburg 2006
Sutton, Antony C.: Two Faces of George Bush, Veritas, Bullsbrook / Australia 1988
Talbott, Strobe; Chanda, Nayan: Das Zeitalter des Terrors – Amerika und die Welt nach dem 11. September 2001, Propyläen, München – Berlin 2002
Theveßen, Elmar: Schläfer mitten unter uns – Das Netzwerk des Terrors in Deutschland, Knaur, München 2002
Walter, Christian C.: 119 Fragen zum 11. 9., Heyne, München 2003
Wisnewski, Gerhard: Mythos 9/11 – Der Wahrheit auf der Spur, Knaur, München 2004